Karl Biedermann

Erziehung zur Arbeit

**Mit einem Nachwort versehen von
Michael Franzke**

Leipzig 2011

Reihe: Texte zur sozialen Pädagogik. 2

Karl Biedermann: Erziehung zur Arbeit

Neu herausgegeben von Michael Franzke und Katharina Franzke

ISBN 978-3-941394-21-6

Umschlag-
gestaltung: Norbert Möhler und OsirisDruck, Leipzig

Herstellung: Verlag und Druckerei OsirisDruck
                   Karl-Heine-Str. 99, 04229 Leipzig

Inhalt

Vorwort 9

Editorische Anmerkungen 14

I. Zur Einführung

Emil von Schenckendorff
Nachruf auf Karl Biedermann 17

II. Die Schrift

Karl Biedermann
Die Erziehung zur Arbeit, eine Forderung des Lebens an die
Schule [1852]

Einleitung 25

Erstes Kapitel: 31
Die Mangelhaftigkeit unseres öffentlichen Unterrichtswesens,
nachgewiesen an den praktischen Erfolgen desselben
Geringe Lehrresultate im Verhältnis zu der aufgewendeten Zeit; schnelles Ver-
gessenwerden des Erlernten; Unfruchtbarkeit der Schulbildung fürs Leben; nachteilige Folgen des zu vielen Sitzens und der einseitigen Anstrengung des Geistes
für die Entwicklung der Jugend.

Zweites Kapitel: 48
Die unmittelbar ins Auge fallenden Missstände unseres
öffentlichen Unterrichts
Die Nachteile des Kollektivunterrichts für Schüler und Lehrer bei der gegenwärtigen
Methode; die Schwierigkeit der Aufrechterhaltung der Disziplin; der Mangel inneren
Triebes der Schüler zu den Lehrgegenständen und die Gefahren des erzwungenen
oder durch äußere Anreize veranlassten Lernens für Geist und Charakter.

Drittes Kapitel: 57
Die Unverträglichkeit des gegenwärtigen Unterrichts mit dem
Zweck der Volksschule und den Gesetzen der Kindernatur
Es wird in unseren Schulen gelehrt, wonach kein Bedürfnis vorhanden und des-
sen Nutzen fürs Leben sehr zweifelhaft ist; es wird anderes nicht zur rechten

Zeit (zu früh) gelehrt; dagegen wird vieles, was für die wahre Bildung und das künftige Leben der Zöglinge gerade das Notwendigste wäre, gar nicht gelehrt.

Viertes Kapitel: 71
Der Sitz des Übels und der Weg der Abhilfe
Entfremdung der Schule vom Leben; Notwendigkeit einer Zurückführung derselben zu den Bedürfnissen und Forderungen des Lebens.

Fünftes Kapitel: 73
Das naturgemäße Bildungsprinzip der Volksschule, erkennbar
aus den Bildungsbedürfnissen des Lebens
Bildungsbedürfnisse für das Haus, den bürgerlichen Beruf, das Gemeinwesen; Unzulänglichkeiten des bloß theoretischen und Notwendigkeit eines praktischen Unterrichts zur Befriedigung dieser Bedürfnisse.

Sechstes Kapitel: 85
Die Anleitung der Jugend zur praktischen Tätigkeit, eine Forderung
der menschlichen und im Besonderen der kindlichen Natur
Die Übung der praktischen Tätigkeit der Schüler schließt sich am unmittelbarsten an ihre körperliche Entwicklung an, ist die beste Vorbereitung für deren gesellschaftlichen Beruf und ist die sicherste Grundlage einer organischen Ausbildung aller ihrer geistigen und körperlichen Anlagen.

Siebentes Kapitel: 93
Eine praktische Erziehung der Jugend, in Sonderheit für
Deutschland ein Nationalbedürfnis
Die abstrakte und unpraktische Richtung des deutschen Geistes in der Politik, der Literatur, der Wissenschaft, der Industrie bedarf eines Gegengewichts und einer allmählichen Umbildung durch eine praktische Erziehungsweise; wohltätige Folgen einer solchen für die leichtere Überwindung industrieller Krisen, die Besserung des Loses der arbeitenden Klassen, die Milderung des Gegensatzes zwischen Besitzenden und Besitzlosen.

Achtes Kapitel: 109
Pädagogische Vorzüge der praktischen Unterrichtsmethode
vor der theoretischen
Dadurch gegebene Möglichkeit, mit dem Einfachsten, Leichtesten anzufangen und zu dem Schwereren nach Verhältnis der wachsenden Kraft des Zöglings fortzuschreiten; festeres Haften der auf diesem Weg gewonnenen Erziehungsresultate; Übereinstimmung dieser Beschäftigungsweise mit der eigenen Neigung der Kinder und dadurch erleichterte Disziplin; leichtere Rücksichtnahme auf die Individualität der Zöglinge; gleichmäßige Förderung der körperlichen und der geistigen

Entwicklung; günstige Rückwirkungen auf den Lehrer; besondere Vorteile dieser Methode für den Kollektivunterricht; erziehender Einfluss derselben auf die Bildung des Charakters; natürliches Verhältnis der Schüler untereinander und zu den Lehrern; innige Wechselwirkung zwischen Schule und Familie.

Neuntes Kapitel: 128
Praktische Versuche, die man bereits mit dieser Methode
gemacht hat
Industrieschulen seit der zweiten Hälfte des vorigen Jahrhunderts: die Berliner Gewerbeschulen, die Arbeitsschulen auf dem Land in Holstein; Pestalozzis Versuche; die Fellenberg'schen Anstalten zu Hofwyl (Wehrli-Schulen); das Salzmann'sche und das Fröbel'sche Institut; Lancaster; Owen; die Anstalten zu Horn bei Hamburg, zu Mettray in Frankreich, zu Ruysselede in Belgien; landwirtschaftliche und Industrieschulen für Bildung der Jugend in England u.a. m.

Zehntes Kapitel: 154
Mutmaßliche Ursachen, weshalb das Prinzip praktischer Erziehung
noch nicht in größerem Umfang zur Anwendung gelangt ist
Schwierigkeiten solcher Neuerungen im Allgemeinen; häufige Abneigung der Lehrer gegen die praktische Methode, weil sie ihnen eine Tätigkeit zumutet, zu der sie nicht vorgebildet sind, der Geistlichen, weil sie darin eine materialistische Tendenz erblicken, der Regierungen, weil der Hauptzweck der praktischen Erziehung, die Erweckung eines selbständigen Geistes im Volk, mit ihrem System nicht harmoniert; Gleichgültigkeit der meisten Eltern hinsichtlich der Erziehung ihrer Kinder; Vorurteile gegen diese Methode, hervorgegangen aus deren bisherigen Anwendung in geschlossenen Anstalten und für die ärmeren Klassen.

Elftes Kapitel: 162
Die neuesten Reformschriften und ihr Verhältnis zu dem hier
entwickelten Vorschlag
Kritik der Vorschläge von Graser, Curtmann, Grube, Kirchmann, Michelsen.

Zwölftes Kapitel: 172
Ist die praktische Methode allgemein in der Volksschule anwendbar und unter welchen Voraussetzungen?
Wie steht es bei Anwendung dieser Methode mit dem theoretischen Lernen und der „allgemeinen Menschenbildung"? — Durch Ausscheidung des Überflüssigen, Verschiebung mancher Lehrgegenstände auf eine spätere Zeit und Verbindung des theoretischen Unterrichts mit dem praktischen ist das Bedürfnis allgemeiner Bildung vollständig und zweckmäßig zu befriedigen.

Dreizehntes Kapitel: 185
Ist die praktische Methode auch in solchen Schulen anwendbar,
welche nicht ein geschlossenes Hauswesen bilden?
Abwägung der Vorteile, welche den geschlossenen und den nicht geschlossenen
Anstalten für Anwendung dieser Methode zu Gebote stehen; Andeutungen, wie in
letzteren ein dem Familien- und bürgerlichen Leben sich möglichst anschließen-
der Arbeitsstoff zu gewinnen und auf welche Weise die Arbeit zum Zweck einer
harmonischen Ausbildung des Körpers, Geistes, Charakters und Gemüts einzurichten wäre.

Vierzehntes Kapitel: 201
Wie steht es mit der Beschaffung der nötigen Lehrkräfte bei einer
allgemeinen Einführung der praktischen Methode?
Notwendige Eigenschaften eines Lehrers der praktischen Methode; Vorteile die-
ser Methode für Ausübung des Lehrergeschäfts und Heranbildung von Lehrern;
Erfahrungen hierüber; Unterstützung der Lehrer durch Gehilfen aus der Mitte der
Schüler; Beteiligung der Eltern und der ganzen Schulgemeinde an der Erziehung
zur Arbeit; die Schule als eine Sache der Allgemeinheit und Öffentlichkeit.

Fünfzehntes Kapitel: 210
Würden nicht die Kosten eines solchen praktischen Unterrichts
unverhältnismäßig groß sein?
Verneinung dieser Frage auf Grund der gemachten Erfahrungen und einer auf
das Wesen und die Einrichtung der Arbeitsschule gebauten Berechnung.

Sechszehntes Kapitel: 222
Unterstützende Veranstaltungen für das Wirksammachen des
praktischen Unterrichts
1.) Gemeinsamer und gleicher Unterricht für die Jugend aller Stände;
2.) Vor- und Fortbildungsanstalten in organischer Verbindung mit der Volksschule.

Siebzehntes Kapitel: 230
Schluss
Wer soll die Einführung der Erziehung zur Arbeit in den öffentlichen Unterricht zuerst
in die Hand nehmen?

III. Anhang

Adolf Diesterweg
Karl Biedermann, Erziehung zur Arbeit
[Rezension der ersten Auflage, 1852] 235

6

Michael Franzke
Karl Biedermann und die Arbeitsschulbewegung in Deutschland

Wiederannäherung 247

Kindheit, Jugend, Studium und Berufsethos................................... 257

Publizistik, Politik und die Bildungsfrage 265

Karl Biedermann und die 1848er Revolution 273

Landmann Schindlers Preisfrage – Biedermanns Antwort 283

Karl Biedermann im Dienst der Arbeitsschule 297

Woldemar Götze – der Didaktiker in Sachen Biedermann 316

Der Kampf um die Schülerwerkstatt 335

Personenverzeichnis 349

Vorwort

Karl Biedermanns Schrift über die Erziehung zur Arbeit scheint auf den ersten Blick mit ihrer über 160-jährigen Geschichte mehr als veraltet. Was hat die Arbeitsschulpädagogik des 19. Jahrhunderts der pädagogischen Praxis von heute denn überhaupt noch zu sagen? Haben wir nicht die Zeitalter der Manufaktur und der „großen Industrie" bereits weit hinter uns gelassen? Weder Hand- noch Fließbandarbeit bestimmen das Bild unserer modernen Wirtschaft, sondern Automatisierung und Computersteuerung. Davon findet sich in seiner Schrift kein Wort. Auch die Schule von heute ist nicht mehr die von 1850, sie bereitet die heranwachsende Generation nicht auf die Industrie-, sondern auf die Wissensgesellschaft vor. Unübersehbar sind die mannigfaltigen Fortschritte, für die Pädagogen, Bildungspolitiker, Eltern und Schüler gestritten – auch gekämpft – haben: die Persönlichkeitsentwicklung der Schülerinnen und Schüler als Leitbild, die Demokratisierung der Bildung, die Gleichberechtigung der Geschlechter, die Annäherungen von Schul- und Sozialpädagogik, fächerübergreifender Unterricht und Anwendung der Projektmethode, das produktive Lernen als besondere Form der Förderung, die Berufsorientierung als Aufgabe der allgemeinbildenden Schule, die Vernetzungen der Schule zum Sozialraum, zur Wirtschaft, zur Kinder- und Jugendhilfe usw. usf.
Warum also sollte diese Schrift des Lesens noch wert sein? Geschriebene Geschichte, so mein erster Hinweis, birgt immer einen Bildungs(mehr)wert in sich. In ihr sind historische Erfahrun-

gen verdichtet, Erfahrungen, die wohl der Vergangenheit angehören, die wir aber selbst nicht mehr werden machen können. Die Vergangenheit gewinnt zu jeder Zeit stets von Neuem an Bedeutung, da jede Gegenwart aus ihr hervorgegangen ist. Dieser Bildungs(mehr)wert wird sich allerdings konkret danach bemessen lassen müssen, inwieweit das überlieferte Erbe bereits abgegolten ist. Biedermanns Schrift, so mein zweiter Hinweis, ist es nicht. Ihr wurde bislang nicht der gebührende Platz in der Geschichte der Arbeitsschulbewegung eingeräumt, obwohl die Idee einer Erziehung zur Arbeit nach wie vor von höchster Aktualität ist. Diese beiden Erkenntnisse, und mit der vorliegenden Schrift auch das entsprechende „Beweisstück" in die Diskussion einzubringen, sind mir zu einem sehr persönlichen Anliegen geworden.

Seit 15 Jahren bin ich als Projektleiter in einer Jugendwerkstatt tätig und konnte dort die Erfahrung sammeln, welches enorme Erziehungs- und Bildungspotenzial die produktive Arbeit in Werkstätten in sich birgt. Dabei habe ich gar nicht so sehr die Berufsorientierung und Leistungsmotivation als solche im Blick, sondern vielmehr die vielfältigsten Möglichkeiten durch erfolgreiches produktives Arbeiten ein gesundes Selbstwertgefühl zu entwickeln, Anerkennung durch das geschaffene Werk zu erfahren sowie den Reichtum der eigenen Individualität in Erfahrung zu bringen. Schülerwerkstätten sind als außerschulische Lernorte völlig zu Unrecht unterbewertet.

Sie bieten zunächst den Raum handwerklich, und das heißt auch körperlich, tätig zu sein, eine willkommene Abwechslung zum stundenlangen Stillsitzen, zur „Kopflastigkeit" des Schulunterrichts und seiner überwiegend rezeptiven Tätigkeit. Arbeiten in den Schülerwerkstätten sind in hohem Grade anschaulich und vermitteln unmittelbar die Erfahrung der Sinnhaftigkeit eigenen Tuns. Wenn die Werkstattarbeit gemeinnützig orientiert und von der „Didaktik der Produktionsschulen"[1] durchdrungen ist, wächst mit der Anerkennung der Arbeiten das Selbstwertge-

---

[1] Zur „Didaktik der Produktionsschule" siehe: Wo Produktionsschule drauf steht, soll auch Produktionsschule drin sein. Qualitätsstandards für Produktionsschulen. Herausgegeben vom Bundesverband Produktionsschulen e.V. Kassel 2010. 22 Seiten

fühl der Schülerinnen und Schüler. Versagensängste werden überwunden und Selbstvertrauen aufgebaut. Gibt es ein schöneres Moment für einen Pädagogen, als wenn sein Schüler oder seine Schülerin ehrlichen Herzens bekennt: „Ich hätte nie gedacht, dass ich das überhaupt schaffen kann! Ich bin wohl doch kein Loser!"

An der Werkbank fließen Theorie und Praxis ineinander. Diese Erfahrung ist geeignet, schuldistanzierte Jugendliche für die Schule aufzuschließen, allerdings unter der Voraussetzung, dass Schule Schülerwerkstätten nicht als Ort der Entfremdung von sich wahrnimmt, sondern als neue Möglichkeit mit ihnen zu arbeiten. Das Lernen in Schülerwerkstätten folgt einer eigenen Logik. Es ist erfolgreich, wenn werk-, schul- und sozialpädagogische Professionalität zusammenfließen, wenn die Arbeit den Rhythmus des Lernens bestimmt, wenn die Praxis zur Theorie hindrängt und die Theorie sich in der Praxis bewährt. Arbeit wird dann als Wert erfahren, wenn sie als nützlich wahrgenommen wird und Wertschätzung findet.

Durch Werkstattarbeit wird vielen Schülerinnen und Schülern die Chance eröffnet, Selbstachtung zu gewinnen, die ihnen in der Schule mangels der Bewältigung schulischer Leistungsanforderungen verwehrt bleiben würde. Jugendliche, die sich intellektuell überlegen fühlen, werden in der manuellen Arbeit an ihre Grenzen geführt und lernen es, sich realistisch einzuschätzen. So erwerben auch sie an diesen Lernorten charakterliche Voraussetzungen für intellektuelle Spitzenleistungen.

Natürlich, Schülerwerkstätten bewirken keine Wunder, sind kein Patentrezept für einen erneuten Anlauf zur Schulreform, wohl aber können sie zu einer ihrer tragenden Säulen institutionalisiert werden. In ihnen wird sowohl Bildungsferne überwunden als auch Bildungstiefe erreicht. Nicht nur für die 25% der Schülerinnen und Schüler, die einen erhöhten Förderbedarf zum gelingenden Überschreiten der Schwelle von der Schule in die Berufsausbildung aufweisen, wären die Schülerwerkstätten eine willkommene Förderung.

Durch sie kommen wir der Vision Johann Wolfgang von Goethes sehr nahe, in der die berufliche Bildung die Vervollkommnung der Allgemeinbildung ist. Hier können Jugendliche ihre Berufung erfahren. Die Berufung zum Beruf zu machen ist, nach Georg Kerschensteiner, das Kerngeschäft staatsbürgerlicher Erziehung.

Hatte Johann Gottlieb Fichte in seinen „Reden an die deutsche Nation" 1807/08 die Arbeitsschule als die Schule der Zukunft gefordert, so fand er in Karl Biedermann Mitte des 19. Jahrhunderts einen glühenden Verfechter. Die Verbindung von Schule und produktiver Arbeit setzte er erneut auf die Tagesordnung der Schulreform. Er tat dies nicht als Pädagoge, sondern als Außenseiter, als Kulturphilosoph und Publizist, als Wortführer des aufstrebenden Sozialliberalismus sowie eines geeinten deutschen Nationalstaates. Ob Karl Biedermann tatsächlich beabsichtigt hatte, einen Gegenentwurf zur Bildungskonzeption von Karl Marx vorzulegen, vermag ich nicht zu beurteilen. Beide speisten ihre Bildungstheorien zunächst aus der klassischen deutschen Kulturphilosophie und Pädagogik. Beide trafen sich in der Ansicht, dass geistige Bildung, Gymnastik und produktive Arbeit zur Einheit zusammengefügt werden müssten. Diese Einheit hatte bereits Christian Gotthilf Salzmann in seiner 1784 gegründeten Bildungsanstalt („Philantrophin") in Schnepfenthal in der Praxis angewandt, bevor sie von Fichte zur Kernforderung der Arbeitsschule erhoben wurde. Karl Biedermann kommt das Verdienst zu, die Forderung nach einer Erziehung zur Arbeit mit einer der fundiertesten Kritiken seiner Zeit an der alten „Paukschule" verbunden und sie in eine Art Gesamtreformpaket eingebettet zu haben. Er trug seine Idee zu einer Zeit in die Welt, in der in den deutschen Landen nach der 1848er Revolution der politische Reaktionismus wütete und die wiedererstarkte alte Obrigkeit ein Zurück zur Allianz von Schule und Kirche forderte. Biedermann war sich vollauf bewusst, dass die Zukunft Deutschlands aufs Engste mit der sozialen Frage verbunden war und für ihre Lösung letztlich die Bildung von entscheidender Bedeutung sein würde. Bei der auch noch so engen Anbindung von schulischer Bildung an die Forderungen der Wirtschaft, hat er die Erziehung zur Arbeit nie vordergründig als Befähigung zur Erwerbstätigkeit verstanden. Freiheit und Humanität waren für ihn zwei Seiten ein und derselben Medaille, wie Arbeit und freie Entfaltung der Individualität die einer anderen sind.

Karl Biedermanns Schrift „Die Erziehung zur Arbeit, eine Forderung des Lebens an die Schule" aus dem Jahr 1852 stellt eine Pionierleistung in der Geschichte der Pädagogik dar. Das Studium dieser Schrift lässt den Schluss zu, dass es sich um eines der Gründungsdokumente der Reformpädagogik handelt. Mit ihr schlägt er die Brücke zwischen Schule und Leben. Biedermanns Vision einer Arbeitsschule war 1852 seiner Zeit noch weit voraus, erst mit der zweiten Auflage 1883 fand sie die gebührende Aufmerksamkeit und wurde zum Katalysator der Knabenhandarbeitsbewegung, die als erste Phase der modernen Arbeitsschulbewegung in Leipzig ihr geistiges und organisatorisches Zentrum fand. Da es sich bei dieser Schrift um eines der bedeutsamsten Dokumente der Arbeitsschulbewegung handelt und es nachzuweisen gilt, dass es zu Recht den Gründungsdokumenten der Reformpädagogik in Deutschland zugerechnet werden darf, ist die 1. Auflage von 1852 von herausragendem Interesse. Die erneute Auflage dieser Schrift hätte ihren Sinn bereits erfüllt, würde das Plädoyer für eine Erziehung zur Arbeit Widerhall finden: Schule kann ihren gesellschaftlichen Auftrag nur erfüllen, wenn sie mit dem Leben in Verbindung steht – die Brücke zwischen Schule und Leben ist die produktive Arbeit.

Es liegt in der Natur der Geschichte, dass Biedermanns Erziehungskonzept aus heutiger Sicht eine Vielzahl von Einwänden hervorrufen wird. Und er selbst hätte sie sich gewünscht. Einwände – insoweit sie sachlich und argumentativ vorgetragen werden – legen beredtes Zeugnis von einer intensiven Beschäftigung mit dem Text ab. Der Weg zu Neuem führt nun einmal über Kritik des Alten. Für diese Kritik steht eine Geschichte der Rezeption Biedermann'scher Pädagogik allerdings nicht zur Verfügung. Hierin sehe ich eher einen Glücksfall als einen Mangel. Unser eigener Blick auf die Sache selbst läuft so nicht Gefahr getrübt zu werden.

Ich möchte Sie dazu einladen, selbst einen Streifzug durch die arbeitspädagogischen Ideen eines der Pioniere der Arbeitsschulbewegung zu unternehmen, der innerhalb dieser für die Schülerwerkstätten steht. Der im Anhang beigefügte Aufsatz ist dem Leben und Wirken Karl Biedermanns gewidmet und beabsichtigt weder in sein Werk einzuführen noch es zusammenzufassen. Er bietet dem Leser jedoch die Möglichkeit, Biedermanns Schrift historisch genauer zu verorten und erhellt ihre Wirkungsgeschichte.

Die Herausgabe dieser Schrift hätte ich nicht unternommen, wenn ich nicht den vielen Jugendlichen begegnet wäre, die sich mit ihrer unmittelbar erfahrbaren Freude und menschlichen Wärme über Jahre hinweg aus der von mir geleiteten Schülerwerkstatt dankend verabschiedet haben. Sie gaben und geben mir die Gewissheit, dass es sich trotz aller Mühe und so mancher Vorbehalte lohnt, für die arbeitsweltbezogene Jugendsozialarbeit als festen Bestandeil in der bundesdeutschen Bildungslandschaft zu werben.

Mein besonderer Dank gilt meiner Tochter Katharina, meiner Frau Astrid, Andreas Wust und Dieter Wengler sowie allen anderen, die das Projekt wohlwollend gefördert haben.

Leipzig, 21.09.2011   *Michael Franzke*

Editorische Anmerkungen

Zwecks Verbesserung der Lesbarkeit der neu editierten Texte wurden sie den heute geltenden Rechtschreibregeln angepasst und stilistisch überarbeitet. Den Texten beigefügten Anmerkungen und Erläuterungen zu fremdsprachigen und heute nicht mehr geläufigen Redewendungen sind durch eckige Klammern [...] kenntlich gemacht. Zur Wahrung der Authentizität der Originale, insbesondere des Charakters der Texte, wurde jedoch auf Überarbeitungen verzichtet.

Die von den jeweiligen Autoren selbst vorgenommenen Hervorhebungen sind durch Kursivschrift vereinheitlicht.

14

I. Zur Einführung

Nachruf[2]

Am 5. März 1901 ist der langjährige *Ehren-Vorsitzende* des Deutschen Vereins für Knabenhandarbeit,

Herr Professor Karl Biedermann

zu Leipzig,

in einem Alter von beinahe 90 Jahren verschieden. Wenn dem Verstorbenen, dessen äußere Erfolge im Leben in keinerlei Einklang mit der großen Bedeutung stehen, die ihm nach seinem Tode zuerkannt wird, jetzt von so vielen und hervorragender Seite, volle Würdigung seiner Verdienste, herzlicher Dank für seine treue Mitarbeit und *aufrichtige Verehrung und Bewunderung* für seine herrlichen Charaktereigenschaften gezollt wird, so gereicht es uns nur zur Genugtuung, wie zur Befriedigung,

---

[2] Emil von Schenckendorff: Nachruf. In: Blätter für Knaben-Handarbeit. XV. Jahrgang, Nr. 4. S. 73 – 75.

dass ein so vielseitiger und umfassender Geist auch das volle Verständnis für unsere Bestrebungen hat. Mit vollem und aufrichtigem Herzen schließt sich der Deutsche Verein dieser allgemeinen Anerkennung an.

Biedermann wurde am 25. September 1812 in Leipzig geboren. Auf der Kreuzschule zu Dresden schloss er seine Schulzeit ab. Beim Abgang von der Schule hatte sich, wie er selbst sagte, „seiner ein dunkler Drang nach *gemeinnützigem ins Leben eingreifenden Wirken* bemächtigt". Das kennzeichnet in der Tat seine Bedeutung im Leben, wie seine innerste Denk- und Sinnesart. Er studierte in Leipzig und Heidelberg und ging als Privatdozent der Philosophie nach Leipzig wieder zurück. Ohne seinen Lebenslauf hier im Einzelnen weiter zu verfolgen, sei nur daraus hervorgehoben, dass er von mächtiger *nationaler Gesinnung*, die er vielseitig und an hervorragender Stelle betätigte, getragen wurde. So war er Mitglied des Frankfurter Parlaments, später erster Vizepräsident desselben und gehörte zu den Begründern der Erbkaiserpartei, deren Präsident er war. Er gehörte auch dem ersten Reichstag und lange Jahre der sächsischen Landesvertretung an. Aus seiner politischen Tätigkeit heraus erwuchsen ihm in den Zeiten der [politischen] Reaktion mannigfache Verfolgungen. Zu seiner Genugtuung konnte er aber nicht nur die Gründung des Deutschen Reiches erleben, sondern auch noch dreißig Jahre für seine innere Befestigung tätig sein. Bismarck gab ihm wiederholt Beweis der vollsten Anerkennung für seine treue und hervorragende Mitarbeit an der Errichtung und am Aufbau des Deutschen Reiches; und unter den zahlreichen Nachrufen, die dem um sein Vaterland verdienten Mann jetzt die volle Würdigung zu teil werden lassen, befindet sich auch der des jetzigen Reichskanzlers. Von seinem Landesvater erhielt der Verstorbene vor einigen Jahren ebenfalls mehrere Gnadenbeweise. Biedermann war aber auch ein hervorragender *wissenschaftlicher Forscher*, der besonders auf dem Gebiet der deutschen Volks- und Kulturgeschichte, die er umfassend behandelte, worauf hier nur nachrichtlich hingewiesen werden kann; er wandte seine reiche und gesegnete Wirksamkeit endlich auch den wichtigeren *praktischen Interessen des öffentlichen Lebens* zu.

Unter diesen Fragen, die er aufnahm, befand sich auch diejenige, welcher wir unsererseits im Deutschen Verein unsere Arbeit zuwenden, und zwar hatte Biedermann hierbei den Gesichtspunkt der *Jugenderziehung* vom Standpunkt der harmonischen Ausbildung des gesamten Menschen im Auge. Seine Ansichten legte er unter dem Namen *Karl Friedrich* in seinem 1852 erschienenen Werk *„Die Erziehung zur Arbeit, eine Forderung des Lebens an die Schule"* nieder. In den vierziger Jahren war eine zahlreiche Literatur über diesen Gegenstand in den Schriften von [Johann Karl Christoph] Vogel, [Thomas] Scherr, [Wilhelm Jacob Georg] Curtmann, [Peter Friedrich] Kirchmann, [Lorenz] Kellner und [Friedrich Adolph Wilhelm] Diesterweg erschienen, die ihre Entstehung besonders einer Preisschrift des Landammanns [Dietrich] Schindler in Zürich verdankte: „Wie kann der Unterricht in der Volksschule von der abstrakten Methode emanzipiert und für die Entwicklung der Gemütskräfte fruchtbar gemacht werden?" In diese unter den Schulmännern flüssig gewordene Frage griff nun Biedermann, als Laie, wie er sich selbst bezeichnete, ein.

Durch die *allseitige* Bearbeitung dieses Gegenstandes, insbesondere durch den Nachweis der vielseitigen Beziehungen der an sich rein pädagogischen Fragen zum *öffentlichen Leben*, ist Biedermann der eigentliche Vorläufer der heutigen Bewegung für die erziehliche Knabenhandarbeit in Deutschland gewesen; denn wenn auch [von] Clauson-Kaas 1876 die Anregung für die Aufnahme unserer Bestrebungen gab, so verfolgen wir, während er wirtschaftliche Ziele im Auge hatte, in den deutschen Organisationen, die dafür geschaffen wurden, doch von Anfang an die von Biedermann entwickelten pädagogischen Ziele. Wie sehr wir mit diesen übereinstimmten, geht besonders aus dem achten Kapitel der „Erziehung zur Arbeit" hervor, dessen Inhalt Biedermann selbst im Inhaltsverzeichnis wie folgt kennzeichnet: *„Pädagogische Vorzüge der praktischen Unterrichtsmethode vor der theoretischen".* Die dadurch gegebene Möglichkeit, mit dem Einfachsten, Leichtesten anzufangen und zu dem Schweren nach dem Verständnis der wachsenden Kraft des Zöglings fortzuschreiten; festeres Haften der auf diesem Weg gewonnenen Erziehungsresultate; Übereinstimmung dieser Beschäftigungsweise mit der eigenen Neigung der Kinder und dadurch erleichterte Disziplin; leichtere Rücksichtnahme auf die Individualität der Zöglinge: *gleichmäßige Förderung der körperlichen und geistigen* Entwicklung; günstige Rückwirkungen auf den Lehrer; besondere Vorteile dieser Methode für den Kollektiv-Unterricht; *erziehender Einfluss derselben auf die Bildung des Charakters;* natürliches Verhältnis der Schüler untereinander und zu den Lehrern; *innige Wechselwirkung zwischen Schule und Familie.*"

Der Unterschied zwischen Biedermann und uns bestand also nur darin, dass wir die beiderseitig gleichen leitenden Gedanken in Beziehung setzten zu den *gegenwärtigen* Verhältnissen der Schule und des Lebens, und dass wir ferner die erziehliche Handarbeit als eine *Vereinsarbeit* aufgenommen haben, und sie zu einem *Unterrichtsgegenstand* zu entwickeln bestrebt sind, der es darum geht, andere Unterrichtsfächer zu fördern und zu befruchten. Biedermann selbst hat mir öfters gesagt, wie er das, was er in seiner „Erziehung zur Arbeit" gewollt habe, jetzt der Verwirklichung entgegen geführt sehe. Er hat dann mit [Woldemar] Götze auch die örtlichen Bestrebungen in Leipzig stets gefördert. Wir aber hielten es Ende der [neunzehn]achtziger Jahre für eine Dankespflicht, Biedermann zu bitten, den Ehrenvorsitz des Deutschen Vereins zu übernehmen. Wie eifrigen Anteil er an dem Fortgang unserer Sache genommen hat, und wie förderlich er uns besonders durch seine vielseitigen Beziehungen zu einflussreichen Persönlichkeiten des öffentlichen Lebens gewesen ist, ist mir vielleicht am meisten bekannt. Darum rufen wir diesem treuen Mitarbeiter, dem wir in seinen Bahnen, die er aus sich selbst heraus gezeichnet hatte, gefolgt sind, unseren herzlichen Dank über das Grab hinaus nach!

Fühlen wir uns eins mit dem Verewigten, in der Verfolgung der gemeinsamen Bestrebungen, so zeichnet ihn doch eine so edle Gesinnung und eine so herzliche Freundlichkeit aus, dass ich den Hinterbliebenen jetzt nur schreiben konnte: „Besonders dankbar aber bin ich dem Dahingeschiedenen für die persönliche Freundschaft, die er mir allezeit bewahrt und so oft bekundet hat, und die lebendig zu erhalten mir ein herzliches Bedürfnis gewesen ist. In diesem freundschaftlichen Sinn habe ich ihn bewundert in der ruhigen und würdigen Auffassung, mit der er die Unebenheiten, die Widerwärtigkeiten und die harten Lebensschicksale, die er zu erdulden hatte, zu tragen verstand. Ich bin so oft auch als ehemaliges Mitglied des Abgeordnetenhauses seinem lebendigen Anteil und dem großen Verständnis gefolgt, die er den öffentlichen Interessen entgegenbrachte, und ich habe, wie ich nicht anders bekennen kann, zu ihm mit Verehrung aufgeblickt [wie] zu einem edlen, feinfühligen und im innersten Wesen liebenswürdigen Menschen, ja zu einem Mann, der zu den Besten seiner Zeit gehört."

So wird auch der Deutsche Verein den Verewigten allzeit ein treues Andenken bewahren.

Görlitz, den 18. März 1901   *von Schenckendorff*

Karl Biedermann.

II. Die Schrift

Karl Biedermann

Die Erziehung zur Arbeit, eine Forderung des Lebens an die Schule

Einleitung

Wir Deutschen haben uns seither immer gar viel auf unseren *öffentlichen Unterricht* und namentlich unser *Volksschulwesen* zu Grunde getan. Es war das eine von vielen leidigen Trostphrasen, womit wir unsere nationalen Blößen zuzudecken pflegten, indem wir denen, welche uns letztere vor Augen hielten, die Vortrefflichkeit unseres Schulwesens und unserer allgemeinen Volksbildung zu Gemüte führten. Wie verachtungsvoll blicken wir auf den Engländer und Franzosen herab, von denen jener gar keine öffentliche Schulen von Staats wegen, dieser wenigstens nicht so zahlreiche aufzuweisen hatte als wir! Wie wohlgefällig rechneten wir nach, um wie viel mehr Prozente unserer Bevölkerung lesen und schreiben könnten, als in jenen Ländern! Unbefangene Beobachter der heimischen Zustände freilich lächeln oder ärgern sich auch wohl über diese Selbsterhebung des deutschen Schulmeister- und Gelehrtendünkels und schwiegen beschämt still, wenn Eingeborene jener Länder, namentlich Engländer, mit berechtigtem Stolz auf die *praktischen* Resultate *ihrer* Volkserziehung, im Vergleich zu der unsrigen, hinwiesen und jene Prahlereien von den Vorzügen unseres Schulwesens — das, wie sie meinten, auf dem *Papier* sich sicher besser ausnehme als in der *Wirklichkeit* — auf ihr rechtes, bescheidenes Maß zurückzuführen[3]. Allein in den offiziellen

---

[3] Ich will von vielen solchen Urteilen nur eines anführen. Der Schotte [Samuel] Laing hat in seinen vortrefflichen, im Jahre 1842 zu London erschienenen „Notes of a Traveller [on the Social and Political State of France, Prussia, Switzerland, Italy and other parts of Europe during the present Century]" (von welchen ein deutscher Auszug, die auf Deutschland und insbesondere auf Preußen bezüglichen Betrachtungen des Verfassers enthaltend, in der Schrift: „Preußen, der Beamtenstaat" von Ad[olf] Heller, Mannheim, 1844, sich befindet), folgende Bemerkung über das preußische Unterrichtssystem (welches bekanntlich wieder als der Typus und das Nonplusultra des deutschen gilt) niederlegt: „Das preußische Erziehungssystem ist, bloß als Unterrichtswesen betrachtet, vortrefflich; es ist die vollkommenste Maschine, in der Lehrer und Schüler unter strafender und lohnender Aufsicht stehen, durch welche die Gelegenheit zur Erweckung nützlicher Kenntnisse aller Fähigkeiten, allen Erlassen dargeboten und durch das Gesetz für alle bindend erklärt wird. Aber die hochgestellten Staatsmänner, welche doch nur den oberen Schichten der Gesellschaft angehören, sehen einen Gegenstand unbewusst einseitig an und verwechseln nur zu leicht das ausgebildete Mittel mit dem eigentlichen Zweck. Ein Mechanismus mag an sich ein Meisterwerk menschlicher Erfindung sein, und doch kann das dadurch erreichte (oder auch wohl verfehlte) Ziel die ganze Weisheit als verschwendet erscheinen lassen, sobald der Endzweck auf einfachere Weise zu erlangen ist. Wollte man z.B. der Bevölkerung, den Alten oder Vormündern nur Selbständigkeit im Handeln gewähren, wollte man diesen vor allem ihre angeborene Menschenwürde lassen, so würde die Erziehung der Jugend daraus ohne Zwang hervorgehen. Doch durch Bevormundung des Volkes wird die bloße Fertigkeit im Lesen, Schreiben und Rechnen nebst anderen nützlichen Kenntnissen, die sich alle auf freiem Weg auch erwerben lassen, zu teuer erkauft. Schreiben und Lesen ist noch nicht Bildung; diese, als ein sittliches Resultat, lässt sich nur durch sittliche Mittel erreichen. Man glaubt nur zu leicht: Lesen sei Denken, während das Letztere selbst mit weit bedeutenderen Kenntnissen nicht notwendig verbunden ist. In Frankreich, Italien, Österreich, Preußen und Schweden ist die Lese- und Schreibkunst weit genug verbreitet, aber sind die Menschen dort frei, aufgeklärt und im höheren, wahren Sinn sittliche Wesen? Ihre geistige Natur, ihr Charakter ist nicht ausgebildet. Wenn der letzte Zweck und das Endziel der Erziehung darin besteht, dass sie den Menschen zum Selbstbewusstsein, zu einer richtigen Schätzung seiner Kräfte und seines Werts erheben, ihm das Gefühl seiner Verantwortlichkeit gegen den Geist der Gesamtheit oder gegen das eigene Gewissen klar machen und ihn zur Würde eines selbst handelnden, denkenden Wesens empor tragen soll, dann ist das preußische System ein völliger Missgriff. Denn von Kindheit an arbeitet der Staat diesem Zweck entgegen, indem er nur mehr mechanische Übung des

Regionen und unter den Fachmännern galt das Dogma von der Unübertrefflichkeit der deutschen Volksschule als ein unfehlbares, jede Antastung derselben als frevelhafte Ketzerei. Neuerdings ist dies merklich anders geworden. An der Stelle jener Selbstgenügsamkeit macht sich jetzt ein Gefühl des Unbehagens über verfehlte Ziele und fruchtlos aufgewendete Mittel, der Enttäuschung über die Irrgänge des bisher eingeschlagenen Weges, zugleich der Ratlosigkeit in Betreff des statt seiner einzuschlagenden, von den verschiedensten Seiten her geltend. Und ich spreche hier nicht etwa von den Klagen und Forderungen gewisser übergläubiger Theologen, reaktionärer Staatsmänner und sonstiger Vertreter einseitiger Partei- oder Sonderinteressen, denen es nur darum zu tun ist, die Schule zu einer Abrichtungsanstalt für die Unterwerfung des Volkes unter die Herrschaft ihres Willens, ihrer Absichten und Interessen zu machen und die daher über den Verfall der öffentlichen Erziehung schreien, sobald sie dieselbe andere Wege wandeln sehen, als welche sie ihr vorzeichnen möchten. Nein! Männer von hellem und unbefangenem Geist, aufrichtige Freunde des Volkes und seiner fortschreitenden Bildung und Veredlung stimmen solche Klagen an, rufen laut nach einer „Reform der Volksschule" als einem dringenden, nicht länger zu vertagenden Bedürfnis. Und, was das Bedeutungsvollste ist, in der ersten Reihe dieser Klagenden und Anklagenden stehen Männer vom Fach, *Schulmänner*, denen man doch Parteilichkeit gegen ihr eigenes Werk und ihren eigenen Stand schwerlich zutrauen, dagegen gründliche Erfahrung und ein gewissenhaftes Nach-

---

Geistes und dessen konventionelle Unterordnung verlangt. Eine solche aber hebt den Charakter nicht, sie erniedrigt ihn. An dieser Stelle der väterlichen, freien Familienbildung tritt Staatsbevormundung; die zarten Fäden, durch die Eltern und Kinder auch für die geistige Entwicklung verbunden sind, werden gelockert oder verschwinden neben der künstlichen Staatserziehung. In der Stimme eines Vaters und im Auge einer Mutter liegt mehr sittlicher Antrieb als in der Macht von Schulsergeanten. — An Schulen und Mitteln zum Unterricht wird es in einem gebildeten Land nicht fehlen, sobald der Durst nach Kenntnissen beim Volk geweckt ist, sobald dieses die unendlichen Vorteile gewährt, die ihm daraus entspringen. Wenn man auf die beschränkte Presse und den hohen Portosatz der deutschen Postämter blickt, so kann man allerdings nicht umhin, über die Schulgelehrtheit der Bevölkerung zu staunen, denn die Gabe des Lesens und Schreibens erscheint bei solchen Fesseln fast wie eine Verschwendung."

denken über den Gegenstand ihrer öffentlichen Meinungskundgebung nicht ansprechen wird.

Neben so löblicher Selbsterkenntnis und Offenheit im Bekennen der eigenen Schwäche auf Seiten des Lehrerstandes muss als Schweigen derer doppelt auffallen, die bei dieser Angelegenheit nicht minder, wenn auch in anderer Weise, beteiligt sind als jene — der Familienväter, die von der Volksschule das sittliche und geistige Wohl oder Wehe der eigenen Nachkommenschaft, der *Staatsmänner* und *Patrioten*, die von ihr die Förderung oder Hemmung, die naturgemäße Entwicklung oder Verbildung des ganzen nachwachsenden Geschlechts zu erwarten haben. Diese alle, sollte man meinen, müssten das lebendigste Interesse daran nehmen, ob die Volksschule ihre Aufgabe recht erfülle, ob sie die ihr anvertrauten Kräfte der Jugend und die auf sie verwendeten Mittel wohl gebrauche, oder ob sie vielleicht von alledem das Gegenteil tue. Und doch scheint dem nicht so zu sein. Zwar die erste äußere Anregung zu den neuesten öffentlichen Verhandlungen über [die] Reform der Volksschule ging von einem außerhalb des Kreises der Fachmänner Stehenden aus, insofern die meisten der darauf bezüglichen Schriften mehr oder weniger durch die von dem Landammann *Schindler* in Zürich aufgestellten Preisfrage veranlasst wurden: „Wie kann der Unterricht in der Volksschule von der abstrakten Methode emanzipiert und für die Entwicklung der Gemütskräfte fruchtbarer gemacht werden?"

Allein die dadurch angeregte lebhafte Erörterung in der Presse ist meines Wissens bis jetzt nur von wirklichen Schulmännern geführt worden — und von den so genannten „Laien" hat sich keiner daran beteiligt.

Eben hierin zeigt sich, wie mir scheint, eine bedenkliche Verrückung des wahren, natürlichen Standpunkts der Volksschule. Diese wurde bisher nicht allein von der Mehrzahl der Männer vom Fach (mit einzelnen rühmlichen Ausnahmen), sondern auch von den Behörden und Vertretern des Staates und der Gemeinden, ja von den meisten Eltern selbst als etwas angesehen, in dessen inneres Leben und Weben nur den eigentlichen Fachleuten, den praktischen Schulmännern und den wissenschaftlichen Pädagogen, daneben höchstens noch den Geistlichen, keineswegs aber den „Laien" eine Einsicht oder gar

Entwicklung zustehe. Es erging mit dem öffentlichen Unterrichtswesen ungefähr ebenso, wie mit der Rechtsprechung; wie diese Jahrhunderte lang das Monopol einer gelehrten Kaste war und für eine Kunst galt, von der das übrige Volk nichts verstehe, in deren Ausübung es sich nicht zu mischen habe, so ist auch der Unterricht und die Erziehung unserer Jugend in den Volksschulen für die große Mehrzahl der recht eigentlich dabei Beteiligten, der Eltern und Versorger von Kindern, etwas ihnen Fremdes, Fernstehendes und Unnahbares geworden. Etwas, in das hineinzureden, worüber ein Urteil anzugeben oder einen Rat zu erteilen sie sich nicht getrauen. Eine künftige, vorgeschrittene Generation wird schwer begreifen, wie ein so unnatürliches Verhältnis bestehen konnte, gleichwie schon wir es kaum begreifen, dass man so lange die Entfremdung der Rechtspflege vom Leben des Volkes, das heimliche Verfahren durch lediglich rechtsgelehrte Richter als das allein zulässige behaupten, dass man sogar wagen konnte, das Volk von jeder Mitwirkung und Kontrolle bei der Regelung seiner öffentlichen Angelegenheiten auszuschließen.

Gewiss! Es wird der erste entscheidende Schritt zu einer erfolgreichen und nachhaltigen Reform unseres öffentlichen Unterrichtswesens sein, wenn die Familie einerseits, Staat und Gemeinde andererseits den ihnen gebührenden Anteil an der Leitung und Beeinflussung desselben — nicht bloß in Bezug auf äußerliche Formen oder gar nur auf den Finanzpunkt, sondern auf das innere Wesen, das Tun und Lassen der Schule — voll und ganz zurückfordern; [sich] aber auch dieses [...] Recht durch tatkräftige, gewissenhafte und einsichtige Ausübung ebenso wohl [...] sichern als verdienen; wenn alle Eltern deutlich erkennen und unverhohlen aussprechen, was sie, im Angesicht ihrer Elternpflichten und der dadurch bedingten Verantwortlichkeit für die Zukunft ihrer Kinder, von der Schule, welcher sie dieselben anvertrauen sollen, fordern und erwarten; wenn die Vertreter von Staat und Gemeinde sich ganz klar werden über den Anteil, welchen sie der Volksschule auf die Bildung des Volksgeistes, auf die Entwicklung der materiellen und geistigen Kräfte der Nation zuweisen; über die Stellung, welche sie demnach derselben inmitten des Gesamtorganismus der öffentlichen Einrichtungen einräumen; aber auch über die Wirksamkeit, welche sie von diesem Gesichtspunkt aus ihr ansinnen wollen.

Erst dann wird der rechte, vollgültige Maßstab gefunden sein, um zu beurteilen, was der Volksschule Not tue, woran es ihr fehle, wessen sie bedürfe, der feste Punkt des *Archimedes*, um dieselbe aus den Kreisen, in denen sie bisher sich umdrehe, von denen aber gewiegte Schulmänner selbst bekennen, dass sie zu eng geworden und durchbrochen werden müssen, in neue, weitere und sichere Bahnen zu entrücken. Solange die „Reform der Volksschule", statt eine Sache der Allgemeinheit, ein Gegenstand der Verhandlung und Erörterung in den weitesten Kreisen des Volkes zu sein, auf den Kreis der Schule selbst und der Männer vom Fach beschränkt bleibt, werden diese Reformbestrebungen — bei allem löblichen Eifer und aller gründlichen Einsicht der daran Teilnehmenden — doch mehr oder weniger den Anstrengungen jenes Herrn von Münchhausen gleichen, welcher sich bei seinem eigenen Haar aus dem Wasser ziehen wollte.

Von derartigen Erwägungen geleitet und tief durchdrungen von der hohen Wichtigkeit eines vernunftgemäß eingerichteten, ebenso aber von dem nachteiligen Einfluss eines vernachlässigten oder verkünstelten und in Einseitigkeit befangenen Unterrichts- und Erziehungswesen, glaubte der Verfasser der nachstehenden Betrachtungen die Gedanken, welche sich ihm bei vorurteilsloser und sorgfältiger Beobachtung dieses Zweiges unseres öffentlichen Lebens so wie bei vielfachem Nachdenken darüber aufdrängten, nicht darum zurückhalten zu sollen, weil es die Gedanken eines „Laien" sind. Er gibt dieselben aber auch nur als solche und erhebt keinen anderen Anspruch, damit zu werben, als den, welcher einerseits jedem um das Wohl seiner Kinder besorgten Familienvater, andererseits jedem, der an der großen Sache allgemeiner Volks- und Menschenbildung, an der Förderung der edelsten Interessen unserer Nation lebhaften Anteil nimmt, von Rechts wegen zusteht.

Erstes Kapitel

Die Mangelhaftigkeit unseres öffentlichen Unterrichtswesens, nachgewiesen an den praktischen Erfolgen desselben

„An ihren Früchten sollt ihr sie erkennen!" Dieser Spruch muss, wenn irgendwo, für die Erziehung und den Unterricht gelten. Mögen immerhin manche Schulmänner das Lehren und Lernen in der Praxis so betreiben, als wäre dasselbe nicht Mittel zum Zweck, sondern Selbstzweck, ja wohl gar einziger und letzter Zweck des Lebens, als wäre alles getan, wenn sie und ihre Schüler nur vor dem revidierenden Schulinspektor oder in der öffentlichen Prüfung wohl bestehen, grundsätzlich wird doch selbst von einseitigen Fachmännern keiner, — geschweige denn von den vielen vernünftigeren — zu leugnen wagen, dass die Schule nicht um ihrer selbst willen da sei, sondern als Vorbereitung fürs Leben, dass man nicht lehren und lernen sollte für die kurze Stunde des Examens, sondern um bleibende oder tiefer gehende Resultate für eine lange Folgezeit zu erzielen. Verzeihlich zwar ist, wenn dem Mann vom Fach, dem gelehrten Pädagogen oder dem ausübenden Lehrer seine Kunst und Wissenschaft als ein in verbundenes System erscheint, wenn er nach dem genau bemessenen Taktschritt der „Methode" sich seinen Lehrgang vorzeichnet, seine Lehrziele absteckt und damit alles getan zu haben glaubt, was man billigerweise von ihm verlangen könnte. Aber eben darum ist es notwendig, dass dieser Bann einer in sich selbst anschließenden, dem Leben entfremdeten und in abstraktem System- und Methodenwesen erstarrten Pädagogik durchbrochen, dass unserer Volksschule der organische Zusammenhang mit dem allgemeinen Entwicklungsgang des Lebens erhalten und gesichert oder, sollte er wirklich bereits verloren gegangen sein, zurückgegeben werde; eben darum ist es notwendig, dass Familie und Gemeinwesen sich mehr als bisher um die Schule kümmern, sich inniger mit ihr verbinden und durchdringen. Die besseren, einsichtigen Schulmänner selbst fühlen das Bedürfnis solcher Wiederannäherung und Durchdringung; sie selbst erkennen die Unfruchtbarkeit und Verkehrtheit einer Pädagogik, welche Systeme auf Systeme, Methoden auf Methoden gegipfelt, aber sich dabei immer weiter von den einfachsten Grundsätzen der menschlichen Natur, von den unerlässlichen Forderungen des alltäglichen Lebens entfernt hat; sie geben zu, dass infolge dieser einseitigen Richtung, welche das öffentliche Unterrichtswesen angenommen, dasselbe nicht einmal das Ziel, welches es sich selbst gesteckt, erreicht habe, nämlich: Seinen Zöglingen einen Schatz von Kenntnissen fürs Leben mitzugeben, geschweige dass es den höheren Ansprüchen hätte genügen können, die man in Bezug auf Förderung der Sittlichkeit, Ausbildung des Charakters, Pflege des Gemüts und Entwicklung der dem künftigen Staatsbürger nötigen Eigenschaften mit Fug und Recht an die Volksschule stelle.

Ich werde, wenn ich im Folgenden versuche, die mangelhaften praktischen Erfolge unseres Volksschulwesens aufzuzeigen, mich vorzugsweise auf solche Stimmen aus der Mitte des Lehrerstandes selbst, auf die Bekenntnisse und Urteile praktischer Schulmänner beziehen können, und ich tue dies um so lieber, als ich dadurch am besten dem Vorwurf anmaßender Unkenntnis oder gehässiger Parteilichkeit zu entgehen hoffe. Wenn die eigenen Vertreter und Organe der Volksschule solche Anklagen gegen diese wahre Selbstanklage erheben, so muss doch wohl das Übel schon sehr groß sein.

Der *erste* Vorwurf, den man der Volksschule wegen der Mangelhaftigkeit ihrer Erfolge machen kann, ist der: *Dass die Summe und der Gehalt dessen, was in ihr gelernt wird, in keinem Verhältnis stehe zu der dafür verwendeten Zeit.*

Dieser Vorwurf mag sehr gewagt erscheinen, wenn man erwägt, wie Außerordentliches gerade in unserer Zeit durch die verbesserten Methoden in allen Zweigen des Unterrichts angeblich und zum Teil auch wirklich geleistet ist für leichteres und schnelleres Lernen, wie man dadurch die Möglichkeit gewonnen hat, in derselben Frist, in welcher früher nur wenige dürftige Elemente des Wissens der Jugend mühsam eingeprägt wurde, jetzt Massen von Kenntnissen, Begriffe, Daten, Zahlen ihr gleichsam spielend beizubringen. Dennoch kann ich selbst der verbesserten Volksschule diesen Vorwurf nicht ersparen, und ich habe dabei sogleich gewichtige bestätigte Äußerungen praktischer Schulmänner für mich. Einer derselben, der Seminardirektor [Thomas] *Scherr* in Zürich, in seiner Schrift: „Organisation der Volksschule" (Leipzig 1847), stellt als das Lernziel, welches durchschnittlich in einer gewöhnlichen Volksschule erreicht werde, Folgendes auf: Eine in der Regel mangelhafte Fertigkeit im mündlichen Ausdruck, im Wiedergeben fremder oder der Darlegung eigener Gedanken; leidliche Fertigkeit im Lesen, eine leserliche, vielleicht sogar schöne Handschrift, dagegen nur ausnahmsweise ausreichende Gewandtheit und Korrektheit im Abfassen schriftlicher Aufsätze; im Rechnen selten vollkommene Sicherheit auch nur in den einfachen Rechenarten, im besten Fall die vier Spezies, die leichtere Bruchrechnung, den Regeldetri [Dreisatz] und die Gesellschaftsrechnung, aus der Geometrie die Berechnung von Flächen; vom Unterricht in der Muttersprache zumeist nur eine mechanische Anlernung unverstandener Formen, von den Realien: Geographie, Geschichte, Naturlehre und Naturgeschichte, eine Summe von Namen, die wie Spreu im Winde verfliegen, sobald die Repetition aufhört, ein wenig Zeichnen (in den meisten Schulen, meint *Scherr*, sei dies „bloße Tändelei"), etwas mehr Übung und Kenntnis des Gesangs, endlich einige eingelernte, selten ins Gemüt übergegangene Religions- und Moralbegriffe.

Dies also wäre das praktische Resultat einer *achtjährigen* Schulzeit, eines Aufwandes von beinahe 8.000 Unterrichtsstunden (so hoch berechnet *Scherr* dieselben a.a.O.), ungezählt die dem Zögling noch außerhalb der Schule auferlegten Arbeitsstunden. Es mag zugegeben werden, dass der von *Scherr* aufgestellte Durchschnitt teilweise etwas niedrig gegriffen ist und von manchen Schulen, namentlich in größeren Städten, mehr geleistet werden; aber gewiss gibt es auch viele Schulen, zumal auf dem Land, welche diesen Durchschnitt nicht einmal erreichen. Entwirft doch [Wilhelm Jacob Georg] *Curtmann* in seiner „Reform der Volksschule" (Frankfurt a. M. 1851) ein noch weit trüberes Bild, wenn er ausruft: „Man setzt die sechsjährigen Knäblein täglich drei Stunden und länger auf die Schulbänke und bedroht sie für jede ungebührliche Kopfbewegung mit Strafe. Und was ist die Frucht dieses Sitzens und Harrens und dieser Hofmeisterei? Notdürftiges Lesen in der Fibel, notdürftiges

Schreiben auf der Schiefertafel, notdürftiges Abzählen an den Fingern." Aber nehmen wir auch einmal an, dass die Mehrzahl der Zöglinge einer Volksschule oder selbst alle es zu einer vollkommen ausreichenden Fertigkeit im Lesen, Schreiben, Rechnen mit ganzen Zahlen und Brüchen, in den fürs gewöhnliche Leben notwendigen Verhältnisrechnungen und sogar in der Planimetrie [Geometrie der Ebenen] bringen, dass sie dazu noch ein paar nicht allzu schwere Melodien richtig singen, einfache Gedichte ohne Anstoß und mit erträglicher Betonung deklamieren, kleine Aufsätze abfassen lernen, dass sie einzig allgemeine Kenntnisse aus der Erd- und Naturkunde, der Geschichte und Geographie ihres Vaterlandes erlangen und dass sie die Grundlehren der Religion und Moral erfassen (gewiss eine sehr günstige, in den meisten Fällen zu günstige Annahme), steht wohl selbst ein solches Resultat im richtigen Verhältnis zu der auf dessen Erziehung verwendeten Zeit, Kraft und, muss man leider hinzusetzen, Gesundheit der Lernenden und Lehrenden? Ist das eine befriedigende Ausbeute eines Lehrkursus von 8.000 Lehrstunden und vielleicht 2.000 Arbeitsstunden zuhause, während deren die lernende Jugend im Zimmer eingesperrt still sitzt, die Übung ihres Körpers, die Bewegung im Freien, ihre heiteren Spiele entbehren muss?
Ich bin sehr weit davon entfernt zu wünschen, die Volksschule möchte in Bezug auf den Umfang der ihren Zöglingen beizubringenden Kenntnisse mehr leisten als sie jetzt leistet; im Gegenteil betrachte ich es als ein noch viel größeres Unglück, wenn die Volksschule ihre Ansprüche an sich und ihre Zöglinge höher steigert, wenn sie sich zu einer Art gelehrter Unterrichtsanstalt hinaufzuschrauben sucht. Ich finde daher auch weder eine Beruhigung für das von mir geäußerte Bedenken, noch eine Entkräftung meines Vorwurfs in jenen Programmen und Lehrplänen gewisser Volksschulen in größeren Städten, welche nichts Geringeres versprechen als: Ihre Schüler in „allen Dingen und noch einigen anderen" zu unterrichten. Abgesehen davon, dass noch lange nicht alles, was man daselbst lehrt oder zu lehren vorgibt, von den Schülern wirklich gelernt, d.h. begriffen und behalten wird, dass vielmehr mit der Masse des Lehrstoffes gewöhnlich nur die Hohlheit des Schein- und Schauwissens zunimmt, so bliebe selbst in dem Fall, dass alles was im Lehr-

plan steht, in ganzer Ausdehnung gelehrt, und alles Gelehrte volles Eigentum der Lernenden würde, das Verhältnis immer dasselbe ungünstige. Denn in solchem Fall wird nicht bloß in der Regel die Zahl der Lehr- und Arbeitsstunden über das gewöhnliche Maß hinaus vermehrt, also die den Kindern zum Spielen und zur freien Körperbewegung vergönnte Zeit noch ungebührlicher verkürzt, sondern es wird auch die Anspannung der jungen Geister intensiv gesteigert durch Anwenden von allerhand Treibhausmitteln, Anreizungen der Eitelkeit und des Ehrgeizes, künstlichen Methoden mit Hochdruck auf Gedächtnis, Phantasie und Verstand, und es werden auf solche Weise, abgesehen von dem noch größeren Verlust, den hier die Kinder an Gesundheit, Jugendfrohsinn und Gelegenheit zur Erwerbung anderer, wichtigerer Entwicklungselemente erleiden, auch noch viel gewisser alle jene schädlichen Folgen einer frühzeitigen körperlichen und geistigen Überspannung der zarten Kindernatur eintreten, von denen sogleich weiter die Rede sein soll.

Der Vorwurf, den ich hier der Volksschule mache, dass ihre Bildungsresultate ungenügend seien im Verhältnis zu den dafür aufgewendeten Mitteln, trifft übrigens keineswegs bestimmte Schulen, Lehrer oder Lehrmethoden; vielmehr erkenne ich bereitwillig an, dass von Seiten der Mehrzahl unserer heutigen Volksschullehrer aller nur mögliche Fleiß und Eifer auf ihren Beruf gewendet, dass auch im Punkt der Methodik das Außerordentliche geleistet werde. Der Übelstand, den ich rüge, ist die Folge von Ursachen, welche in der ganzen Einrichtung unserer Volksschule und in dem Wesen des darin erteilten Unterrichts begründet sind, und gegen welche weder der einzelne Lehrer noch die Methode, wie vortrefflich beide sein mögen, wesentliche Abhilfe zu schaffen vermögen. Darüber, wie ich mir eine größere Fruchtbarmachung der Schulzeit für die wahre Bildung der Schüler als möglich denke, werde ich später versuchen meine Ansichten zu entwickeln.

Noch weit unleugbarer als der vorgenannte, und von den Schulmännern selbst weit rücksichtsloser eingestanden, ist ein *zweiter* Übelstand, der sich bei unserem dermaligen Unterrichtswesen findet: *Das rasche Vergessen des in der Schule Gelernten nach dem Austritt der Schüler aus derselben.* Dass die Summe dieses in kürzester Zeit wieder verloren gehenden

Teils der erlangten Schulkenntnisse zu der Gesamtsumme des Erlernten in einem wahrhaft erschreckenden Verhältnis steht, ist eine von den Kennern des Schulwesens fast allgemein als zweifellos anerkannte Tatsache; nur darüber streitet man noch, ob dieser Übelstand lediglich oder doch vorzugsweise einer Mangelhaftigkeit des Unterrichts selbst zuzuschreiben oder aus anderen Ursachen herzuleiten ist, für welche man die Schule nicht verantwortlich machen könne. Im Jahre 1839 wurde von einem Freund der Jugend- und Volksbildung, dem Holländer *Suringar*, die Preisfrage gestellt:

„Welches sind die Ursachen, warum so viel Gutes, was die Kinder in der Schule gelernt haben, wieder verloren geht, sobald und nachdem sie die Schule verlassen?"

Dem Urheber dieser Preisaufgabe scheint bei Stellung seiner Frage der Gedanke, dass die Schule selbst an der raschen Zerstörung ihrer Früchte die Hauptschuld trage, vorgeschwebt zu haben, denn er setzt erläuternd hinzu:

„Bei der Beantwortung dieser Frage soll man untersuchen, ob nicht vielleicht in dem Unterricht selbst der Keim des Verlustes liegt, teils weil viel von dem, was die Kinder in den Schulen lernen, wenn es auch den Samen eines guten Unterrichts trägt, eigentlich nicht gut ist und also [wegen] seiner Beschaffenheit wieder verloren geht, teils, wenn es auch gut ist, nicht auf eine solche Weise gelehrt und gelernt wird, die es wahrscheinlich macht, dass es nicht wieder verloren gehe."

Und derjenige, welcher damals nach der Entscheidung eines Ausschusses der namhaftesten Pädagogen Deutschlands unter 65 Mitbewerbern den Preis davontrug, Seminardirektor *Curtmann* in Friedberg, bejaht in der betreffenden Preisschrift (unter dem Titel; „Die Schule und das Leben", Friedberg, 1842) nicht allein die Tatsache, an welcher *Suringar* seine Frage geknüpft, sondern er muss auch, obschon sehr geneigt, von der Schule die ihr beigemessene Schuld auf das Leben und dessen Strömungen abzuwälzen, am Ende doch erkennen, dass die Schule selbst großen Teil an den mangelhaften Erfolgen ihrer Wirksamkeit habe, dass Art und Wesen des gegenwärtigen Unterrichts sehr viel zu dessen Unfruchtbarkeit fürs Leben beitragen. Gleich im Eingang seiner Schrift stellt er es als eine „ausgemachte Erfahrung" hin, „dass trotz der bedeutenden Anstren-

gungen, welche seit etwa 20 Jahren von Regierungen, Gemeinden und Einzelnen für Schulzwecke gemacht worden sind, der Gewinn an wahrer innerer Bildung im höheren wie im niederen Volksleben noch wenig sichtbar geworden". — Wie könnten sonst", fragt er weiter, „die Klagen wegen überhand nehmender Rohheit, Leichtfertigkeit, Ruchlosigkeit und Gottlosigkeit der Stadt- wie der Landbewohner immer vernehmlicher gehört werden? Wie könnte die Beschwerde der Lehrherren und Prinzipale laut werden, dass die Zahl der tüchtigen und zuverlässigen jungen Leute, selbst nur der wissbegierigen und weiterstrebenden, äußerst gering sei? Wie dürfte sonst von hochstehenden Beamten geäußert werden, dass bei den Prüfungen zum Staatsdienst ein handwerksmäßiges Einlernen des unbedingt Notwendigen, ein Mangel an Liebe zur Wissenschaft und an Anstelligkeit für das Geschäftsleben nur allzu oft ersichtlich ist?" Er gibt sodann zu, dass, wenn man auch das Leben mit seinen störenden Einflüssen für den Verlust des in der Schule Gelernten verantwortlich machen wolle, immer schon ein Vorwurf für die Schule darin liege, dass sie nicht stark genug sei, solche ihr entgegenstehende Einflüsse zu überwinden, und nur der Gedanke tröstet ihn einigermaßen, „dass unser besseres Schul- und Erziehungswesen noch zu neu und auf eine zu dürre Zeit gefolgt sei, um mit seinen Wirkungen bereits in alle Fugen des Gewohnheitslebens einzudringen." Gleichwohl kann er nicht umhin, eine Menge von Ursachen jener unerfreulichen Erscheinung anzugeben, die in der Schule oder den Lehrern selbst zu suchen seien, unter anderem neben vielen speziellen als eine fast allen Schulen gemeine: *das Übermaß und die Unzeitigkeit des Unterrichts.* „So viel ist gewiss", sagt er, „dass manche Schulen durch unnütze Unterrichtslast, Häufung der Privatarbeiten, Niederdrückung der jugendlichen Freudigkeit während der Unterrichtszeit die Gesundheit des Körpers immer mehr herabstimmen und die kräftige Entwicklung des Geistes, mithin auch die Dauerhaftigkeit des Erlernten hindern."
In dieses Urteil stimmen andere Pädagogen, welche über denselben Gegenstand in neuester Zeit geschrieben haben, unumwunden ein. So sagt [August Wilhelm] *Grube* in seiner Schrift „Der Elementar- und Volksunterricht" (Leipzig 1851), es zeige sich auch in der Volksschule eine Hast, eine Überspan-

nung der Lehrer- und Schülerkräfte, welche sich in schneller Abspannung, namentlich in schnellem Vergessen des in der Schule Gelernten äußere.

Eltern, welche sich um die geistige Entwicklung ihrer Kinder kümmern und auf deren Vor- und Rückschritte Acht haben, sowie solche, die als Lehrherren, Prinzipale oder in ähnlichen Verhältnissen Gelegenheit haben, junge Leute nach ihrem Austritt aus der Schule zu beobachten, werden häufig Veranlassung finden, in diese Klagen der genannten Schulmänner bekräftigend einzustimmen.

Aber, *drittens*, selbst da, wo in der Schule viel gelernt und wo das Gelernte nach der Schule nicht sogleich wieder vergessen wird, *sind doch die Resultate der erworbenen Kenntnisse für das eigentliche Leben, für das Gemüt, die Sittlichkeit, den Charakter, die praktische Tüchtigkeit der so Unterrichteten in sehr vielen, beinahe den meisten Fällen mehr als zweifelhaft.*

Auch dieser Gegenstand ist neuerdings Gegenstand einer Preisaufgabe und, in deren Folge, einer lebhaften öffentlichen Besprechung teils in einer Anzahl selbständiger Abhandlungen, teils in den pädagogischen Zeitschriften geworden. Die Streitfrage, diesmal von einem Schweizer, dem Alt-Landammann *Schindler* von Zürich, gestellt, verlangte zunächst nur einen Nachweis darüber: „Wie der Unterricht in der Volksschule von der abstrakten Methode emanzipiert und für die Entwickelung der Gemütskräfte fruchtbarer gemacht werden könne."

Die Bekenntnisse, welche auf diese Veranlassung hin erfahren, gebildete und von warmer Liebe zu ihren Fach beseelten Schulmänner abgelegt haben, verbreiten aber auch über andere Partien dieser Frage ein nur zu grelles Licht und dürften denn doch diejenigen, welche unsere Volks- und Jugenderziehung bisher nur im rosigen Schimmer zu sehen gewohnt waren, einigermaßen aus ihren Illusionen aufstören.

Ich will auch hier zunächst die Männer vom Fach sprechen lassen, will die Klagen, welche sie über die sittlichen und geistigen Mängel des in der gegenwärtigen, verbesserten Volksschule gebildeten Geschlechts, die Anklagen, welche sie deshalb gegen diese selbst richten, registrieren und dann erst meine eigenen Beobachtungen und Gedanken hinzufügen.

„Woher", sagt *Curtmann* in seiner oben angeführten älteren Schrift, „diese Abneigung gegen alle mechanische Anstrengung, diese Liebe zum Einsitzen im Haus, diese unkindliche Unfrische unserer Jünglinge und Jungfrauen des höheren Standes, *als von dem übermäßigen Sitzen in und für die Schule?"*

Und weiterhin: „Viele werden das Angelernte wie Staub von ihren Füßen schütteln, teils im Gefühl des Unrechts, das man ihnen angetan, teils in der Erkenntnis der *Richtigkeit eines solchen Schultreibens."*

Eine andere sehr tüchtige Schrift über denselben Gegenstand, von *P*[eter] *F*[riedrich] *Kirchmann,* Lehrer in Eutin („Naturforderungen an Erziehung und Unterricht", Eutin 1851), spricht sich ganz ähnlich aus: „Jeden Tag sechs Stunden öffentlichen Unterricht, der, wenn er nur zur Hälfte fruchtbar werden soll, die angestrengteste Tätigkeit des Geistes beansprucht, darauf noch ein Pensum für einige Stunden häuslicher Beschäftigung und Privatstunden – was Wunder, dass man über geistige Abschwächung, Blasiertheit [Abgestumpftheit], Verbildung der Jugend klagt! *Viele Zeitklagen mögen ihren Grund in der geistigen Entmannung haben, welche unsere Generation in ihrer Jugend erfahren hat."*

An einem anderen Ort, wo er von der abstrakten Methode des Unterrichts, der noch in vielen Volksschulen herrschte, spricht, entwirft *Kirchmann* das folgende, leider nur zu treue Bild von den Folgen einer solchen Jugendbildung:

„Ein Unterricht wie der vorbeschriebene findet in den geistig kräftigen Kindern seine unaufmerksamen und unlenksamen Schüler, während die schwächeren als die fügsameren erscheinen. Aber diese lenksamen Schüler, die an der Hand der Schule den Weg der Natur verließen, bringen die Früchte der Unnatur in ihrem späteren Leben zur Schau. Diese gut unterrichteten Schüler erscheinen im Leben nicht selten als blasierte [durch Übersättigung abgestumpft], sich für nichts interessierende Männer, die mit Langeweile arbeiten und leben, die über alles schwatzen, aber nichts gründlich kennen, weil sie es zu unbequem gefunden haben, zu den Einzelheiten, die doch nur eine genaue Kenntnis vermitteln, herabzusteigen. Solche gut unterrichteten Schüler werden in der Regel unbetriebsame und tatlose Männer, die das Leben vom allgemeinen Standpunkt, aus der Vogelsperspektive übersehen, aber verlernt haben, mit tätiger Hand hineinzugreifen."

Wie die Männer, so findet *Kirchmann* auch die Frauen durch die Erziehung in der Schule ihrem eigentlichen Lebensberuf weit mehr entfremdet als dafür vorbereitet. „Darin", sagt er, „liegt eben der größte Fehler der bisherigen Unterrichtsweise des weiblichen Geschlechts, dass dadurch viel oder wenig Wissen, *aber wenig oder gar kein Verstehen* herbeigeführt wird. Das Weib hat am wenigsten Zeit und Beruf und es steht ihm gar übel an, Schulhefte nachzulesen und sich an Memoriertes [auswendig Gelerntes] zu erinnern. Das Wissen bläht auf, macht hoch- und übermütig, erdrückt und stimmt den Geist herab; aber das Verstehen macht demütig und bescheiden, erhebt den Geist, kehrt ihn, Schein von Wesen unterscheidend, jenen verachten und diesen schätzen. Dass aber der weibliche Teil der Menschheit nur in einem geringen Maß dahin gelangt ist, Schein von Wesen zu unterscheiden, darin liegt ein großer Teil der Übel, die auf der Menschheit lasten. Das durch Vielwisserei, Überladung und Lektüre und anderen Verkehrtheiten der Erziehung gelangweilte und blasierte Weib aus den so genannten höheren Ständen sucht durch Scheinwerk aller Art sich um die Ihrigen abzuschließen von der niedriger stehenden Menschheit, weil sie in dem Schein des Höherstehens eine dünkelhafte Genugtuung findet, und das Weib aus den mittleren Ständen sucht ebenfalls durch Schein und Flitter sich und die Ihrigen hinaufzuschrauben an die höheren Stände. Da nun bekanntlich der Einfluss der Frauen in der Familie der herrschende ist, so ist die mangelhafte geistige Förderung derselben die Quelle der aristokratischen Abschließung, der abstoßenden Geringschätzung Unebenbürtiger von Seiten der höheren Stände, sowie der Prunksucht und der kindischen Nachäfferei der mittleren Stände, wodurch einesteils der Luxus immer mehr anwächst und den Wohlstand der Familie untergräbt, andernteils die Erbitterung erzeugt wird, womit sich der niedrig stehende Teil der Menschen nach oben wendet. Da man endlich auch die Frauen in der Jugend nicht gelehrt hat, die Vorkommnisse in ihrem häuslichen Kreis zu verstehen, daraus zu lernen und den Geist zu begreifen, der ihn erfüllt, so ist er ihnen als ein höchst prosaisches, trockenes und langweiliges Einerlei erschienen, dem sie sich oft, um nicht geistig zu verkommen, entziehen müssen, und so werden Gesellschaften und öffentliche Lustbarkeiten vor allem von dem weiblichen Teil der menschlichen Gesellschaft gefordert und besucht, wodurch wiederum der Wohlstand der Familie erkrankt."

Scherr (a.a.O.) spricht sich ähnlich aus: „Schon sind jetzt in deutschen Staaten einige Generationen, die durch die verbesserte Schule gegangen, ins bürgerliche Leben eingetreten, und die Gegner der Schule behaupten nicht ohne Grund, diese Generationen seien keineswegs in dem Grad besser, weiser und geschickter, in welchem man es nach den Voraussetzungen und Versprechungen der Schulförderer und Schulfreunde hätte erwarten mögen. Ich muss allein meinen vieljährigen Beobachtungen und Erfahrungen auf dem Gebiet des Schulunterrichts und der Schulleitung in jene ungünstige Behauptung wenigstens teilweise mit einstimmen, und mir ist es zur Überzeugung geworden, dass allgemein befriedigende Resultate so lange nicht erzielt werden, als die Schule auf die Jahre der Kindheit beschränkt ist, denn, *was bei einem Unterricht erlernt wird, der gegen die Entwicklungsstufe des Menschenwesen verfahren muss, geht meistens wieder verloren, sobald die regelmäßige Schulübung aufhört.*"

Ein wahrhaft vernichtendes Urteil aber hat über unser ganzes gegenwärtiges Volksschulwesen wegen dessen Unfruchtbarkeit fürs Leben *Curtmann* in seiner zweiten oben angeführten Schrift „Zur Reform der Volksschule" niedergelegt. Er sagt: „Meine frühere Begeisterung für Volksbildung durch Volksschulen war durch tausend Erfahrungen bereits sehr gemäßigt worden, als die Revolution 1884 mir vollends zeigte, unter welchem ideologischen Verschönerungsglas ich und so viele andere die Schulwelt betrachtet hatten. Eine Zeit lang wirkte diese Enttäuschung so niederschlagend auf mich, dass mir mein Beruf ein verfehlter, ein sich selbst vernichtender schien. — Die Jahre 1848 und 1849 haben den Schleier von der geträumten Herrlichkeit des deutschen Schulwesens hinweg gerissen, und das entschleierte Bild hat ein welkes, verzerrtes, ohnmächtiges Antlitz gezeigt. Das Geständnis, wie weh es auch einem Enttäuschten tut, muss abgelegt werden: *Die deutsche Volksschule hat ihre Probe nicht bestanden,* wenigstens die Probe ihrer Verheißung nicht. Was hatte diese Sache nicht alles verheißen durch den Mund ihrer Lobpreiser? Gründet Schulen, hieß es, so habt ihr ein gebildetes, sittliches Volk! Was ihr für Unterricht ausgebt, das spart ihr an den Gefängnissen! Die Lehrer sind die Bildner der Menschheit, in ihren Händen liegt die Zukunft! O ja, ich selbst habe in dies Gejauchze eingestimmt. Aber in dem Revolutionssturm ist der Rausch der Bewunderung verflogen, die unschöne Wirklichkeit liegt vor uns — wir stehen beschämt vor der Leiche des gefeierten Irrtums. Was hat denn — die Hand aufs Herz — diese viel gerühmte, seit dreißig Jahren sorgsam gepflegte Schule bewirkt? Ist die jüngere Generation unseres Volkes einsichtsvoller, leidenschaftsvoller, sittlicher als die ältere, als die ohne künstlichen Unterricht aufgewachsene? Zeigt sich in den Städten, in den viel geschulten Bezirken ein besserer Geist als auf dem platten, wie man sagt, verwahrlosten Land? Hat das schulenreiche Baden, Württemberg, Sachsen ein besonneneres, treueres Volk hingestellt, als Pommern, Hannover oder Tirol? Hat irgendwo die vorgebliche Bildung dazu beigetragen, dass man die Schranken des Gesetzes geachtet, Eigentumsverletzungen unterlassen, Personen nicht gekränkt, die oberflächlichen und heillosen Reden der Volksversammlungen weniger beklatscht, die unsittlichen und gemeinen Zeitungen weniger gelesen hätte? Nein, die Rechnung lautet gerade umgekehrt zum Nachteil der Städte und der städtischen Dörfer. Die Mörder [Hans von] Auerswalds und [Felix von] Lichnowskys konnten alle lesen, Zeitungen und Proklamationen verstehen; die Kanoniere, welche Ludwigshafen mutwillig in Brand schossen, waren keine Proletarier, sondern verhältnismäßig gebildete Leute."

Diese und andere Schilderungen *Curtmanns* enthalten wohl manches Übertriebene und einseitig Ausgelassene, was auch bereits von verschiedenen Seiten her, namentlich von *Diesterweg* (in den „Rheinischen Blättern für Erziehung" XLIV. Bd. 1. Heft) auf sein rechtes Maß zurückgeführt worden ist. *Curtmann* betrachtet die ganze Bewegung von 1848 als nur aus Selbstsucht, Egoismus und Neuerungslust hervorgegangen, ohne in Erwägung zu ziehen, wie viele und gerechte Ursachen zur Unzufriedenheit mit dem Bestehenden und zu dem Wunsch einer

Umgestaltung desselben dem Volk von oben her gegeben waren, wie verderblich das Beispiel so mannigfacher Willkür, Ungerechtigkeit und Gewalttat, die von den Machthabern und ihren Werkzeugen Jahrzehnte lang geübt worden, auf die Sittlichkeit der Regierenden einwirken, wie dasselbe notwendigerweise den Sinn der Gesetzlichkeit und der Achtung vor jeder Autorität in allen Schichten der Bevölkerung abschwächen musste. Auf der anderen Seite ließe sich das Bild, welches *Curtmann* entwirft, noch nach vielen Richtungen hin weiter ausführen und überall würden wir auf das gleiche Resultat stoßen: dass die vermeintliche hohe Bildung unseres Volkes in den wichtigsten Beziehungen eine leere Täuschung sei, ähnlich jenen Mauern und Fassaden, welche einst ein russischer Minister seiner Kaiserin auf ihrer Reise durchs Reich aus der Ferne als blühende Städte zeigte, hinter denen aber sich nichts befand als Leere und Öde. Die Rohheit und Verwilderung, welche die unteren Volksklassen an manchen Orten während der Bewegung der Jahre 1848 und 1849 verrieten, waren kaum ein bedenklicheres Zeichen der mangelhaften intellektuellen und moralischen Durchschnittsbildung unseres gegenwärtigen Geschlechts, als die Schlaffheit, Feigheit, Charakterlosigkeit und Gleichgültigkeit, welche sich in dem größten Teil der so genannten gebildeten Klasse, des Bürgertums, der Beamtenschaft, der Gelehrten, der Grundbesitzer zeigte, als jene Erbärmlichkeit, die heute vor den zügellosen Forderungen des Pöbels, seiner Führer und Verführer (größtenteils aus den so genannten gebildeten Ständen) morgen vor der ebenso maßlosen, ebenso Recht und Gesetz mit Füßen tretenden Reaktion auf dem Boden kroch und schweifwedelte. Der Egoismus und die Selbstsucht waren wahrhaftig nicht bloß auf jener Seite, wo man das Bestehende umzustürzen suchte, um auf dessen Trümmern sich's nach Herzenslust bequem zu machen, sondern auch auf der anderen, wo man selbst gegen die dringlichsten und vom Geist der Zeit am lautesten geforderten Änderungen des überlebten Alten sich sträubte, wo man die gerechtesten nationalen Wünsche missachtete, wo man das Bedürfnis einer kräftigen Einheit des Gesamtvaterlandes eigensüchtigen dynamischen Interessen, kleinlichen Stammeseifersüchteleien oder einer bonierten Bequemlichkeit und Geistestätigkeit zum

Opfer brachte. Ja, unsere gerühmte Bildung hat schmählich Bankrott gemacht, aber kein Stand und keine Partei hat das Recht, dem anderen die Schuld davon allein aufzubürden; alle, alle haben ihren vollen Teil daran, alle müssen sich anklagen, dass sie die Probe des großen Moments nicht bestanden haben, jene sowohl, die durch kalte Selbstsucht, als jene, die durch Unbesonnenheit und überspannte Wünsche, endlich auch jene, die durch unpraktische Weise und mangelhafte Kenntnis der Verhältnisse und der Menschen die in ihrem Beginn so edle, in ihren Zielen so berechtigte, in ihren ursprünglichen Forderungen so mäßige Bewegung des Jahres 1848 vom rechten Wege abgelenkten und in Verwirkung, Täuschung, Vernichtung aller nationalen und volkstümlichen, ja aller gesetzlichen Grundlagen unseres Staatslebens enden ließen. Nun würde es zwar ungerecht sein, wenn man für alle die Fehler und Mängel unserer Volksbildung, die bei dieser Gelegenheit zu Tage gekommen, die Schule und nur die Schule verantwortlich machen wollte; allein so viel lässt sich nicht leugnen, dass das Vertrauen zu dem ganzen bisherigen Bildungsgang unseres Volkes, wie er durch die Schule und namentlich die Volksschule vermittelt wurde, durch die gemachten Erfahrungen tief erschüttert worden ist, dass die Behauptung derer, welche, wie jener im Eingang angeführte englische Schriftsteller, das deutsche Schulwesen für einen zwar in sich vortrefflich gegliederten, allein in seinen Wirkungen verfehlten Mechanismus erklären, eine für uns sehr beschämende und niederbeugende Bekräftigung erhalten haben.

Steigen wir aber auch von dem hohen Standpunkt, auf welchem wir die ganze nationale Gegenwart und Zukunft unseres Volkes ins Auge fassen, herab zu den einfacheren und näheren Beziehungen des gewöhnlichen, bürgerlichen und häuslichen Lebens, so finden wir hier nicht minder traurige Belege für die Wahrheit der oben angeführten Klagen der Schulmänner über die verfehlten Wirkungen der Schule. Fangen wir bei dem Punkt an, der recht eigentlich der Keimpunkt allen Wohls und Wehes eines Volkes und der ganzen Gesellschaft ist, bei der *Familie!* Wie wenig Familien gibt es, deren Leben sich in harmonischer Eintracht aller seiner Teile bewegt, wo zarte Achtung und rückhaltloses Vertrauen der Gatten gegen einander, unausgesetzte

Sorgfalt und mit Einsicht tätiger Eifer der Eltern für die Erziehung ihrer Kinder, milder Ernst, gleich weit entfernt von roher Härte und weichlicher Nachsicht, in deren Behandlung, Freundlichkeit gegen die Dienstboten und wohlgemeinte Fürsorge für deren körperliches und sittliches Wohl niemals vermisst wird! Wie selten sind die Männer, welche ungeschwächten Sinn für Häuslichkeit mit tiefem, tatkräftigem Interesse für das Allgemeine zu verbinden wissen! Die Frauen, welche die richtige Linie der Weiblichkeit einhalten und weder in dumpfer Geistesbeschränktheit am Kochherd und in der Kinderstube, unter Klatschschwestern und Dienstboten versauern, noch auch in leichtfertiger Zerstreuungssucht oder forcierter Genialität den Berufskreis der Mutter, Gattin und Hausfrau gering achten und vernachlässigen, welche befähigt und beeifert sind, den Männern die Unebenheiten ihres Berufs oder ihrer öffentlichen Stellung als vertraute Teilnehmerinnen ihrer Sorge, als wahre Freundinnen und Ratgeberinnen ebnen zu helfen! Wie fühlbar ist der Mangel an zuverlässigen und brauchbaren Dienstboten und sonstigen Arbeitern fürs Haus? Und, treten wir aus dem engen Kreis der Familie hinaus auf den Markt des bürgerlichen Verkehrs, so begegnen wir weit verbreiteten Klagen über Lässigkeit, Ungeschick und Geschmacklosigkeit der Handwerker, Unsolidität der Handelstreibenden, so bemerken wir mit tiefer Bekümmernis eine fast durch alle Stände gehende und täglich im Wachsen begriffene Sucht nach Genüssen und Zerstreuungen jeder Art, damit in enger Verbindung den Trieb, möglichst rasch und leicht Geld zu gewinnen, um das Gewonnene ebenso rasch zu vertun, einen gräulichen Leichtsinn im Vergeuden von Geld, Kraft, Zeit und Gesundheit, eine grenzenlose Frivolität in der Missachtung der ernstesten und heiligsten Pflichten, endlich jenen eifrig kalten Egoismus, der immerfort nur an den eigenen Besitz und Genuss denkt und gleichgültig ist gegen das Wohl und Wehe seiner Mitmenschen, gleichgültig gegen Fortschritt oder Verwilderung seines Volkes, gegen Ehre und Schande seines Vaterlandes.

Auch diese betrübenden Erscheinungen will ich keineswegs unbedingt und allein auf Rechnung unseres mangelhaften Erziehungswesens setzen; sie sind weder unserer Zeit noch ausschließlich unserem Volk eigen; ja es lässt sich mit Fug behaupten, dass manches in dieser Beziehung gegen frühere Zeiten besser geworden, anderes mindestens bei uns nicht schlechter sei als bei den wegen ihrer Gesittung und Bildung am meisten gerühmten Nationen, dass endlich viele jener sittlichen Gebrechen unserer heutigen Gesellschaft ihren letzten Grund in Verhältnissen finden, über welche der Schule keine Macht zusteht. Allein, wie dem auch sei, der Umstand, dass nach so langen und außerordentlichen Anstrengungen, welche die Volksschule gemacht hat, um auf ihrem Weg Bildung und Gesittung zu verbreiten, doch noch so viele und große Mängel gerade in denjenigen Sphären des Lebens, die, sollte man meinen, am ersten und nächsten von den Wirkungen der Schule hätten berührt werden müssen, fortwährend sich kundgeben, dazu die Beobachtung, dass der Zustand der Gesellschaft in den Ländern, wo man ein solches System der Volkserziehung nicht kennt, z.B. in England, keineswegs ein schlechterer, eher in manchen Beziehungen ein besserer ist — diese Tatsachen führen notwendig zu der Betrachtung, dass entweder jeder Versuch, wahre Bildung und Gesittung in einem Volk auf dem Weg des Schulunterrichts zu verbreiten, als ein vergeblicher betrachtet werden müsse, oder dass diejenige Art der Schulbildung nicht die rechte sein könne, derer wir uns bisher zur Erziehung jenes Zwecks bedienten.

Dass endlich unser gegenwärtiges Erziehungssystem, namentlich aber der Unterricht in den öffentlichen Schulen, *für die körperliche Entwicklung der Jugend große Nachteile mit sich führe*, ist eine oft gehörte, aber nicht oft genug wiederholte Klage. Schon vor einem Jahrzehnt und länger haben Männer wie [Karl Ignaz] *Lorinser, Krauß* und andere ihre warnenden Stimmen nachdrücklich und ernst zum Schutz der Jugend gegen die ihrem körperlichen Wachstum und der normalen Ausbildung ihrer Lebensorgane, also auch einer kräftigen Entwicklung ihres Geistes- und Gemütslebens von der dermaligen Erziehungsmethode drohenden Gefahr erhoben. Was hat es gefruchtet? Für den Augenblick hat man hier und da die Zahl der Unterrichtsstunden und der Privatarbeiten um ein weniges verringert (mehr noch in den Gelehrtenschulen, wo allerdings das Übel besonders groß war, als in den Volksschulen), man hat auch — und diese Verbesserung schlage ich gewiss nicht gering an — an

den meisten Lehranstalten regelmäßige Körperübungen eingeführt. Allein eine gründliche Abhilfe des Übels wurde nicht geschaffen, konnte nicht geschaffen werden, da die immer höher
anschwellende Masse des zu Erlernenden eine immer größere
extensive und intensive Ausdehnung des Unterrichts und der
Privatarbeiten zur Notwendigkeit zu machen schien und nur
wenige Leiter von Schulen den Mut und die Selbstentsagung
besaßen, lieber an äußerlichem Schein der Vollkommenheit ihrer Anstalten anderen nachzustehen, als an der Gesundheit der
Jugend zu sündigen.

Dass die immer mehr überhand nehmende Körpersiechheit
[Entkräftigung] und Verbuttung [Verfettung] unserer jüngeren
Generation (unter 1.604 Militärpflichtigen in einem sächsischen
Kreise waren 902 untüchtig, 172 minder tüchtig, 199 untermä-
ßig), die fast allgemeine Schwäche ihrer Sehorgane, die häufigen Bleichsuchten beim weiblichen Geschlecht, die Brust- und
Unterleibskrankheiten beim männlichen, zum großen Teil eine
Folge der unnatürlichen Erziehung, besonders des zu frühen
und zu langen Sitzens in gesperrten Räumen, der übermäßigen, einseitigen Anpassung der Geisteskräfte bei noch unent-
wickeltem Körper sind, darüber herrscht unter Physiologen und
Ärzten wohl so ziemlich Übereinstimmung, und man kann es
daher besorgten Eltern gewiss nicht verdenken, wenn sie nur
mit Bangen ihre Kinder einer öffentlichen Schule übergeben, sie
so lange als möglich davon zurückhalten und lieber auf die
zweifelhafte Befriedigung Verzicht leisten, dieselben mittels der
neuesten Schnelllehrmethoden schon im zarten Alter zu kleinen
Wunderwerken des Wissens gemacht zu sehen.

Zweites Kapitel

Die unmittelbar ins Auge fallenden Missstände unseres öffentlichen Unterrichts

Was uns, wenn wir in eine öffentliche Schule eintreten, zuerst auffällt, ist das *Missverhältnis der Schülerzahl zu den Lehrkräften.* Je nach den Schulgesetzen der verschiedenen Länder sind 60, 80, wohl auch 100 Kinder das Maximum von Schülern, welche ein einziger Lehrer auf einmal zu unterrichten haben soll. Unterhalb dieser Zahl bleibt es, bei der immer wachsende Anfüllung der öffentlichen Schulen, nur selten, wohl aber wird dieselbe öfters, trotz des gesetzlichen Verbots, wenigstens zeitweilig überschritten. Wenn man nun so einen einzigen Lehrer einer solchen Masse von Schülern gegenüber erblickt, so drängt sich unwillkürlich der Gedanke auf und wird auch alsbald durch die leichteste Beobachtung bestätigt, dass es dem Lehrer rein unmöglich ist, seine Schüler insgesamt zugleich angemessen zu beschäftigen, dass, während er mit einem Teil sich unterhält, die Übrigen untätig oder doch nur sehr indirekt beteiligt dabeisitzen. Denn das bloße Mithören dessen, was der Lehrer mit einem anderen spricht, einen anderen fragt, hat selbst für gereiftere Schüler, geschweige für das frühere Alter, so viel zu Gedankenlosigkeit oder anderweitiger Beschäftigung Verlockendes, dass es gar nicht zu verwundern ist, wenn immer der größere Teil einer solchen Klasse mit den Gedanken überall anders eher ist, als bei dem Lehrer und dem Lehrgegenstand. Zwar kommt hierbei viel auf die Individualität, den Geist und die Methode des Lehrers an; ein geistvoller, lebendiger und denkender Lehrer wird auch eine größere Zahl von Schülern eher anzuregen, in Spannung und Tätigkeit zu erhalten wissen, als ein schläfriger und geistloser. Auch zielen die meisten neuen Methoden gerade auf die gleichzeitige und gleichmäßige Beschäftigung einer größeren Anzahl von Schülern ab. Allein dabei treten dann wieder andere Nachteile hervor. Der Unterricht erhält bei diesem massenweisen Zurichten etwas Gewaltsames, Korporalmäßiges [Befehlsmäßiges]. Um die ganze Klasse fortwährend in Atem zu erhalten, muss der Lehrer mit hastigem Hin- und Herfragen, lautem, taktmäßigem Vorsagen und Nachsprechenlassen durch alle auf einmal, und was sonst der Mittel mehr sind, sich und die Schüler erschrecklich abhetzen. Der ruhige, bei jedem Gegenstand genau so lange als nötig verweilende, der Individualität des Lernenden sich sorgsam anpassende Geistesverkehr zwischen Lehrer und Schüler geht natürlich ganz verloren, mit ihm seine wohltätige Wirkung, die stetige, gleichmäßige, ruhige Erweiterung, Vertiefung und Steigerung aller Geisteskräfte der Schüler. Diese Letzteren befinden sich abwechselnd in dem Zustand größter Erregtheit, hastiger Anspannung aller ihrer Geistestätigkeit auf einen Punkt hin und dann wieder, als natürlichen Rückschlag dieser Überspannung, in dem eines trägen in sich Zurücksinkens, welches entweder schon während der Schulstunden, ganz gewiss aber hinterher eintritt. Der Lehrer selbst wird durch eine so unnatürliche Anspannung aller seiner geistigen und körperlichen Kräfte furchtbar erschöpft, namentlich wenn sich dies, wie gewöhnlich, mehrere Stunden lang fortsetzt, und es gehört ein sehr starker Körper (wie ihn die Lehrer selten besitzen) und ein noch stärkerer Geist dazu, um nicht in beiderlei Hinsicht bald aufgerieben und (um mich der Analogie eines Bergmannsausdrucks zu bedienen) „schulfertig" zu werden. Daher sehen wir denn auch beinahe den größten Teil der Lehrer nach einer gewissen Reihe von Jahren so angestrengten Schuldienst siech-, brust- oder unterleibskrank, hypochondrisch, ärgerlich und reizbar, also unfähig zu einer ruhigen, gleichmäßig erziehenden Tätigkeit, oder geistig angespannt und ausgehöhlt, einem pedantischen und geistlosen Schlendrian verfallen. Und ich lasse hier absichtlich alle die anderen mitwirkenden Ursachen geistiger Verstimmung und körperlicher Verkümmerung der Lehrer beiseite, ihre oft so dürftige und sorgenvolle Existenz, die Notwendigkeit, in die sie versetzt sind, neben ihren Schulstunden anderem Broterwerb nachzugehen, u.a. m., weil es mir hier nur darum zu tun ist, die in dem Wesen der öffentlichen Schule selbst, wie sie dermalen ist, begründeten und davon untrennbaren Gebrechen ins Auge zu fassen.

Noch weit schädlicher wirkt natürlich jene Überreizung des fabrikmäßigen Unterrichts auf die viel zarter organisierten, in ihrer ersten Entwicklung begriffenen jugendlichen Geister und Körper, wenn auch diese Wirkung hier, bei der größeren Elastizität dieses Alters, nicht immer sogleich sichtbar sind, sondern erst später hervortreten. Die Blasiertheit [Übersättigung] und Abspannung in den Jahren nach der Schulzeit, im besten Jünglings- und Mannesalter, worüber mit Recht so viel geklagt wird, möchte zum großen Teil (wie das ja, nach den früher angeführten Zeugnissen, von Schulmännern selbst anerkannt wird) eine Folge dieser Überreizung in der Schule sein.

Man will nun zwar einen großen Vorteil des gemeinsamen Unterrichts darin erblicken, dass durch denselben das einzelne Kind, namentlich das von Natur minder geweckte, angeregt, in Bewegung gesetzt, zu lebhafterer Tätigkeit gezwungen werde. Allein dieser Vorteil ist — *bei der gegenwärtigen Weise des gemeinsamen Unterrichts* — ein sehr problematischer. Allerdings wird manches von Haus aus trägere Kind dadurch aus seiner Tätigkeit heraus- und zu energischerer Anstrengung fortgerissen, aber manches andere, welches bei sorgfältiger Pflege seiner Individualität allmählich hätte in Schwung gebracht und gekräftigt werden können, wird bei jenem hastigen Vorwärtsdrängen überrannt oder eingeschüchtert und bleibt nun vollends zurück.

Anderteils werden die fähigen Schüler einer solchen zahlreichen Klasse durch das Zurückbleiben der schwächeren, und die von Seiten der Lehrer diesen letzteren zu widmende längere Zeit, in ihrem Fortschreiten aufgehalten. Die unausbleibliche gemeinsame Folge für beide Teile ist, dass sie bei diesem Massenunterricht weniger lernen, sich schwerer, namentlich aber nicht so gleichmäßig und stetig entwickeln, als beim Einzelunterricht. Jeder Vater wird diese Erfahrung an seinen Kindern gemacht haben, wenn er sie abwechselnd auf die eine und die andere Weise unterrichten ließ; jeder Pädagoge wird die psychologische Notwendigkeit dieser Erscheinung bestätigen, und kein Lehrer, auch der fähigste und in allen neuesten Methoden bestgeschulte nicht, wird sich vermessen, bei einer Klasse von 60 oder 80 Schülern den Einzelnen ebenso schnell und ebenso sicher an ein bestimmtes Lehrziel zu bringen, als wenn er bloß einen oder einige wenige vor sich hat. Hiermit will ich keineswegs [mich nur für] den Einzelunterricht [aussprechen] und den Gruppenunterricht verwerfen — es wäre das eine Lächerlichkeit, da nach den gegebenen Verhältnissen ohne einen solchen gar nicht auszukommen ist —; was ich beweisen will, ist nur dies, dass unsere *gegenwärtige* Lehrweise, auf eine größere Schülerzahl angewendet, fühlbare Nachteile äußert, welche die einzelnen Vorteile eines solchen gemeinsamen Unterrichts bei weitem überwiegen. Dass es eine Unterrichtsweise [gibt], bei welcher das umgekehrte Verhältnis stattfinde, hoffe ich später zu zeigen.

Der zuletzt erwähnte Übelstand hat übrigens noch einen anderen in seinem Gefolge. Weil die öffentliche Schule längere Zeit braucht, um ihre Zöglinge auch nur in dem Notwendigen zu einer Fertigkeit zu bringen, so lässt man den Unterricht möglichst früh beginnen, in einem Alter, welches für eine solche systematische Unterweisung noch wenig geeignet ist. Zwar sucht man diese erste Zeit wenigstens in den Schulen, wo etwas mehr psychologische Einsicht zuhause ist, möglichst mit solchen Unterrichtsgegenständen auszufüllen, die den kindlichen Geist am ersten anziehen und am wenigsten anstrengen, namentlich mit dem so genannten Anschauungsunterricht. Auch will man die Erfahrung gemacht haben, dass gerade bei diesem Elementarunterricht die Kinder verhältnismäßig raschere Fortschritte machen und freudiger lernen, als in den höheren Klassen. Allein selbst der beste Anschauungsunterricht und die vortrefflichsten methodischen Sprech- und Leseübungen sind für dieses frühe Alter nur ein relativ Naturgemäßes; etwas Künstliches und der Kindernatur Aufgezwungenes behalten sie immer, und auch der beste Lehrer, der den Kleinen nach Kräften über die Schwierigkeiten dieses Lernens hinwegzuhelfen und ganz in deren kindliche Vorstellungsweise einzugehen bemüht ist, wird dem Beobachter einer solchen Elementarklasse das Gefühl nicht nehmen können, dass diese Knaben und Mädchen von sechs, sieben Jahren doch weit besser und natürlicher an ihrem Platz wären draußen im schönen Freien, unter Blumen und Bäumen, mit Ball und Kreisel sich tummelnd, mit Baukasten, Puppe und Kochgeschirr beschäftigt, oder dem Vater in der Werkstatt, der Mutter in der Küche zuschauend, als hier auf der Schulbank fest gebannt, die Blicke unverwandt auf die schwarze Tafel gerichtet, zum Stillsitzen und Aufmerken verdammt. Und nun denke man sich vollends in eine solche Klasse einen steifen, pedantischen, für die Äußerungen der kindlichen Natur unempfänglichen Lehrer![4]

Dass die Aufrechterhaltung der *Disziplin* in der öffentlichen Schule bei so gefüllten Klassen eine äußerst schwierige Aufgabe sei und einen großen Teil der Zeit und Aufmerksamkeit des Lehrers, welche dem Unterricht gewidmet sein sollte, in Anspruch nehme, ist eine von den Volksschullehrern vielfach erhobene Klage. Es hängt dieser Übelstand aber nicht bloß mit dem Missverhältnis von Lehrkräften zur Schülerzahl, sondern mehr noch mit dem Umstand zusammen, dass das lange Stillsitzen und die Beschäftigung mit Gegenständen, welche das Interesse der Kinder nicht im vollen Maße zu fesseln vermögen, diese reizt, ihrer natürlichen Neigung nach Abwechselung und ihren Trieben nach Ausarbeitung ihrer Körperkraft irgendeinen anderen Ausweg zu suchen. Wenn dann die Kinder nach stundenlangem Stillsitzen aus der Schule entlassen werden, kann man sich da wundern, wenn sie, wie [Carl] *Ramshorn* („Die Sünden unserer Erziehung") klagt, „unter wahrhaft entsetzlichem Toben, als eine ausgelassene, unbändige Rotte" ins Freie stürzen?

---

[4] Dass auch der so genannte naturgemäße Unterricht, d.h. die verbesserte Unterrichtsform, nur ein trauriges Surrogat sei für den Mangel eines der Natur und den Neigungen dieses Alters wirklich angemessenen Unterrichtsstoffes, hat unter Kindern ein sehr verdienter und tüchtiger Kinderlehrer selbst unumwunden eingestanden, indem er sagt: „Die Kinder sollen lesen und schreiben lernen. Und doch sind diese beiden Lehrgegenstände für dieses Alter gerade die allernaturwidrigsten. Jetzt tritt das Kind aus seiner heiteren, lachenden Kinderwelt voll Blumen und Sonnenschein in die ihm neue Welt der Schule ein. Dort harmloses Spiel, heiteres Ergehen in Gottes schöner Natur an Vater- und Mutterland, Greifen nach dem bunten Schmetterling und nach allem Glänzenden, Aufmerken nur auf das Augenfälligste in seiner Umgebung, Erfassen und des Totaleindrucks der Dinge und völliges Befriedigtsein von der äußerlichen Erscheinung der Gegenstände, namentlich alles Lebendigen und Beweglichen — hier nun plötzlich diese kleinen gotischen Buchstaben, diese toten unbeweglichen Lettern, die auch nicht das allergeringste Interesse für das Kinderauge haben, alle eines dem anderen ähnlich, so starr, dem Kinderherzen so fremd! Denkt euch doch nur einmal recht lebhaft in des Kindes Seele! Wie tötend, wie grausam ist ein solches Verfahren! — Muss dennoch der Anfang mit dem leidigen Buchstaben gemacht werden, so muss es auf eine höchst künstliche, die toten Zeichen ins frische Kindesleben hineinführende Weise geschehen, etwa so: usw." Siehe [Johann Karl Christoph] Vogels Schrift: „Die Bürgerschule zu Leipzig" (Leipzig 1842.)

Es ist eine Wahrnehmung, die jeder leicht machen kann, der eine Schulklasse während der Lehrstunden oder auch einzelne Schüler bei Fertigung der ihnen aufgegebenen Arbeiten beobachtet: *dass ein eigentlicher innerer Trieb, eine freie Neigung zu diesem Lernen und Arbeiten bei den Kindern nicht vorhanden ist,* vielmehr, wenn mit Eifer und scheinbarer Lust gelernt und gearbeitet wird, dies zum größten Teil aus anderen, nicht in dem *Gegenstand* selbst liegenden Beweggründen — Gehorsam und Liebe gegen den Lehrer, Furcht vor der Strafe, Hoffnung auf Lob und Auszeichnung u.a. m. — geschieht. Ich weiß wohl, dass ich hiermit eine in den Augen vieler, vielleicht der meisten Lehrer unverzeihliche Ketzerei ausspreche. Wie? Diese Schüler und Schülerinnen, die mit so gespannten Blicken an den Lippen des Lehrers hängen, die wie aus einem Munde seine raschen Fragen beantworten, seinem Vortrag mit ihren Gedanken oft vorauszueilen scheinen, die sich wetteifernd überbieten in der Lösung der ihnen gestellten Aufgaben — sie sollten nicht von einem inneren Trieb zu dem Gegenstand ihres so eifrigen Aufmerkens hingezogen werden? Und doch ist dem so. Dass die Individualität des Lehrers und die Methode des Lehrers sehr viel tun kann, um auch solchen Gegenständen, die an sich für den jugendlichen Geist wenig Anziehendes haben, einen gewissen Reiz zu geben, die Unlust des Lernens in den Zöglingen zu überwinden, ja sogar den Schein eines regen Eifers und Dranges danach hervorzubringen, will ich gar nicht in Abrede stellen. Unter den Gegenständen selbst findet ein Unterschied statt in Bezug auf ihre größere oder geringere Übereinstimmung mit den natürlichen Entwicklungsgesetzen des jugendlichen Geistes und somit auch in Bezug auf die größere Neigung oder Abneigung, Aufmerksamkeit oder Gleichgültigkeit, welche ihnen seitens der lernenden Jugend entgegenkommt. Was aber jenen Reiz betrifft, der auch trockeneren und an sich für die Jugend minder genießbaren Gegenständen (z.B. dem Lesen) durch die Mittel der Methode oder die persönliche Geschicklichkeit des Lehrers mitgeteilt wird, so ist es eben nur ein Reiz, also wie jeder Reiz, etwas von außen Kommendes, nicht in der Sache selbst Wurzelndes. Dass man sich veranlasst gesehen hat, so viele und kunstreiche Methoden zu erfinden, dass die Lehrer so viel Scharfsinn und Raffinement aufwenden müssen, um die

Aufmerksamkeit der Kinder zu fesseln, ihre Tätigkeit in einer bestimmten Richtung anzuregen und ihnen die Lehrgegenstände, wie man zu sagen pflegt, mundgerecht zu machen, ist schon ein Zeichen von der teils gänzlich mangelnden, teils nur in geringem Grade vorhandenen inneren Angemessenheit dieser Gegenstände zu den natürlichen Neigungen und der Fassungskraft der Zöglinge. Selbst die besten Methoden aber haben nicht vermocht, diese Unangemessenheit völlig zu überwinden, das Lernen gewisser Dinge gleichsam zu einem natürlichen Entwicklungsmomente der kindlichen Selbsttätigkeit zu machen.

Eines der gewöhnlichen Mittel, deren die Lehrer sich bedienen, um den Eifer ihrer Schüler anzuspornen, ihre Aufmerksamkeit und ihr Interesse zu fesseln, ist die Erregung des Ehrgeizes, des Triebes, sich auszuzeichnen, andere zu übertreffen, Lob einzuernten. Daher die häufigen und speziellen Zensuren, daher die das ganze Jahr hindurch vor den Augen der Schüler stehende Aussicht auf die öffentliche Prüfung mit ihren Prämien und Belobigungen, daher in den einzelnen Lehrstunden selbst die fortwährend eröffnete Konkurrenz des Antwortens mit dem hergebrachten telegraphenartigen Handaufheben usw. Will man dies alles „natürliche Antriebe" des Lernen nennen, weil die Leidenschaften, die man in Bewegung setzt, ihren Grund in gewissen Anlagen der menschlichen und auch der kindlichen Natur haben, so mag man es tun — nur als in dem *Gegenstand* des Lernen selbst begründet kann dieser Trieb unmöglich bezeichnet werden, denn er lässt sich ebenso gut gebrauchen, um die Schüler zur Erlernung des Allerfremdartigsten, z.B. der Namen sämtlicher römischer Imperatoren, als des ihnen Naturgemäßen und Nützlichen, z.B. der Naturprodukte des Vaterlandes, anzutreiben. Gewiegte Pädagogen, z.B. [Friedrich Heinrich Christian] *Schwarz*, haben diese Art, die Aufmerksamkeit und den Fleiß der Kinder durch Motive des Ehrgeizes anzureizen, als unzweckmäßig und nachteilig verworfen, ohne freilich etwas Ausreichendes an deren Stelle zu setzen. Denn die „religiösen" Motive, welche *Schwarz* dazu vorschlägt, sind ebenso äußerliche und künstliche. Andere haben sich der Wahrheit mehr genähert, indem sie aus dem mangelnden Trieb der Kinder zum Lernen den Schluss zogen, dass wohl in dem Prinzip des Jugendunterrichts selbst, wie er jetzt betrieben wird, etwas Unnatürliches, Erzwungenes liegen müsse. Schon [Christian Gotthilf] *Salzmann* in seinen „Mitteilungen über die Erziehungsanstalt in Schnepfenthal" (Schnepfenthal, 1808) bemerkt: „Gäbe es eine Anstalt, wo jeder Knabe nur das lernen dürfte, wozu er Talent und Neigung hätte, so wären diese Belohnungen überflüssig, *der innere Drang zum Lernen würde mehr bewirken, als Belohnungen.*" Und *Scherr* (a.a.O.) sagt: „Die Kinderschule, indem sie die mittlere Jugendzeit und sogar das bürgerliche Alter antizipieren soll, muss unnatürliche Sprünge machen, muss *Situationen annehmen, in denen sich das Kind ganz und gar unheimisch fühlt.*"

Wie aber alles Unnatürliche und Erkünstelte schädlich wirkt, so auch hier. Der jugendliche Geist, von früh auf gewöhnt, zwangsweise, mechanisch gehorchend etwas zu tun, wozu der eigene innere Trieb ihn nicht hinführen würde, trägt nur zu leicht diese Gewöhnung auf das Leben über, und so entsteht jene Unselbständigkeit des Denkens und Tuns, die immerfort auf einen fremden Befehl oder Antrieb wartet, um zu handeln, und da, wo dieser ausbleibt, sich untätig, träge, gleichgültig verhält. Nicht besser steht es mit den Motiven des Ehrgeizes, der Eitelkeit, des Strebens nach äußerer Auszeichnung. Eine Schule, die ihre Zöglinge nur durch fortwährende Anpassung solcher Leidenschaften in Bewegung setzt, mag eine gute Vorbereitung sein für ein Beamtentum, von welchem man nichts verlangt, als dass alle seine Glieder wetteifern, dem Wink des Oberen zu gehorchen, das Wort, das dieser ausgesprochen wünscht, auszusprechen; ob es aber der rechte Weg sei, um die Jugend zu seiner freien, selbstschöpferischen und beharrlichen Tätigkeit zu erziehen, welche die wahre Mutter eines kräftigen, selbstbewussten, gewerbefleißigen und strebsamen Bürgertums ist, das möchte ich bezweifeln. Ich wenigstens habe beim Anblick einer solchen Schulklasse mit emporgereckten Händen, bei der Durchblätterung der wohl schematisierten Zensurenbücher und beim Anwohnen der öffentlichen Prüfungen allemal unwillkürlich an die Stellen-, Orden- und Titeljagd unserer Beamtenwelt, an Conduitenlisten [Berichte von höheren Beamten über das Auftreten ihnen unterstellter Beamter], Revisionen und Ähnliches denken müssen.

In unserem lieben Deutschland, wo dieses bürokratische Wesen, diese Gewöhnung des Volkes, sich bevormunden zu lassen, dieses Haschen nach äußeren Auszeichnungen, nach der Gunst und dem Beifall Höhergestellter ohnehin so sehr alle Selbständigkeit und alles Selbstgefühl im Volk unterdrückt hat, ist es unstreitig doppelt gefährlich, schon von früh an die Jugend in eine solche Richtung zu lenken.

Ebenso häufig schlagen auch diese Erziehungseinflüsse nach einer ganz entgegengesetzten Seite aus. Wie die Zöglinge in der Schule nur so lange aufmerksam sind und ihre Pflicht tun, als das Auge des Lehrers sie überwacht, als ihr Eifer und ihr Gehorsam durch die Hoffnung auf Belohnungen oder die Furcht vor Strafen erzwungen wird, so wird gewiss nicht selten schon hier der Grund zu jener leichtfertigen Auffassung der gesellschaftlichen Verhältnisse, zu jenem Mangel an wahrer Achtung vor dem Gesetz, an freiwilliger Pflichterfüllung gegen das Allgemeine gelegt, dessen Folgen wir gerade in der letzten Zeit bei unserem Volk so häufig zu beklagen hatten. Überhaupt ist der Zwang, den die Schule auf ihre Zöglinge [aus]übt, indem sie dieselben zu Erlernung von Dingen anhält, wozu Letztere nicht durch die eigene Neigung hingeführt werden, eine, wie Lehrer und Eltern aus Erfahrung bezeugen werden, nur zu reiche Quelle mannigfacher Untugenden, Verirrungen, ja sogar sehr ernster Charakterfehler. Die Jugend, der dieser Zwang nur zu leicht als Willkür, als ein ihr angetanes Unrecht erscheint, weil sie die Notwendigkeit und den Nutzen der Anstrengungen, die man ihr zumutet, noch nicht zu begreifen vermag, fühlt den instinktmäßigen Drang, diejenigen, welche sie einem solchen Zwang unterwerfen, zu hintergehen[5], wohl gar zur Zielscheibe ihrer kleinen Bosheiten und Neckereien zu machen. Die List, die dabei angewandt werden muss, die Bewunderung, die in der Regel jeder gelungene Streich dieser Art seinem Urheber bei den gleichgesinnten Genossen einträgt, erhöht den Reiz eines Treibens, welches anfangs bei vielen bloßer Mutwillen oder der Ausbruch einer unnatürlichen zurückgehaltenen Kraft ist, allmählich aber doch leicht in schlechte Gewohnheiten und un-

---

[5] Man denke z.B. nur an das in den Schulen so gewöhnliche „Einblasen" oder Einhelfen!

sittliche Neigungen — Lüge, Bosheit usw. — ausartet. Es ist gewiss nicht zu viel behauptet, wenn man einen großen Teil dieser und ähnlicher Untugenden und Charakterfehler, wie sie so häufig bei der heranwachsenden und der erwachsenden Jugend sich zeigt, aus einer solchen Quelle herleitet.

Drittes Kapitel

Die Unverträglichkeit der gegenwärtigen Unterrichtsweise mit dem Zweck der Volksschule und den Gesetzen der Kindernatur

Ich habe bisher nur symptomatisch, sowohl aus den entfernten praktischen Folgen als aus den bei unmittelbarer Anschauung sich aufdrängenden Übelständen unseres gegenwärtigen Unterrichtswesens, dessen Mangelhaftigkeit nachzuweisen versucht. Ich muss aber der Frage noch einen Schritt näher treten und das Wesen des in unseren Volksschulen befolgten Lehrgangs mit dem eigentlichen Zweck desselben, mit den Bedürfnissen und Entwicklungsgesetzen der Kindesnatur vergleichen. Von diesem Gesichtspunkt aus glaube ich folgende Mängel an der gegenwärtigen Unterrichtsweise unserer Schulen zu entdecken:

1) *Es wird darin manches gelehrt, wozu kein wirkliches Bedürnis vorhanden und dessen praktischer Nutzen in formeller wie materieller Hinsicht ein sehr zweifelhafter ist.*

2) *Es wird manches zu früh gelehrt.*

3) *Dagegen wird vieles gar nicht gelehrt, was für die wahre Bildung und den künftigen Lebensberuf der Schüler gerade das Notwendigste wäre.*

1) Es wird manches gelehrt, wozu kein Bedürfnis vorhanden und dessen Nutzen sehr zweifelhaft ist.

Ich denke hier zunächst noch weniger an die Entbehrlichkeit ganzer Lehrfächer, als an die unnatürliche Ausdehnung, welche man vielen an sich nützlichen und zweckmäßigen Unterrichtsgegenständen gegeben und wodurch man dieselben in ein totales Missverhältnis zu den Zwecken der Volksschule, zu dem natürlichen Bedürfnis und der Fassungskraft ihrer Zöglinge, endlich zu der Zeit, welche diesem ersten Unterricht im Allgemeinen eingeräumt werden kann, versetzt hat.[6] Das eingebildete Bedürfnis enzyklopädischer Vollständigkeit und Allseitigkeit, die falsche Nachgiebigkeit der Schule gegen die unverständigen Anforderungen mancher Eltern, welche ihren Kindern lieber die Afterbildung einer oberflächlichen Vielwisserei, als die echte und solide eines zwar beschränkten, aber gründlichen Wissens gegeben sehen (bekennt doch *Curtmann* selbst, dass die Schule manches „um der Leute willen" tun müsse!), die Leichtigkeit, womit die verbesserten Methoden einen viel größeren Kreis von Lehrstoff zu bewältigen und Dinge, an die sich früher die Volksschule nie gewagt hätte, gleichsam spielend der Jugend beizubringen gelehrt haben, endlich die Liebhaberei einzelnen Lehrer für spezielle Fächer[7], ihr Wetteifer untereinander sowie der einen Schule mit der anderen (besonders der Privatinstitute unter sich und mit den öffentlichen Schulen), der Mangel wissenschaftlicher und pädagogischer Durchbildung bei einem Teile der Lehrer selbst, der sich gerade darin verrät, dass sie nicht zwischen dem Wesentlichen und Unwesentlichen zu unterscheiden verstehen, sondern ihren Schülern alles Empfangene

---

[6] „Nicht sowohl die vielen Unterrichtsfächer sind der Überfluss in den Volksschulen, als das Maß- und Planlose innerhalb der einzelnen. Die Willkür, welche mit den Bedürfnissen des Volkes schaltet, wie mit seinen Steuern, hat sich auch hier breit gemacht. In den Schulen ist so gut verschwendet worden, als an den Höfen und auf den Paradeplätzen". Curtmann: „Die Reform der Volksschule".

[7] „Seine kleinen Eitelkeiten und Paradepferde hat jeder Schullehrer." — äußerte unverhohlen ein sehr tüchtiger Schullehrer.

massenweise und unverdaut weitergeben[8] — diese und ähnliche Umstände haben dahin geführt, dass man kaum noch daran zu denken scheint, was die Natur derer, für welche der Unterricht bestimmt ist, ertragen, was deren wahres Bedürfnis erheische, sondern lediglich nach einem selbst gebildeten Begriff von Vollkommenheit, nach äußerlichen Rücksichten, oft auch nach bloßen subjektiven Launen und Neigungen sich Stoff und Form des Unterrichts zurechtmacht. Wie ein gewisses politisches System so verfährt, als wäre nicht die Regierung um der Völker, sondern die Völker um der Regierung willen da, so scheint auch unsere Volksschule oftmals zu vergessen, dass sie nicht Zweck, sondern Mittel ist, dass es ihr nicht zusteht, nach einem künstlich zurechtgemachten Schema von Bildung und Wissen die ihr anvertraute Jugend wie nach einem Prokrustebett [ein Bett, an das die in ihm liegenden Menschen der Größe nach angepasst werden] zu recken und zu strecken, sondern dass sie sich den Entwicklungsgesetzen, natürlichen Bedürfnissen, Bildungs- und Lebenszwecken dieser Jugend anzupassen, danach Lehrplan und Unterrichtsweise einzurichten habe.

Allerdings tragen die Eltern selbst daran oft noch mehr Schuld, als die Lehrer und Vorsteher der Schulen; es gibt leider nicht wenige, die so unvernünftig sind, dass sie nicht viel und vielerlei genug in ihre Kinder hineinstopfen, nicht früh genug den Unterricht begonnen, nicht weit genug die Zahl der Unterrichtsstunden und das Maß der Privatarbeiten ausgedehnt sehen können. Nicht alle Lehrer aber sind verständig und selbstverleugnend genug, um die armen Kinder gegen solche Unvernunft der Eltern in Schutz zu nehmen, wie dies der Verfasser der schon erwähnten Schrift „Die Sünden unserer Erziehung" in einem allen Eltern zur Warnung erzählenden Fall, freilich ohne Erfolg, versuchte. Nur zu häufig werden die Lehrer, besonders an Privatschulen, sich den Wünschen der Eltern willig fügen, ja ihnen selbst mit Verheißung ungewöhnlicher Leistungen entgegen-

---

[8] „Je weniger ein Lehrer gelernt hat, desto geneigter ist er leider, alles erworbene Flickwerk den Kindern wieder einzutrichtern und mit vornehmen Phrasen und gelehrten Terminologien seine leichte und seichte Ware anzubringen." [Lorenz] Kellner: „Die Pädagogik der Volksschule" (Essen, 1851).

kommen, um sie für sich zu gewinnen und anderen Lehrern und Schulen den Rang abzulaufen. Vor mit liegt das Programm einer neu begründeten Privatschule in einer größeren Stadt, worin diese Schule, unter Mitunterschrift mehrerer Eltern, welche ihre Kinder bereits darin unterrichten lassen, empfohlen und zu deren Besuch eingeladen wird. Dieses Programm verspricht unter anderem für die *erste Mädchenklasse* (welche Schülerinnen vom 11. bis 14. Jahre enthalten soll) folgenden Lehrkursus:

Religion: Erläuterung der sechs Hauptstücke des Lutherischen Katechismus; systematische Glaubens- und Sittenlehre.

Geschichte der Religion und Kirche: mit besonderer Berücksichtigung der Unterscheidungslehre der katholischen und protestantischen Kirche (!).

Religiös-moralische Vorträge: über die wichtigsten Abschnitte des Neuen Testaments.

Naturgeschichte: spezielle des Pflanzen- und Mineralreichs; allgemeine der drei Reiche mit besonderer Berücksichtigung der inneren Organisation, Verbreitung, Beziehung unter sich und zum Haushalt der Natur.

Naturlehre.

Geographie: spezielle europäischer Staaten; allgemeine von Asien, Afrika, Amerika und Australien.

Geschichte: allgemeine der neueren Zeit; spezielle der Juden (!), Griechen (!), Römer (!), Deutschen, Kreuzzüge, Reformation, des Dreißig- und Siebenjährigen Krieges, der neusten Zeit.

Deutsche Literaturgeschichte.

Rechnen: Proportionsrechnung, Regula de tri [Dreisatz], Vermischungsrechnungen.

Niedere Geometrie.

Orthographie und Stilistik.

Logik (!!).

Französische Sprache: Grammatik, Übersetzungen, Konversation. Lese-, Schreibe-, Singe-, Zeichen-, Denk- und Gedächtnisübungen. Schriftliche Arbeiten.

Bei den Knaben kommt noch hinzu Technologie und Latein, bei solchen, die studieren wollen, auch Griechisch.

Wie ist es nur denkbar, dass eine solche Masse von Stoff in dem Zeitraum von drei Jahren, bei 24 Unterrichtsstunden wöchentlich, mit nur einiger Gründlichkeit verarbeitet, zum sicheren und fruchtbringenden Eigentum der Zöglinge gemacht werden kann? Und welche Unnatur, mit jungen Mädchen von 11 bis 14 Jahren Logik zu treiben! Welche Zeitverschwendung, ihnen *spezielle Geschichte der Juden, Römer, Griechen* vorzutragen! Welche Verkehrtheit, diesem zarten Alter die dogmatischen Gegensätze der Konfessionen einzuprägen!

Doch, das möchte als ein bloßes Kuriosum passieren. Allein ähnliche Verkehrtheiten, wenn auch nicht ganz so schlimmer Art, finden wir in vielen Schulen. Und, wo nicht bei der Auswahl der Lehrgegenstände selbst eine gleiche Übertreibung herrscht, da wird doch nur zu häufig gefehlt in Bezug auf die Ausdehnung und Vertiefung, welche man dem Unterricht in den einzelnen Gegenständen gibt. Ein solcher Ausspruch im Munde eines Laien mag vielleicht unberechtigt erscheinen; darum rufe ich auch hier Gewährsmänner zu Hilfe, denen man wohl einige Autorität in diesen Dingen zutrauen wird, da sie nicht bloß als Lehrer, sondern auch als Schulinspektoren eine langjährige Praxis und Erfahrung für sich haben. So erklärt *Curtmann* (in seiner „Reform der Volksschule") ganz unumwunden: „Eine Beschränkung des Unterrichts dem Stoffe nach ist möglich und unseren Verhältnissen angemessen. Ein großer Teil der den Volksschulen aufgebürdeten Kenntnisse lag weder in dem Bedürfnis der Lernenden noch in dem Interesse der harmonischen geistigen Ausbildung: *Sie sind vielmehr durch die Herrschaft der Abstraktion und der Eitelkeit eingeschwärzt worden.*" Derselbe Schulmann sagt in Bezug auf den unnatürlichen ausgebreiteten und systematischen grammatikalischen Unterricht in der Volksschule: „Meint jemand, seine Grammatik zu verstehen, der gehe nur in die Volksschule! Dort wird er erfahren, wie unzureichend sein Genitiv ist, da kann er erörtert hören, ob Besitzfall, oder Woher-

Fall, oder Wessen-Fall, oder Geschlechtsfall, oder Zeuge-Fall der schulgerechte Terminus sei. *Dass das Volk selbst die Sprache nur als ein Mittel, seine Gedanken auszudrücken, nicht als einen Gegenstand logischer oder historischer Erörterungen ansieht, daran denkt die Schule nicht.* " Und noch dazu „bleiben", wie derselbe Pädagoge schon in seiner früheren Schrift („Die Schule und das Leben") bezeugte, „trotz aller Schärfe der grammatischen Begriffsbestimmung, trotz der Folgerichtigkeit der sprachlichen Entwicklung, welche diese Lehrer in ihre Schulen zu bringen meinten, die Erfolge aus, denn die Knaben laborieren an orthographischen Fehlern mehr als vorher, an syntaktischen und stilistischen nicht weniger als früher." Höchst treffend spricht sich auch *Kirchmann* a.a.O. gegen den zu weit getriebenen und zu künstlichen grammatikalischen Unterricht aus: „Das Kind isst", sagt er; „aber schwerlich wird sein Essen oder seine Verdauung dadurch vollkommener, wenn man den Essenden mit der Lehre von der Verdauung genau bekannt macht; ebenso wenig wird man die Sprachfertigkeit der Schüler dadurch vervollkommnen, dass man ihnen die fertige Grammatik vorführt."

Ähnlich verhält es sich mit dem „Luxus der so genannten Denkübungen", wie *Curtmann* die Sache sehr treffend bezeichnet. Es geht durchaus gegen die Natur des Kindes, wenn man dasselbe zwingt, abstrakte Begriffe zu bilden oder aufzulösen, und der Vorteil solcher Übungen ist daher in der Regel ein sehr eingebildeter. Sinnliche Wahrnehmungen zu kombinieren und daraus sich Vorstellungen zu bilden, dazu hat das Kind Neigung und Fähigkeit; aber diese Operation, die es instinktmäßig vollzieht, selbst wieder zu zergliedern, um ihren Gesetzen nachzuspüren, das ist etwas der kindlichen Natur durchaus Fernliegendes und nur mühsam Anzukünstelndes. Ebenso unnatürlich ist es, wenn man vom Kind verlangt, es sollte von seinem inneren Denken und Fühlen begriffsmäßige Rechenschaft geben, wie das z.B. in den so genannten moralischen und religiösen Katechisationen [mündlicher Unterricht in Form von Frage und Antwort] zu geschehen pflegt. Was man hier „aus der Seele des Kindes zu entwickeln" vorgibt, das ist zumeist nichts als ein ihm Eingelerntes und dann wieder Abgefragtes.

Der so genannte Anschauungsunterricht hat zwar diesen abstrakten Begriffs- und Gedächtniskram so ziemlich beseitigt, ist aber teilweise selber wieder in Abstraktion und Künstelei verfallen. Mit Recht tadelt *Curtmann* die Übertreibungen, die an sich mit der pestalozzischen Raum- und Formlehre und Zahlenverhältnisse, einem „hohen Formalismus", viel Zeit verschwende und die Jugend nutzlos pflege. In der Tat ist schwer einzusehen, was mit der ganzen „Anschauungslehre der Zahlenverhältnisse", wie sie Pestalozzi und nach ihm andere ausgebildet haben, Großes gewonnen sei; dass die Kinder dadurch, wie Pestalozzi meint, in die „Urform der Realverhältnisse der Zahlen" eindringen sollen, ist eine mystische Vorstellung ohne eigentlichen praktischen Wert.

Ebenso wird vielfach gefehlt beim mathematischen Unterricht. In der Geometrie z.B. (wo man diese treibt) lässt man die Schüler mit Definitionen, Konstruktionen und Beweisen, also dem Abstraktesten, anfangen, statt sie vor allem mit solchen Sätzen bekannt zu machen, deren praktische Brauchbarkeit ihnen sofort einleuchtet und die eben darum ihnen leicht verständlich und zugleich interessant sind. Es ist eine irrige Vorstellung; als könnten die geometrischen Sätze nur in der Reihenfolge und dem Zusammenhang gelernt und begriffen werden, in welchem sie im Ganzen des Systems ihre Stelle finden. Der künstliche Beweis, dass die gerade Linie der kürzeste Weg zwischen zwei Punkten, oder dass die Hypotenuse allemal kürzer sei, als die beiden Katheten zusammen, ist für die Geometrie als Wissenschaft notwendig; allein der Knabe von zehn oder zwölf Jahren, den man nicht zum vollendeten Geometer bilden will, lernt von diesen beiden Sätzen das, was allein daran für ihn einen praktischen Wert hat, ebenso gut, wenn man ihm den ersten durch einen straff gezogenen Draht neben mehreren schlaff hängenden versinnlicht[9], rücksichtlich des anderen aber ihn selbst die Probe machen lässt, dass einer, der an den beiden Seiten ei-

---

[9] — wie z.B. [Karl Ludwig von] *Littrow* in seiner „populären Geometrie" getan hat.

nes Feldes hinläuft, mehr Zeit braucht, als einer der seinen Weg quer hindurch nimmt[10].

Und so ist es in den meisten Fächern. Man erstrebt überall eine Vollständigkeit, welche nun einmal bei einem Unterricht, der nur auf die kurze Zeit bis zur Konfirmation berechnet ist, nicht erreichbar, ja nicht einmal denen, welche diesen Unterricht genießen, von Nutzen ist; man denkt weniger daran, was die Zöglinge künftig einmal brauchen werden, als an die Postulate der wissenschaftlichen Systematik, und lässt sich von der pedantischen Gründlichkeitssucht, die uns Deutschen eigen ist, verführen, der Jugend in dem engen Raum weniger Jahre alles geben zu wollen, was man nur zusammenscharren kann, als ob man geflissentlich ihr jeden Antrieb zur eigenen späteren Fortbildung nehmen wollte. Ihr solche im Voraus gründlich zu verleiden, das allerdings erreicht man damit meistens nur zu wohl. So ist es gekommen, dass die deutschen Schulen, nach einem treffenden Bild *Curtmanns*, zum großen Teil einem angefangenen dreistöckigen Bau ohne Dach und Fach gleichen. „Darum", fügt *Curtmann* hinzu, „widerstehen sie auch nicht dem Sturm und Wetter des Lebens."

2) Es wird manches zu früh gelehrt.

Ein anderer Übelstand unseres Schulunterrichts ist das unzeitige, verfrühte Betreiben gewisser Gegenstände, deren Erlernung natur- und sachgemäßer einer späteren Zeit vorbehalten bliebe. Ich will hier nicht von dem Religionsunterricht sprechen, in Bezug auf welchen die einsichtigeren Pädagogen wohl so ziemlich einig sind, dass weder die Weise, wie er gewöhnlich in

---

[10] „Wenn alle Wahrscheinlichkeit dagegen spräche, dass je mein Zögling den höheren Unterrichtsgang nehmen könnte, würde ich mich klüglicherweise ganz auf ein so resultatloses Unternehmen verzichten, oder einige wenige für sich verständliche, in das Leben einschlägige Aufgaben als genügenden Unterrichtsstoff aus der Geometrie handhaben? Ist es nicht höchst tadelnswert, wenn stattdessen mit haarscharfen Definitionen und euklidischen Grundsätzen ein für die Gegenwart unerfreuliches, für die Zukunft nutzloses Fundament gelegt wird? Selbst im Rechnen, diesem Haupttummelplatz der Methoden, fehlt es oft am Notwendigsten, der Sicherheit des Kopfrechnens, während man sich mit Kettenregeln, Proportionen und Dezimalbrüchen herumtreibt". *Curtmann*: „Die Reform der Volksschule".

den Schulen betrieben wird, noch die Ausdehnung, in welcher dies geschieht, noch endlich und namentlich die Zeit, wo man damit beginnt, natürlich und dem Wesen des Gegenstandes selbst entsprechend sei.

Die Geschichte wird zwar jetzt ungleich besser dem kindlichen Alter angemessen gelehrt als vordem, besonders durch ihre Verbindung mit der Geographie, ihre Anknüpfung an das Nächste, Vaterländische, und die Hervorhebung des biographischen Elements. Insofern jedoch der Geschichtsunterricht mehr sein soll, als eine Ansammlung von Namen, Zahlen und Daten in den Köpfen der Kinder oder eine poetische Erregung und Befriedigung ihrer Phantasie, insofern er die Jugend wirklich in das Verhältnis der Vergangenheit und durch sie der Gegenwart einführen, sie befähigen soll über geschichtliche Tatsachen und Persönlichkeiten ein begründetes Urteil zu fällen — und das soll der rechte Geschichtsunterricht doch wohl! — so ist solcher für das Alter, wo man ihn jetzt zu beginnen pflegt (im zehnten bis elften Lebensjahr), wenn nicht für die Schulzeit überhaupt[11], unbedingt verfrüht. Er würde es weniger sein, wenn ihm nur eine solche Entwicklung der Jugend vorausgegangen wäre, welche in derselben ein wirkliches Bedürfnis nach geschichtlichen Betrachtungen erwecken und sie zur Aufnahme solcher geschickt machen könnte. Daran aber eben fehlt es. Die Schule tut äußerst wenig, fast nichts, um ihren Zöglingen in der sie umgebenden Gegenwart, dem wirklichen Leben mit seinen gesellschaftlichen und kulturgeschichtlichen Beziehungen zu orientieren; woher soll nun letzteren das Verständnis kommen für ein geschichtliches Werden, dessen Anschauung, um fruchtbar zu sein, doch immer und überall auf das daraus Gewordene, gegenwärtig Vorhandene zurückkommen muss? Wie will man z.B. den Schülern die Begebenheiten der politischen Geschichte verständlich machen, so dass sie selbst sich eine Anschauung davon und ein Urteil darüber bilden können, wenn man ihnen zuvor Gelegenheit gegeben hat sich von einem politischen Gemeinwesen und dessen Bedingungen ein Bild zu machen? Diesem Bedürfnis hat man nun zwar dadurch abzuhelfen ge-

---

[11] „Geschichtsunterricht im gewöhnlichen Sinne des Wortes gehört gar nicht in die Volksschule", sagt [Lorenz] *Kellner.*

sucht, dass man den Kindern einen Abriss der vaterländischen Verfassung, für sich oder im Zusammenhang mit der allgemeinen Vaterlandskunde, vorträgt. Aber damit ist wenig getan. Ein bloßes Auswendigwissen der Verfassungsparagraphen oder der Namen und Attribute der verschiedenen konstitutionellen Körperschaften in Staat und Gemeinde bleibt immer nur ein totes Fachwerk, wenn den Schülern nicht auf andere Weise das Verständnis eines Gemeinwesens überhaupt, die lebendige Anschauung der Bedingungen und der Wirksamkeit eines solchen, gleichsam der gesellschaftliche und politische Sinn erschlossen wird. Wie Letzteres geschehen könne, soll später auszudeuten versucht werden. Neuere Pädagogen (z.b. [Peter Friedrich] Kirchmann und [Johann Karl Christoph] Vogel) empfehlen, namentlich für den Anfang, einen Geschichtsunterricht, der sich vorzugsweise mit den geistigen und materiellen Fortschritten der Menschen beschäftige, z.b. eine Geschichte der Erfindungen, und gewiss haben sie Recht. Allein auch dazu ist notwendige Vorbedingung, dass der Schüler bereits eine Anschauung von der Bedeutung dieser Erfindung, ihrem Eingreifen in das bürgerliche Leben u. s w. habe, sonst bleibt auch eine solche Geschichte eine bloß äußerliche Befriedigung der Neugier.

Aber nicht allein von denjenigen Unterrichtsfächern, welche, wie Religion und Geschichte, schon einen gewissen vorgebildeten Ideenkreis und eine aufgeschlossenere Tätigkeit aller Geisteskräfte zu ihrer rechten Aufnahme und Bearbeitung erfordern, sondern auch von anderen, scheinbar viel einfacheren und elementareren lässt sich dennoch behaupten, dass die Unterweisung darin zu einer Zeit und auf eine Art erfolge, welche nicht die rechte, naturgemäße sei. Im Allgemeinen wird jenes weise Gesetz der Natur, wonach jede Tätigkeitsäußerung des Menschen die Befriedigung eines inneren Bedürfnisses und die Erzeugerin eines neuen sein soll, gerade der Erziehung, welche doch die Natur unterstützen und zur Führerin nehmen musste, am wenigsten beachtet. Man beginnt den Unterricht des Kindes im sechsten, siebenten Lebensjahr, es lesen und schreiben zu lehren, während ihm doch weder das Eine noch das Andere eigentliches Bedürfnis ist, denn auch das Selbstlesen von Fabeln, Märchen usw. ist in diesem Alter mehr ein gemachtes, dem Kind eingeredetes, als ein wirklich von diesem empfundenes Bedürfnis. Das natürliche Kind lässt sich solche Geschichten immer noch lieber vorerzählen, als dass es, um sie selbst lesen zu können, danach trachtet, die Buchstaben, diese ihm so fremdartigen Dinger, kennen zu lernen[12]. Man hat zwar neuerlich in den meisten Schulen vor dem Unterricht im Lesen den Anschauungsunterricht, vor den im Schreiben den Zeichenunterricht eingeschoben, sucht auch durch zweckmäßige Methoden, besonders beim Lesen, den Kindern möglichst rasch über das rein Abstrakte und Mechanische desselben hinwegzuhelfen. Indes möchte ich doch behaupten, dass eine Verlegung dieser beiden Lehrgegenstände in ein späteres Alter, wo einesteils die Hand fester und also auch zur Führung der Feder gewandter, anderteils ein wirkliches Bedürfnis nach schriftlicher Mitteilung und eigener Kenntnisnahme vom geschriebenen und gedruckten Wort im Schüler erwacht ist, diesen in kürzerer Zeit das nachholen lassen würde, womit er jetzt, auch bei den besten Methoden, doch immer ungebührlich lange sich abquälen muss.

3) Das Allernotwendigste lernen die Zöglinge unserer Volksschule in dieser gar nicht.

---

[12] Eine Belegstelle hierfür aus [Johann Karl Christoph] *Vogels* „Bürgerschule" habe ich schon oben angeführt. Auch *Curtmann* („Die Reform der Volksschule") sagt: „Das Kind fühlt wohl ein Bedürfnis zu sprechen und seine Vorstellungen zu berichten, aber an Lesen und Schreiben denkt es höchstens aus Nachahmungstrieb". Wenn aber *Curtmann* fortfährt: „Indessen muss der Schlüssel zur Schriftsprache irgend einmal gesucht sein, und es fragt sich nur, auf welcher Entwicklungsstufe dies am vorteilhaftesten geschieht. Fähig ist, wie die Erfahrung lehrt, selbst das minder begabte Kind um das sechste Jahr herum, sich die Fähigkeit zu erwerben, und, da dem denkenden Geist später die vorherrschende Beschäftigung mit Buchstaben und Lauten einförmig und uninteressant vorkommt, so ist es klüglich getan, die ersten Schritte in diese Richtung gerade in das Alter des halb spielenden Denkens zu versetzen", so kann ich ihm nicht beipflichten, wenigstens nicht für den Bereich der öffentlichen Schule, welche, mit ihrem massenweisen Unterricht, bei diesem frühzeitigen Betreiben des Lesens und Schreibens unverhältnismäßig viel Zeit darauf verwendet, und die armen Kinder mit einem ihnen so fernliegenden Gegenstand ungebührlich quälen muss, kann ein Kind wirklich „spielend", etwa an dem Knie der Mutter, die ersten Schwierigkeiten des Lesen- und Schreibenlernens überwinden, so ist am Ende dagegen nichts zu sagen.

Nämlich das, was sie einst fürs Leben, für ihren Beruf als Vorsteher oder Vorsteherinnen eines Haushalts, als Ernährer und Versorgerinnen einer Familie, als Gatten, Väter und Mütter, als Bürger eines kleinen oder großen Gemeinwesens brauchen werden. Ich frage: Was lernt die künftige Hausfrau und Mutter in der Schule, was ihr einst in ihrem hochwichtigen Beruf nützlich sein könnte? Lernt sie hauswirtschaftliche Kenntnisse und Fertigkeiten? Erhält sie einen Begriff von dem, was zur körperlichen und geistigen Erziehung der Kinder gehört? Oder der künftige Dienstbote — wird er durch die Schule für seinen Beruf vorgebildet? Hilft dieselbe dem künftigen Geschäftsmann, Handwerker oder Landwirt geschickt zu einem verständigen, tüchtigen Betrieb seines Geschäfts, weckt und entwickelt sie in ihm solche Eigenschaften, welche ihm dabei wie in der Führung seines Hauswesens von Nutzen sein könnten? Pflegt sie in dem künftigen Gemeinde- und Staatsbürger diejenigen gesellschaftlichen Tugenden, welche die einzig sichere Grundlage eines zugleich in Ordnung und vernünftiger Freiheit sich bewegenden Gemeinwesens sind? Gibt sie dem Sohn des Armen diejenige Einsicht in die notwendigen Gesetze des gesellschaftlichen Verkehrs und diejenige Gewöhnung an ausdauernde Tätigkeit auf seinen Lebensweg mit, welche ihn befähigen möchte seine Phantasie vor überspannten Wünschen und Hirngespinsten zu bewahren, oder dagegen durch eigene Kraft und sittliche Energie sich ein besseres Los zu bereiten? Lehrt sie den Sohn des Reichen, seinen Reichtum recht zu gebrauchen und damit nicht bloß zum eigenen, sondern auch zum allgemeinen Besten zu wuchern?

Von alledem lehrt und tut die Schule nichts und aber nichts. Zwar werden die Verteidiger der Schule vielleicht darauf hinweisen, dass dieselbe teils durch die allgemeine Bildung, die sie ihren Schülern gebe, teils durch besondere religiös-moralische Lehren und Ermahnungen die Keime der Sittlichkeit, des Gehorsams gegen die Gesetze, der Ordnung und Mäßigkeit und anderer häuslicher, gesellschaftlicher und bürgerlicher Tugenden in deren Seele pflanze; dass sie ferner durch Unterweisung der Jugend in allerhand nützlichen Kenntnissen, wie Lesen, Schreiben, Rechnen u. s .w., ihr so viel Hilfsmittel für ihren künftigen Beruf mitgebe, als nur überhaupt in ihrer Macht liege, und dass mehr von ihr billigerweise nicht zu verlangen sei.

Allein vergebens würde die Schule hoffen, durch solche Erwiderungen jene Klagen und Vorwürfe niederzuschlagen, die sich täglich lauter gegen sie erheben und denen die Missstände unseres gesellschaftlichen, politischen, bürgerlichen und häuslichen Lebens, deren im ersten Kapitel gedacht ist, eine nur zu dunkle Folie geben. Haben doch bereits die einsichtigeren Pädagogen selbst die Berechtigung solcher Forderungen, zugleich aber die Unerfüllbarkeit bei dem gegenwärtigen Stand unseres Unterrichtswesens öffentlich anerkannt! Hat doch Diesterweg, dieser erfahrene Kenner der Volksschule, in der Rede, mit der er den ersten Kindergarten in Berlin eröffnete, beklagt, „dass die Mädchen weder in der Schule noch vom Prediger lernen, was sie einst als Mütter zu tun haben" (s. „Europa"; 1834, Nr. 75)! Bekennt doch derselbe (in den „Rhein. Blättern" a.a.O.), dass unsere Lernschule am unpraktischen Wesen unseres Volkes viel Schuld trüge, weil so wenige Lehrer das Wort verständen: „dass man in der Schule soll arbeiten lernen!" Ruft doch Curtmann da, wo er vom Unterricht der Physik spricht, vorwurfsvoll aus: „Wissen jetzt die Schüler anzugeben, warum die Wäsche im Freien leichter trocknet als im eingeschlossenen Raum, warum die Tropfen an einem Glas herunter laufen, wie das Bügeleisen glatt macht, usw. Wie hoch der Montblanc sich über die Meeresfläche erhebt, das wird gelehrt, hingegen die Höhe eines Wohnhauses oder des Kirchturms im Dorf weiß der Knabe weder zu messen noch zu taxieren. Von positiver und negativer Elektrizität hört er dozieren, allein, wie es kommt, dass der Rauch durch einen engen Schornstein leichter aufsteigt als durch einen weiten, das lernt er höchstens durch teure Erfahrung!" Verlangt doch Kirchmann ausdrücklich: „Die Gesetze der Natur, welche die gewöhnlichen Erscheinungen beim Brennen des Feuers, beim Kochen des Wassers, beim Fegen der Stube, beim Wachsen der Pflanze, beim Backen des Brotes, bei der Ernährung des Viehes, bei der Pflege der Kinder usw. erklären, müssen der Hausfrau bekannt sein", — „den menschlichen Geist mit den Gesetzen seiner Entwicklung zu studieren, dazu müsse besonders die künftige Mutter, Gattin und Hausfrau Anleitung gefunden haben, damit sie es verstehe,

ihre Lieblinge naturgemäß in ihrer geistigen Entwicklung zu fördern, sich den Eigentümlichkeiten des Gatten mit psychologischem Scharfsinn anzuschmiegen und das Gesinde an unsichtbaren Fäden zu lenken", — und deutet damit zugleich an,
dass die gegenwärtige Erziehung diese Forderungen nicht befriedige! Und, um auch das Zeugnis einer Frau anzuführen,
welche in dieser Sache nicht immer schwer wiegen dürfte, so
berufe ich mich auf das, was über die verfehlte Bildung der
weiblichen Jugend Amalie Marschner sowohl in ihren „Andeutungen über Erziehung" (Leipzig 1850), als auch in ihrer neuesten
Schrift: „Die erziehlichen Einflüsse des Lebens auf die Erziehung des Armen" (Leipzig 1851) als Resultat ihrer Erfahrungen anspricht. „Die jetzige Erziehungsweise", sagt sie in der
ersten Schrift, „namentlich in den größeren Städten, entfernt
leider die Töchter von allem, was sie zu ihrer eigentlichen Bestimmung hinführen könnte. Von früh bis abends mit Lehrstunden überhäuft, sehr oft über Gegenstände, die sie nur lernen,
um sie wieder zu vergessen oder um sie zum Spiel der Eitelkeit
zu benutzen, bleibt ihnen gleichwohl alles fremd, was ihnen für
ihre eigentliche, wahre Bestimmung von Nutzen sein könnte, ja
sie verlieren auch noch die Gabe, welche ihnen die gütige Mutter Natur verliehen hat. Leider zeigt sich nicht bloß in den höheren Ständen die Erscheinung, dass der Mutter alle Anlage und
Lust fehlt, um durch passende und heitere Spiele Geist und
Gemüt der Kinder zu wecken, zu beleben und zu entfalten;
selbst die meisten Dienstboten und Wärterinnen haben die
Harmlosigkeit und Fröhlichkeit verloren, welche gleichsam die
Lebenslust für die Kinderspiele ist. Nicht achtsam, verdrießlich,
leider nur zu oft auch roh, gehen sie auf nichts ein, was unterhaltend und zu Tätigkeiten anregend sein würde; dadurch aber
tritt schon früh eine Geistesverdummung ein, die, wie der Mehltau, der Blüte die gesunde Frucht verkümmert." Und in der
zweiten Schrift: „Wir finden in der dienenden Klasse gar viele,
die nicht gelernt haben, sich einen Strumpf ordentlich zu stricken oder die schadhaften Fersen auszubessern, die es nicht
verstehen, sich ein Hemd zuzuschneiden, noch viel weniger, in
das zerrissene einen Fleck einzusetzen; die sich weder einen
Rock zuzuschneiden noch eine Jacke zu machen verstehen,
sondern alles verlohnen und dann, wenn sie sich verheiraten,

wo ihnen die Mittel dazu nicht mehr zu Gebote stehen, an sich und den Ihrigen alles in Lumpen zerfallen lassen." Noch manches Zeugnis ähnlicher Art könnte ich anführen; dessen bedarf es gerade hier weniger, weil der beredte Übelstand denen, für die und in deren Namen ich diese Betrachtungen niederschreibe, denen, welche selbst oder deren Kinder in der Volksschule gebildet sind, aus eigener Erfahrung nur allzu wohl bekannt und fühlbar geworden sein wird.

Viertes Kapitel

Der Sitz des Übels und der Weg der Abhilfe

Steigen wir endlich hinauf zum eigentlichen Sitz des Übels, zu der Quelle, aus welcher alle jene Übelstände, die man mit Recht der Volksschule in ihrer gegenwärtigen Gestalt vorwirft, geflossen sind, so kommen wir zurück auf dasjenige, was gleich im Eingang dieser Betrachtungen bemerkt wurde: *die Entfremdung der Schule vom Leben*, die unnatürliche Verwandlung derselben aus einem bloßen *Mittel* in einen *Selbstzweck*. Weil die Schule, statt ihre Wirksamkeit in jedem Schritt genau nach den Bedürfnissen des Lebens zu bemessen, nur ihre selbst gebildeten Begriffe von Zweckmäßigkeit und Vollkommenheit zu Rate zog, ist sie auf den Abweg geraten, ihre Zöglinge mit Überflüssigem zu erdrücken und am Notwendigen Mangel leiden zu lassen. Weil sie die ihr anvertraute Jugend, deren Instinkt sich des Lebens goldenen Bäume zu- und von der grauen Theorie abwendet, mit Gewalt in die Fesseln ihres Systems schlagen muss, darum hat sie mit diesem Instinkt einen steten Kampf zu bestehen, der nicht allein ihr selbst das Geschäft des Unterrichts wie der Erziehung unendlich erschwert, sondern auch in den Geistern und Herzen der Jugend nicht selten tiefe und gefährliche Spuren zurücklässt. Unter diesen Verhältnissen kann es nicht Wunder nehmen, wenn die praktischen Erfolge der Schule und ihre Nachwirkungen fürs Leben mit den von ihr gehegten Erwartungen und den von ihr selbst gegebenen Verheißungen in grellem Widerspruch stehen.

Ist dies nun erkannt, so scheint damit auch, wenn nicht die Abhilfe selbst, doch mindestens der Weg dazu gefunden. Wir müssen die Schule zu dem machen, was sie allein sein kann und soll: zu einer *Vorbereitungsanstalt fürs Leben*, müssen also das *Leben*, das häusliche, bürgerliche, öffentliche Leben befragen, was es von denen heische, die in dasselbe eintreten, in ihm sich bewegen sollen, um danach zu messen, welcherlei Vorbereitung es zur Erfüllung dieser Forderungen des Lebens bedürfe. Hüten wir uns aber, dass man uns nicht mit Redensarten abspeise! Die „Versöhnung der *Schule* mit dem *Leben*" ist eines der beliebtesten pädagogischen Stichwörter des Tages, welches aber bisher noch nirgends zur Wahrheit hat werden wollen. Die Schule mit ihrer wissenschaftlichen Pädagogik hat es fast gemacht wie der politische Absolutismus: dem Leben einige Scheinrechte einzuräumen, von einer Beachtung des „Geistes", der „Interessen und Bedürfnisse" des Lebens zu reden, darauf ließ man sich zwar [ein]; hier und da ging man wohl auch auf eine Forderung des Lebens, wenn sie zu dringend war, wirklich ein, tat und unterließ dies und jenes, weil die öffentliche Stimme es so wollte; aber von dem erhabenen Standpunkt *über* dem Leben herab- und mitten in dasselbe hinein zu treten, sich zu einem bloßen *Organ* dessen zu machen, statt nach freiem, souveränem Belieben sich seine Ziele und Wege abzustecken, dazu konnte man sich nicht entschließen. Und so verfiel diese Pädagogik, welche die „Vermählung mit dem Leben", das Aufgeben ihrer „abstrakten Methode" sich und anderen vorgespiegelt hatte, immer wieder in Abstraktion, unpraktisches Gebaren, Entfremdung vom Leben, gleichwie auch jenes politische System, welches es nur bis zum Scheinkonstitutionalismus [bis zum Schein der Beschränkung der Alleinherrschaft durch demokratische Mitbestimmung] gebracht, über kurz oder lang allemal zum Absolutismus [zur Allein- und Willkürherrschaft] zurückführt.

Vergebens wird man sich alle nur mögliche Mühe geben, „den Unterricht in der Volksschule von der abstrakten Methode zu emanzipieren", solange man nicht den Sitz des Übels selbst zerstört, aus dem sich sonst dieses immer von Neuem gebiert, solange man nicht die Schule in einen ganz anderen Boden verpflanzt, ihr ein ganz anderes Bildungsprinzip zu Grunde legt als das bisherige, ein solches, welches jede künstliche Methodik unnötig und unmöglich macht. Denn alle bisherigen Methoden waren doch im Grunde nichts anderes, als *künstliche* Notbehelfe beim Mangel eines *natürlichen* Bildungsstoffes, der, wäre er vorhanden, seine Methode in sich selbst tragen und den Erziehern ungesucht an die Hand geben würde.

Versuchen wir es denn, einen solchen *natürlichen Bildungsstoff* für die Volksschule zu finden! Lassen wir alle pädagogischen Theorien und vorgefassten Meinungen [hinter uns], hören wir nur auf die Stimme der *Natur* und des *Lebens*!

Fünftes Kapitel

Das naturgemäße Bildungsprinzip der Volksschule, erkennbar aus den Bildungsbedürfnissen des Lebens

Man kann den Zweck der Erziehung in der Volksschule in Kürze wohl so bezeichnen: Die Volksschule soll gute Menschen und brauchbare Bürger für Staat und Gemeinde ausbilden.

Diese Bildung muss einesteils eine intellektuelle, andernteils eine moralische sein, sie muss sowohl die Fähigkeiten der Zöglinge entwickeln als ihren Charakter stärken und veredeln.

In ersterer Beziehung ist teils die Aneignung bestimmter positiver Kenntnisse und Fertigkeiten notwendig (materielle Bildung), teils die Entwicklung der allgemeinen Fähigkeit zu dieser Aneignung und zum Gebrauch des so Angeeigneten (formale Bildung). Beides muss Hand in Hand gehen, wenn der Zweck der Erziehung auf die möglichst vollkommene und leichte Weise erreicht werden soll: Es darf kein bloß mechanisches Erlernen einzelner Kenntnisse und Fertigkeiten stattfinden, ohne dass dabei die eigene Kraft des Zöglings in lebendigste Tätigkeit versetzt und entwickelt würde, und andernteils darf die Übung dieser Tätigkeit niemals eine leere oder bloß formale sein, sondern muss sich immer zugleich auf die Erwerbung positiver Fertigkeiten oder Kenntnisse richten.

Schließlich muss, aus dem gleichen Gesichtspunkt einer möglichst harmonischen, *den ganzen Menschen umfassenden*, ihre Kräfte und Mittel nicht zerstreuenden, sondern auf einen Punkt konzentrierenden Erziehung, die intellektuelle Bildung des Zöglings in engste Verbindung gesetzt werden mit der moralischen, der Charakter- und Gemütsbildung — oder, wie man es neuerdings gewöhnlich ausgedrückt hat: *Der Unterricht muss zugleich erziehend wirken.*

Aus diesen Vorsätzen — gegen welche kaum ein Widerspruch, weder von Seiten der praktischen Schulmänner, noch der wissenschaftlichen Pädagogen und Psychologen, noch der Eltern, noch endlich der Vertreter von Staat und Gemeinde zu besorgen ist — muss sich die rechte, sach- und naturgemäße Art des Unterrichts und der Erziehung in der Volksschule entwickeln lassen.

Es gilt also zu untersuchen, welche Kenntnisse und Fertigkeiten dem künftigen Welt-, Staats- und Gemeindebürger am notwendigsten und nützlichsten sind, in welcher Richtung die Kraft und Tätigkeit desselben am meisten entwickelt werden muss, wenn er seiner Lebensstellung genügen soll, schließlich welche Gemüts- und Charaktereigenschaften dabei vorzugsweise in Betracht kommen.

Die Volksschule soll ihre Zöglinge nicht ausschließlich für einen bestimmten Beruf bilden — dafür gibt es *Fachschulen* (Gelehrtenschulen, Ackerbauschulen, Gewerbeschulen, Handelsschulen usw.); vielmehr soll sie eine möglichst gleichmäßige Vorbereitung und Grundlage aller möglichen Berufsarten abgeben. Dies schließt nicht aus, dass die Volksschule auf die besonderen Bedürfnisse Rücksicht nehme, welche Örtlichkeit, Beschäftigungsweise und Bildungsgrad der Gesamtheit oder des überwiegenden Teils der Bevölkerung, für welche sie berechnet ist, ihr an die Hand geben. Die Volksschule eines rein ackerbaulichen Bezirks wird in mancher Beziehung andere Bildungszwecke verfolgen, andere Mittel anwenden, andere Ziele sich stecken müssen, als die für eine Fabrikbevölkerung auf dem Land oder in der Stadt berechnete, diese wiederum andere, als die einer großen Stadt, wo die mannigfachsten Berufsarten und Bildungsstufen sich kreuzen. Anderseits scheint allerdings der allgemeine Kulturzweck sowie der gegenwärtige Zustand unserer Gesellschaft der Volksschule den Beruf zuzuweisen, dass sie die Bildungsunterschiede zwischen Stadt und Land, zwischen den gewerblichen und den urproduzierenden Bevölkerungen, zwischen den Sitzen einer überfeinerten Kultur und denen, wo noch einfachere Zustände bestehen, zwar nicht gewaltsam verwische, aber doch bis auf einen gewissen Grad ausgleiche; dem Landvolk z.B. größere Beweglichkeit des Geistes, vielseitigere Teilnahme am Kulturleben, mehr Empfänglichkeit für allgemeine Interessen verschaffe; den vielfach verzärtelten und überfeinerten Städter dagegen einigermaßen zu größerer Einfachheit und Natürlichkeit der Lebens- und Bildungsweise zurückführe.

Auch hinsichtlich der verschiedenen Stände wird die Volksschule eine ähnliche Ausgleichung zu bezwecken haben. Auf welche Weise beides geschehen könne, werde ich später andeuten.

Dies vorausgeschickt, versuche ich nun, von den Bildungsbedürfnissen derer, für welche die Volksschule bestimmt ist, ein Bild zu entwerfen. Ich beginne mit den einfachsten, darum allgemeinsten und gleichförmigsten Lebensverhältnissen, den Verhältnissen des *Hauses* und der *Familie*.

Der Vorsteher eines eigenen Haustandes muss mit den Bedürfnissen eines solchen so weit vertraut sein, um sich bei allen Vorkommnissen möglichst selbst raten und helfen zu können. Damit meine ich nicht, dass jeder Familienvater alle Bedürfnisse für sein Haus selber beschaffen, sein eigener Zimmermann, Tischler, Schlosser, Bäcker, Schneider und Schuster sein soll; das wäre so unzweckmäßig wie unausführbar. Aber allerdings halte ich es für sehr nützlich, ja notwendig, dass jedermann so viele Kenntnisse von dem habe, was zur Befriedigung dieser und ähnlicher Bedürfnisse des täglichen Lebens gehört, und so viel praktischen Sinn besitzt, dass er nicht nur in augenblicklichen Notfällen ohne fremde Hilfe verkommen und keine Aus- oder Verbesserungen in der Wirtschaft, in Haus und Garten,

Keller und Küche für sich und die Seinen selbst zu Stande bringen könne — nach dem guten Schiller'schen Spruch: „Die Axt im Hause erspart den Zimmermann"[13] —, dass er auch (was oft noch wichtiger ist) verstehe, dem Handwerker, dem Künstler, dem Tagelöhner, deren er sich bedienen muss, anzugeben, wie er etwas gemacht haben wolle, dass er zu übersehen vermöge, ob eine Arbeit solide, zweckmäßig, preiswürdig und in der angemessenen Zeit gemacht sei oder nicht, kurz, dass er die fremden Arbeiter, die er beschäftigt und bezahlt, wenigstens kontrollieren könne, und ihnen nicht auf Gnade und Ungnade verfallen müsse.

Man achte die Forderung, die ich hiermit an jeden Hausvater stelle, nicht gering! Der Mangel solcher Kenntnisse und Fertigkeiten fürs Haus, eines solchen praktischen Sinnes und Geschicks rächt sich nicht bloß durch allerlei kleine und große Unbequemlichkeiten und häufige materielle Opfer, sondern er führt auch nicht selten bedeutende moralische Nacktheit mit sich. Der unpraktische Mann, der einem Hausstand vorstehen soll, wird durch die häufigen Verlegenheiten, in die ihn seine Unkenntnis und sein Ungeschick verwickeln, durch die Verluste, die er dadurch erleidet und durch die Blöße, die er sich vor Fremden und vor seinen eigenen Hausgenossen gibt, leicht verdrießlich, gereizt und übellaunisch; bald wird er sich von denen, mit denen er verkehrt, übervorteilt glauben und gegen sie ungerecht, knickrig und hart verfahren, bald wieder wird er leichtsinnig sich missbrauchen lassen und dadurch seinen Hausstand und seine Finanzen in Verwirrung bringen. Weil er nicht die Fähigkeit besitzt, kleine Lücken und Mängel im Haushalt selbst zu verbessern, ja vielleicht nicht einmal weiß, wohin er sich [wegen] ihrer Verbesserung am zweckmäßigsten zu wenden habe, wird er oft diese Lücken und Mängel längere Zeit fortbestehen lassen; dadurch wird die Ordnung, die Solidität

---

[13] „Die Anstelligkeit zu mechanischen Arbeiten und die Lust dazu ist eine gar schätzenswerte Eigenschaft für jedermann, aber ganz besonders für Leute, welche in beschränkten Verhältnissen treten und manche willkommene Ersparnis machen können, wenn sie nicht zu jeder kleinen Verrichtung einen Handwerker brauchen. Es ist aber zugleich der sicherste Schutz vor Langeweile, welche in die Schenke treibt, wie vor der geschnürten Vornehmheit, die immer in Galahandschuhen erscheinen möchte." Curtmann. „Schule und Leben."

seines Hauswesens leiden. Wo diese aber einmal ein Loch bekommt, da reißt es bald weiter; Unordnung führt zu Leichtsinn und Verschwendung. Ein Hauswesen, wo die rechte Ordnung mangelt, wird dem Besitzer leicht verleidet. Er fühlt sich ungemütlich in seinen eignen vier Wänden, er sucht die Befriedigung, die er daheim vermisst, außer Haus, und, ehe er´s sich selbst versieht, ist er ein Herumlotterer, ein unsteter Mensch, ein schlechter Familienvater, ein leichtsinniger Geschäftsmann geworden, ist der Friede des Hauses, die Eintracht zwischen Mann und Frau, die schöne, gemütliche Familiensitte zerstört.

Das soeben Gesagte gilt in noch viel höherem Maße für den häuslichen Wirkungskreis der Frau. Dem Mann mag man es allenfalls verzeihen, wenn er, abgezogen durch gelehrte Studien oder durch Geschäfte außer Haus, die ihn ganz in Anspruch nehmen, für die Regelung und Instandhaltung des Hauswesens wenig oder nichts tut — der Hausfrau, die aus Unkenntnis und Ungeschick, aus angewöhnter Trägheit und Bequemlichkeit, oder aus einseitiger Vorliebe für Beschäftigungen anderer Art, ihre Wirtschaft, die Versorgung des Gatten und der Kinder vernachlässigt, versäumt die erste und wichtigste ihrer Pflichten und lädt die schwerste Verantwortung auf sich.

Wie unumgänglich nötig jedem Hausvater und jeder Hausmutter ferner diejenigen Kenntnisse, Geschicklichkeiten und Charaktereigenschaften seien, welche zu einer guten physischen, intellektuellen und moralischen Erziehung der Kinder erfordert werden, brauche ich nur anzudeuten.

Die vorgenannten Bedingungen zur Führung eines geordneten Hauswesens, zur Versorgung einer Familie, zur Pflege und Zucht der Kinder umfassen aber, wie leicht einzusehen, einen weit größeren Kreis und zum Teil eine ganz andere Art von Fertigkeiten und Kenntnissen, als welche die Volksschule bisher ihren Zöglingen bot. Zwar sind Lesen und Schreiben, Rechnen und Zeichnen keineswegs unwichtig für diese Zwecke; aber ebenso, ja noch unmittelbarer nötig sind zu einer tüchtigen Wirtschaftsführung allerhand praktische Handgriffe und Fertigkeiten, ferner mancherlei naturwissenschaftliche, chemische, mechanische, technische und andere Kenntnisse, jedoch nicht in der Form bloßer allgemeiner (abstrakter) Lehrsätze, sondern in der ganz bestimmten Anwendung auf einzelne Vorkommnisse des Lebens — ein gewisser Takt im Verkehr mit anderen Menschen, die Kunst deren Charakter und Fähigkeiten richtig zu schätzen, also ein geübtes psychologisches Urteil, das Talent, sie recht anzustellen, die Arbeiten zweckmäßig unter sie zu verteilen, u.dgl.m. Was die moralischen Eigenschaften betrifft, welche die tüchtige Führung eines Hauswesens vorzugsweise in Anspruch nimmt, so sind dies Ordnungsliebe, Sparsamkeit, Umsicht, Energie und Beharrlichkeit in der Fassung und Durchführung von Plänen, Arbeitsamkeit, Verträglichkeit usw.

Für die erziehlichen Zwecke der Familie bedarf es außerdem noch der Selbstbeherrschung, der Geduld, der Konsequenz, der Gewohnheit des Aufmerkens auf jede Regung des kindlichen Geistes, endlich der Kunst, solche Regungen leicht und unvermerkt zum Guten hin- und vom Bösen abzulenken, Eigenschaften, die sich, wie jeder Erzieher und Familienvater aus Erfahrung weiß, nicht durch Theorie, sondern lediglich durch praktische Übung erlernen lassen.

Sehen wir hinüber vom engen Kreis der Häuslichkeit zum weiteren des *Berufslebens*, so finden hier zwar die so genannten nützlichen Kenntnisse und Fähigkeiten der Schule ihre hauptsächliche Verwendung, aber auch hier reichen sie nicht allein aus.

Die große Mehrzahl der Zöglinge unserer Volksschule geht aus diesen sofort und ohne weitere Vorbereitung zu einem so genannten praktischen Beruf über, tritt in die Lehre bei Handwerkern, nimmt Dienste bei Landwirten oder dergleichen an. Andere besuchen zwar noch höhere Lehranstalten (Real-, Gewerbe- und Handelsschulen), aber nur als weitere Vorbereitung für eine durchaus praktische, dem materiellen Verkehr zugewandte Laufbahn. Nur der kleinste Teil widmet sich so genannten gelehrten Studien, und dieser verlässt gewöhnlich die Volksschule schon in einem frühen Stadium. Auf sie hat daher die Schule am wenigsten Rücksicht zu nehmen. Für all jene Erstgenannten dagegen ist offenbar, neben den theoretischen Fertigkeiten des Lesens, Schreibens, Rechnens, der Orthographie usw., die Erwerbung solcher Kenntnisse und Geschicklichkeiten besonders wichtig, welche in einer näheren oder fernen Beziehung zu ihrer künftigen Berufstätigkeit stehen, ohne dass deshalb schon direkt und ausschließlich auf einen bestimmten Stand hingezielt zu werden braucht. So z.B. werden Sicherheit der Hand und des Auges, Gewandtheit im Gebrauch mechanischer Instrumente, Scharfsinn in der Kombination natürlicher Ursachen und Wirkungen, Erfindungsgabe, Pünktlichkeit in Vollziehung übernommener Aufträge und dergleichen für den künftigen Gewerbetreibenden, Landwirt, Techniker, ja auch für den bloßen Arbeiter, den Tagelöhner oder Dienstboten wichtig sein; und ebenso werden rascher Überblick über verwickelte Verhältnisse, das Talent der Beurteilung und Behandlung fremder Charaktere und Ähnliches für den künftigen Geschäftsmann jeder Art ganz vortreffliche formale Bildungselemente von Bedeutung sein. Was die materiellen oder positiven Kenntnisse betrifft, so sind hier natürlich die so genannten praktischen oder exakten Wissenschaften, d.h. diejenigen, welche in die Bearbeitung, Umgestaltung und Unterwerfung der Materie durch menschliche Tätigkeit einführen, vorzugsweise zu erlernen sein.

Endlich aber soll jeder Mensch auch zum *Mitglied* eines *politischen und bürgerlichen Gemeinwesens*, sowie zum *Teilnehmer jener allgemeinen Kulturbewegung* sich bilden, welche, von den materiellen Beziehungen an bis hinauf zu den ideellsten, alle Individuen wie alle Völker zu *einer* großen Gemeinschaft verschlingt und sie zu *einem* erhabenen Ziel der Vervollkommnung vorwärts treibt. Dazu ist notwendig, dass schon früh der Gemeingeist, das Interesse an den Angelegenheiten und dem Wohl einer größeren Gesamtheit, der Sinn für rechte Selbständigkeit, die Achtung vor den ewigen Gesetzen aller menschlichen Vereinigung in dem Einzelnen geweckt, genähert und befestigt werde. Ferner gehört dazu ein aufgeschlossener Sinn für alles Schöne und Erhabene, ein warmes Gefühl für die Reize der Natur, ein lebendiges Verständnis der großen Fortschritte des menschlichen Kunstfleißes, der menschlichen Erfindungen und Entdeckungen auf dem Gebiet der Materie wie des Geistes.

So viele und so mannigfaltig sind die allgemeinen Bildungsbedürfnisse jedes Menschen, noch ganz abgesehen von seiner Vorbereitung für einen bestimmten Beruf, einen bestimmten Zweig menschlicher Kunst und Wissenschaft. Es fragt sich nun: Welche dieser Bildungsbedürfnisse soll und kann die Schule befriedigen; die Befriedigung welcher dagegen hat sie der Familie, dem künftigen Berufsleben, der künftigen praktischen Beteiligung des Individuums an Gemeinde und Staat, den Einflüssen der allgemeinen Kulturbewegung oder sonstigen Faktoren der Menschenerziehung zu überlassen?

Am natürlichsten scheint es freilich, dass die Bildung *fürs Leben*, wie wir sie verlangen, auch *durch das Leben*, d.h. innerhalb desselben Elements erfolge, an welchem sie sich später betätigen soll. Hiernach würde vor allem die *Familie* berufen sein, nicht bloß den rechten Geist des Familienlebens selbst, die Tugenden und Talente der Häuslichkeit dem nachwachsenden Geschlecht einzupflanzen und in ihm zu entwickeln, sondern auch das Beispiel und die Lehren ihrer erwachsenen, mitten im Leben stehenden und wirkenden Glieder [...] für eben dieses Leben heranzubilden. Bei einfachen, natürlichen Verhältnissen ist dies auch das Gewöhnliche. Wie *Schiller* von dem trojanischen Helden singt:

„Wer wird künftig deine Kleinen lehren,
Speere werfen und die Götter ehren?"

so bestand auch im Mittelalter die Erziehung des jungen Ritters wesentlich in den ritterlichen Übungen, die er unter der Aufsicht und im Geleit des Vaters vornahm, die des jungen Handwerkers und Künstlers in der Erlernung der väterlichen Kunst. Und so mag noch heutzutage der junge Hinterwäldler im Westen Amerikas oftmals keine anderen Lehrer und Erzieher kennen lernen, als den Vater, der ihn den Urwald [er]klären und die Erde [be]bauen lehrt, und die Mutter, welcher er in der Wirtschaft und der Pflege der jüngeren Geschwister beisteht.

Bei unseren künstlichen und verwickelten Zuständen stößt aber diese naturgemäßeste Art der Erziehung auf mancherlei Hindernisse. Fürs Erste hat die unendliche Teilung der Arbeit, welche in unserer heutigen zivilisierten Gesellschaft stattfindet, die Folge gehabt, dass ein großer Teil der Menschen sich mit sehr einseitigen, teils rein mechanischen, teils ganz abstrakten Arbeiten beschäftigt, von denen die einen nur irgend eine untergeordnete Kraft des Körpers, die anderen nur eine einseitige geistige Tätigkeit in Anspruch nehmen, keine aber ein organisches Ganzes gleichmäßiger, ineinander greifender Körper- und Geistesübungen enthält. Sollte uns der jüngere Nachwuchs immer nur wieder in dieselbe Einseitigkeit, welche schon auf den Vätern schwer genug lastet, hineingebildet werden, so möchte dadurch am Ende eine solche Erstarrung und Verknöcherung der einzelnen Teile, eine solche kastenmäßige Abschließung unter den verschiedenen Gliedern der Gesellschaft eintreten, dass damit ein organischer Kulturfortschritt nicht bestehen könnte. Wenn die Kinder des Fabrikarbeiters gar keine andere Bildung und Anleitung erhalten sollten, als die Teilnahme an ihres Vaters untergeordneten mechanischen Beschäftigungen, so würde sich noch mehr, als dies schon der Fall ist, eine in Stumpfheit und rohen Materialismus versunkene Proletarierkaste von der allergefährlichsten Art bilden; und wenn andererseits der Sohn des Buchgelehrten als ausschließliches Bildungselement immer nur wieder dieselbe tote Gelehrsamkeit in sich aufnehmen wollte, so gäbe es abermals nichts als Erstarrung und Einseitigkeit. Das gerade ist der Zweck der *Bildung*, als des durch alle Schichten der Gesellschaft verbreiteten Fluidums, dass sie jede solche Verknöcherung im gesellschaftlichen Organismus wieder flüssig mache, jeden solchen schroffen Gegensatz wenigstens bis auf einen gewissen Punkt ausgleiche, den Einzelnen gleichsam zur allgemeinen Quelle des menschlichen Kulturlebens zurückführe und so die starre Rinde löse, die seine Individualität in sich abzuschließen und zu verhärten droht.

Dazu kommt, dass viele Eltern durch ihre Beschäftigungen selbst abgehalten werden, sich der Bildung ihrer Kinder hinreichend anzunehmen. Das gilt nicht bloß bei den Armen, welche am frühen Morgen ihre Wohnung verlassen, um ihrem Erwerb nachzugehen, und erst am späten Abend zurückkehren, sondern auch von einem großen, fast dem größten Teil der besser gestellten Klassen. Der Beamte, der Kaufmann, der Advokat, der Arzt und noch viele andere sind in der Regel so sehr durch ihren Beruf in Anspruch genommen, dass sie sich nur wenig um ihre Kinder kümmern können. Die Frauen aber, wenn sie auch die nötige Muße hätten, um sich der Erziehung ihrer Kinder zu

widmen, ermangeln doch, bei uns wenigstens, meist jener gründlichen Bildung, derer es dazu bedürfte.[14]
Sodann ist noch zu bedenken, dass eine Vervollkommnung des Familienlebens selbst (welche vielerorts ein so dringendes Bedürfnis ist), die Verbreitung nützlicher Erfahrungen und Ideen für eine bessere Einrichtung des Hauswesens und der Kinderpflege, für einen zweckmäßigen Betrieb der Landwirtschaft und der Gewerbe, dass außerdem die Ausbildung der gesellschaftlichen Tugenden und Talente nur schwer durch einen auf den Kreis der einzelnen Familie sich beschränkende, weit leichter durch eine gemeinsame planmäßige Erziehung des nachwachsenden Geschlechts zu erreichen ist, teils weil die einzelne Familie mit ihren einförmigen Verhältnissen weniger Gelegenheit zur Aneignung und Ausübung der betreffenden Fertigkeiten und Talente bietet – teils weil vielen Familien in allen oder doch den meisten ihrer Glieder der Trieb eigener Vervollkommnung abgeht und stattdessen ein träger Schlendrian anklebt, der eben nur durch Heranbildung eines neuen, regsameren und geweckteren Geschlechts gebannt werden kann. So ist es notwendig geworden, die Bildung fürs Leben nicht den Einflüssen und dem natürlichen Entwicklungsgang dieses Lebens allein zu überlassen, sondern zum Gegenstand einer künstlichen und absichtlichen Erziehung zu machen.
Allein die mit diesem Erziehungsgeschäft betraute Schule hat, wie wir sahen, bisher nur den einen Teil jener Bildungsbedürfnisse für das Haus, den Beruf und das bürgerliche Leben befriedigt, nämlich das Bedürfnis gewisser theoretischer Kenntnisse und Fertigkeiten. Das andere, hat man gemeint, sei Sache der Familienerziehung oder finde sich wohl auch von selbst. Für den künftigen praktischen Beruf bereite die Lehrzeit oder allenfalls noch die Fachschule hinlänglich den aus der Volksschule entlassenen Zögling vor; die nötigen hauswirtschaftlichen Kenntnisse und Fertigkeiten lerne das Mädchen von der Mutter zu Hause, und was die Pflichten des künftigen Familienvaters, der künftigen Mutter und Gattin betreffe, so gelte der alte Spruch: „Wem Gott ein Amt gibt, dem gibt er auch Verstand." Das Ver-

---

[14] In Nordamerika unterrichten viele Frauen ihre Kinder, sogar die Söhne, selbst, und zwar in sehr umfassender Weise.

kehrte und Verderbliche dieser letzteren Ansicht brauche ich wohl nicht erst zu erweisen. Die praktische Vorbildung für das Leben und den Beruf, welche der junge Weltbürger nach seinem Austritt aus der Volksschule erhält, ist wohl etwas, aber nicht genug, denn es gibt Eigenschaften und Fähigkeiten, die nur durch eine frühe und lange fortgesetzte Gewöhnung feste Wurzeln im Menschen fassen. Was endlich die Familie betrifft, so mochte in früheren Zeiten eine solche Teilung des Bildungsgeschäfts zwischen ihr und der Schule möglich und am Platz sein, damals nämlich, als die Schule ihre Ansprüche auf die Zeit und Kraft der Kinder nicht über das Notwendigste ausdehnte, die Familie dagegen meist noch ein innerlich kräftiges, an Bildungselementen für Herz und Charakter reicheres Leben führte als jetzt. Seit jener Zeit aber hat auf der einen Seite die Schule ihre Ansprüche so unangemessen erweitert, dass sie nahezu die ganze Zeit und Tätigkeit ihrer Zöglinge absorbiert und selbst von den Stunden, welche diese noch im Schoß ihrer Familie zubringen, den besten Teil mit ihren Aufgaben, Repetitionen [Wiederholungen] und Präparationen [Vorbereitungen] ausfüllt, und auf der anderen Seite ist das Familienleben größtenteils verflacht, durch Zerstreuung, Genusssucht und Scheinwesen aller Art aus seiner Innerlichkeit herausgerissen worden. Viele Eltern sind heutzutage froh, wenn sie sich ihre Kinder nur so lange als möglich vom Hals schaffen können; überlassen dieselben gern den ganzen Tag über der Schule, glauben aber nun auch aller Verpflichtungen für die Erziehung der Kinder ledig zu sein, solange sie diese nur regelmäßig zur Schule schicken und allenfalls noch darauf achten, dass die aufgegebenen Schularbeiten daheim pünktlich gemacht werden. Die Kinder, täglich fünf, sechs Stunden lang in der Schule, außerdem noch ein paar Stunden zu Hause für die Schule beschäftigt, haben beinahe gar keine Zeit und Gelegenheit, sich noch um andere Dinge zu kümmern, etwa, wie wohl früher geschehen, dem Vater im Garten, auf dem Feld oder in der Werkstatt, der Mutter in Küche, Keller und Waschhaus zu helfen oder zuzusehen und dabei wirtschaftliche Kenntnisse und Erfahrungen einzusammeln. Ja nicht selten geschieht es, besonders in den Städten, dass die Schule in ihren Zöglingen den Sinn für häusliche und praktische Beschäftigungen abschwächt und allmählich, wenn nicht die gute Natur der Kinder stärker ist, als [...] unnatürliche[r] Einfluss, geradezu ertötet. Denn diese Zöglinge einer theoretischen, abstrakten Bildung gewöhnen sich gar leicht von der Höhe ihrer eingebildeten Weisheit vornehm auf das Treiben ihrer Eltern und Hausgenossen herabzuschauen, welche von den Feinheiten der philosophischen Grammatik, den kunstvollen Einteilungen der Pflanzen und Tiere, der positiven und negativen Elektrizität u.dgl.m. nichts verstehen; oder sie bewegen sich in einer Phantasiewelt, unter Königen und Kaisern der Vorzeit, welche ihnen das Gegenwärtige, Nächste als unbedeutend erscheinen lässt — kurz, sie werden Geschöpfe der Schule und hören auf, unbefangene Kinder des frischen Lebens, der Natur und des Elternhauses zu sein.

So bleiben fast überall jene anderen Bildungszwecke, außer dem theoretischen Erlernen gewisser nützlicher Kenntnisse, ganz oder zum größeren Teil unerfüllt, unberücksichtigt; so entstehen jene schmerzlichen Lücken in der menschlichen und nationalen Bildung des Volkes, welche zu beklagen wir oben Gelegenheit hatten. Vergebens hat man neuerdings, wie die Hinüberleitung des einseitig theoretischen, abstrakten Unterrichts in eine mehr praktische Richtung, so auch die „Versöhnung von Schule und Haus" und die Anbahnung eines organischen Zusammenwirkens beider für einen gemeinsamen Zweck zum Losungswort der Reformbestrebungen auf pädagogischem Gebiete gemacht. Die Schule, solange sie bloß eine Anstalt der Erzeugung theoretischen Wissens ist, wird nicht aufhören, dieses theoretische Wissen immer gewaltiger aufzublähen, immer höher hinaufzuschrauben, gegen das Elternhaus aber und das ganze Leben außerhalb der Schulräume die vornehme Miene der Überlegenheit anzunehmen und für ihre Zwecke und Ansprüche einen unbedingten Vorrang vor dem des Hauses und des Lebens zu heischen. Erst dann könnte die Schule sich dem Leben wieder befreunden, von welchem sie sich jetzt so weit entfernt hat, erst dann könnte sie mit Familie und Haus wahrhaft Hand in Hand gehen, wenn sie das Grundwesen dieses Lebens, wie es in der Familie, den bürgerlichen Berufsgeschäften und dem öffentlichen Gemeinwesen sich offenbart, ganz und rückhaltlos in sich aufnähme, wenn sie sich zur Pflanzstätte jener Eigenschaften und Fertigkeiten machte, welche, wie wir gesehen, auf den genannten Gebieten vorzugsweise in Tätigkeit gesetzt werden, kurz, wenn sie wirklich dasjenige würde, was schon *Pestalozzi* als ihre wahre Bestimmung erkannte: *„Eine praktische Anleitung zum Feldbau, zur Industrie und zur häuslichen Wirtschaft"*[15], mit einem Wort: ein „Staat im Kleinen"[16].

Sechstes Kapitel

Die Anleitung der Jugend zur praktischen Tätigkeit, eine Forderung der menschlichen und im Besonderen der kindlichen Natur

Die Erziehung, um eine naturgemäße zu sein, muss die Kräfte des Menschen in demjenigen Ebenmaß und Verhältnis zu einander entwickeln, welches den Gesetzen seiner Natur am meisten entspricht.

Die menschliche Natur ist nicht ein mechanisches Agglomerat [versteinertes Gemisch] einzelner, unter sich in keinem Zusammenhang stehender Kräfte, sondern ein organisches, in sich verbundenes und gegliedertes Ganzes. Wenn man auch von einer Vielheit von Kräften der menschlichen Seele spricht, wie Verstand, Gedächtnis, Phantasie, Gefühl, Wille und dergleichen, so hat doch eine richtigere psychologische Beobachtung längst zu der Ansicht geführt, dass alle diese so genannten einzelnen Seelenkräfte nur verschiedene Äußerungen oder Richtungen einer einzigen Grundkraft sind und unter sich nicht in dem mechanischen Verhältnis eines bloßen Nebeneinander, vielmehr in dem organischen einer Unter- und Einordnung der einen unter die anderen stehen. Eine vernunftmäßige, auf rich-

---

[15] *Pestalozzi:* „Journal für Erziehung", 1. Bd. 1. Heft., 1804.

[16] *F. G. Schulze:* „Die Arbeitsfrage", (Jena, 1849).

tigen psychologischen Prinzipien fußende Erziehung muss daher dieses Grundverhältnis der menschlichen Seelenkräfte zueinander erforschen und danach ihre planmäßigen Einwirkungen auf den menschlichen Geist bemessen. Und zwar sowohl rücksichtlich der *Zeit*, als der *Art* und des *Umfanges* der Entwicklung einer jeden einzelnen dieser Kräfte.

Ohne mich hier in weitläufige metaphysische Spekulationen über das Wesen der menschlichen Seele einzulassen, glaube ich als praktische Fingerzeige für eine solche naturgemäße Erziehung folgende Sätze aufstellen zu können:

1) Diejenige Tätigkeit des Geistes wird am frühesten zu entwickeln oder, richtiger gesagt, in ihrer Selbstentwicklung zu unterstützen sein, welche sich am unmittelbarsten an die leibliche Entwicklung des Individuums anschließt und dieser am gleichartigsten ist.

Wie man auch das Wesen des Menschen auffassen möge, ob mehr materialistisch oder mehr supranaturalistisch, so möchte es doch heutzutage kaum einen namhaften Pädagogen geben, welcher grundsätzlich zu behaupten wagte: Die geistige Entwicklung des Menschen müsse einen direkten Gegensatz bilden zu dessen leiblicher Entwicklung, brauche wenigstens auf diese letztere keine Rücksicht zu nehmen.

Gesteht man aber zu, dass die geistige Erziehung des Menschen an seine körperliche Existenz anknüpfen, auf ihr fortbauen müsse, zwar nicht, um bei ihr und ihren nächsten Bedürfnissen stehen zu bleiben, sondern um aus und über ihr die höhere geistige Bestimmung des Menschen zu entwickeln, so wird man es nur naturgemäß finden können, dass diese geistige Erziehung bei derjenigen Äußerung der Seelentätigkeit anhebe, welche der leiblichen Entwicklung des Menschen am nächsten steht, gleichsam nur eine organische Fortsetzung derselben ist. Unnatürlich dagegen wird man sie nennen müssen, wenn sie den jungen Zögling in eine Richtung hineinzwängt, welche zu seinem ganzen physischen Sein und Werden im schroffen Gegensatz steht. Was würde man von einem Gärtner sagen, der bei der Zucht eines Obstbaumes, statt zunächst auf die Erzeugung eines kräftigen, gesunden Stammes, nur auf die möglichst rasche Hervorbringung von Blüten und Früchten, selbst auf

Kosten des Stammes, denken wollte? Bei Treibhauspflanzen geschieht dies freilich, aber es sind dann eben auch nur — Treibhauspflanzen, künstlich empor gezärtelte, von kurzem Bestand und unvermögend, bei einer Versetzung ins natürliche Erdreich den Stürmen und Unbilden des Klimas zu trotzen. Ein gesunder, kräftiger Stamm dagegen wird *zur rechten Zeit* auch Blüten und Früchte treiben.

2) Diejenige Richtung geistiger Kraft verdient vor anderen den Vorzug, welche für die Bestimmung des Menschen als Glied einer *Gesamtheit*, für die Erreichung des Gesellschaftszweckes, die sicherste Grundlage bietet.

Der Mensch ist ein zur Vergesellschaftung mit anderen, nicht zur Vereinzelung, geschaffenes Wesen[17]. Diese Wahrheit, von den Weisen des Altertums ausgesprochen, selbst im Mittelalter nur von einzelnen der extremsten spiritualistischen Richtungen geleugnet, ist durch die ganze Kulturrichtung der Neuzeit glänzend in ihre Rechte eingesetzt worden. Allerseits erkennt man an, dass die höchste Bestimmung des Menschen nicht in der bloßen Vervollkommnung seiner individuellen Existenz (der Erzeugung seiner so genannten schönen Individualität), vielmehr in seiner Ausbildung zu einem sozialen Wesen und in der Förderung der allgemeinen Menschheitszwecke durch Übernahme eines entsprechenden Anteils daran bestehe.

3) Endlich wird zur Norm und zum Ausgangspunkt der erziehenden Tätigkeit unbedenklich diejenige Kraft genommen werden können, deren fortschreitende Ausbildung und Steigerung die Entwicklung der anderen Seelenkräfte nicht ausschließt, vielmehr selbst hervorruft und fördert; wogegen es mehr als bedenklich erscheinen muss, dazu eine solche Kraft zu wählen, die ihrer Natur nach wie erfahrungsmäßig das Bestreben hat, sich auf Kosten aller anderen Kräfte einseitig und ausschließlich des ganzen Menschen zu bemächtigen.

Treten wir nun mit diesem dreifachen Maßstab an die Natur des Menschen heran, so werden wir leicht finden, dass diejenige Richtung, welche allen drei gestellten Anforderungen entspricht,

---

[17] Aristoteles [„Der Mensch ist von Natur aus ein gemeinschaftsbildendes Wesen."]

keineswegs die *theoretische* ist, sondern lediglich die *praktische*, nicht der reflektierende Scharfsinn, welcher die Feinheiten der Sprache und die Gesetze logischen Denkens ausklügelt, nicht die Phantasie, welche sich in die Geschichte vergangener Zeiten und die Schilderungen entlegener Weltteile verliert, nicht das metaphysische Denken, welches sich durch Natur und Erfahrung sofort zum rein Übersinnlichen erhebt, selbst nicht die bloße, Vorstellungen bildende Anschauung der den Menschen umgebenden Außenwelt, sondern einzig und allein die auf *Umgestaltung, Veredelung, Nutzbarmachung* und *Beherrschung* dieser Außenwelt, der *Materie,* gerichtete, die so genannte *praktische* Tätigkeit.

Diese Tätigkeit schließt sich am unmittelbarsten an die leibliche Entwicklung und Existenz des Menschen an, denn ihre nächsten Äußerungen gehen auf Befriedigung der Bedürfnisse dieses leiblichen Daseins [zu], und nur allmählich erhebt sie sich zu weiteren, höheren und allgemeineren Zwecken; ihre Organe sind zunächst dieselben, welche das Kind innerhalb der Sphäre seiner rein körperlichen Entwicklung zu brauchen und zu üben gelernt hat, die äußeren Gliedmaßen und Sinne — Hand, Fuß, Auge, Ohr — erst später setzt sie auch die mehr innerlichen, geistigen Kräfte in Bewegung, sie fängt aber nicht mit diesen letzteren an und versetzt jene ersteren (die körperlichen Kräfte und Organe) in Untätigkeit oder gestattet ihnen nur eine einseitige, untergeordnete Äußerung, wie solches die lediglich theoretischen Beschäftigungen [es] tun[18].

Die praktische, auf die Außenwelt gerichtete Tätigkeit enthält die wesentlichsten Motive und die wirksamsten Elemente für die Vergesellschaftung des Menschen. Die Hauptgrundlage dieser letzteren, die *Teilung und Gemeinsamkeit der Arbeiten,* ist das natürliche Ergebnis einer energischen, allseitigen Ausbildung jener Tätigkeit. Die theoretischen Fertigkeiten, wie Lesen,

---

[18] „Der Tätigkeitstrieb, d.h. der Trieb, die Materie umzuformen und sich dienstbar zu machen, gibt nicht nur das einzige naturgemäße Mittel, den Trieb der Selbsterhaltung zu befriedigen, sondern führt auch zum Verkehr mit der Materie; dieser Verkehr ist am natürlichsten mit der Materie befreundet, und die Befreundung mit der Materie ist die natürliche Grundlage jeder weiteren geistigen Förderung. So hat der Tätigkeitstrieb die vorherrschende Entscheidung für die Erziehung der menschlichen Bestimmung." [Peter Friedrich] *Kirchmann* a.a.O.

Schreiben usw. sind weit mehr Wirkungen als Ursachen des sozialen Zusammenlebens der Menschen; sie würden keinen Wert und keine Bedeutung haben ohne die vorausgegangene Betätigung und Entwicklung jenes praktischen Triebes, welcher dieses soziale Zusammenleben begründet und seine fortwährende Ausbildung bedingt. Die bloße Anschauung der Natur aber, sofern sie sich nicht auf Zwecke jener die Natur umgestaltenden Tätigkeit bezieht, sei sie nun eine rein formale oder zugleich eine ästhetische, könne ebenso gut eine Beschäftigung für den Einsiedler sein als für den sozialen Menschen. Endlich aber schließt die Entwicklung der praktischen Tätigkeit die Entwicklung aller anderen Seelenkräfte in organischer Reihenfolge in sich ein, während diese letzteren sowohl gegen jene, als auch untereinander, sich fast nur ausschließen oder doch gleichgültig verhalten. Die Befriedigung des Triebes schöpferischer, die Außenwelt umgestaltender und beherrschender Tätigkeit kann nicht lange bei der bloßen Anwendung roher, unvermittelter mechanischer Kräfte stehen bleiben; sie geht alsbald zu einer Verbindung derselben untereinander, zur Steigerung oder Verfeinerung der einen durch die anderen über, kurz, sie wird erfinderisch. So dringt sie allmählich von der Oberfläche der materiellen Außenwelt in ihre Tiefen, von der äußeren Form der Naturwesen in das Geheimnis ihrer inneren Kräfte, von dem engen Kreis der nächsten Umgebungen in immer weitere und weitere Kreise vorwärts. Die Hand bewaffnet sich, erst mit dem einfacheren Werkzeug, welches nur ihre Kraft verstärkt, allmählich mit dem verwickelten Mechanismus der Maschine, welche diese Kraft auch vervielfältigt und verfeinert: das Auge versucht mit Hilfe kunstreicher Instrumente nicht nur in die weitesten Himmelssterne, sondern auch in die winzigsten Dimensionen der Erdenwelt zu bringen; dem Trieb der Ortsveränderung genügt nicht die Schnelligkeit der eigenen Füße, noch jene der Tiere, die der Menschen sich dienstbar gemacht; in immer rascherem Lauf strebt er die Erde zu durchmessen; auch durch die Wogen des Meeres, ja selbst in die Lüfte wagt er den kühnen Flug.

Mit Seinesgleichen vereint zur Unterwerfung der Natur, lernt der Mensch den Menschen beobachten, also auch über sich selbst nachzudenken; zugleich bilden sich mannigfache Mittel der Mit-

teilung, mannigfache Gesetze des Zusammenlebens und Zusammenwirkens unter den so Verbundenen. Und nicht nur als
organisches Glied einer Gemeinschaft nebeneinander beste-
hender Wesen, sondern auch einer Kette aufeinander folgender
Geschlechter, beginnt der Mensch sich zu erkennen, steigt an
dieser Kette aufwärts in die Vergangenheit, dort die Anfänge
und Vorbedingung der großen Kulturbewegung suchend, deren
Steigerung zu immer größerer Vollkommenheit die Aufgabe
seiner praktischen Tätigkeit in der Gegenwart und der Gegenstand seiner schönsten und erhabensten Träume von der Zukunft des Menschengeschlechts ist. Indem er die Gesetze dieses gewaltigen Prozesses des Werdens und der fortschreitenden Vervollkommnung — der Weltgeschichte — studiert, erhebt
er sich zu der Anschauung der höchsten, weit über das nächste
Sinnliche und Körperliche erhabenen Ideen, zu der Anschauung jenes unendlichen Weltgeistes, der in der Geschichte wie in
der Natur sich offenbart. Zugleich aber fühlt der Mensch in den
Pausen seines praktischen Schaffens das Bedürfnis der Erholung und Abwechslung, und der in der Bewältigung der Materie
erstarkte, durch den vertrauten Umgang mit der Natur frisch
und beweglich erhaltenen Geist treibt — gleich dem gesunden,
saft- und kraftreichen Stamm, zarte, duftreiche Blüten — Blüten
der Künste, des ideellen Gefühlslebens, der Phantasie.
So entfalten sich aus der einen Grundbetätigung des Menschen
in ihrer fortschreitenden Entwicklung in organischer Reihenfolge
und natürlichem Wechselverhältnis alle übrigen, und die Erziehung, als die planmäßige Bildnerin des Menschenwesens, wird
daher nur diesen naturgemäßen Prozess nachzubilden haben,
indem sie die Anregung der übrigen Tätigkeitsrichtungen, die
Ausbildung der verschiedenen Fertigkeiten und die Mitteilung
der mancherlei nötigen Kenntnisse allemal an dem Punkt und
zu der Zeit eintreten lässt, wo die Entwicklung jener Grundtätig-
keit selbst das Bedürfnis danach hervorruft, wo also, um mich
eines ärztlichen Ausdruckes zu bedienen, eine jede derselben
„indiziert" ist. Die speziellere Ausführung dieser allgemeinen
Andeutungen wird in einem späteren Abschnitt erfolgen.
Umgekehrt, d.h. wenn man, wie jetzt geschieht, von irgendeiner
anderen Richtung menschlicher Tätigkeit ausgeht, findet derselbe naturgemäße Fortschritt und Übergang zu den übrigen

keineswegs statt. Die Erlernung der einen theoretischen Fertigkeit leitet nicht von selbst hinüber zu der Erlernung einer anderen, sondern es muss dieser Fortgang erst durch eine besondere Reflexion, gewöhnlich durch Zurückgehen auf eben jenes
praktische Bedürfnis, vermittelt werden. Unsere Lehrschulen
wären von selbst niemals darauf gekommen, neue Bildungs-
stoffe in sich aufzunehmen, wenn nicht von außen her das Leben, die praktische Notwendigkeit sie dazu gezwungen hätte.
Aber auch dann noch, wenn solches geschehen, behauptet in
der Regel die eine Richtung gegen die andere einen abschließenden Charakter, sucht den Geist des Schülers so viel als
möglich in ihrem Kreis fest zu bannen, oft ohne alles Ziel und
Maß. Ein einziges Beispiel wird genügen, um diesen Gegensatz
der vom Praktischen ausgehenden und mit der Theorie begin-
nenden Methode anschaulich zu machen. Die praktische Methode, indem sie den Zögling zunächst zu einer praktischen, auf
Umgestaltung der materiellen Außenwelt gerichteten Tätigkeit,
also z.B. zu mechanischen Arbeiten, anleitet, wird von selbst
darauf geführt, ihm die dazu erforderlichen Vorkenntnisse in der
Naturkunde, dann wieder zu deren besserem Verständnis [...]
beizubringen, und zwar jedes mal an der Stelle, zu der Zeit und
in dem Maß, wie das unmittelbare Bedürfnis praktischer Anwendung solches erheischt. Die theoretische Methode dagegen, indem sie mit dem Abstraktesten, dem Studium der Mathematik, anfängt, findet in sich und ihrem Gegenstand keinerlei
Maßstab dafür, wie weit sie dieses Studium ausdehnen, worauf
sie es erstrecken, in welcher Weise sie es betreiben solle. Hier
tritt dann ein lediglich äußerlicher Maßstab bestimmend ein, im
besten Fall die Rücksicht auf ein künftiges, hier nur vorgestell-
tes, praktisches Bedürfnis der Zöglinge, häufiger, wie wir früher
gesehen haben, träger Schlendrian der Gewohnheit, blinde
Nachahmungssucht, bisweilen auch wohl bloße Liebhaberei
des Lehrers.
So führt uns eine allseitige Betrachtung des Menschen immer
wieder auf das gleiche Resultat: auf die Notwendigkeit und Naturgemäßheit einer Erziehungsmethode, welche nicht zuerst an
das Reflexionsvermögen, das Gedächtnis oder die Phantasie,
sondern an die *praktische Tätigkeit* der Zöglinge sich wendet,
diese vor allem ausbildet und übt, erst von ihr aber und immer-

fort an ihrer Hand zur Entwicklung der übrigen Seelenkräfte, insbesondere zur Einübung theoretischer Kenntnisse und Fertigkeiten übergeht. Noch weit entschiedener drängt sich derselbe Gedanke uns auf bei der Beobachtung der Natur des *Kindes*, seiner Neigungen, Triebe und Gewohnheiten. Dass im Kind der *Tätigkeitstrieb*, die Lust an der Beschäftigung mit der materiellen Außenwelt – und zwar einer umgestaltenden, nicht bloß einer anschauenden, Vorstellungen aufnehmenden – vorherrschend sei, ist eine jedem Bobachter der Kinderwelt wohlbekannte Tatsache. Dieser Trieb verrät sich unter anderem in der, wohl an allen geistig regsamen Kindern wahrzunehmenden Neigung, das ihnen gebotene Spielzeug nicht in dem Zustand zu lassen, in dem es ist, sondern es zu etwas Anderem zu machen, z.B. die sauber angeputzte Puppe auszukleiden und nach eigenem Geschmack wieder anzuziehen oder auch sie ganz zur Seite zu werfen und statt ihrer ein Stück Holz oder dergleichen zum Rang der Puppe zu erheben. Selbst der viel berufene, von manchen für einen bösen Grundzug des menschlichen Charakters, für ein Stück Erbsünde gehaltene Zerstörungstrieb der Kinder ist meist nur ein aus Mangel richtiger Leitung sich verirrender Umgestaltungstrieb. Alles dies ist auch von den einsichtigeren Pädagogen in der Theorie längst anerkannt und zugegeben[19]; nur in

---

[19] „Der herrschende Zug in dem Charakter des jugendlichen Gemüts ist ein fast unwiderstehlicher Trieb nach *Tätigkeit*." *Lancaster.* — „Die Materie zu ordnen, das ist der erste Beruf des Menschen, und dieser spricht sich durch die Neigung des Kindes aus. In der Ausübung dieses Berufs ist das Kind tätig; Selbsttätigkeit will es darum für seine Entwicklung, während ein Unterricht der gewöhnlichen Art es meist leidend erhält." — „Das Kind hegt erst dann lebhaftes Interesse für Lehren über die Materie, wenn der Verkehr mit derselben es gelehrt hat, dass jene Lehren ihm beim Umformen, Ordnen und Abschätzen der Materie nützlich sein werden." *Kirchmann*, a.a.O. — „Anstatt dem Kind beim Erwachen seiner Geisteskräfte irgendeinen rohen Stoff in die Hände zu geben und ihm hiermit eine Gelegenheit zu bieten, seine Hände und seinen Geist an dessen Veränderung, Bildung und Veredlung zu üben, statt seine geistige Entwicklung mit dem Nachbilden der es umgebende Naturgegenstände – *wozu es von seinem inneren Instinkt hingewiesen wird* – anzufangen, nimmt man alsbald seinen noch schlummernden Verstand in Anspruch, prägt seinem Gedächtnis Religionslehre ein, in die es noch keinen Sinn zu legen weiß, ferner Wörter und Regeln fremder Sprachen, wovon erstere zur Erweiterung seiner Begriffe nichts beitragen und letztere von ihm noch nicht begriffen werden können, welches alles die Blüte seiner erwachsenden Geisteskraft fruchtloses kon-

der Praxis scheint man leider dem bekannten Spruch des alten Dichters zu folgen:

„Wir seh'n das Rechte wohl und heißen's gut,
Es selbst zu tun fehlt uns doch der Mut".[20]

Siebentes Kapitel

Eine praktische Erziehung der Jugend, in Sonderheit für Deutschland ein Nationalbedürfnis

Es ist ein bekannter Grundsatz der Erziehung, dass dieselbe nicht bloß die normale Selbstentwicklung der Natur unterstützt und vor Störungen bewahrt, sondern auch da, wo solche Störungen oder Verbildungen bereits eingetreten sind, dieselben durch Steigerung der entgegenwirkenden Kräfte möglichst rückgängig machen soll. Was aber von einzelnen Menschen, das gilt auch von ganzen Nationen. Unsere Nation nun ist durch den eigentümlichen Gang ihrer Entwicklung allzu sehr zu einem abstrakten Gedanken- und Phantasieleben, allzu wenig zu praktischer Tätigkeit und Tüchtigkeit erzogen worden. Schon die Wendung, welche die im 15. und 16. Jahrhundert allerorts erwachende Bewegung der Geister in Deutschland fast ausschließlich auf das religiöse Gebiet hin nahm, während andere Nationen, insbesondere die Niederländer und Engländer, frisch daran gingen, ein kräftiges bürgerliches Gemeinwesen zu gründen und zugleich ihre praktische Gewerbs- und Handelstätigkeit zu freistem Wettlauf zu entfesseln, hat den Grund[stein]

---

sumiert." *Arnd*: „Die naturgemäße Volkswirtschaft [gegenüber dem Monopoliengeiste und dem Communismus, mit einem Rückblick auf die einschlagende Literatur]" [Hanau 1845].

[20] „Video meliora proboque. Deteriora sequor." Horaz [Dieser Spruch stammt aus Ovids „Verwandlungen" und lautet in der wörtlichen Übersetzung: „Ich sehe das Bessere und heiße es gut, dem Schlechteren folge ich."]

zu der abstrakten und unpraktischen Richtung gelegt, welche seitdem je länger desto mehr des deutschen Wesens sich bemächtigte. Der fortschreitende Verfall des Reichs, welcher den Volksgeist immer mehr von großen nationalen Zielpunkten ablenkte und in die Misere einer mikroskopischen Hof- und Fürstenpolitik einklemmte, vollendet diese Verbindung, indem die edleren Gemüter und die strebenden Genien dadurch gewaltsam über die trostlose Wirklichkeit hinaus in die Gebiete des Ideals, der Kunst und der Wissenschaft getrieben wurden. Es ist wahr, wir haben auf diesen Gebieten duftende Blüten eingesammelt, aber der Stamm unseres Nationallebens ist dabei vertrocknet; der Gemeingeist und das männliche Selbstgefühl des Volkes sind beinahe bis auf die letzten Spuren verloren gegangen und so konnte es nicht schwer fallen, in Deutschland ein System zur Geltung zu bringen, welches, diese praktische Unbehilflichkeit und Unlust des Volkes an selbsttätiger Gestaltung seiner Geschichte benutzt und zugleich steigernd, auf eine planmäßige Bevormundung und Fesselung der gesamten Volkskraft seine drückende Herrschaft in der dreifachen Gestalt des Beamten-, Polizei- und Militärstaats gründete[21].

Es mag zweifelhaft erscheinen, ob im Weg der Erziehung, selbst einer noch so sehr auf die Weckung des praktischen Geistes berechneten, jene Verbildung unseres Volksgeistes sobald wieder rückgängig zu machen sei, mindestens solange nicht unsere allgemein nationalen und politischen Zustände selbst ganz andere geworden sind. Gewiss aber ist, dass ein Unterrichtssystem wie das gegenwärtige, welches ausschließlich auf die Entwicklung derselben abstrakten Richtung schon im jugendlichen Geist abzweckt, diese allgemeine Verbildung immer höher steigern, eine Umkehr davon zu natürlicheren Zuständen immer schwieriger machen muss. Es ist bereits an einer früheren Stelle darauf hingewiesen worden, wie die in unseren Schulen herrschende Methode, entweder durch Erregung des Ehrgeizes oder durch den kategorischen Befehl des Lehrers die Schüler zum Lernen (bei mangelnder innerer Neigung

---

[21] Höchst treffend hat auf diese drei Potenzen als wesentlich mitwirkende Ursache der abstrakten Richtung unserer Nationalbildung *Diesterweg* hingewiesen in den „Rhein. Blättern", a.a.O.

zum Gegenstand dieses Lernens) anzutreiben, und das unnatürliche Stillsitzen der Kinder, wie endlich das Ganze zu diesem Behelf ausgedachte System von Strafen, Belohnungen, Zensuren, Prämien usw. zwar eine vortreffliche Vorbereitung für den bürokratischen Mechanismus und das durch dieses geübte System allgemeiner Bevormundung des Volkes, schwerlich aber eine brauchbare Grundlage für ein kräftiges, von Selbsttätigkeit und Selbstgefühl getragenes Volksleben genannt werden könnte. Bei einem im Besitz dieser letztgenannten Eigenschaften sich bereits befindlichen und darin durch freie staatliche Einrichtungen fortwährend bestärkten Volk (wie z.B. dem englischen) möchte ein solcher abstrakter Unterricht gefahrloser sein, denn die Einflüsse des Lebens und die allgemeine Anschauungsweise des erwachsenen Geschlechts würden jene Verbildung des nachwachsenden rasch wieder ausgleichen. Bei uns dagegen, wo statt dieser Einflüsse ganz entgegen gesetzte die aus den Schulen entlassene Jugend empfangen, wo diese sich alsbald von den umstrickenden Armen einer bürokratischen und polizeilichen Allesregiererei wie von einer Zwangsjacke eingeengt und jeden Versuch, ihre Kräfte frei zu entfalten, gehemmt fühlt, wo schon diese Jugend sich die Beobachtung aufdrängen [lassen] muss wie auch die Erwachsenen größtenteils nur das tun und lassen, was ihnen befohlen wird, wie sie fortwährend, bald Hilfe suchend, bald Belohnung oder Auszeichnungen erwartend, ihre Blicke nach oben, auf die Machthaber richten — unter solchen Verhältnissen, wo das ganze Staatsleben gewissermaßen nur eine Fortsetzung des Schulzwanges und der Schulzucht ist, muss der schädliche Einfluss, den die bestehende Unterrichtsweise auf den Charakter und die praktische Tüchtigkeit der jungen Generation ausübt, ein doppelt schädlicher werden.

Man hat in neuerer Zeit, seitdem der nationale Gedanke in Deutschland wieder stärker hervorzutreten begonnen, sich gedrungen gefühlt, diesem Gedanken auch in der Schule „Rechnung zu tragen", indem man der Jugend viel von der deutschen Nationalität, von Deutschlands Größe und Ruhm, von der Einheit des Vaterlandes, vielleicht auch von Groß- und Kleindeutschland vorredete. Allein mit Worten schafft man keine Nation und keinen Nationalgeist; wenn solche Phrasen es täten, was hätten wir Deutschen nicht im Jahr 1848 sein müssen!

Wohl aber mag man die Keime eines ausgiebigen Nationallebens und eines kräftigen Nationalgefühls in dem nachwachsenden Geschlecht pflanzen und pflegen, wenn man dieses zu
praktischer Tüchtigkeit, zu bewusstem Gebrauch seiner Kräfte,
zu der Fähigkeit und Gewohnheit, sich selbst zu helfen, nicht
immer auf fremden Rat und fremde Hilfe zu warten, zur Achtung
vor den notwendigen Bedingungen alles gesellschaftlichen Zusammenlebens durch die eigene Erfahrung von ihrer Notwendigkeit, kurz, zu jenen Tugenden und Eigenschaften erzieht,
welche die allein sichere Grundlage, wie jeder tüchtigen Einzel-
existenz, so jedes kräftigen Nationallebens bilden. Schafft uns
an der Stelle der verbüffelten, auf den Schulbänken faul gele-
senen, in der gesperrten Stubenluft versiechten [gesundheitlich
geschädigten] und verzärtelten Jugend eine solche, die durch
ein frisches, fröhliches Leben in und mit der Natur körperlich
abgehärtet und geistig geweckt, durch den Ernst der Arbeit zur
unnachlassenden Beharrlichkeit und Konsequenz, zum Selbstvertrauen und Selbstgefühl, aber auch zur Selbstbeherrschung
und Mäßigkeit angeleitet, mit den Grundsätzen sozialer Gemeinsamkeit, Gegenseitigkeit und Gerechtigkeit vertraut gemacht sei — und wir schenken euch alle die schönen Phrasen
von Nationalität, Vaterlandsliebe, deutscher Einheit und dergleichen!
Aber nicht bloß in politischer Beziehung ist eine praktischere
Bildung der Jugend für uns Deutsche ein wichtiges nationales
Bedürfnis, sondern unser ganzes Kulturleben verlangt dringend
eine solche Auffrischung und Kräftigung durch solidere, ausgie-
bigere, beweglichere Bildungselemente, als welche die bisherige abstrakte Erziehungsweise unseres Volkes ihm zu bieten im
Stande war. Was andere Nationen bei einem anderen Entwicklungsgang von früh an auf natürlichen Wegen erlangt haben,
das müssen wir auf künstlichen nachzuholen suchen, oder
müssen wenigstens verhüten, dass nicht durch fortgesetzte
einseitige Pflege jener abstrakten Richtungen das Übel fort und
fort wachse. Schon längst ist anerkannt, dass unsere Literatur
kein recht gesundes, kräftiges Leben habe, dass sie teils an
kränkelnder Überspanntheit, teils an rohem Materialismus, dem
Rückschlag jener, am Mangel wahrhaft lebensvollen Stoffes, an
Unproduktivität und Nachahmungssucht leide. Einen Haupt-

grund dieser Übelstände hat man mit Recht in der abstrakten Bildung des deutschen Volkes gefunden, welche einerseits die Schriftsteller selbst unfähig macht zu jener praktisch-plastischen Anschauung der Dinge, die wir namentlich an den englischen Autoren so sehr bewundern, andernteils kein recht kräftiges und eigentümliches Volksleben aufkommen lässt, welches doch allezeit den fruchtbarsten Stoff für eine tüchtige Nationalliteratur abgibt.[22]

Gehen wir auf das Gebiet der materiellen Interessen über, so sind hier die Nachteile unserer mangelhaften Bildungsweise nicht minder fühlbar. Hier sollen wir mit den praktischen Nationen der Welt, England und Amerika, auf den großen Weltmärkten in den verschiedensten Zweigen der Industrie und des Handels konkurrieren, und doch fehlen uns nicht allein fast all die günstigen Bedingungen, welche das industrielle Genie, die geschäftliche Gewandtheit, die vor nichts zurückscheuende Energie, Beharrlichkeit und Selbstsicherheit des Engländers und Angloamerikaners erzeugt und großgezogen haben — namentlich die bürgerliche und politische Freiheit und die Gewohnheit der Selbstregierung, welche das wahre Lebenselement industrieller Größe eines Volkes ist —, sondern wir werden auch zum Überfluss noch durch eine abstrakte Schulbildung von früh auf in eine unpraktische, träumerische Richtung hineingedrängt, die wir im späteren Leben erst mühsam überwinden und abstreifen müssen.

Man streitet darum, was für unsere industrielle Entwicklung zuträglicher sei, ob Schutzzoll oder Freihandel. Hätte unser Volk den praktischen Sinn, den Unternehmungsgeist und den sich selbst anspornenden industriellen Vervollkommnungstrieb der englischen und amerikanischen Nation, so würde es das eine System so gut ertragen wie das andere, unter beiden vorwärts kommen; wie jetzt die Dinge stehen, muss man fürchten, dass unter einem wirklich schützenden System hoher Zölle die Selbsttätigkeit und der Eifer unserer Industriellen erschlaffe und einem trägen Schlendrian Platz mache; dass aber wiederum bei

---

[22] Dieser nachteilige Einfluss unserer Bildungsweise auf unsere Literatur wurde noch unlängst treffend angedeutet in den „Literaturbriefen aus London" in der Augsburger „Allgemeinen Zeitung".

völliger Freigebung der fremden Konkurrenz dieselben den Mut sinken lassen und ermatten, statt umso energischer sich anzustrengen. Daher ist eine praktische Erziehung unserer Gewerbetreibenden ein viel wesentlicheres wirtschaftliches Bedürfnis, als jedes noch so kunstreiche System nationaler Zoll- und Handelspolitik.

Was uns Deutschen im Vergleich mit jenen anderen Handelsvölkern namentlich fehlt, das ist der Geist der Erfindung, des selbständigen Vertretens neuer Wege, der industriellen Produktivität. Neue wissenschaftliche Gedanken – die Keime wichtiger materieller Verbesserungen – erwachsen wohl aus dem Boden unserer gelehrten Bildung; allein ihre praktische Anwendung und Ausbildung überlassen wir gewöhnlich den Engländern und Franzosen, uns selbst mit dem zwar recht schönen, aber für unseren Nationalwohlstand und die Wohlfahrt unserer arbeitenden Klasse sehr unergiebigen Ruhm der geistigen Erfindung begnügend. Das würde nicht der Fall sein, wenn unser Nationalgeist dieselbe Richtung auf eine innige Verschmelzung der Theorie mit der Praxis genommen hätte, wie der Geist jener Völker, wenn unsere Gelehrten etwas mehr vom Leben verständen, um ihre wissenschaftlichen Entdeckungen sogleich nach dieser Seite hin nutzbar zu machen, und wenn unsere Praktiker nicht ihrer Mehrzahl nach zu sehr bloße Routiniers wären. An diesem doppelten Mangel aber trägt, neben anderen Ursachen, ganz gewiss die einseitige, abstrakte Bildung unserer Jugend von früh auf nicht geringe Schuld[23].

---

[23] Unter den mancherlei Belegen, welche sich für das Gesagte beibringen ließen, will ich hier nur einen, und zwar mit den Worten eines Mannes anführen, der jene glückliche Mischung von Theorie und Praxis, die im Allgemeinen den Deutschen leider zu sehr abgeht, als seltene Ausnahme von der Regel in sich darstellt. Der bekannte Chemiker Prof. [Julius Adolph] Stöckhardt in Tharandt spricht sich über [Justus von] Liebigs Entdeckungen im Gebiet der Agrikulturchemie und deren Benutzung in Deutschland und England folgendermaßen aus (in seiner Abhandlung: „Die Fortschritte der Chemie in Deutschland", im 1. Band der „Germania", Leipzig 1851): „Ein deutscher Chemiker hat den Ruhm, den physiologisch-chemischen Forschungen ein Leben eingehaucht und einen Eifer für dieselben erweckt zu haben, welche in der Tat Staunen erregen müssen. Mit den Ideen, welche J. Liebig aussprach, beginnt eine neue Epoche für diese chemische Richtung. — Den zweiten Ruhm, nämlich den, diese Ideen nutzbringend und fruchtbar fürs Leben zu machen, hat sich Deutschland von England entwinden lassen. — Nun kamen die deutschen Meister vom Handwerk, die

Schriftgelehrten, Halbgelehrten und Ungelernten und beschauten den Bau und, siehe da, er fand wenig Gnade vor ihren Augen. Die einen verwarfen ihn, weil sie die behagliche Ruhe der alten Wohnung in der noch unausgebauten neuen nicht wiederzufinden fürchteten; die anderen, weil sie der viele Schutt dauerte, der wieder hätte eingebaut werden können; noch andere, weil zu viel Neues, wieder andere, weil zu wenig Neues daran sei usw.— Konnten solche von Sachverständigen ausgesprochene Urteile der guten Meinung für den Wert des Baus, des hohen Ansehens des Baumeisters ungeachtet, beim großen Publikum nicht förderlich sein, so schadete dieser ebenso der ungemessene Eifer mancher Freunde des neuen Baustils, die selbst notorische richtige Ausstellungen nicht anerkennen wollten und das für den letzteren verlangen, was gerade ihr Meister, dem alten gegenüber, so energisch bekämpfte: *Autoritätsglauben.* Bei dieser gegenseitigen Einseitigkeit so der Freunde wie der Gegner der neuen Ideen ist es nicht zu verwundern, dass der Einfluss derselben auf das praktische Leben während eines Jahrzehnts in Deutschland ein sehr geringfügiger geblieben ist, um so weniger, als beide Parteien im Wesentlichen zugleich auf ihrem einseitigen Standpunkt – dieser auf dem praktischen, jene auf dem theoretischen – verharrten." – „Was taten aber die englischen Landwirte unterdessen? Diese waren von vornherein überzeugt, dass ein Werk, von einem so scharfsichtigen, wenn auch unzünftigen Meister erbaut, nicht ganz verfehlt sein könnte; sie untersuchten demnach das Gebäude mit Aufmerksamkeit und als eine unbefangene Prüfung ergab, dass die Hauptpfeiler und Mauern auf festem Grund ruhten, so gingen sie sofort an den Ausbau und verbesserten dabei die kleinen Konstruktionsfehler, die sie hin und wieder antrafen. So brachten sie es in wenigen Jahren dahin, dass mehrere Piècen [Wohnungen] wohnlich wurden und schon bezogen werden konnten, während man in Deutschland noch darüber debattierte, ob das Gebäude überhaupt stehen bleiben werde. So wie man einmal die Richtigkeit des ersten Urteils über die *Liebig'schen* Ideen in England erkannt hatte, so ging man vom Strom zur Quelle und suchte diese mit aller Macht zu erweitern, um ihren befruchtenden Einfluss so schnell als möglich über das ganze Land ausbreiten zu können. Man errichtete besondere chemische Laboratorien und stellte diesen hinlängliche Arbeitskräfte und Geldmittel zur Verfügung, um ausgedehnte Untersuchungen, so zu Förderung der Wissenschaft als der Praxis, darin ausführen zu können. Man stellte chemische Feldprediger an, um die Grundsätze der Chemie durch populäre Vorträge in den landwirtschaftlichen Vereinen zu verbreiten. Man veranlasste gemeinschaftliche wissenschaftliche und praktische Versuche usw. — So ist es dahin gekommen, dass wir die Früchte deutscher Ideen jetzt hauptsächlich aus dem Ausland beziehen müssen. Man vergleiche nur den Inhalt der neuen deutschen Literatur mit ihren aufgewärmten, flachgründigen, breitwürfigen Expektorationen [Äußerungen persönlicher Meinungen] über landwirtschaftliche Erfahrungen, Ansichten und Vermutungen, mit den auf breitester naturwissenschaftlicher, namentlich chemischer Grundlage ruhenden Leistungen der englischen Literatur, um recht deutlich zu erkennen, welchen Vorsprung die englische Landwirtschaft gewonnen [haben]. *In England sind es die Landwirte selbst, welche solch wissenschaftlich-praktische Forschungen veranlassen.* In Frankreich erwarb sich [Jean-Baptiste] *Boussingault, Landwirt und Chemiker zugleich,* dasselbe hohe Verdienst. In *Deutschland* dagegen wurde für die *praktische* Agrikulturchemie in

Die Beteiligung der deutschen Industriellen an der großen Londoner Gewerbeausstellung [1851] hat die soeben erwähnte Beobachtung neuerdings auf frappante Weise bestätigt. Zwar ist eine Preisausteilung, wie die dort erfolgte, kein untrüglicher Maßstab für den Wert der dabei ausgezeichneten Gewerbeprodukte, allein immerhin gibt sie Anlass zu interessanten vergleichenden Betrachtungen über die Vorzüge und vorherrschenden Richtungen der einen und anderen der verschiedenen nationalen Industrien. Da ist es nun höchst bezeichnend, dass die deutschen Aussteller nicht nur überhaupt an Zahl der Preise hinter den Franzosen, Engländern und Amerikanern bedeutend zurückstehen, sondern dass dieser Ausfall insbesondere diejenigen Zweige industrieller Tätigkeit trifft, welche zu ihrer auszeichnenden Betreibung einen höheren Grad selbständiger Erfindungsgabe, eine innigere Verschmelzung praktischer Geschicklichkeit mit wissenschaftlichem Scharfblick oder natürlichem Geschmack voraussetzen; während da, wo mehr die emsige Hand des Arbeiters als das erfinderische Genie des Unternehmers, mehr der Fleiß des Nach- und Ausbildens als die Auffindung neuer Bahnen schöpferischer Gestaltung, oder wo eine vorwiegend wissenschaftliche und künstlerische Richtung den Ausschlag gab, die deutschen Gewerbetreibenden sich auf gleicher Linie mit den anderen hielten, ja dieselben zum Teil überflügelten[24].

---

dieser Zeit so gut wie nichts geleistet, obgleich der Fleiß deutscher Chemiker ihr manches schätzbare *theoretische* Material zur Verfügung stellte."

[24] Im Ganzen trugen von den 170 großen Medaillen (womit nur die Neuheit der Erfindung oder Anwendung eines Artikels, die von Wichtigkeit für die industrielle Welt sei, belohnt wurde) die deutschen Aussteller (einschließlich der österreichischen) 17, also 10%, von den 2918 kleinen („für ein gewisses Maß der Vollendung in der Produktion oder Manufaktur — ohne Anspruch auf Originalität") 339, also etwas über 12% davon. Nach den Hauptartikeln stellt sich das Verhältnis so dar:

Nahrungs-mittel:	6	große	Med.,	davon	Dt.	0	129	kleine,	davon	Dt.	5
Acker- und Gartenbau-werkzeuge:	5	"	"	"	"	0	38	"	"	"	0
Triebmasch.:	6	"	"	"	"	0	65	"	"	"	2

100

Damit stimmt eine andere schon längst gemachte Erfahrung überein, die nämlich, dass die zahlreichen deutschen Arbeiter, die in Frankreich und England im Brot französischer und englischer Gewerbeunternehmer arbeiten, ihrer Geschicklichkeit wegen sehr geschätzt sind, dass aber in denselben Gewerbezweigen Deutschland selbständig mit jenen Ländern zu konkurrieren nicht im Stand ist. Zum Teil freilich hängt dies von anderen Umständen ab, nämlich von einem, den ich sogleich berühren werde, zum Teil aber ist es unzweifelhaft auch eine Folge des Mangels an praktischer Gewandtheit, Beweglichkeit, geistigem Schwung und Unternehmungsgeist, welcher unsere Gewerbetreibenden, insbesondere unsere Handwerker, so häufig auf einem gewissen Niveau der Mittelmäßigkeit zurückhält. Diesem Mangel würde eine praktischere Erziehung in eben dem Grad wenigstens nach und nach abhelfen können, als die gegenwärtige abstrakte Bildungsweise ihm unstreitig Vorschub leistet.

Im größten Teil von Deutschland herrscht noch eine ziemlich strenge und beschränkte Zunftverfassung. Dass sich dieselbe überlebt habe, dass eine größere Freiheit und Beweglichkeit auch auf diesem Gebiete notwendig sei, darüber sind [sich] die einsichtigeren und unbefangeneren Nationalökonomen einig.

Manufaktur-maschinen:	22	"	"	"	"	2	91	"	"	"	5
mathem. u. phys. Instrumente:	31	"	"	"	"	2	89	"	"	"	15
chirurg. Instrumente:	0	"	"	"	"	0	28	"	"	"	0
Zivilbaukunst:	3	"	"	"	"	0	23	"	"	"	0
Uhren:	4	"	"	"	"	0	29	"	"	"	0
Färberei:	0	"	"	"	"	0	42	"	"	"	3
Teppiche, Stickerei:	3	"	"	"	"	0	128	"	"	"	11

Dagegen ist das Verhältnis der deutschen Preise zur Gesamtzahl ein günstigeres bei den verschiedenen Artikeln der Zeugfabrikation (in Baumwolle, Wolle, Seide, Flachs usw.), der Papiermanufakturen und Druckerei, der musikalischen Instrumente (jedoch hier überall nur die kleine Medaille), des Bergwesens, der Chemikalien, der Stahlwaren und der bildenden Kunst.

Aber man fürchtet (und, wie jetzt die Dinge stehen, nicht ganz mit Unrecht) auf der einen Seite eine Überflutung der Gewerbe mit jungen Leuten, die nichts Tüchtiges gelernt haben, die durch Pfuscherei das solide Handwerk verschimpfen und durch leichtsinnige Wirtschaft sich selbst zu Grunde richten möchten, auf der anderen Seite die Verarmung der im zünftigen Gewerbebetrieb ergrauten und zur Aneignung neuer Arbeitsmethoden oder zum Übergang in andere Gewerbearten nicht befähigten Handwerksmeister. Eine praktische Erziehung des nachwachsenden Geschlechts würde uns im Lauf von einem oder zwei Jahrzehnten einen Handwerkerstamm liefern, der – an Fleiß, Betriebsamkeit, Vervollkommnungsstreben und tüchtiges, solides Arbeiten gewöhnt – unbedenklich sich selbst überlassen und der zünftigen Fesseln entledigt werden könnte, der mit den Handwerkern Frankreichs und Englands in Gewandtheit, Geschmack und Benutzung aller neuen Erfindungen der Technik und der Wissenschaft wetteifern würde, dessen Glieder auch wohl, wenn ungünstige Verhältnisse das Fortkommen in dem einen Gewerbe örtlich oder zeitweise allzu sehr erschwert, mit Leichtigkeit zu anderen Erwerbsarten überzugehen und auf neuen Wegen sich eine Existenz zu gründen im Stande wären[25].

Als eine sehr glückliche Folge der durch eine praktische Erziehung erweckten größeren Neigungen zur materiell produzierenden Tätigkeit würde es auch zu betrachten sein, wenn der Zudrang zu den einseitig geistigen Beschäftigungen — den so ge-

---

[25] Dies ist auch die Meinung eines bekannten und geachteten Schriftstellers auf diesem Feld: „Die fortschreitende Bildung der Gewerbe treibenden Klasse wird insbesondere da, wo die Vorurteile des Zunftwesens noch bestehen, wohltätige Früchte tragen. Sie wird allmählich die Überzeugung verbreiten, dass es besser sei, durch Tätigkeit und Geschicklichkeit, durch Vervollkommnung der Gewerbe, als durch Zwangsmaßregelungen gegen lästige Konkurrenz sich zu sichern, wird das Bedürfnis einer freien Anwendung der Produktivkräfte, der freien Ausdehnung des Gewerbebetriebes nach dem Umfang der individuellen Befähigung, das Bedürfnis der freien Verbindung einzelner Zweige und des freien Übergangs von einem verwandten Zweig zum anderen hervorrufen." So sagt [Carl Friedrich] [N]ebenius in seiner Schrift: „Über technische [Lehranstalten in ihrem Zusammenhang mit dem gesamten Unterrichtswesen und mit besonderer Rücksicht auf die polytechnische Schule zu Karlsruhe]" [S. 58] (Karlsruhe, 1833).

nannten gelehrten Studien — sich verringerte und das Vorurteil immer mehr schwände, als ob nur dort, nicht auch auf den materiellen Gebieten die guten Köpfe an ihrem Platz wären[26].

Man hat zwar in unserer Zeit viele Orte für die bessere Ausbildung der Gewerbetreibenden durch Anlegung von Gewerbs- und Realschulen, für die der Landwirte durch Einrichtung von Ackerbauschulen Sorge getragen. Allein – abgesehen davon, dass auch diese Anstalten nicht selten wieder eben jenem theoretischen und abstrakten Geiste verfielen, der wie ein unentfliehbares Schicksal durch alle Räume unseres nationalen Lebens zu gehen scheint – so ist auch für den jungen Zögling beim Eintritt in dieselben schon eine lange und schöne Zeit verloren, die, zu seiner *praktischen* Vorbildung benutzt, ihn ganz anders vorbereitet und befähigt der Ackerbau- oder Gewerbeschule übergeben würde, als die jetzige, fast nur auf theoretisches Lernen abzweckende Schulbildung. Sehr richtig heißt es in einer, unten ausführlicher zu besprechenden Schrift („Die Arbeitsschulen der Landgemeinden" von *Michelsen*): „Solange den Landgemeinden die Klütter-[27] und Gartenschule fehlt, so lange werden die auf Ackerbauschulen verwandten Kosten ohne entsprechende Früchte bleiben, so lange arbeiten die landwirtschaftlichen Vereine vergebens an dem schönsten Teil ihrer Aufgabe." — „Man hat, z.B. in Preußen, darüber geklagt, dass die Ackerbauschulen kein rechtes Gedeihen hätten; der wesentliche Grund liegt in fehlerhafter Organisation der Landgemeindeschulen; es ist eine Torheit, bei welcher oft Mühe und Kosten verloren gehen, *einem Gebäude mehrere Stockwerke aufzusetzen, bevor man für die sichere Grundlage desselben gesorgt hat.*"

Deutschland sieht jährlich 60.000 – 80.000 seiner Landeskinder in fremde Weltteile ziehen, um sich dort eine neue Heimat, ei-

---

[26] Auch hierüber hat [N]ebenius a.a.O. treffende Worte gesprochen. Er sagt: „Die fortschreitende Bildung der Gewerbe treibenden Klassen hebt manche niederen Gewerbe zu einem höheren Rang in der Meinung des Publikums, räumt die Vorurteile weg, welche manches Talent verhinderten, die ihm zuträgliche Bahn zu betreten, vermindert den übermäßigen Zudrang zu den akademischen Studien und zum Staatsdienst." [S. 59]

[27] *Klüttern* ist so viel als: Arbeiten [mit] Holz.

nen neuen Herd zu gründen. Es ist bekannt, wie viele dieser Auswanderer entweder gänzlich untergehen oder unter den traurigsten Umständen mühsam das Leben fristen, weil es ihnen an der rechten praktischen Geschicklichkeit oder Energie fehlt, um sich in die neuen Verhältnisse bald einzuleben und darin zurechtzufinden. Das ganze Wissen, das sie als Frucht des gerühmten deutschen Volksschulwesens in die Häfen oder Wälder Amerikas mitbringen, ist ihnen dort von viel geringerem Nutzen, als es einige praktische Handgriffe und technische Kenntnisse, nebst der Gewöhnung sich selbst zu raten und zu helfen, sein würden. Wie tief mag so mancher dieser Unglücklichen, besonders aus den so genannten gelehrten Ständen, es beklagen, dass ihm in seiner Jugend nicht eine mehr praktische Bildung zu Teil geworden ist! Wie gern würde er seine ganze Gelehrsamkeit für ein paar nützliche Kenntnisse in einem Gewerbe oder im Landbau hingeben!

Überhaupt, je weiter unsere gesamte Kulturbewegung vorwärts schreitet, je verwickelter sie wird, desto mehr muss der einzelne immerfort darauf gefasst sein, den Boden, worauf er bisher sich bewegte, in Folge einer plötzlichen neuen Wendung des allgemeinen Kulturfortschritts aufzugeben, sofort auf einen neuen hinüber zu treten und hier wieder Posto [seinen Platz] zu lassen; neue Erfindungen, neue Verkehrswege, veränderte Handelskonjunkturen machen oft in einem Moment Tausende brotlos [arbeitslos] — welches Unglück, wenn diese Tausende nicht gelernt haben, sich durch die eigene wohl geübte Kraft und eine vielseitige Geschicklichkeit neue Wege des Erwerbs zu erschließen, wenn sie kein Selbstvertrauen, keine Energie besitzen! Welch ein Glück dagegen, wenn sie von früh auf daran gewöhnt wurden, sich durch eigenes Umschauen und eigenen kräftigen Willen fortzuhelfen, wenn sie gelernt, nicht bloß in mechanischer Routine und dumpfem Schlendrian immer im gleichen Kreis sich zu bewegen und nur gerade vor ihre Füße hin zu sehen, sondern Verstand und praktische Tätigkeit im Ebenmaß zu üben und zu gebrauchen! Diesen Vorteil gewährt aber nur ein frühzeitiger, praktischer Unterricht, nicht unsere gewöhnliche abstrakte Schulerziehung[28].

Unsere Zeit hat es mit Recht als ihre vornehmste Aufgabe begriffen, wie die politischen, so auch die gesellschaftlichen Ungleichheiten möglichst auszugleichen, wenigstens ihre nachteiligen Wirkungen zu mildern. Als eines der sichersten Mittel dazu ist schon längst *eine verbesserte Bildung der unteren Klassen* erkannt worden: Allein man würde sich sehr täuschen, wenn man glauben wollte, dass die theoretische Bildung es wäre, welche zu diesem Ziel führen würde. Im Gegenteil kann man es als eine feststehende Erfahrung betrachten, dass *bloße* theoretische Bildung – ohne die entsprechende Entwicklung der praktischen Fähigkeiten – die Arbeiter vielmehr noch unzufriedener mit ihrer Lage, noch weniger geschickt zur selbsttätigen Verbesserung dieser macht, weil dazu ihre Phantasie überreizt und

---

[28] Ich finde eine wertvolle Bestätigung des hier Gesagten in dem Bericht des belgischen Justizministers über die École de Rèforme zu Ruyffelde [heutiges Ruiselede/Belgien], erstattet an die Repräsentantenkammer am 23. Januar 1850. Darin heißt es: „Man hat hier die Erfahrung gemacht, wie leicht die Kinder von einer Beschäftigung zur anderen übergehen; die Abwechselung und Mannigfaltigkeit derselben befriedigen ihre Neugier, regen ihren Tätigkeitstrieb an, schützen sie vor Abspannung, welche eine einförmige Arbeit allemal mit sich führt, machen es möglich, die besonderen Fähigkeiten und Neigungen der Einzelnen zu berücksichtigen und haben den wohltätigen Erfolg, *dieselben nach einander in verschiedenen Erwerbstätigkeiten geschickt zu machen, die sie dann, je nach den Umständen, anwenden können. Wenn die Bildung der Arbeiter allgemein in gleicher Weise geschehen könnte, so würde es ihnen leichter werden, die Krisen zu überstehen, die in längeren oder kürzeren Zwischenräumen gewisse Gewerbszweige zu befallen pflegen, die Zeit der Arbeitsstockungen würden kürzer, die Existenz der arbeitenden Klasse gesicherter sein, als sie es jetzt ist."* — Mit Vergnügen stelle ich neben diesen Ausspruch eines erfahrenen Staatsmannes den einer Frau, die sich mit lobenswertem Eifer für die Sache der Volksbildung bemüht. In dem Schriftchen „Die erziehlichen Einflüsse des Lebens auf die Armen" von *Amalie Marschner* heißt es: „Außer der Bildung des Herzens und Geistes versäume man nicht, auch der *Hand* die Aufmerksamkeit zu schenken, die ihr gebührt. Eine frühe, allmähliche Entwicklung der Hand zur Geschicklichkeit und Kraft wird das Leben am sichersten vor den Wechselfällen des Schicksals bewahren, es nicht so leicht in Armut, Elend und sittliche Versunkenheit verfallen lassen. Man sei darauf bedacht, die Hand solche Tätigkeiten ausüben zu lassen, wodurch die Kräftigung des ganzen Körpers erzielt wird und ihr zugleich solche Fertigkeiten zu lehren, welche teils für die eigentümlichen Verhältnisse am passendsten sind, teils aber auch dann noch fortgesetzt werden können, wenn Alter oder eingetretene Schwäche keine große Anstrengung mehr gestatten."

ihnen ein gewisses ideales Anrecht auf Gleichstellung mit den so genannten gebildeten Ständen gegeben wird – ohne dass sie doch Mittel erhalten, dieses Anrecht praktisch gerade auf dem Gebiet geltend zu machen, wo sie ihre Abhängigkeit von jenen am härtesten empfinden auf dem Gebiet der nächsten, dringendsten Existenzfragen. Man verschaffe dagegen diesen Klassen eine tüchtige gewerbliche Vorbildung; man wecke ihre industriellen Talente, das vielleicht in vielen ihren Mitgliedern schlummernde technische Genie; man erleichtere ihnen die Wahl eines ihren Kräften und Anlagen am meisten entsprechenden Berufs; man führe sie auf wahrhaft praktische Weise ein in die Kenntnis und Benutzung der Naturkräfte und mache sie dadurch geschickt, der Arbeit ihrer Hände einen höheren Grad von Vollkommenheit und somit einen größeren Wert zu geben, ja vielleicht durch erfinderische Gedanken[29] sich über die Sphäre des bloßen Arbeiters weit hinaus zu schwingen, oder durch geschäftliche Tüchtigkeit wenigstens zu einer selbständigen Stellung emporzusteigen; man kräftige vor allem ihren Willen; gewöhne sie an Ausdauer, Unverdrossenheit, Pünktlichkeit, Ordnung, Sparsamkeit, Umsicht — und man wird ungleich besser für das Fortkommen, die Zufriedenheit und das ganze künftige Schicksal dieser Leute gesorgt haben, als wenn man sie nach den vortrefflichsten Methoden grammatisch-philosophisch denken und sprechen, Aufsätze [stilgerecht verfassen] oder Verse deklamieren [ausdrucksvoll vortragen] lehrt.[30]

---

[29] Mit Recht macht [N]ebenius (in seiner Schrift „Über technische [Lehranstalten]") darauf aufmerksam, wie *ein einziger praktischer Gedanke* eines *Handwerkers* (der von *Franklin* erfundene Blitzableiter), *eine einzige geniale Erfindung* eines schlichten *Arbeiters* (die Mule-Jenny von *Arkwright*) die größten Veränderungen in einem ganzen Gewerbszweig hervorgebracht habe.

[30] „In Deutschland dürfte gerade der zu viele Unterricht, d.h. ein solcher, welcher zu sehr von der praktischen Tüchtigkeit des Lebens abzieht und das Wissen zu sehr über einen festen, redlichen Willen erhebt, dem Proletariat vielfachen Vorschub leisten. Ein dadurch aufgeblähter Dünkel erwartet zu viel von den Begünstigungen des Lebens, und wo sie nicht eintreten, ermattet die Kraft, welche bei einer mutigen Überwindung vorkommender Hemmnisse erstarken und das erhebende Bewusstsein erringen würde, der eigene Begründer seiner Wohlfahrt zu sein". *Amalie Marschner:* „Die erziehlichen Einflüsse des Lebens auf die Armen."

Aber auch auf das Verhältnis der verschiedenen Klassen zueinander würde *der gemeinsame* praktische Unterricht der beiderseitigen Jugend[31] die wohltätigsten Wirkungen äußern. Der Sohn des Reichen würde nicht nur den Wert eines arbeitsamen Lebens erkennen und sich der Neigung zum vornehmen Müßiggang – die jetzt nur häufig schon von früh an in ihn gepflanzt und von der Schule vergebens bekämpft, ja nicht selten durch die Einrichtung dieser letzteren selbst, namentlich auch durch den getrennten Unterricht der wohlhabenden und der unbemittelten Klassen, genährt wird – gründlich entwöhnen, sondern er würde auch mit der Arbeit den Arbeiterstand selbst höher achten lernen, würde nicht mehr stolz auf ihn herabblicken. Der Arme seinerseits – wenn er den Reichen an seiner Seite arbeiten sähe, wenn er bemerkt, wie derselbe auch Fleiß und Geschicklichkeit sich der günstigen Lage, in welche die Geburt ihn versetzt, wert zu machen strebe – würde das Vorurteil, das er jetzt häufig gegen alle Reichen ohne Unterschied hegt, als wären sie sämtlich nichts als Faulenzer und Tagediebe, auf sein rechtes Maß zurückführen, würde ferner die höheren, mehr vergeistigten Arten der Arbeit besser achten lernen, weil er sich selbst darin geübt hätte und sich geschickt fühlte, nicht bloß in der mechanischen Arbeit der Hände, Tüchtiges zu leisten. Endlich aber würde jene Gemeinsamkeit des praktischen Unterrichts zwischen dem Sohn des Reichen und dem des Armen mancherlei Bande der persönlichen Annäherung, der gegenseitigen Wertschätzung, des Vertrauens knüpfen, welche die Schulzeit überdauern und noch weit ins bürgerliche Leben hineinreichen möchten. Der Reiche würde viel eher bereit sein, dem mittellosen Arbeiter, den er während des gemeinsamen praktischen Unterrichts als einen tüchtigen, zuverlässigen, pünktlichen Genossen kennen gelernt hätte, die nötigen Mittel zu seinem Fortkommen, zu einem selbständigen Etablissement [Betrieb] oder einem gewerblichen Unternehmen darzubieten, als jetzt, wo er gewöhnlich gar keinen solchen Anhalt hat – denn die beste Zensur, welche unsere heutige Lehrschule ihren Schülern erteilt, ist erfahrungsgemäß nur eine sehr unsichere Gewähr für dessen praktische Tüchtigkeit, sittliche und geschäftliche Solidität.

---

[31] Auf diese Gemeinsamkeit, als eine wesentliche Bedingung des heilsamen Einflusses der vorgeschlagenen Erziehungsweise, komme ich später zurück.

Aber auch die künftigen Genossen desselben Standes, die künftigen Handwerker oder Arbeiter würden schon in der Schule einander nach ihren Fähigkeiten und ihren moralischen Eigenschaften aufs Genaueste kennen lernen, würden zugleich den Geist gemeinschaftlicher Betriebsamkeit und gegenseitiger Förderung in sich aufnehmen, diesen Geist, dem eine so wichtige Rolle in der Zukunft unserer gewerblichen und sozialen Entwicklung bestimmt zu sein scheint. Die Assoziationen [Vereinigungen] der Arbeiter, der Handwerker, der kleinen Landwirte untereinander, dieses allein vernünftige und zuverlässige Mittel, um das Übergewicht der großen Kapitalien [Kapitalgemeinschaften] unschädlich zu machen und die niederen Klassen zu einer freieren und menschenwürdigeren Existenz emporzuheben, sind bis jetzt bei und in Deutschland zum größten Teil daran gescheitert, dass die Teilnehmer derselben der notwendigen gesellschaftlichen Tugenden ermangelten, dass die einen sich nicht der unentbehrlichen Autorität einer obersten Leitung unterordnen wollten, die anderen diese ihnen anvertraute Leitung nicht immer mit der nötigen Uneigennützigkeit, Umsicht und Pünktlichkeit führten, kurz, dass Egoismus von der einen, Misstrauen von der anderen, überspannte Wünsche und Hoffnungen bei nicht entsprechenden eigenen Leistungen von allen Seiten das gemeinsame Unternehmen ins Stocken brachten und zuletzt zum gänzlichen Ruin jeder solchen Assoziation und zur Benachteiligung ihrer eigenen Mitglieder wie derer führten, die sich in geschäftliche Verbindungen mit ihr eingelassen hatten. Erst wenn in das nachwachsende Geschlecht der rechte Geist der Assoziation gepflanzt ist, wird dieser Geist auch im bürgerlichen und gewerblichen Leben seine segensreichen Früchte entfalten.

Die soziale Frage ist in Deutschland noch nicht ganz in derselben Weise eine „brennende", wie etwa in Frankreich. Unsere höheren und niederen Stände stehen sich noch nicht so auf Leben und Tod gegenüber wie dort. Ein großer, vielleicht noch der größte Teil unseres Arbeiterstandes weist jene Ideen eines rohen Kommunismus und eines utopischen Sozialismus, welche die Reichen berauben würde, ohne die Armen reich zu machen, aus sittlichem Gefühl und verständiger Einsicht zurück und verlangt nur „freies Feld", d.h. eine gewisse Gleichheit der notwendigen äußeren Bedingungen, um mit eigener Kraft gegen das drückende Übergewicht des Kapitals zu kämpfen und seine beengte Lage zu verbessern. Noch ist es vielleicht Zeit, durch Darbietung der Mittel, mit deren Hilfe die arbeitende Klasse im Stande wäre *sich selbst zu heben* und die Kluft, die sie von den begünstigteren Ständen trennt, mehr und mehr auszufüllen, einem offenen Kampf zwischen diesen beiden Schichten der Gesellschaft vorzubeugen und eine friedliche Lösung der Sozialen Frage anzubahnen. Schwerlich aber dürfte es möglich sein, dem Arbeiter ein ergiebigeres und sichereres Kapital als Ausstattung auf seinen Lebensweg mitzugeben, als eine möglichst vollkommene Ausbildung, Kräftigung und Begeisterung seiner *Arbeits- und Erwerbsfähigkeit* mittels einer wohl berechneten praktischen Erziehung.

Achtes Kapitel

Pädagogische Vorzüge der praktischen Unterrichts- methode vor der theoretischen

Welche wichtigen Erfolge fürs Leben von einer vorzugsweise auf die Entwicklung der praktischen Tätigkeit gerichteten Erziehung zu erwarten wäre, ist in den vorangegangenen Abschnitten wenigstens mittelbar, durch Hinweisung auf das allerwärts vom Leben aus sich kundgebende Bedürfnis nach einer solchen Bildung, anzudeuten versucht worden. So viel dürfte aus diesen Betrachtungen – zusammengehalten mit den in den ersten Abschnitten niedergelegten Betrachtungen über die entgegen gesetzten, teils höchst dürftigen, teils geradezu schädlichen Folgen der gegenwärtigen Erziehungsweise – bereits hervorgehen, dass, wenn überhaupt eine Vorbereitung fürs Leben in Form einer planmäßigen Lehre und Erziehung mit Erfolg stattfinden kann und soll, dies nur auf jenem, nimmermehr aber auf diesem Weg zu erreichen stehe. Erscheint hiermit der Vorzug der praktischen Methode vor der theoretischen in Bezug auf ihre beiderseitigen Resultate fürs Leben außer Zweifel, so erübrigt noch, die Aufmerksamkeit der Pädagogen von Fach auch auf die nicht minder in die Augen fallenden, selbst für den Laien leicht erkennbaren Vorteile hinzulenken, welche in unmittelbar pädagogischer Hinsicht die erstgenannte Methode darbietet. Ich will versuchen, diese Vorteile in einigen kurzen Zügen vorzuführen.

1) Die praktische Methode kann mit den einfachsten, nahe liegendsten und leichtesten Kraftübungen beginnen und allmählich zu schwereren übergehen im Verhältnis zu dem fortschreitenden Wachstum der Kräfte und Fertigkeiten des Zöglings, während die theoretische sogleich mit schwer fasslichen Allgemeinheiten (Abstraktionen) und künstlichen Vorstellungen den ungeübten und solcher Operation ungewohnten kindlichen Geist anstrengen muss.[32] Denn auch das scheinbar Einfachste, Elementarste auf diesem Gebiet, wie die Anfangsgründe des Lesens, Zählens, Rechnens usw., ja gerade diese sind etwas Abstraktes, von dem bisherigen Anschauungs- und Beschäftigungskreis des Kindes völlig Abbrechendes. Hier wird also schon das erste Gesetz der Pädagogik, die *Stetigkeit* der Entwicklung, verletzt. Dagegen lässt sich für die praktische Tätigkeit des Kindes wohl eine solche Aufeinanderfolge von leichteren und schwereren, einfachen und zusammengesetzten Beschäftigungen und Übungen finden, bei welcher selbst die schwächste und unentwickelste Kraft angemessen beschäftigt und gebildet werden kann. Das Vorbild dazu im Kleinen wird jeder in seiner Familie finden. Schon das vier-, fünfjährige Kind ist der Mutter gern, und oft mit überraschender Geschicklichkeit, zu kleinen Dienstleistungen im Haus oder in der Wirtschaft zur Hand, richtet kurze Aufträge an die Dienstboten pünktlich aus, trägt dem Vater seine häuslichen Bedürfnisse zu, fährt das kleinere Geschwister im Wägelchen hin und her oder unterhält es u.dgl.m. Das etwas ältere — von sechs bis sie-

---

[32] „Im Verkehr mit der Natur steigt das Kind von dem Einzelnen zur Allgemeinheit; der Lehrer aber gibt ihm sogleich diese." *Kirchmann* a.a.O.

ben Jahren — hilft dem Vater im Garten arbeiten, jäten, begießen, die Blume an Stöcken binden, Obst und Früchte einsammeln oder steht der Mutter in der Küche bei. Welche Freude gewährt es dem Kind, wenn ihm eine solche Arbeit oder Dienstleistung gelang, die ihm bisher zu schwer erschien! Wie strebt es selbst nach immer weiterer und vollkommenerer Betätigung seiner Kraft und seines Arbeitseifers! Hier ist wirkliche Stetigkeit der Entwicklung, wirklich organisches — „lückenloses" (*Pestalozzi*) — Fortschreiten, wie es unsere Pädagogik so vielfach empfohlen, aber selbst fast nie zu Wege gebracht hat. Hier bedarf es nur der Fortsetzung und Ausbildung dessen, was die Natur in diesem ersten, instinktmäßigen Gebaren des Kindes ungesucht uns entgegenbringt: der Hinüberführung des Kindes von diesen mehr zufälligen und vereinzelten Beschäftigungen des ersten Alters (obgleich eine sorgsame häusliche Erziehung auch darein schon einen gewissen Zusammenhang und Fortgang zu bringen suchen wird) zu mehr geregelten, strenger unter sich verbundenen und auf einen bestimmten Zweck gerichteten.

Mit Hilfe einer solchen Stufenfolge von Beschäftigungen, welche — ohne Geist oder Körper des Kindes über Gebühr anzustrengen, vielmehr seiner eigenen natürlichen Entwicklung sich aufs Engste anschließend, doch die junge, zarte Kraft üben, dem erwachenden Geist Anstoß und Richtung geben — die Sinne des Kindes schärfen und sein Auffassungs- und Unterscheidungsvermögen stärken sowie es zum Aufmerken und Überlegen gewöhnen würden, ließen sich namentlich jene ersten Jahre der Schulzeit (das sechste bis achte), die man jetzt in der Regel dem Erlernen abstrakter Fertigkeiten (des Lesens, Schreibens, Zählens) widmet, widmen muss, weil man das Kind eben „beschäftigen" will (was freilich dabei nur sehr uneigentlich geschieht) auf eine gewiss ungleich fruchtbarere, für das körperliche und geistige Wachstum des Kindes förderliche Weise ausfüllen.

2) Ein weiterer Vorteil des praktischen Unterrichts besteht darin, dass seine Ausbeute eine viel sicherere und bleibendere, viel weniger dem Wiederverlorengehen ausgesetzt ist, als

gewöhnlich beim theoretischen. Wer je in seinen späteren Lebensjahren mechanische Fertigkeiten wieder hervorgesucht hat, die er in früher Jugend gelernt und geübt hatte, dem wird die Bemerkung nicht entgangen sein, wie viel leichter sich eine solche Übung wieder findet, wie viel eher man sich der vor langer Zeit gelernten Handgriffe und kleinen praktischen Vorteile erinnert, als dies bei der Auffrischung theoretischer Kenntnisse der Fall ist. Das einmal zu einer gewissen Sicherheit in der Schätzung von Raumverhältnissen gelangte Augenmaß, die einmal erworbene Fertigkeit der Hand in Führung eines Instruments geht hierbei nicht so leicht verloren, als die besteingeschulten Regeln der Grammatik oder Jahreszahlen der Geschichte. Ja auch von den Gegenständen des theoretischen Erlernens werden diejenigen allezeit viel fester und sicherer haften, welche in unmittelbarer Beziehung zu einer praktischen Tätigkeitsübung aufgenommen und eingeprägt wurden, als diejenigen, bei denen dies nicht der Fall war. Die größere Stärke und Lebhaftigkeit der praktischen Vorstellungen sichert, nach bekannten Gesetzen der Ideenassoziation, die mit ihnen verknüpften theoretischen [Kenntnisse] vor dem Verschwinden oder Verdunkeltwerden, ruft auch die verdunkelten leicht wieder ins Bewusstsein zurück.

3) Weil die praktische Tätigkeit mit dem Naturbedürfnis und der inneren Neigung des Kindes übereinstimmt, so bedarf es zu ihrer Erweckung weder künstliche Reizmittel, noch des Zwanges, sondern nur der rechten Anleitung, damit der Tätigkeitstrieb durch Darbietung eines den Kräften des Zöglings entsprechenden Stoffes und durch den rechtzeitigen Wechsel, welchen die Kindesnatur verlangt, immerfort rege erhalten und genähert werde. Nicht bloß der Zögling, sondern der Lehrer selbst fühlt sich weit ungezwungener, weit mehr im Zustand naturgemäßer Tätigkeit bei einer solchen Unterweisung in praktischer Beschäftigung, als beim theoretischen Unterricht, wie jeder an sich erfahren haben wird, der eigenen oder fremden Kindern abwechselnd den einen und die andere erteilte. Man empfindet es gleichsam mit, wie die Natur selbst Antrieb und Anleitung zu solcher prakti-

schen Tätigkeit gibt und der Lehrer nur als deren Dolmetscher handelt, während beim rein theoretischen Unterricht dem Lehrer immer zu Mute ist, als müsse er sich vor dem Schüler rechtfertigen, dass er ihn mit so Fremdartigem quäle, und als geschehe es nur ihm zu Liebe, nicht um der Sache selbst willen, wenn der Schüler Lust und Aufmerksamkeit dafür bezeigt[33].

4) Besonders wichtig ist dies für die *Disziplin*. Ein angemessen beschäftigtes Kind wird nicht leicht in Unarten verfallen, während bei dem wilden seine Natur zum Stillsitzen und Aufmerken auf Dinge, die ihm fern liegen, gezwungenen dergleichen fast unvermeidlich sind. Die vollgültigste Erfahrung hiervon ist in den Kindergärten gemacht worden, wo man (in den guten wenigstens) Zwang und Strafe fast gar nicht kennt, sondern die Kinder dadurch allein artig und folgsam erhält, dass man sie fortwährend auf eine ihren Bedürfnissen entsprechende Weise beschäftigt.

5) Beim praktischen Unterricht, und nur bei diesem, lässt sich auch das erreichen, was mit Recht die Pädagogik als eine ihrer Hauptaufgaben bezeichnet: die Erkenntnis und Beachtung der verschiedenen *Individualitäten* der Zöglinge. Die Individualität setzt zu ihrer Ausprägung eine Äußerung der *Selbsttätigkeit*, und zwar in einem ihr angemessenen, natürlichen Element, voraus; bei einem bloß *rezeptiven* [passiv aufnehmenden] Verhalten und einer aufgedrungenen Beschäftigungsweise kann sich keine Individualität frei entwickeln und äußern; was man dafür hält, ist in der Regel nur ein künstliches Produkt äußerer Einflüsse. Daher jene so häufigen Täuschungen, dass z.B. in der Schule manches Kind für geistesträge galt, welches sich später, in ein natürlicheres Element der Entwicklung versetzt, als regsam und

---

[33] Einen frappanten [beweiskräftigen] Beleg hierfür erlebte der Verfasser an seinen eigenen Kindern. Er hielt diese abwechselnd zu Arbeiten für die Lehrstunden und zu praktischen Beschäftigungen an. Als er nun in letzteren eine Pause zu machen gebot, um die Kinder nicht zu sehr anzustrengen und ihnen sagte, sie sollten nun „frei haben", meinten die Kinder: „sie hätten ja schon frei gehabt." So sehr war die praktische Beschäftigung nur ihrer eigenen Neigung entgegengekommen.

tüchtig erwies, während die so genannten ausgezeichneten Schüler oft nach der Schulzeit träge, haltlose, unbrauchbare Menschen werden. Solchen Täuschungen wird man bei der praktischen Methode gewiss nur selten ausgesetzt sein.

6) Der Vorteil, den eine Beschäftigung mit praktischen Arbeiten, statt des jetzigen Hockens der Jugend auf den Schulbänken im eingeschlossenen Raum, auf deren Gesundheit und Körperentwicklung äußern würde, ist so augenfällig, dass ich darüber kein Wort zu verlieren brauche. Nur darauf glaube ich ausdrücklich hinweisen zu müssen, wie durch eine geregelte und angestrengte körperliche Bewegung, zumal an der freien Luft, am besten auch jenen Reizungen vorgebeugt werden möchte, welche, durch das viele Stillsitzen und die Hitze der geschlossenen, mit Menschen gefüllten Räume erzeugt, die Hauptquelle der so genannten „geheimen Sünden" der Jugend, überhaupt aber einer vorzeitigen und einseitigen Entwicklung der geschlechtlichen Sinnlichkeit in den jungen Körpern werden. Ärzte und Pädagogen werden diese Andeutungen gewiss bestätigen. Ein von früh auf tüchtig ausgearbeiteter und an ermüdende Arbeit gewöhnter Körper ist auch in dieser Beziehung weit weniger Gefahren ausgesetzt, als ein verzärtelter und in seiner vollen Entwicklung gehemmter.

7) Aber auch auf den *Lehrer* wirkt diese naturgemäße Beschäftigung in eben dem Maße wohltätig und anregend ein, als die jetzige ihn fast notwendig körperlich und geistig aufreibt. Man denke sich einen Lehrer, der mit seiner Jugend in Feld und Garten gräbt, pflanzt, begießt, Bäume pfropft und beschneidet, dann wieder in der Werkstatt ihr Anleitung zur Führung des Hobels, der Säge und des Hammers gibt, der, was er dazwischen ihr an theoretischem Wissen beibringt, immer in unmittelbare Beziehung zu jenen praktischen Beschäftigungen zu setzen vermag und dadurch versichert ist, dass dieses Wissen nicht so leicht wieder verloren gehe, der nicht morgen wieder zerstoben sieht, was so leicht er heute gesät, nicht bemerken muss, dass, was er in stundenlanger angestrengter Bemühung seinen Schülern einzuprägen suchte, unbegriffen und unverdaut geblieben — wie frisch

und fröhlich, wie kräftig und gesund an Körper und Geist müsste ein solcher Lehrer sich fühlen, wie freudig würde er mit ganzer Seele in seinem Beruf leben, keiner ängstlichen Beaufsichtigung und Anstachelung durch die Vorgesetzen, nicht einmal jener künstlichen Begeisterung, in welcher unsere heutigen Lehrer sich hineinzudenken suchen, die aber so selten lange nachhält, bedürfend! Und nun vergleiche man damit das Bild eines Lehrers, der in einem von Dünsten aller Art erfüllten Schulzimmer vor einer Masse von 60, 80, 100 unbeschäftigten Kindern dasteht, nicht selten keuchend und von Schweiß triefend, bald dieselbe einförmige Übung zum zehnten und zwanzigsten Mal wiederholend, bald, um nur die Kinder sämtlich in Spannung zu erhalten, mit hastigen Fragen unter ihnen herumfahrend, dann wieder sich unterbrechend, um hier und dort eine Unart zu rügen und den eisernen Zepter der Disziplin zu schwingen! Welcher schmerzliche Kontrast zwischen dem, was ist, und dem, was sein *könnte* und sein *sollte*[34]!

---

[34] Ich kann mir [es] nicht versagen, schon hier, unerwartet der später zu gebenden ausführlicheren Darstellung der mit einer solchen praktischen Erziehung bereits gemachten Versuche, durch einige Bilder aus dem Leben das oben Gesagte zu erläutern. Ich wähle dazu eine Schilderung, welche von der Lehrertätigkeit und Persönlichkeit des bekannten Wehrli (des Stifters der so genannten „Wehrli-Schulen", von denen unten weiter die Rede sein wird), Dr. Birnbaum in den „Rheinischen Blättern" (XLIII. Bd. 1. Heft.) nach eigener Anschauung entworfen hat. Dieselbe zeigt uns auf der einen Seite den Lehrer der praktischen Methode, wie er sein muss, auf der anderen Seite aber auch, wozu diese Methode selbst den macht, der sie mit Geist und Liebe erfasst und betreibt. Birnbaum erzählt:

„Wehrli besaß ein sehr ansprechendes, lebendiges, überall tätiges, auf Arbeit bedachtes, in Arbeit sich glücklich fühlendes Wesen. Aus seinem offenen Auge blickte eine denkende, vorurteilsfreie, scharf prüfende, sicher erkennende praktische Seele hervor, und die einfachen, beweglichen Gesichtszüge ließen eine durch und durch ehrlich gemeinte Herzensgüte, ein aufrichtiges Teilnehmen an Leid und Freud seiner jugendlichen Umgebung nicht einen Augenblick übersehen. Er redete gern ein trauliches Wörtchen, war aber ebenso flink und gründlich in Worten wie in der Tat, und hütete sich ebenso sehr vor überflüssigem Schwatzen wie vor unnützer Arbeit. Er war in der Tat ein ganzer Mann, in der vollsten Kraft seiner geistigen und körperlichen Ausbildung und in der erfolgreichsten Liebe für seine Pädagogik. Die Gesichtsfarbe war ihm durch Sonne, Wind und Wetter stark gebräunt und trug überhaupt das Frische, Klare und Abgehärtete in sich, welches das beständige Leben und Wirken in der freien Natur zur Folge zu haben pflegt. Man sah ihn selten anders als in kurzer Arbeitsjacke, von 20, 30 ebenso einfach gekleideten „Wehrli-Knaben" umgeben, landwirtschaftliche Arbeiten verrichten. Munter und lustig, wie die Jugend selbst, brachte er eine heitere, beglückende Stimmung in alle seine Umgebungen. Er ordnete an, er belehrte, er erzählte mit solch einer Liebe und unbefangenen Natürlichkeit, dass er überall nur Freude bereitete, wo er sich sehen und hören ließ. Wer ihn so in seinem Elemente sah, der fühlte es augenblicklich, dass er der Zöglinge Vater, Freund, Ratgeber, Lehrer und Seelsorger war, und zwar von ganzem Herzen, aufrichtig durch Wort und Tat. Man sah es dem Mann an, dass er sich in allen seinen Grundsätzen und Ansichten vor die Augen seiner Zöglinge stellte und nichts von ihnen forderte, was er nicht selbst zu leisten geneigt wäre."

Dasselbe wohltuende Bild gemeinsamer, eifriger und befriedigender Tätigkeit der Schüler und Lehrer finden wir in der nach der gleichen praktischen Methode eingerichteten Anstalt des „Rauhen Hauses" zu Horn bei Hamburg. Das „Festbüchlein des Rauhen Hauses" von Wichern (Hamburg, 2. Auflage 1851) gibt davon eine recht lebendige Anschauung. Ich schreibe nur ein paar Stellen daraus [hier] her, welche deutlich wahrnehmen, gleichsam mitempfinden lassen, welch kräftigen Schwung und Zug in das dortige Leben die gemeinsame Arbeit bringt, wie ungezwungen und zutraulich in diesem natürlichen Element körperlicher Kraftäußerung Lehrer und Schüler miteinander verkehren, welch frischer, fröhlicher und zugleich sittlich edler Geist unter ihnen herrscht. [Auf] S. 30 erzählt Wichern von den Anfängen der Anstalt: „Es fehlte das schützende Dach für mehr als die ersten zwölf. Aber es wurde durch die liebe Not geschafft, und so konnte die unerwartete Frage an die ersten zwölf ergehen, ob sie gern helfen wollten, für sich ein neues Haus zu bauen und das alte Haus neuen Kameraden zu räumen. Was tun wohl Rauhhäusler lieber als dies? Mit frischer Kraft war bald von den jungen Bauleuten der Grund gegraben. Es bauten mit Fleiß und Lust die Hände der Kleinen und Großen" (S. 76). — „Gleich im ersten Winter trieb uns das heilsame, Erfindung weckende Bedürfnis an, die zu so vieler Kunstfertigkeit brauchbaren Hände in allerlei nützlichem Betrieb zu üben. Die Knaben mussten, als wären sie Köche und Wäscher, die Hausstandsarbeiten mit beschaffen ... Was sie überdies im Garten, an Wällen und Wegen gearbeitet, ist schon früher erzählt. Frost und Unwetter trieben uns aber oft halbe und ganze Tage ins Haus zurück. Was war dann anzufangen? Arbeiten wollten alle, aber was? Wo? Wie? Es fehlte schlechterdings an befriedigender Antwort auf alle diese Fragen und nichts Schlimmeres kann es geben für Leute, in denen die Arbeitslust ihr Recht fordert. Da war uns eine Hilfe in unserem Garten gewachsen. Am Teich stand eine alte Pappel. Die sollte gefällt werden. Welch ein Jubel! Mit Escher und Axt eilten alle herzu, und wenn's auch gar ungeschickt dabei herging, endlich brach der hohe Gipfel nieder. Als wir sein Holz zerteilt hatten, wurden die heimlichen Gedanken laut: Er sollte uns zu Pantoffelholz dienen. Unser W. war der Erste, der den ersten Holzpantoffel zu aller Bewunderung zu Stande brachte. E. und G. legten sich auf die Fabrikation von Schwefelhölzer für unsern Hausstand ... Einer half dem anderen. Einer der neu hinzugekommenen Brüder [Erwachsene, die an der Anstalt mithelfen] brachte die Kunst des Drechselns mit und ruhte nicht, bis wir erst eine und bald eine zweite Drehbank aufgestellt hatten. Der andere Bruder ging noch weiter: „Wir dürfen wagen, eine Hobelbank anzuschaffen". Die Hobelbank wurde gekauft und wiewohl keiner Tischler war, brachten wir darauf doch Tische, Bänke und Regal-

8) Wir haben früher gesehen, welche großen Schwierigkeiten und Übelstände der gemeinsame oder Massenunterricht nach der jetzigen Methode darbietet. Beim praktischen Unterricht dagegen ist es nicht bloß leicht, sondern sogar vorteilhaft, die Zöglinge in größeren Gruppen gemeinsam zu beschäftigen. Einmal nämlich können die praktischen Beschäftigungen von der Art sein, dass die Zöglinge nach gegebener erster Anleitung und bei nur einiger nachhelfender Aufsicht sich durch eigene Kraft fort helfen; ja es gehört ganz eigentlich zum Wesen dieser Methode, dass man den Schüler mehr sich selbst überlässt, damit er lerne, selbständig zu arbeiten und sich nicht immer auf andere zu verlassen. Sodann kann, aus dem gleichen Grund, beim praktischen Unterricht der Lehrer sich weit leichter von den vorgeschrittenen Zöglingen unterstützen lassen. Gegenwärtig wird ein Lehrer nur selten unter seinen Schülern solche finden, denen er den Unterricht der jüngeren im Lesen, Rechnen, der Grammatik usw. unbedenklich und ohne stete Aufsicht und Einhilfe überlassen könnte: sehr natürlich! Denn diese Lehrgegenstände sind so abstrakter Natur, dass, um sie auch nur in ihren ersten Elementen zu lehren, schon ein ziemlich ausgebildetes Abstraktionsvermögen und eine kunstvolle Methodik erforderlich ist, wofern man nicht (was wieder andere Nachteile hat) dieselben so völlig mechanisieren will, wie es z.B. die *Bell-Lancester'sche* Methode tut. Bei praktischer Beschäftigung dagegen hat der gegenseitige Unterricht gar keine Schwierigkeit. Die kleinen Handgriffe, die das ältere Kind gelernt hat, bringt es leicht und bisweilen sogar besser als der Erwachsene seinen jüngeren Genossen bei — Zeuge dessen die mannigfachen Spiele (Ballschlagen, Drachensteigenlassen, Kreiseldrehen, Puppenanputzen, Kochen usw.) welche sich auf solche Weise unter der

---

bretter zu Stande. Da wagte sich C. an den Bau eines Hühnerstalls und auch der gelang. So wuchs der Mut. Warum, hieß es, sollen wir dem Bäcker das Backen des Brotes bezahlen? Was wir selber essen, wollen wir selbst backen. Wiederum gesagt, getan." Auch die Beschreibung der dortigen Arbeitsfeste zeigt diesen heiteren, vertraulichen und doch schon ernsten Geist, wie ihn nur die Gemeinschaft des gleichmäßigen Strebens, wo jeder seine Kräfte mit rechter Lust nach seinen natürlichen Anlagen gebraucht, zu erzeugen vermag. Was haben unsere Lernschulen solchen Bildern gegenüberzustellen?

Jugend, ohne Dazwischentun Erwachsener, von Generation zu Generation fortpflanzen. Dieser gegenseitige Unterricht in den praktischen Beschäftigungen hat aber nicht nur als Unterstützungsmittel für den Lehrer beim Massenunterricht, sondern auch an sich einen hohen pädagogischen Wert. Er ist die naturgemäße Vorbereitung für die künftige Tätigkeit des Familienhauptes, des Erziehers, desjenigen, der im geschäftlichen Leben oder im bürgerlichen Gemeinwesen eine leitungsgebende Stellung [einnehmen wird].

9) Das ist überhaupt der große, nach meiner Meinung nicht hoch genug anzuschlagende Vorzug des praktischen Unterrichts vor dem theoretischen, dass jener unmittelbar und sofort mit der Übung der Fähigkeiten des Geistes auch auf den *Charakter*, auf die *sittliche Natur* des Zöglings bildend einwirkt, dass er ebenso sehr *Erziehung* als *Unterricht* ist.[35]

---

[35] „Die *Arbeit* ist von der Vorsehung bestimmt, dem Menschen während seiner Pilrimschaft [Pilgerfahrt] auf Erden zur sittlichen und religiösen Erziehung zu dienen. Sie lehrt den Menschen die große Kunst, sich selbst zu überwinden; sie übt die Geduld, den ruhigen und ausdauernden Mut; sie gibt den unsteten Neigungen unserer Natur eine feste Richtung und eine geregelte Bahn; sie unterhält einen gerechten Stolz; sie wendet den Geist von sinnlichen Lüsten ab und schützt davor; sie lehrt die Achtung vor dem Eigentum; sogar die Anstrengungen und Entbehrungen, die sie auferlegt, stärken und reinigen die Seele und wenn sie mit dem Gefühl der Pflicht geübt wird, erhebt sie sich zur Tugend. Die ländlichen Arbeiten sind unstreitig ein treffliches Mittel der Sittlichung; die Ruhe der Felder und der Anblick der Natur nähren die Heiterkeit der Seele und die Reinheit des Herzens; der stete Anblick der Wunderwerke der Schöpfung und die Wohltaten, welche der Schöpfer mit freigebiger Hand ausstreut; alles leitet auf religiöse Empfindungen hin. — Die Handarbeit in den Werkstätten erweckt Neigungen anderer Art. Die Stetigkeit, die Einförmigkeit und die Regelmäßigkeit derselben bewältigt den menschlichen Willen, gewöhnt ihn an Ausdauer und nötigt ihn, einem Gesetz Folge zu leisten; *sie hat demnach eine innere Ähnlichkeit mit dem Machtgebot der Pflicht*. Dadurch, dass sie *gemeinschaftlich* betrieben wird, bringt sie die Menschen in nähere Berührung, nötigt sie, sich zu verständigen, lässt sie den Wert gegenseitiger Hilfeleistung erkennen. Meistenteils vielfacher Vervollkommnung fähig, erweckt sie die Ideen und die Begierde nach fortschreitender Entwicklung und bietet dem eine Belohnung, der seinen Stolz darin sucht, es besser zu machen. Die Werkstätte selbst, welche mehrere Arbeiter vereinigt und jedem seine besondere Tätigkeit anweist, gibt in mancher Beziehung durch ihr gegliedertes Zusammenwirken das Bild der menschlichen Gesellschaft. Auch da finden wir Gehorsam gegen die Vorgesetzten, allgemeine Vorschriften, gegenseitige Verpflichtungen, ein notwendiges Zusammenwirken und Gemeinschaft der Leiden, Wünsche und Freuden. Auch beim

Wir hören und lesen viel davon, wie die Schule ihre Zöglinge zur „Tugend und Sittlichkeit", zur „Frömmigkeit und Gottesfurcht", zu allem „Guten, Edlen, Schönen" zu erziehen habe. Und an salbungsvollen Moralpredigten und Ermahnungen lässt man's auch nicht fehlen; nicht minder belehrt man die Kinder weitläufig darüber, was recht und unrecht, sittlich oder unsittlich sei. Aber scheint nicht zu begreifen, dass solche Unterweisungen in der Tugend, solche Ermahnungen zum Fleiß, zur Arbeitsamkeit, zur Ordnungsliebe, zur Verträglichkeit usw. nur ein hölzernes Eisen und eine tönende Schelle sind, *wenn ihnen nicht die praktische Übung und Gewöhnung unmittelbar zur Seite geht.* Tugend und Sittlichkeit sind ebenso gut eine Sache der allmählichen, stufenweisen Entwicklung und Kräftigung der entsprechenden Naturanlagen, wie irgendeine Kunstfertigkeit z.B. das Singen, das man auch nicht durch bloßes theoretisches Erlernen der Noten oder der Kompositionslehre, noch viel weniger durch den bloßen Entschluss, gut singen zu wollen, vielmehr nur durch lange und beharrlich fortgesetzte Ausbildung der Organe des Singens, der Stimme, des Gehörs, des musikalischen Gefühls und Taktes sich aneignet.

Nicht zu viel aber ist gesagt, wenn man behauptet, dass, wie Müßiggang aller Laster Anfang, so eine recht betriebene Arbeit der fruchtbarste Keim aller sittlichen und namentlich aller bürgerlicher und gesellschaftlicher Tugenden sei. Die harmonische Entwicklung und die regelmäßige Durcharbeitung des ganzen sinnlich-geistigen Organismus des jungen Menschen lässt die einseitige Anhäufung der Kraft in einzelnen Organen, die gewöhnliche Quelle schädlicher

---

Landbau sind diejenigen Arbeiten der Entwicklung des gesellschaftlichen Sinnes am förderlichsten, welche in größter Gesellschaft vorgenommen werden." – „Dieser Einfluss der Arbeit ist umso wohltätiger, je mehr dieselbe ihrer Natur nach die *Tätigkeit des Geistes* in Anspruch nimmt und die Aufmerksamkeit beschäftigt, d.h. die beiden wesentlichen Eigenschaften der geistigen und sittlichen Natur entwickelt. Die körperlichen Anstrengungen heischen eine gewisse Mitwirkung des *Willens* und sind daher für diesen eine Art Übungsschule. Die Aufmerksamkeit des Auges und des Ohres, die den Bewegungen der Hand zu gebende geschickte Richtung verlangen ebenfalls eine Anwendung der geistigen Fähigkeiten." [Joseph-Marie] *Degérando:* „Des progrès de l'industrie, considérés dans leurs raporis avec la moralité de la classe ouvrière" (Paris, 1844).

Neigungen und Begierden, nicht aufkommen, und die Befriedigung, welche dieselbe zugleich dem Körper durch den freien Gebrauch aller seiner Organe, dem Geist durch das Gefühl fortschreitender Vervollkommnung und durch die unmittelbar sichtbaren Erfolge seiner Tätigkeit gewährt, erzeugt und erhält in dem ganzen Menschen jene gleichmäßige, ruhige und doch lebhaft erregte Stimmung, welche der günstigste Boden für die Entfaltung aller guten und edlen Triebe ist. Die volle Hingabe an den Gegenstand seiner Tätigkeit, welche bei dem naturgemäß beschäftigten Kind schon in ziemlich frühem Alter sich kundgibt und dem heranwachsenden bei fortgesetzter Übung völlig zur anderen Natur wird, erzeugt den rechten *sittlichen Ernst* des Denkens und Handelns, welcher der Grundton aller menschlichen und bürgerlichen Tugenden genannt werden kann und sich in den verschiedenen Beziehungen des Lebens bald als treue Gatten- und Elternliebe und als verständige, von Weichlichkeit wie von roher Härte gleich entfernte Kinderzucht, bald als Zuverlässigkeit in Erfüllung übernommener Pflicht und gegebener Zusage, bald als tatkräftiger Eifer für Menschenwohl und Gemeinschaftsinteresse, als Vaterlandsliebe, als Tapferkeit in Verteidigung des Rechts und einer vernünftigen Freiheit, in seiner höchsten Potenz als *wahre praktische Religiosität* äußert. Denn was ist das eigentlich praktische, sittliche Moment der Religion anders als diese Hingabe des Einzelnen an ein Allgemeines, als diese in sich gesammelte, ruhig gefasste, ernste und doch freudige Stimmung des Geistes, die selbst die niederste Arbeit veredelt, indem sie dieselbe als die Erfüllung einer *Pflicht* betrachtet und alles daran setzt, um sie so vollkommen als möglich zu vollbringen. Mag man nun dieser Stimmung des Gemüts und dieser Richtung des Willens eine spezifische dogmatische, vielleicht gar mystische Färbung geben, indem man jede ihrer Äußerungen auf die Gnadenwirkungen eines höheren Wesens bezieht, oder man mag dieselbe lediglich nach ihren menschlichen und irdischen Beziehungen betrachten, sie als „Liebe" bezeichnen, wie es *Pestalozzi* tat, oder als patriotische Hingabe an ein nationales Interesse, als Begeisterung für den allgemeinen menschheitlichen Kulturfortschritt oder, vom

Standpunkt des kategorischen Imperativs aus, als Ernst der Pflichterfüllung, oder endlich mehr ästhetisch-moralisch als Tüchtigkeit des Wirkens [...], *praktisch* bleibt das alles gleich, sobald nur die *sittlichen* Wirkungen einer solchen Denk- und Handlungsweise unter diesen verschiedenen Firmen überall dieselben sind.

Die natürliche Anlage zu dieser sittlichen Richtung des Willens liegt übrigens, wie gesagt, schon in dem Kind selbst und bedarf nur der rechten und rechtzeitigen Entwicklung. Man beobachte nur das noch kleine Kind, mit welchem Ernst es den von der Mutter oder vom Vater ihm gegebenen Auftrag möglichst genau auszurichten sucht! Man sehe den älteren Knaben oder das ältere Mädchen, dem die Pflege der kleinen Geschwister anvertraut ist, mit welcher Sorgfalt sie sich der Anvertrauten annehmen! Selbst bei den wenig gebildeten Kindern armer Leute, die ganz aufeinander angewiesen sind, findet man oft rührende Beispiele dieser Sorgfalt, dieses Ernstes in Erfüllung der Geschwisterpflichten, das Gegenteil gewöhnlich nur dann, wenn solcher Auftrag über die Kräfte der Kinder geht oder bis zur Ermüdung ausgedehnt wird, oder wenn die Eltern ihnen das schlechte Beispiel der Sorglosigkeit geben. Wie eifrig arbeitet jener Knabe in seinem Gärtchen! Wie liebevoll pflegt jenes Mädchen die in seine Obhut übergebenen jungen Hühnchen! Diesen Trieb der wirtschaftlichen Vertiefung in das Objekt, gleichsam des sich selbst Wiederfindens in einem anderen, hege und entwickele man, indem man dem Kind in angemessener Stufenfolge immer neue Gegenstände der Betätigung seiner Kraft, seiner Sorgfalt und seiner Liebe darbietet; man ertöte ihn nicht durch Herausreißen des Kindes aus diesem natürlichen Kreis der Kraftäußerung und des Interesses, durch Verpflanzung desselben in eine Welt der Abstraktion für die es nur eine *künstliche, unwahre* Begeisterung empfinden kann!

Aber, wird man sagen, diese so frühe und überwiegende Beschäftigung mit der *Materie* wird das Kind allzu sehr von den höheren, idealen Geistesrichtungen ablenken, wird den verderblichen Keim eines *rohen Materialismus* und *Utilitarismus* (einer nur auf das Sinnliche und den äußeren Nutzen gerichteten Denkart) in das junge Gemüt pflanzen. Auf diesen Einwurf ist bereits die Antwort in den früheren Abschnitten dieser Betrachtungen enthalten, denn einesteils habe ich dort dargestellt, wie die Arbeit, die ich zum Prinzip unserer Jugenderziehung erhoben sehen möchte – keineswegs die roh materielle, vielmehr die durch den höheren Zweck einer allgemeinen und allseitigen Bildung vergeistigte und veredelte, eine zu immer größerer Vollkommenheit fortschreitende, eine nicht nur den Körper, sondern auch die sämtlichen Geistes- und Gemütskräfte des Zöglings übende und entwickelnde sein soll; auf der anderen Seite aber ist gezeigt und mit Tatsachen belegt worden, dass unsere gegenwärtige Erziehungsweise, mit all ihrer Idealisterei und ihrem vornehmen Tun gegen das Materielle, in dem von ihr gebildeten Geschlecht einen rohen Materialismus, eine grenzenlose Genusssucht, einen beklagenswerten Mangel an ernster und freiwilliger Pflichterfüllung, wenn nicht selbst erzeugt und begünstigt, mindestens nicht verhindert habe. Gerade die gewaltsame, unnatürliche Trennung des materiellen und des geistigen Elements brachte es mit sich, dass einerseits das geistige Leben unpraktisch und abstrakt, andererseits die Beschäftigung mit dem Materiellen geist- und gemütslos, ein bloß äußerliches Haschen nach Erwerb und Genuss oder, bei den ärmeren Klassen, ein Kampf um die nackte Existenz wurde, wobei ebenso wenig von höheren, geistigen und sittlichen Ideen die Rede sein konnte. Durch eine Ausgleichung der beiden bisher getrennten Pole, durch eine innige Durchdringung der geistigen Bildung mit der materiellen Arbeit wird man nicht den Geist zur Materie herabdrücken, wohl aber diese letztere in das Gebiet des Geistigen empor rücken, wird das höhere, sittliche und kulturgeschichtliche Moment wieder zur Geltung bringen, welches der Richtung der menschlichen Tätigkeit auf die Materie, der Beherrschung der Natur durch den Geist zu Grunde liegt und welches nur durch jene einseitige Auffassung und Auseinanderreissung der beiden Seiten dieses Verhältnisses verloren gegangen ist.

10) Der *Wetteifer* unter den verschiedenen Zöglingen einer Schule und der *Ehrgeiz* jedes Einzelnen, es den anderen zuvorzutun, wird auch hier nicht fehlen und soll es nicht; al-

lein er wird hier einen anderen, natürlicheren Charakter annehmen und keine bedenklichen, sondern nur heilsame Folgen entwickeln. Zunächst schon um dessen willen, weil der Gegenstand des Wetteifers und das Ziel des Ehrgeizes beim praktischen Unterricht unmittelbar das durch die Arbeit erzielte Produkt oder Resultat selbst ist, während beim theoretischen Unterricht dieses Resultat nur mittelbar in Frage kommt, nämlich als Mittel, um die Anerkennung, das Lob des Lehrers oder dritter Personen, vielleicht auch irgend welche äußere Auszeichnung dadurch zu erlangen. Ein Ehrgeiz aber, der darauf ausgeht, etwas wirklich besser zu machen als andere, ist allemal unschädlicher und lobenswerter als einer, dem es mehr nur darum zu tun ist, dass er dafür angesehen werde, etwas besser gemacht zu haben. Ich will damit gerade behaupten, dass die Zöglinge beim praktischen Unterricht für äußere Anerkennung ihrer Leistungen unempfindlich sein würden oder sein sollten; allein diese Anerkennung wird für sie, der Natur der Sache nach, nicht allein ausschlaggebend sein können, vielmehr wird der praktische Erfolg selbst der nächste und unparteiische Richter ihres guten oder schlechten, aufmerksamen oder lässigen, intelligenten oder bloß mechanischen Arbeitens sein. Der Schüler, welcher die von ihm gepflegten Blumen gedeihen, die von ihm ausgestreuten Sämereien in der angegebenen systematischen Ordnung aufgehen sieht, *weiß*, dass er es recht gemacht, dass er seine Aufgabe befriedigend gelöst hat und findet schon dadurch seinen Eifer belohnt. Der Schüler der Lernschule erfährt gewöhnlich erst durch das Lob oder den Tadel, der seiner Arbeit seitens des Lehrers zuteil wird, ob dieselbe gut oder schlecht sei, denn er selbst kann es selten beurteilen, weil der Gegenstand der Aufgabe in der Regel nicht im Gebiet unmittelbarer sinnlicher Anschauung und Wahrnehmung, sondern der Abstraktion liegt (z.B. ein Aufsatz über einen Punkt der Sittenlehre). Besonders wichtig ist dieser Umstand für das Verhältnis der Zöglinge zu den Lehrern. Die fast gänzliche Ausschließung jedes subjektiven Ermessens und somit auch jedes Scheins von Willkür, Parteilichkeit und Ungerechtigkeit, die strenge Objektivität und innere Notwendigkeit, welche der Lehrer jedem seiner Urteile über die Leistungen der Zöglinge geben kann, ja geben muss, kann nicht anders als höchst günstig auf das Verhältnis zwischen Lehrern und Schülern wirken und wird jene gegenseitige Offenheit und Zutraulichkeit hervorrufen, welche uns oben aus dem Bild der Wehrli-Schule und der Anstalt des „Rauhen Hauses" so wohltuend entgegentrat. Manche werden es zwar bedenklich für die Autorität des Lehrers finden, wenn derselbe z.B. einen Schüler tadeln würde, weil er sein Gartenbeet schief abgeteilt, dieser aber ihm durch Messung nachwiese, es sei gerade. Allein ich sehe darin nur einen Vorteil. Unsere Jugend soll nicht daran gewöhnt werden, einer Autorität sich blindlings und zwangsweise unterzuordnen, sondern muss in den Stand gesetzt sein, einzusehen und gleichsam mit Händen zu greifen, dass und warum der über sie Autorität Übende ein Recht dazu habe. Und es soll keine Autorität geübt werden, die sich nicht zurechtfertigen, die nicht dem Untergebenen die freie Überzeugung von der Richtigkeit ihrer Anordnungen, von der Tristigkeit ihres Tadels oder Lobes beizubringen vermag. Ich wenigstens habe bei der Unterweisung meiner Kinder nach jener praktischen Methode mich nie geschämt, wenn eines derselben meinen Bemerkungen über seine Arbeiten Gründe entgegensetzte, die ich anerkennen musste, sondern habe ihm ruhig Recht gegeben; ich habe auch nicht wahrgenommen, dass mein Ansehen als Vater oder Lehrer darunter gelitten hätte.

Auch das Wechselverhältnis der Zöglinge selbst untereinander gestaltete sich beim praktischen Unterricht weit naturgemäßer als beim theoretischen. Es liegt im natürlichen Instinkt der Jugend, wie die größere Körperkraft, so auch die größere Geschicklichkeit eines Genossen willig anzuerkennen, einem solchen sich unterzuordnen, von ihm sich leiten und anweisen zu lassen. Das finden wir schon bei den gemeinsamen Spielen der Kinder. Andererseits pflegen die in praktischem Geschick überlegenen Knaben und Mädchen gegen ihre minder entwickelten Genossen in der Regel eine gewisse zarte Schonung zu üben und ihnen bereitwillig nachzuhelfen. Dagegen finden wir bei den Zöglingen des theoretischen Unterrichts nur zu häufig eine verletze Überhebung und Aufgeblasenheit gegenüber denjenigen ihrer Genossen, welche nicht die gleiche äußerliche Auszeichnung davongetragen haben oder eine tiefere Stelle als sie in der Schule einzunehmen, auf Seiten dieser Letzteren aber einen gehässigen Neid und eine missgünstige Anzweiflung der Verdienste jener ihnen Vorgezogenen. Der Grund liegt darin, dass im letzteren Fall die Schätzung eine bloß äußerliche ist, im ersteren dagegen jeder selbst zu beurteilen vermag, was er und was der andere wirklich vermöge und leiste, und dass die praktische Erfahrung der Schwierigkeiten, die jeder zu überwinden hat, den, der sie überwunden, nachsichtiger macht gegen die, welche noch damit kämpfen.

11) Von ganz besonderem pädagogischem Wert ist endlich beim praktischen Unterricht der Umstand, dass derselbe sich dem Leben in *Haus* und *Familie* aufs Engste anschließt. Beim theoretischen Unterricht findet, wie wir oben sahen, das gerade Gegenteil hiervon statt. Der theoretische Unterricht entfremdet das Kind der Familie, führt es in einen ganz anderen Ideen- und Interessenkreis ein. Beim praktischen Unterricht werden die Eltern, auch die minder gebildeten, an den Fortschritten ihrer Kinder lebhaften Anteil nehmen, denn sie können diese Fortschritte nicht allein beurteilen, sondern selbst fördern helfen, während beim theoretischen ihre Einwirkung seitens der Schule oftmals eher verbeten als gewünscht wird, weil sie durch ihr „unmethodisches" Verfahren angeblich mehr schaden als nützen. Wenn der Vater seinen Knaben zu Hause im Lesen unterstützen will, so riskiert er, von diesem zurechtgewiesen zu werden, weil er von der (*Laut*[e]*r-*) oder der *Jacotot'schen* Methode [welche den Schüler zuerst mit den Lauten bekannt macht und dann erst zur Figur und zum Namen des Buchstabens übergeht] nichts versteht; die Kunstausdrücke des Kindes von Eigenschafts- und Geschlechtswort, starker und schwacher Deklination usw. sind den Eltern, die den gleichen Unterricht nicht genossen haben, vollends böhmische Dörfer. Je glücklicher nun die Schule in dem ganz natürlichen Bestreben ist, den Kindern

von diesem und ähnlichem Wissen, das sie ihnen bietet, einen hohen Begriff beizubringen, desto mehr steht sie in Gefahr, das natürliche Verhältnis der Kinder zu den Eltern zu trüben, die Autorität dieser letzteren zu schwächen und so in die schöne Harmonie des Familienlebens störende Missklänge zu bringen. Ganz anders beim praktischen Unterricht. Hier wird immer der Vater dem Sohn, die Mutter der Tochter – auch wenn letztere noch so trefflich in der Schule in allerhand praktischen Geschicklichkeiten unterwiesen und geübt sind – wenigstens an Erfahrung überlegen bleiben, und dieser Überlegenheit werden die Kinder sich willig beugen, werden gern von den Eltern Fingerzeige zur weiteren Ausbildung und praktischen Anwendung des in der Schule Gelernten entgegennehmen. Träte aber selbst der Fall ein, dass rohe und lässige Eltern hinter ihren in der Zucht der Schule besser gebildeten und an strebsame Tätigkeit gewöhnten Kindern zurückständen, so würden teils die Kinder in jener praktischen Schule zugleich mit der höheren Ausbildung ihrer Fähigkeiten auch eine solche Richtung des Charakters erlangt haben, welche sie das richtige Verhältnis zu ihren Eltern nicht aus den Augen [verlieren] ließe, teils würden nicht selten diese Letzteren selbst durch das Beispiel von Tätigkeit, Ordnungsliebe und Verträglichkeit, das ihre Kinder ihnen gäben, beschämt und gebessert werden, während jetzt der bloße Vorzug theoretischer Kenntnisse auf Seiten der Kinder keinen Eindruck auf sie macht, aus dem einfachen Grund, weil er etwas für sie Unverständliches ist.[36]
In anderer Weise wieder würde die Schule durch eine praktische Erziehung der Kinder dem Haus zu Hilfe kommen. Man weiß, welche Not die Beschäftigung der Kinder daheim wäh-

---

[36] Zu meiner Freude finde ich eine Bestätigung des hier von mir Gesagten in den schon oben erwähnten Schriften von *Michelsen*. Derselbe erzählt als Beweis der vortrefflichen Wirkungen der Arbeitsschulen im Holsteinschen: „[Der] Verfasser könnte eine Familie nennen, in welcher sich der Vater dem Wirtshausleben hingegeben hatte und nur notgedrungen an die Arbeit ging, welcher aber, durch den Anblick seines Sohnes, wie derselbe an den aus der Arbeitsschule mitgenommenen Holzarbeiten zu Hause weiter arbeitete, zum Mitarbeiten ermuntert und allmählich dem häuslichen Leben und fleißiger Betriebsamkeit wiedergewonnen wurde."

rend der Freistunden, nicht sowohl sorglosen Eltern (diesen macht sie wenig Not, denn diese lassen ihre Kinder treiben, was sie wollen und sich herumtreiben wie sie wollen), als auch solchen macht, welche gern ein sorgendes Auge auf die Kinder richten möchten, aber durch ihre eigenen Geschäfte, die sie vielleicht sogar vom Haus entfernt halten, daran verhindert sind. Diese Sorge würde ihnen zwar nicht ganz abgenommen, aber doch wesentlich erleichtert werden, wenn die Kinder in der Schule sich selbst angemessen beschäftigen, Interesse für allerhand nützliche Beschäftigungen erhielten, auch ihre natürliche Lust an körperlichen Kraftübungen schon dort so weit büßten, dass sie nicht in der Überfülle ihres Dranges nach solchen in den Freistunden „Dummheiten" zu machen brauchten, wie es jetzt so häufig geschieht. Der praktisch geübte Knabe würde vielmehr Gelegenheit suchen und finden, zu Hause seine in der Schule erworbenen Fertigkeiten hier und da nützlich anzuwenden, oder er würde von der gehabten Anstrengung sich bei ruhigerem Zeitvertreib, etwa dem Lesen eines Buches, erholen, vielleicht auch aus eigenem Antrieb sich in allerlei Kenntnissen fortzubilden suchen, weil er in der Schule nicht damit ungebührlich geplagt, wohl aber auf das Bedürfnis derselben aufmerksam gemacht wäre.

Neuntes Kapitel

Praktische Versuche, die man bereits mit dieser Methode gemacht hat

Es ist in der Tat zu verwundern, wenn die so augenfälligen pädagogischen Vorzüge der praktischen Methode, und die noch viel wichtigeren Folgen derselben für das Leben, nicht schon längst zur Anstellung von Versuchen damit hätte führen sollen. Wirklich finden wir auch bereits in der zweiten Hälfte des 18. Jahrhunderts an mehreren Orten in Deutschland so genannte *„Industrieschulen"*, deren Einrichtung und Bestimmung indessen nicht überall die gleiche gewesen zu sein scheint. Teils waren es Anstalten, wo jungen Leuten erst *nach Vollendung des Elementarunterrichts* einige Kenntnisse dargeboten wurden, die ihnen in ihrem künftigen Lebenslauf nützlich sein konnten, wo sie zugleich praktische Anleitung zu Arbeiten erhielten, und wo ihnen, mit der Einsicht in den Nutzen der Arbeitsschule, Angewöhnung und Liebe dazu beigebracht werden sollte.[37] Anderwärts wieder ließ man die jungen Leute schon während der Schulzeit *neben den Lehrstunden* allerlei Handarbeiten betreiben, um sie vor schädlichem Müßiggang zu bewahren, an den Arbeitsamkeit zu gewöhnen und (da diese Anstalten meist für die ärmere Klasse berechnet waren) für ein besseres Fortkommen in der Welt geschickt zu machen. Ein Teil dieser Industrieschulen ging bald wieder ein, andere vegetierten in beschränkter und einseitiger Gestalt fort, wie die noch jetzt an vielen Orten bestehenden, gewöhnlich mit Armen- und Versorgungsanstalten oder Waisenhäusern verbundenen, Spinn- und Strickschulen; nur wenige erhielten sich einigermaßen auf einem höheren Standpunkt, so die Arbeitsschule in *Holstein* – von denen alsbald ausführlicher die Rede sein soll – so die noch jetzt in Berlin – wenn schon mit teilweise veränderter Richtung – bestehenden *„Erwerbsschule"*. Der Grund dieser Erscheinung ist wohl hauptsächlich in zweierlei Umständen zu suchen, wie

---

[37] Siehe [Ignaz Heinrich von] *Wessenberg* „Über die Bildung der Gewerbe treibenden Volksklassen" (Freiburg, 1833).

schon ein Schriftsteller der damaligen Zeit, [Bernhard Heinrich] *Blasche*, in seiner äußerst schätzbaren kleinen Schrift „Grundsätze der Jugendbildung zur Industrie als Gegenstand der allgemeinen Menschenbildung" (Schnepfenthal 1804) treffend nachgewiesen hat: Einmal nahm man in den meisten jener Industrieschulen auf die Qualität der mechanischen Arbeiten keine anderen als *ökonomische* Rücksichten, sah zu wenig auf deren pädagogischen Wert; sodann betrachtete man dieselben zu sehr, in Hinsicht auf Erziehung, als *Nebensache*, setzte sie auch in keine nähere Beziehung mit dem Elementarunterricht.

Über die oben erwähnten *Erwerbsschulen* finden sich in einer im vorigen Jahr vor der preußischen Regierung den Kammern vorgelegte Denkschrift folgende Notiz (s. „Mitteilungen des Lokalvereins für das Wohl der arbeitenden Klassen" III. Jahrgang 2. Lieferung, Berlin, 1851). Diese Erwerbsschulen verdanken ihr Entstehen der Privatwohltätigkeit. Sie wurden gegründet 1793. Ihre Stifter bestimmten sie zu Armenschulen für Kinder beiderlei Geschlechts, und zwar in der doppelten Eigenschaft als *Elementarunterrichts-* und als *Arbeits-* und *Berufsschulen*. Die weitere Entwicklung dieser letzten Eigenschaft ließ es zweckmäßig erscheinen, die Erwerbsschulen (seit 1829) nur für Mädchen zu bestimmen, auch nicht mehr Kinder der eigentlich Armen, sondern nur solcher Familien darin aufzunehmen, welche zwar zu bedürftig sind, um das Schulgeld zu zahlen, es aber doch nicht nötig haben, die Kräfte ihrer schulpflichtigen Kinder beim Broterwerb für die Familie in Anspruch zu nehmen. „Der Beruf, zu welchem die Erwerbsschulen anleiten, ist der Hauptdienst, speziell der so genannte *Hausmädchendienst*, die Arbeit, welche sie lehren, daher die Hausarbeit, näher die *Handarbeit* des *Strickens*, *Nähens* und *Waschens*, von der gröbsten bis zur feinsten Gattung (mit Ausnahme aller Putzarbeit). Die feineren, vom Publikum [den Bürgern] sehr gewünschten, Näh- und Stoffarbeiten der Schülerinnen werden auf Bestellung von Familien und kaufmännischen Handlungen angefertigt und den Anfertigerinnen nach bestimmter Taxe [zu einem festgesetzten Preis] bezahlt. *Nicht aber, dass die Kinder in den Schulen schon erwerben [lediglich Erwerbsarbeit leisten], sondern dass sie darin zu redlichem Erwerb angeleitet werden*, bestimmt den Charakter und Namen der Erwerbsschulen. Als Elementarschulen leisten die Erwerbsschulen das Gewöhnliche in nicht gewöhnlichem Maße. Wenigstens haben die Geistlichen öfters anerkannt, dass die aus den Erwerbsschulen zu ihnen in den Religionsunterricht kommenden Mädchen in der Regel viel besser dazu vorbereitet erscheinen als die Kinder anderer Elementarschulen. Da nun nicht anzunehmen ist, dass die Lehrer der Erwerbsschulen im Allgemeinen vorzüglicher seien als die Lehrer anderer Schulen, so kann der erwähnte Vorgang *nur aus der Eigentümlichkeit der Anstalt und ihrer erziehenden Qualität* hergeleitet werden."

Etwas länger verweile ich bei den in einem entfernten Winkel Deutschlands, auf den großherzoglich oldenburgischen Fideikommissgütern [unveräußerlicher Grundbesitz] bei Eutin in Holstein bestehenden *Arbeitsschulen für Landgemeinden*, von denen soeben eine höchst dankenswerte, auf sorgsame Beobachtungen gestützte und von tiefem Eindringen in das Wesen der Sache zeugende Schilderung aus der Feder eines der vertriebenen schleswigschen Lehrer erschienen ist, des ehemaligen Konrektors [stellvertretender Leiter] der Gelehrtenschule zu Hadersleben, *Michelsen*.[38]

Die erste Einrichtung von Arbeitsschulen im Eutinschen neben den bestehenden „Lehrschulen" fällt in das Jahr 1796. Gegenwärtig gibt es deren dort 16. Ihre Einführung hing zusammen mit der Aufhebung der Leibeigenschaft und der Frondienste [dem Lehnsherrn zu leistende Arbeiten] auf den herzoglichen Gütern, indem der damalige *Herzog Peter* [von Oldenburg] von dem sehr richtigen Gedanken ausging. *„Wer frei sein soll, muss lernen frei sein zu können. Frei kann aber nur derjenige sein, der auf eine seiner Stellung entsprechende Weise Kopf und Hand gebrauchen kann und mag."*[39] Die ersten Arbeitsschulen waren nur für Mädchen berechnet, standen daher unter *Arbeitslehrerinnen*; diese erhielten jede einen Gehalt von etwa 60 Ta-

---

[38] Der volle Titel dieser schon oben erwähnten Schrift lautet: „Die Arbeitsschulen der Landgemeinden in ihrem vollberechtigten Zusammenwirken mit den Lehrschulen. Eine historisch begründete Beantwortung der Zeitfrage: Wie wird die Volksschule von der abstrakten Methode emanzipiert usw." Von *Dr. Konrad Michelsen.* (Eutin, 1851)

[39] [Quelle wird von Biedermann nicht angegeben.]

ler Preuß. Cour. [preußischer Kurantwährung] nebst freier Wohnung und Feuerung und einen Garten von 30 Ruten [rund 1.000 m²] Land. Allmählich machte es sich so, dass in den meisten Fällen die Arbeitslehrerin des Schullehrers Frau war. Dies entsprach ganz der Absicht des Stifters dieser Arbeitsschulen, welcher wollte, dass dieselben mit den Lehrschulen Hand in Hand gingen, deshalb auch verordnete, dass die Schuljugend an *einem* Ort beisammen sein und abwechselnd beschäftigt werden sollte, „weshalb auch die Arbeitslehrerin mit dem Schulhalter in einer häuslichen Verbindung stehen muss". Dieses Zusammenwirken der Arbeits- und Lehrschulen war freilich nicht überall praktisch festgehalten. 1828 wurde das System der Arbeitsschulen erweitert und vervollkommnet. Ein Reskript des *Herzogs Peter* stellte folgende Grundsätze dafür auf:

1. In sämtlichen Arbeitsschulen (damals 15) sollen auch die Knaben, außer dem eigentlichen Schulunterricht, in nützlichen Handarbeiten, *insbesondere dem Gartenbau und der Obstzucht*, unterrichtet werden.

2. Zur Erreichung dieses Zwecks soll jeder Schule ein Schulgarten von 30 Ruten Land zugewiesen werden.

3. Die Kosten zur Anschaffung des nötigen Arbeitsmaterials werden aus herrschaftlichen Kassen bewilligt (im Ganzen 426 Taler).

4. Endlich wird sämtlichen Arbeitsschulen ein gemeinsamer Schulfonds von 3600 Talern aus der Gutskasse geschenkt. Das nötige Spinnmaterial hatten die Hauptpächter kontraktlich zu liefern.

So entwickelten sich nun die Arbeitsschulen in dreifacher Richtung:

1. als Spinn, Näh- und Strickschulen für die Mädchen;
2. als Klüterschulen (für Holzarbeiten) für die Knaben;
3. als Gartenschulen für Knaben und Mädchen.

Die kleinsten Mädchen werden mit Wollezupfen, Charpiepflücken [zerzupfen von Leinwand zu Fäden, die der Herstellung von feinen Materialien zur Behandlung von Wunden diesen wie

der Charpiewatte], Garnwickeln, Netzeknoten usw. als Vorübungen auf die genannten Hauptarbeiten, beschäftigt. Luxus-
arbeiten, wie Häkeln und Stricken, sind eigentlich ausgeschlossen und werden nur ausnahmsweise den vorgeschrittensten
Schülerinnen als Belohnung ihres Fleißes und zur Weckung
des Schönheitssinns gestattet. Man hat auch wohl versucht,
neue Handfertigkeiten (z.b. das Spinnen auf dem zweispuligen
Rad) in der Arbeitsschule und durch diese unter den Erwachsenen einzuführen, jedoch wie es scheint, ohne rechten Erfolg,
„ein Beweis", meint der Verfasser, „wie schwer das Neue, eben
weil es neu ist, in die Häuser der Mehrzahl unserer Landesbe-
wohner eindringt."[40] Eine Webschule hat sich neben den Spinn-
schulen noch nicht entwickeln wollen. Das Weben ist im östli-
chen Holstein kein Zweig häuslicher Betriebsamkeit, und die
gemachten Versuche, eben durch die Arbeitsschule auch dasselbe einzuführen, hatten keinen Erfolg gehabt. Dem Nähen
scheint weniger Zeit als dem Spinnen gewidmet zu werden; das
Flicken wird, wie der Verfasser mit Recht bedauernd anmerkt,
gar nicht gelehrt. Hinsichtlich des Arbeitsmaterials gilt Folgendes als Regel: Kinder vermögender Eltern bringen dasselbe mit
und geben dafür die Fabrikate, die sie daraus fertigen, ihren Eltern; für die unvermögenden werden die Materialien aus der
Schulkasse angeschafft, wogegen auch die fertigen Arbeiten
dieser anheim fallen. Auf Anraten mehrerer Lehrer und Prediger
wurde den Armenkindern für ihre Arbeiten eine Vergütung zugestanden, und zwar in Sparkassenscheinen, die meistens bei
der Konfirmation der Kinder ausbezahlt wurden. An einzelnen
Orten wurden früher die Schulfabrikate als ein Vorrat angesehen, aus welchem die Armenkasse ihre Bedürfnisse in natura
entnahm, den Rest aber ebenfalls zu ihrem Vorteil verkaufte.
Nach der Instruktion für die Arbeitsschulen sollen die Fabrikate
verkauft werden und der Erlös, nach Abzug von 10% für die Arbeitslehrerin, in den Schulfonds fließen.
Die Klüterschule soll, nach der ausgesprochenen Absicht ihres
Begründers, „nicht die Knaben zu Handwerkern bilden", wohl
aber sie im Gebrauch der verschiedenen Werkzeuge und der

---

[40] [Quelle wird von Biedermann nicht angegeben.]

Fertigung der verschiedenen Arbeiten üben, welche im Haus, im Stall, in der Scheune und an den Ackergerätschaften vorkommen. Es werden daher in den Klüterschulen gefertigt: hölzerne Löffel, Stühle, Mulden, Salzgefäße, Schaufeln, Hacken, Spaten, Pflugköpfe, Schwingblätter, Hechelgestelle, Nummernpfähle für die Obstbaumschule usw.

Die Gartenschule hat sich bisher wesentlich auf Obstbaumzucht beschränkt. Vorschriftsmäßig fällt ein Drittel dessen, was daraus gelöst wird, dem Schullehrer zu. Ein Vorschlag den schon 1830 ein sehr tüchtiger Lehrer machte, „dass die Schullehrer beauftragt und ermächtigt würden, mit den größeren Schülern in den Gärten der Hufer und Insassen in den Monaten Februar und März für die fernere Pflege der Obstbäume durch Rat und Tat zu sorgen", damit, wie er sich ausdrückte, „die Bäume in den einzelnen Gärten unter den Schutz und die Pflege der aus der Schule entlassenen Kinder hineinwüchsen", hat bis jetzt keine Beachtung gefunden.

Die Teilung der Zeit zwischen der Arbeitsschule und der Lehrschule ist vorschriftsmäßig folgende: Zusammen soll täglich, mit Ausnahme des Mittwochs und des Sonnabends, sechs Stunden lang unterrichtet werden, so, dass in beiden Schulen der Unterricht mit derselben Stunde anfängt und aufhört. Diese Stunden sollen so verteilt sein, dass die erste Klasse täglich in der Lehrschule vier, in der Arbeitsschule zwei, die zweite Klasse in der Lehrschule und in der Arbeitsschule je drei, die dritte Klasse in der Lehrschule zwei, in der Arbeitsschule dagegen vier Stunden zubringt. Freilich scheint dies, wie manches andere, keineswegs überall wirklich durchgeführt zu sein. So z.B. erzählt der Verfasser, dass den Klüterschulen meist nur solche Stunden zugewiesen würden, die bisher den Knaben freigegeben wären, weil, wie die Lehrer sagten, „es nicht anginge, dass der Lehrschule Stunden geraubt würden", wovon dann die natürliche Folge war, dass die Knaben gegen diese Klüterschulen, als die Räuberinnen ihrer freien Zeit, eine Abneigung bekamen und somit auch zu den darin betriebenen Arbeiten keine Lust bezeigten.

Überhaupt fanden, nach *Michelsens* Darstellung, die Arbeitsschulen manches Hindernis ihrer gedeihlichen Entwicklung und Wirksamkeit teils in den äußeren Verhältnissen, teils in der Unwilligkeit oder Unfähigkeit der Menschen. Eines der wesentlichen Hindernisse des Zusammenwirkens der Arbeits- und der Lehrschulen lag darin, dass dieselben nicht unter einer und derselben Oberleitung standen, indem die Arbeitsschulen, als eine rein gutsherrliche Stiftung, den betreffenden gutsherrlichen Behörden untergeben waren, während die Lehrschulen unter den geistlichen Schulbehörden des Landes standen. So kam es, dass einzelne dieser geistlichen Schulinspektoren sich geradezu weigerten, sich irgendwie mit den Arbeitsschulen zu befassen. In der allgemeinen schleswig-holsteinischen Schulordnung von 1817 geschah der Eutinschen Arbeitsschule gar nicht Erwähnung. Was Wunder, wenn auch die Lehrer ihrer Mehrzahl nach ihren Eifer vorzugsweise der Lehrschule, weniger der Arbeitsschule zuwandten! Ohnehin stimmte dies mit ihrem Bildungsgang und ihren angewöhnten Neigungen besser überein. Lehrer, die mit voller Hingabe, praktischem Geschick und zugleich höherer pädagogischer Einsicht die Idee der Arbeitsschule verwirklichten, wie der vom Verfasser als das Muster eines solchen geschilderten *Cappel* zu Riegsdorf, waren nur seltene Ausnahmen.

Andererseits wurden die wohltätigen Wirkungen der Arbeitsschulen auf die Bevölkerung selbst zum großen Teil vernichtet durch die lange nachdauernden Folgen der früheren Leibeigenschaft, namentlich den gänzlichen Mangel an kommunalem Bewusstsein, an Selbständigkeit und Selbstvertrauen der Leute, „die statt in eigener Kraft und Tätigkeit das Nötige zu tun, alles nur von der Gutsherrschaft erwarteten".

Trotz dieser Hemmungen haben doch, nach des Verfassers Ansicht, die Arbeitsschulen in Holstein vielfach segenreich gewirkt. „Tatsache ist es", sagt er, „dass eine Hausfrau in den hiesigen Gegenden dem Mädchen entschieden den Vorzug gibt, das während ihrer Schulzeit die Arbeitsschule besuchte, dass die Mehrzahl der Konfirmandinnen das Tuch oder Kleid, welches sie an ihrem Konfirmationstag schmückt, das saubere Gesangbuch, welches sie in der Hand hält, dem Fleiß ihrer Hände während ihrer Schulzeit verdankt, dass die langen Streifen der bleichenden Leinwand neben den Wohnungen der Mehrzahl der Arbeiterfamilien, die Sauberkeit der zum Trocknen ausgehängten Wäsche, manche weiße Ärmel auf den Kornfeldern in der Hitze der Erntezeit, die ordentliche Kleidung der zur Schule wandernden Kinder redende Zeugnisse sind für unsere Schulen, deutlich redend für den, der es aus eigener Anschauung kennt, welch reicher Segen hervorkeimt aus dem Hausfleiß der Frauen. Aber den rechten Segen, den um dessen willen unsere Schule verdienen, dass man sie von Herzen lieb hat, den der frühen Gewöhnung an Arbeitsamkeit und Ordnung mit ihrer nicht bloß das Haus beglückenden, sondern das Herz reinigenden und die Gesinnung stärkenden Kraft, den sehen wir freilich nicht auf solche Weise, aber wir finden ihn, wenn wir in die Häuser hineintreten, wenn wir Vertrauen und Offenheit zu erwecken verstehen".

„[Der] Verfasser hat sich oft mit Männern und Frauen hiesiger Gegend, namentlich aus Arbeiterfamilien, in ein Gespräch über ihre Schuljahre eingelassen und leider sehr oft die Erinnerung an die Wohltaten, welche sie der Lehrschule danken, fast verschwunden gefunden, während der Segen der Arbeitsschule in lebendiger Dankbarkeit in ihnen fortlebte oder doch willig eingestanden wurde".

Wie in einzelnen Fällen die Arbeitsschule durch die Bildung der Kinder bessernd auf die Eltern selbst zurückwirkte, ist bereits oben [...] mit den Worten desselben Verfassers berichtet worden. Nach Ausführung dieses Beispiels fährt *Michelsen* weiter fort:

„„[Der] Verfasser könnte für denjenigen, dem nur der Zahlenbeweis gilt, die Berechnung hinzufügen, ein wie großer Teil der auf die Arbeitsschule verwendeten Unkosten der Armenkasse zu Grunde kam. Er könnte die schöne Spinnprobe eines Mädchens vorlegen, welches bei der Schulprüfung und Prämienausteilung in diesem Jahre den Preis gewann, welches erst vor einem Jahr durch die sorgsame Bemühung ihres Seelsorgers für die Schule gewonnen wurde und bis dahin in verwahrlostem Zustand gelebt hatte."

Auch von den guten Folgen der Gartenschulen weiß der Verfasser zu erzählen, wenn schon diese sowohl als die Klüterschulen in ihrer Entwicklung hinter den Arbeitsschulen für Mädchen zurückblieben.

„Wer gern den Beweis in den Händen haben mag, den können wir nach einem Dorfe führen, wo er sich erfreuen würde an dem hier leider noch seltenen Anblicke wohl gepflegter Obstbäume, wo man ihn mit dankbarer Freude erzählen würde, dass die schönsten Bäume veredelt seien von zwei Knaben, welche solches in der früher blühenden Gartenschule gelernt und diese Beschäftigung so lieb gewonnen hatten, dass sie ihre Freistunden dazu benutzten, um nicht allein im Garten der Eltern, sondern auch in den Gärten der Nachbarn die Bäume zu veredeln." „Deshalb pflege man die Bäume so gut", sagten die Leute; „Baumfrevel", setzt *Michelsen* hinzu, „sind ein Zeichen der Rohheit, aber Liebe zu den Bäumen ist ein Zeichen sittlicher Veredelung."

Schon früher ist darauf hingedeutet worden, wie der eigentliche Begründer der neuen Pädagogik für die Volksschule, *Pestalozzi*, ursprünglich die Idee erfasst hatte, die Schule zu einer „Anleitung zum Feldbau, zur Industrie und zur häuslichen Wirtschaft" zu machen, also ihr das Prinzip der *Arbeit* zu Grunde zu legen. In diesem Sinne errichtete er zu Neuhof im Kanton Aargau eine Armenschule, d.h. er sammelte arme Kinder um sich, die er zu bilden suchte. Jedes Kind, das arbeitsfähig war, musste an ländlichen Beschäftigungen Anteil nehmen und passende Handarbeiten im Haus verrichten. Während der letzteren unterrichteter er sie. Der Erfolg entsprach aber leider den Erwartungen nicht. Zum Teil war daran die Rohheit der Kinder und der schlimme Einfluss der Eltern schuld, welche von den Arbeiten ihrer Kinder sofortige ökonomische Vorteile für sich sehen wollten und zu ungebildet waren, um zu begreifen, wie viel größer der Nutzen sei, der aus einer besseren industriellen und intellektuellen Bildung der Kinder diesen, und somit selbst in Bezug auf deren Fortkommen, im Leben erwachse[41]. Zum Teil lag es aber auch an *Pestalozzi* selbst, wie dieser ganz unbefangen mit seiner gewohnten Wahrheitsliebe eingesteht. „Ich lebe", erzählt er in seinem Buch „Wie Gertrud ihre Kinder lehrt" (Zürich 1804), „im Kreise von mehr als 50 Bettlerkindern, das Ideal ihrer Bildung umfasste Feldbau, Fabrik und Handlung. Ich war in allen freien Fächern voll hohen und sicheren Taktes für das Große und Wesentliche dieses Planes, und noch heute kenne ich kei-

---

[41] Siehe *Diesterweg*: „Heinrich Pestalozzi" (Berlin 1845).

nen Irrtum in den Fundamenten desselben. Aber es mangelte mir ebenso in allen drei Fächern an der Fertigkeit des Details und einer Seele, die sich an die Kleinigkeiten derselben mit Festigkeit anschloss."

Glücklicher war *Pestalozzis* Zeitgenosse *Fellenberg*, der freilich die Sache nicht nur mit ganz anderen pekuniären Mitteln, sondern auch mit einer ungleich besseren praktischen Vorbildung angriff. Wozu *Pestalozzi* sich selbst erst mühsam machen wollte, das war *Fellenberg* bereits in einem sehr vollkommenen Grade, als er sein Erziehungsgeschäft begann — praktischer Landwirt und Geschäftsmann. Seine Erziehungsinstitute schlossen sich organisch an seine landwirtschaftliche Versuchs- und Musterwirtschaft an[42]. Zunächst verband er mit dieser eine *landwirtschaftliche Lehranstalt* und eine *höhere Erziehungsanstalt für die Söhne der begüterten Stände*, besonders der großen Grundeigentümer, bald darauf eine *landwirtschaftliche Armenschule*, zuletzt (1830) auch eine *Real- und Mittelschule* für Kinder des Mittelstandes, ferner eine *Bildungsanstalt für Lehrer* und ein *Institut zur Erziehung armer Mädchen*.

Fellenberg richtete sein Augenmerk auf die beiden Extreme der Gesellschaft, die niederen Volksklassen und die so genannten höheren Stände. Beide schienen ihm einer verbesserten Erziehung vorzugsweise bedürftig, jene wegen ihrer Versunkenheit in physischem Elend, geistige und sittliche Rohheit, diese wegen der nicht minder gefährlichen Entfremdung von der Natur, Entwöhnung von Arbeitsamkeit, Verweichlichung und Teilnahmslosigkeit gegen das Schicksal der niederen Klassen. Als eine Hauptursache des Verderbens der niederen Klassen erkannte er „den Hand in Hand gehenden *sittlichen* und *ökonomischen Verfall oder die entsittlichende Verarmung*, als ein wesentliches Mittel der Abhilfe dagegen die gleichzeitige Förderung des *sittlich-religiösen* und *industriell-ökonomischen* Lebens", die Gewöhnung zum *rechten Erwerb* und *zur Arbeit*.

---

[42] Bei der folgenden Darstellung hat mir die Schrift von [Karl Hermann] *Scheidler*: „Die Lebensfrage der europäischen Zivilisation und die Bedeutung der *Fellenberg'schen* Bildungsanstalten zu Hofwohl für deren befriedigendste Lösung" (Jena 1839) als Leitfaden gedient.

Durch eine bessere, namentlich naturgemäße Erziehung der Kinder der begütertsten und einflussreichsten Stände hoffte er dem Staat eine Pflanzschule edler Bürger zu liefern, die für die höhere Bestimmung des Menschen begeistert und im Besitz der äußeren Mittel, um ihre Ideen realisieren zu können, ihre höchste Freude in Förderung der gesamten Volksbildung finden würden. Beide Extreme, bisher durch eine schroffe Kluft voneinander getrennt, sollten sich gegenseitig kennen und achten lernen. Die Reichen einerseits sollten die Mühen, Lasten und Entbehrungen, aber auch die Freude, Heiterkeit und Zufriedenheit der Armen, die aus dem Gefühle treuer Pflichterfüllung entspringt, wahrnehmen, um mit echt christlichem Geiste dahin zu wirken, dass diesen vom Glück weniger Begünstigten durch ihre Hilfe und Mitwirkung eine menschliche Entwicklung und Freude an ihrem Dasein zu Teil werde. Andererseits sollten die Armen, indem sie durch ihre Arbeit sich selbständig zu ernähren angeleitet würden und dabei zugleich erkennen würden, wie wichtig und unentbehrlich dazu die Mitwirkung derjenigen sei, welche bereits im Besitz der Kapitalien sind und ihre Glücksgüter auf eine dem allgemeinen Besten ersprießliche Weise benutzen, ebenso sehr an begründetem Selbstgefühl erstarken, als von der herrschenden Unsitte befreit werden, das äußerlich glänzende Los der Begüterten nur mit neidischem Auge zu betrachten. Beide Klassen sollten sich vielmehr als notwendige, sich gegenseitig ergänzende Glieder eines größeren Ganzen ansehen, achten und lieben. Die beiden Anstalten für die Armen und für die Reichen waren räumlich voneinander getrennt, auch ihrer inneren Einrichtung nach durchaus verschieden. Die Reichenkinder erhielten einen sehr sorgfältigen wissenschaftlichen Unterricht, Anleitung und Gelegenheit zu praktischen Beschäftigungen in Feld und Garten, sowie zu allerlei Handarbeiten. Mit genauer Beachtung der Individualitäten suchte man die einzelnen zu dem auszubilden, was für ihre künftige Lebensstellung das Förderlichste schien; zugleich wollte man sie durch die Anschauung der verschiedenen in Hofwyl vereinigenden Gewerbsverhältnisse an einen großartigen Überblick der menschlichen Beziehungen gewöhnen, ihre Tatkraft durch das ihnen gegebene Beispiel allgemeiner Betriebsamkeit, Ordnung und harmonischen Zusammenwirkens anspornen und sie so allseitig für ihren künftigen Beruf als Verwalter äußerer Glücksgüter, besonders als Leiter ähnlicher großer Etablissements, vorbereiten. Bei den Armenkindern war die Arbeit die *Hauptsache*, und zwar vorzugsweise die landwirtschaftliche. *Fellenberg* hielt einen rationellen Betrieb der Landwirtschaft nicht nur in ökonomischer, sondern auch in sittlicher Beziehung für ein außerordentliches Mittel zur Hebung und Veredlung des Volkes, namentlich der unteren Klassen, für allein geeignet, diese mit wahrer Lust und Liebe zu dem ihnen von der Vorsehung angewiesenen Berufe zu erfüllen, wofern dieselben nur so frühzeitig als möglich durch zweckmäßigen Unterricht zur Erkenntnis der Erscheinungen der sie umgebenden Natur geleitet und ihr Auffassungsvermögen daran so geübt und entwickelt werde, dass ihrer Beobachtung in dem ihr angewiesenen Spielraum zuletzt gar nichts mehr entgehen könne. Dazu führe z.B. die Erforschung der vorkommenden Bodenarten, ihrer physischen Eigenschaften und ihrer Segmentverhältnisse, namentlich die Untersuchung der Erde in Hinsicht auf Zusammenhang, Schwere, Farbe, wärme- und wasserhaltende Kraft, ferner die Düngemittel nach ihrem chemischen Gehalt, ihrer Wirksamkeit usw., wobei zugleich noch der Vorteil sich ergäbe, dass der Bauer durch eine solche Betreibung seines Berufs ganz erfüllt und befriedigt werde. Durch einen rationellen Betrieb der Landwirtschaft würden auch die untergeordneten Dienstleistungen dabei veredelt, indem dazu mehr Geschick, Aufmerksamkeit und guter Wille erforderlich werde. Dies wirke wiederum günstig zurück teils auf das Verhältnis der Herrn zu den Dienstboten, deren beiderseitige Interessen dadurch inniger verschmolzen würden, teils auf die sittliche Veredelung der letzteren, indem auf solche Weise auch das niedrigste Geschäft im Zusammenhang mit den höchsten Zwecken der Menschheit aufgefasst und zu Ehren gebracht werde.[43]

---

[43] „Je beschränkter der Spielraum des Menschen oder vielmehr des Berufslebens ist (sagt *Fellenberg* in den „Landwirtschaftlichen Blättern von Hofwyl"), umso mehr intensiv vollendet muss er ausgefüllt werden, um objektiv oder in seiner Wirksamkeit, wie subjektiv, Befriedigung zu gewähren. Würden die Handarbeiter, bis zum geringsten Tagelöhner, ja bis zum Schweinehirten hinunter, anstatt immerfort dem Verderben der Aufmerksamkeitslosigkeit, der Unbehilflichkeit und des rohesten Übelwollens preisgegeben zu bleiben, dazu erzogen werden, sich in der Vollendung ihrer Aufgabe, so gering sie auch sein

Diesem Grundsatz gemäß suchte *Fellenberg* sogar die landwirtschaftlichen Maschinen, deren er für seine Anstalt viele erfand oder erfinden ließ, möglichst so einzurichten, dass dieselben eine geistige Tätigkeit der Arbeiter, Aufmerksamkeit und Nachdenken nicht überflüssig machten, sondern erst recht hervorriefen. Überhaupt ging sein Bestreben [in viele Richtungen], bei der landwirtschaftlichen sowohl als auch der sonstigen gewerblichen Erziehung der Jugend, nicht bloß auf die Ausbildung einer *einzelnen* technischen Fertigkeit, sondern auf die *universelle* einer *echten Industriebildung.*

Die meiste Zeit und Tätigkeit der Zöglinge in der Armenbildungsanstalt zu Hofwyl wurde, wie schon bemerkt, auf landwirtschaftliche Arbeiten verwendet, der theoretische Unterricht dagegen nur in den Pausen zwischen diesen, gewissermaßen als eine Erholung von der körperlichen Anstrengung, teilweise auch während der Arbeiten selbst betrieben, Letzteres insofern, als man die jungen Arbeiter auf die Erscheinungen der sie umgebenden Natur aufmerksam machte und dadurch namentlich auch schädlichen Aberglauben vorzubeugen suchte. Dass außerdem durch die in Hofwyl eingeführte Art des landwirtschaftlichen Betriebes — die rationelle — die Beobachtungsgabe und Aufmerksamkeit dieser jungen Arbeiter allseitig angeregt, ihre Urteilskraft geschärft, überhaupt ihre Intelligenz in mehrfacher Beziehung jedenfalls weit besser als durch erlernten Wortkram ausgebildet, zugleich der Geist der Ordnung, Sparsamkeit, des Fleißes in ihnen entwickelt und somit in alle Wege vorteilhaft auf ihre Charakter- und Gemütsbildung gewirkt wurde, geht aus dem früher Gesagten hinlänglich hervor. Letzteres geschah auch durch Ausbildung der Gesangkunst, welche *Fellenberg* als ein vorzügliches Bildungsmittel betrachtete. Dem eigentlichen Unterricht wurden im Durchschnitt nur zwei bis drei Stunden täglich gewidmet; dass dies vollkommen hinreiche, ist durch die Erfahrungen der Hofwyler Anstalt, sowie anderer, ihr nachgebildeter, erwiesen; auch erklärt sich psychologisch recht wohl, wie

---

möchte, zu gefallen und den Genuss einer höheren Kunst- und Industrieentwicklung in ihrem Beruf zu finden, dadurch des Wohlwollens teilhaftig zu werden, das selten demjenigen gebricht, der mit gutem Erfolg vollbringt, was er zu tun hat, wie verschieden würde dann nicht für die Landwirtschaft und für den Staat, wie für diese Menschenklasse selbst, das Resultat ihres Lebens sein."

Kinder, die den größten Teil des Tages über mit Handarbeiten in der freien Natur beschäftigt werden, in den wenigen für den eigentlichen Unterricht bestimmten Stunden mit desto größerer Aufmerksamkeit, Lust und Liebe lernen und darum um so rascher Fortschritte machen.

In ökonomischer Hinsicht waren alle Einrichtungen bei der Armenkinderanstalt in Hofwyl so eingerichtet, dass durch die Arbeiten der Zögling sowohl die zur Errichtung der Anstalt notwendigen Vorschüsse als auch die laufenden Kosten derselben, wo nicht ganz doch größtenteils, gedeckt werden mussten. *Fellenberg* ging dabei von dem Grundsatz aus, dass das Bewusstsein, zu den Kosten ihrer Erhaltung und Erziehung selbst beizutragen, diesen armen Kindern jenes edle Gefühl von Selbständigkeit verliehen werde, ohne wahre Sittlichkeit nicht zu denken sei. In den ersten Jahren, wo die Zöglinge wegen ihrer unentwickelten Kräfte noch wenig leisten konnten, entstand freilich ein Ausfall, allein *Fellenberg* behauptete und bewies durch Tatsachen, dass dieser Ausfall sich vollkommen decke, sofern nur die Zöglinge bis zu ihrem 20. oder 21. Jahr in der Anstalt ver-blieben, ja dass unter günstigen Umständen das zur ersten Einrichtung angelegte Kapital sich vorteilhaft verzinse.

Ein im Jahre 1813 von einer Kommission der Bernerischen Regierung über die Armenerziehungsanstalt zu Hofwyl erstatteter Bericht gab derselben das Zeugnis, „*dass sie alle Erwartungen übertreffe*, dass durch sie der Beweis geliefert sei, wie unter einem tüchtigen Lehrer und Führer auf solche Weise die so bedauernswürdige Klasse armer, vernachlässigter Kinder mit geringen Kosten zu tätigen und wohlgesinnten Bürgern überall erzogen werden könne, wo eine ausgebreitete verbesserte Landwirtschaft den Kleinen zweckmäßige Beschäftigung gebe."

Die Anstalt bestand damals aus 25 Knaben von 7 - 15 Jahren. Ökonomisch stand sie so gut, dass jeder Zögling nach Abzug des Arbeitslohnes, den er verdient hatte, jährlich nur noch 83 Franken kostete. Selbst vermögende Landleute suchten für ihre Söhne Aufnahme in die Anstalt, da die Erfahrung bewiesen hatte, dass die dort befolgte Erziehungsweise das geeignetste Mittel sei, um tüchtige Landwirte zu bilden.

In der 1830 errichteten Mittel- oder Realschule (für solche Kinder, welche mutmaßlich einen bürgerlichen Beruf ergreifen würden) nahmen ebenfalls *praktisch-technische* Übungen eine vollberechtigte Stellung neben den theoretischen Lehrgegenständen ein; Zweck derselben war auch hier eine *allgemeine, echte Industriebildung.*

Endlich in der, unter der Leitung der Frau von *Fellenberg* und ihrer Töchter stehenden Mädchenerziehungsanstalt (Sophienschule genannt), wurden Töchter armer Familien der Umgegend in der Haushaltskunst und anderen nützlichen Kenntnissen unterwiesen. Auch ein Kindergarten war damit verbunden. Die Anstalt zählte 50 - 60 Zöglinge. Mehrere davon blieben in Hofwyl als Haus-, Küchen- und Kammermädchen; andere waren sehr verständige Hausfrauen geworden. Weil man jedoch fand, dass diese Mädchen in Hofwyl sich zu sehr gewöhnten, immer aus dem Vollen zu wirtschaften, so hob man die Anstalt auf und erteilte den Unterricht in den betreffenden Dörfern selbst.

Um seine Grundsätze und ihre praktische Anwendung in weiteren Kreisen zu verbreiten, sammelte *Fellenberg* eine große Anzahl von Volksschullehrern um sich und gab diesen einen förmlichen Lehrkursus seiner Erziehungsmethode. Leider wurde dieses Unternehmen von einer damals im Kanton herrschenden Partei mit nicht günstigen Augen angesehen und erfuhr mannigfache Hindernisse. Ähnlich erging es wohl seiner Armenkinderanstalt. Darauf scheint wenigstens die Bemerkung von *Jeremias Gotthelf* (in seiner „Armennot", Bern 1840) zu deuten, welcher sagt: Aus eigentümlichen Gründen habe dieselbe im eigenen Land nicht wurzeln, nicht die rechte Anerkennung finden wollen. Doch wurden mehrere Anstalten nach dem Muster der *Fellenberg'schen* anderwärts in der Schweiz angelegt, und zwar gleichfalls mit günstigem Erfolg.

Von auswärts war den *Fellenberg'schen* Anstalten Anerkennung in reichem Maße zu Teil, nicht bloß durch zahlreiche Besuche in den höheren Erziehungsanstalten von Seiten der Söhne vornehmer Familien beinahe aus allen Ländern Europas und selbst aus anderen Weltteilen, sondern auch durch die Aufmerksamkeit, welche diesen Anstalten von vielen Regierungen sowie von den hervorragendsten Staatsmännern und Gelehrten aller Länder gewidmet wurde. Unter den letzteren sind besonders zu nennen: der Graf [Giovanni] *Capo d`Istria, Lord* [Henry

Peter] *Brougham*, der französischen Staatsrat *Degérando*, der Belgier *Ducpétiaux* (welcher ganz neuerlich in seinem Berichte über Errichtung von Rettungsanstalten für verwahrloste Kinder der Hofwyler Musteranstalt rühmend gedacht hat), in Deutschland unter anderen *Fichte*, welcher sogar einmal die Idee hatte, Hofwyl zum Ausgangspunkte für die Realisierung seines großartigen, in den „Reden an die deutsche Nation" niedergelegten Planes einer *deutschen Nationalerziehung* zu machen und zu dem Ende persönlich mit *Fellenberg* in Beziehung zu treten. Die österreichische kaiserlich-königliche Landwirtschaftsgesellschaft zu Wien ließ sich einen Bericht über die Hofwyler Anstalten erstatten und machte (1816) Vorschläge zur Gründung ähnlicher Anstalten in Österreich, welche die Genehmigung des Kaisers fanden. Ob dieselben zur Ausführung gekommen [waren] und in welcher Richtung oder warum nicht, ist mir unbekannt. Ähnliches geschah seitens der französischen und der russischen Regierung. In Irland scheint, nach Mitteilung englischer Zeitschriften aus dem Jahre 1825, eine gelungene Nachahmung der *Fellenberg'schen* Anstalten (wahrscheinlich der Armenkinderanstalt) zu Stande gekommen zu sein. Von den neueren Nachbildungen dieser Anstalt („Wehrli-Schule" wurde sie nach ihrem vieljährigen Leiter *Wehrli* benannt) in Deutschland, Frankreich und Belgien wird weiterhin speziell die Rede sein. Für jetzt füge ich den schon früher [...] gegebenen Schilderungen dieser Anstalt noch einige weitere Züge aus derselben Darstellung hinzu. Der Verfasser dieser Darstellung, Dr. [Heinrich] *Birnbaum*, besuchte die Anstalt in ihrer höchsten Blütezeit, welche zwischen die Jahre 1829 und 1831 fällt. Damals wurden 140 - 150 Kinder darin erzogen. Die Mehrzahl derselben ging aus der Anstalt in ländliche Dienste (als Knechte oder dergleichen), manche auch zu städtischen Beschäftigungen über. Den bildenden Einfluss der dortigen Erziehungsweise auf den sittlichen Charakter, die Gewohnheiten und Neigungen der Zöglinge schildert *Birnbaum*, nach eigener Beobachtung und nach Mitteilungen von Bewohnern der Umgegend, welche Knaben in die Anstalt gebracht hatten, als ganz bewundernswert. Eines der Hauptmittel, dessen man sich bediente, bestand in der Benutzung der in Bildung und Charakter schon mehr gefestigten Zöglinge zur Erziehung der neu aufgenommenen. Außerdem standen dem Leiter der Anstalt mehrere junge Männer von 20-30 Jahren, ebenfalls in der Anstalt gebildet, als bezahlte Miterzieher zur Seite. Die Knaben waren beim Arbeiten sowohl als beim Essen in Gruppen geteilt, deren jede von einem solchen Aufseher geleitet und beaufsichtigt wurde. Von der Art und Weise, wie in dieser Anstalt die praktische Arbeit mit dem theoretischen Lernen und mit der Einwirkung auf den sittlichen Charakter Hand in Hand ging, entwirft *Birnbaum* ein sehr anschauliches und lehrreiches Bild, welches ich hier wiedergeben zu müssen glaube. Es waren zwei neue Zöglinge aufgenommen worden, ziemlich verwilderte Knaben aus einem unfernen Dorfe. Man hatte diese, wie es Sitte war, gereinigt und in ordentliche Kleider gesteckt, dann aber jeden derselben einem älteren, erprobten Zögling an die Hand gegeben. *Birnbaum* beobachtete bald darauf den einen der beiden Neuaufgenommenen, wie er unter Leitung seines jugendlichen Aufsehers im Garten Stangenbohnen pflanzte, und hörte dabei folgendes Gespräch:

Stephan. Nein Franz, das kann ich wirklich noch nicht begreifen. Es wollen die sechs Bohnen nie genau passen.

Franz. So sieh doch nur einmal recht zu, wie ich's mache, und merk dir die Regel, wonach ich's mache, dann wird's schon gehen. Gerade an den Kreisrand dieser Tellervertiefung stecke ich die erste Bohne ganz beliebig; die zweite muss dann aber hierhin kommen, sodass sie auch im Kreisrand liegt und ebenso weit von der ersten absteht, als diese von der Stange im Mittelpunkt. Und nun ergibt das gesunde Augenmaß ganz von selbst, wo die noch übrigen vier Bohnen hingepflanzt werden müssen. Nun, hast's begriffen?

Stephan. Ja wohl! Jetzt will ich's versuchen; jetzt kann ich's gewiss.

Franz (nach einer kleinen Pause stillen Beobachtens). Das war recht! Nun die dritte — gut! — aber ja nicht zu tief, nicht tiefer als das erste Zeigefingerglied, und dann die Öffnung mit lockerer Erde ausfüllen!

Stephan. Das ist ja merkwürdig, dass das so genau zutrifft! Wie hat man das nur erfinden können?

Franz. Hättest du wohl Lust, zu erfahren, wie man das hat erfinden können?

Stephan. Sehr große Lust.

Franz. Nun, hab nur Geduld! Herr *Wehrli* und Herr Büchi unterweisen uns hierin. Man nennt das Geometrie, es ist die Kunst, Figuren zu machen, zu messen und zu begreifen.

Stephan. Ich will die Kunst auch lernen. Aber wie kommt denn dieser Kreis in die Erde? Er geht so genau um die Stange herum, dass ich nicht begreife, wie man ihn hat machen können.

Franz. Der Kreis wird mit einem Teller eingedrückt in die lockere Erde, ehe die Stangen eingesteckt sind.

Stephan. Lehrt das auch die Geometrie?

Franz. Nein, das lehrt der gesunde Menschenverstand.

Stephan. Wie merkwürdig das alles ist! Jetzt lauf ich zu meinem Bruder, um ihm zu erzählen und zu zeigen, was ich gelernt habe.

Franz. Das ist hübsch, dass du deinem Bruder Freude machen willst. Aber es ist nicht recht, seine Arbeit ohne Not zu verlassen. Warte doch nur einige Augenblicke, bis der Mittag uns von der Arbeit abruft, dann kannst du ja mit deinem Bruder sprechen.

In diesem kleinen Bild zeigt sich verwirklicht, was ich oben als notwendige Folgen einer solchen nach praktischen und natürlichen Grundsätzen eingerichteten Erziehung darstellte: Ernst und Hingabe an die Arbeit bei den Zöglingen, eine schöne Gegenseitigkeit in der Anleitung der schwächeren durch die vorgeschritteneren und in der freiwilligen, leidlose Unterordnung jener unter diese, praktisches Geschick, Sicherheit der Hand und des Auges, endlich die naturgemäße Verbindung des theoretischen Unterrichts mit dem praktischen, indem jener diesen unterstützt, dieser das Bedürfnis nach jenem hervorruft.

Auch *Salzmann* nahm, ungefähr um dieselbe Zeit wie *Pestalozzi* und *Fellenberg*, die Entwicklung der praktischen Tätigkeit der Zöglinge durch Arbeit als ein wesentliches Bildungselement in sein Erziehungssystem auf. In seiner Schrift: „Über die Erziehungsanstalt in Schnepfenthal" bekennt er sich zu dem Grundsatz: „Die Kenntnisse hält man hier für minder wichtig als die Ausbildung der leiblichen und geistigen Kräfte der Zöglinge." Neben den Gartenarbeiten wurden daselbst besonders auch solche Handarbeiten getrieben, welche teils an sich, teils durch die Gewandtheit, die sie verleihen, den Zöglingen in ihrem künftigen Berufsleben nützlich zu sein versprachen, wie: Papparbeiten, Tischlerarbeiten, Drechseln, Korbflechten usw. In jeder Stube befand sich eine Werkstatt mit Hobelbank, Meißel, Bohrer, Hammer, Feile, Schnitzmesser usw. Auch im Gebrauch des Schießgewehrs übte man die älteren Zöglinge, von der ganz richtigen Ansicht ausgehend, dass dadurch sicherer, als durch ängstliches Verstecken des Feuergewehrs vor ihrer Berührung, Unglück verhütet werde. Um den Erwerbs- und Spartrieb der Zöglinge zu wecken, zugleich sie zur Ordnung, Pünktlichkeit und einer geschäftsmäßigen Tätigkeit zu gewöhnen, übertrug man ihnen Ämter im Haus gegen eine bestimmte Vergütung (z.B. die Aufsicht über die Ordnung in den Stuben und Schlafsälen), gab ihnen auch Anleitung und Gelegenheit zur Bearbeitung eines kleinen Handels mit Papier und Federn und dergleichen. Auf solche Weise mussten sie sich ihr Taschengeld verdienen. „Mancher erwirbt sich durch Fleiß und Ordnungsliebe 30 - 40 Taler", sagt *Salzmann* und setzt hinzu: „Keines dieser Erwerbsmittel ist schmutzig, daher ist auch nicht zu befürchten, dass die Zöglinge dadurch zum Geiz oder zu anderen Ausartungen des Erwerbstriebs verführt werden, im Gegenteil gewöhnen sie sich, die Idee des Besitzes immerfort an die Idee des Erwerbs zu knüpfen, und lernen dadurch den rechten Wert und Gebrauch des Geldes weit besser kennen als andere Kinder, welche ohne eigene Bemühung Geld von ihren Eltern erhalten."

Nach ähnlichen Grundsätzen, wie die vorgenannten, ist die von *Fr*[iedrich] *Fröbel* in Keihlau unweit Rudolstadt gegründeten Erziehungsanstalt eingerichtet. Auch dort ist die körperliche Arbeit, zumal im Freien, als ein wesentlich pädagogisches Element in den Kreis der Erziehung aufgenommen; auch dort geht man darauf aus, die jungen Leute durch Weckung und Übung ihrer praktischen Tätigkeiten zur Selbständigkeit und zu der Fähigkeit, sich in allen Lagen selbst zu helfen, heranzubilden, und die Erfolge dieser Methode sind auch dort die erfreulichsten.

Lancaster empfahl ebenfalls die Erziehung der Jugend durch praktische Beschäftigungen, vornehmlich Gartenbau, welche die Jugend zu Garten- und Feldarbeit geschickt mache, ihre Liebe zum ländlichen und häuslichen Leben einflöße und sie mit Kenntnissen bereichere, die ihr später zustatten kämen. Auch Handarbeiten hielt er für nützlich, bei richtiger Wahl zugleich für einträglich, daher namentlich geeignet zu Bildungs- und Erwerbsmitteln für die Kinder der ärmeren Klassen. „Durch solche Vorkehrungen würden wir unsere Armen zur Ordnung, Reinlichkeit, Betriebsamkeit erziehen; die Früchte hiervon würden sie ernähren bis sie zum Dienen tauglich sind, und der Grund zu ihrer künftigen Würde und Brauchbarkeit in der bürgerlichen Gesellschaft wäre gelegt"[44]. Nach seinen Andeutungen muss man glauben, dass ihm praktische Versuche einer solchen Erziehung durch Arbeit, welche von günstigem Erfolg gekrönt worden, vor Augen standen.

[Robert] *Owen*, in seiner sozialindustriellen Kolonie zu New-Lanark, ließ die Kinder nur bis zum zehnten Jahr in die Schule unterrichten, brachte es aber mittels einer ganz praktischen, alles auf den künftigen Gebrauch berechnenden Methode dahin, dass sie in dieser kurzen Zeit ausreichende Kenntnisse in Geometrie, Mechanik und Naturkunde erlangten. Alsdann gingen dieselben in die Ateliers über, wo sie das Gelernte sogleich praktisch anwendeten. Dass jener Versuch *Owens* in Lanark von den günstigen Folgen, insbesondere auch für Veredlung der Arbeiter, begleitet war, ist notorisch.

In neuerer Zeit sind zahlreiche Anstalten im Geist und nach dem Muster der „Wehrli-Schule" teils von Privaten, teils von Regierungen errichtet worden, allerdings nur mit dem beschränkten Zweck: Arme, verwaiste oder sittlich und geistig verwahrloste Kinder durch eine auf Entwicklung ihrer praktischen Tätigkeit gerichteten Erziehung zu bessern und zu bilden. Die bekanntesten und bewährtesten dieser Anstalten sind: in Deutschland die des „Rauhen Hauses" zu Horn bei Hamburg (seit 1833), in Frankreich die zu Mettray bei Tours (seit 1840), in Belgien die zu Ruysselede [heutiges Ruiselede] (seit 1849). In Frankreich wurden von 1841-1844 im Ganzen fünfzehn solcher Anstalten unter der Form von Ackerbaukolonien errichtet. Auch in England gibt es solche Rettungs- und Erziehungsanstalten für verwahrloste oder verwaiste Kinder, z.B. in Parkhust auf der Insel Wight, in Baterbury bei Chelmsford, in Norwood bei London, das Royal Victoria Asylum in London usw. Sie ver-

---

[44] Siehe *Jos*[eph] *Lancaster*: „Ein einziger Schulmeister unter 1000 Kindern." Aus dem Englischen von Natorp (1808)

folgen sämtlich den Zweck, die Jugend durch praktische Arbeiten sittlich zu bilden und für ihren künftigen Lebensberuf brauchbar zu machen, insbesondere ihr die zur Führung einer guten Hauswirtschaft nötigen Fertigkeiten und Eigenschaften beizubringen. Abgesondert davon scheinen noch an manchen Orten allgemeine Industrieschulen für die ländliche Bevölkerung[45] zu bestehen, welche hauptsächlich auf einen rationellen Betrieb der Landwirtschaft abzwecken. Diese letzteren sucht man neuerdings auch in Frankreich nachzuahmen[46]. Die Schweiz besitzt gleichfalls mehrere so genannte *„Kolonieanstalten"*, worin die Zöglinge mit ländlichen Arbeiten beschäftigt werden. „Es ist ein wahrhaftes Vergnügen", schreibt ein Beobachter derselben, „die von Gesundheit strotzenden Jungen anzusehen, wie sie die ländlichen Arbeiten mit einer Lust verrichten, welche die Erwachsenen beschämt"[47]. In Belgien wird in vielen Dorfschulen die Jugend mit den Fortschritten des Land- und Gartenbaues bekannt gemacht; das gegenwärtige (seit 1847 bestehende) liberale Kabinett benutzt den Unterricht in den Elementarschulen, um den Schlendrian der Landwirte zu bekämpfen.

Die oben erwähnten Anstalten zu Horn, Mettray und Ruysselede erstrecken die praktische Erziehung ihrer Zöglinge weit über die bloßen ländlichen Beschäftigungen hinaus; sie stellen jede

---

[45] Siehe *Éd. Ducpétiaux*: „Mémoire sur l'organisation des écoles de reforme" (Bruxelles 1848).

[46] „Der Präsident der französischen Republik hat aus seiner Schatulle 20 Volksschullehrern das nötige Geld gegeben, um je zwei Hektar Ackerland zu pachten, welche unter ihrer Aufsicht durch die Schulkinder bebaut werden sollen. Er will, was bereits in England und Irland ausgeführt ist, versuchen: Die eine Hälfte des Tages zum Lernen des Lesens, Schreibens und Rechnens, die andere zum Landbau zu verwenden. Dieses Verfahren hat in England und Irland zugleich den schlecht besoldeten Lehrern ein anständiges Einkommen verschafft." So berichtet [Ferdinand Friedrich] *Zyro* in seinem „Antipauperismus" (Bern 1851) und fügt hinzu: „Ich möchte wünschen, dass jede Schulgemeinde im Stande wäre, der Schule ein Stück Land zu geben und zwar zu dem Zweck, dass der Ertrag der Arbeit den *armen* Schulkindern zu Gute käme, sodass sie im Winter nach beendigter Morgenschule im Schulhaus ihre selbstgezogenen Kartoffeln essen könnten. Wäre zugleich eine Suppenanstalt eingerichtet, so könnte jedes arme Kind seinen Hunger stillen, was für arme Familien eine große Erleichterung wäre."

[47] Siehe die oben ausgeführte Schrift von *Zyro*.

in sich gleichsam eine vollständige kleine Gesellschaft dar, die für ihre Bedürfnisse sorgt und sich so viel als möglich ohne fremde Beihilfe selbst zu erhalten sucht. Im „Rauhen Haus" geht dies so weit, dass die Zöglinge sich die meisten ihrer Wohnungen selbst gebaut haben nach dem wachsenden Bedürfnis der Anstalt, die, 1833 mit zwölf Zöglingen eröffnet, 1844 schon 86 Kinder (58 Knaben und 28 Mädchen) umschloss, welche Zahl 1850 auf 100 gestiegen war. Sie sind in „Familien" zu je zwölf eingeteilt, deren jede in der Regel eine besondere Wohnung und besondere Arbeitsräume hat. Die in der Anstalt hauptsächlich betriebenen Arbeiten sind: Schneidern, Schustern, Pantoffelmachen, Bürstenbinden, Schwefelholzmachen, Wollspinnen, Tischlern, Drechslern, Backen, Malen, Mauern, Zimmern, Garten- und Feldwirtschaft, Buch- und Steindruckerei, Buchbinderei — endlich für die Mädchen allerhand Hausarbeiten als Köchinnen, Hausmädchen, Wäscherinnen, sowie Nadelarbeiten (Nähen, Flicken, Stricken usw.). Sämtliche Arbeiten werden für den Bedarf der Anstalt selbst betrieben; nur die Buchdruckerei und Buchbinderei nimmt auch Bestellungen von auswärts an. Das im Jahre 1836 erbaute „Arbeitshaus" enthält drei förmliche Schneiderwerkstätten, eine größere, wohlgeordnete Einrichtung für die Spinner, die Werkstätte der Pantoffelmacher, zwei Schustereien, acht Hobelbänke für die Tischler. Daneben befand sich die Vogtei, worin unter Aufsicht des Vogts die kleinen „Landwirte" im Winter beschäftigt wurden. Von dem Geiste, welcher diese Arbeiter beseelt [hat], habe ich im vorigen Kapitel eine Probe gegeben.[48]

In Mettray sind die Knaben (1844 gegen 500, jetzt wohl mehr) in größere Gruppen, zu 40, eingeteilt. Die Beschäftigungen derselben sind zwar vorzugsweise landwirtschaftliche, daneben aber bestehen auch Werkstätten für Grob- und Hufschmiede, Stellmacher, Holzschuhmacher, Tischler, Maurer, Pflugmacher, Schneider, Schuster, Bürstenbinder, Bäcker usw. Noch andere Zöglinge werden für den Hausdienst verwendet. Auch eine Mühle hat man angelegt; Wein- und Seidenbau sowie Chaus-

---

[48] Vgl. *Wichern*: „Festbüchlein des Rauhen Hauses zu Horn" (2. Aufl. Hamburg 1851; „Fliegende Blätter des Rauhen Hauses", fortlaufende Mittheilungen über die Anstalt ; ebenda.).

seearbeiten werden mit Eifer betrieben; eine Löschanstalt für die Umgegend ist organisiert; endlich ist mit dem Institut auch eine Bildungsschule für künftige Matrosen (École de Mousses) verbunden[49].

Über die Anstalt zu Ruysselede in Belgien (die einzige unter jenen dreien, die aus Staatsmitteln begründet wurde) hat das Journal „L`Indépendance Belge" am 30. Juni 1851 einen höchst interessanten Bericht, bei Gelegenheit der Feier des zweiten Jahresfestes ihres Bestehens, veröffentlicht. Die Anstalt enthielt damals gegen 500 Zöglinge, Knaben und Mädchen, teils Waisen, teils Vagabunden. Die Erziehungsresultate bei diesen, so übel vorbereitet in die Anstalt eingetretenen jungen Leute müssen jenem Bericht zufolge ganz außerordentliche sein. Nach kurzer Zeit, so wird versichert, legen diese Zöglinge der sittlichen Rohheit und Verwahrlosung ihre verderbten Sitten ab, werden moralisch feinfühlend und für Bildung empfänglich. Nach ihrem Fleiß und guten Betragen avancieren sie zu Beiköchen und Köchen, welche die Arbeiten der anderen zu überwachen haben und als Auszeichnung einen gelben Streifen am linken Arme tragen. Überhaupt sucht man fast nur durch Ehrgefühl auf sie zu wirken. Freiheits- und andere Strafen kommen höchst selten vor. Die Namen der Besten sind im Arbeitssaale auf eine Tafel geschrieben. Die Hauptbeschäftigung der Zöglinge ist auch hier die Bebauung des Landes, die sie mit außerordentlichem Erfolge betreiben (der Wert des Bodens der Kolonie hat sich bereits — in so kurzem Zeitraum — *vervierfacht*, große sandige Strecken sind urbar gemacht) und die Viehzucht (es sind 100 Stück Vieh da, zwei Ställe für 12 Pferde, Schweineställe usw.); aber auch allerhand Handwerke werden getrieben, besonders solche, welche zum Unterhalt der Kolonie selbst dienen; Backen, Spinnen, Weben, Korbflechten, Schneidern, Schustern, Tischlern usw.[50] Desgleichen werden die Zöglinge

---

[49] Siehe „Fliegende Blätter des Rauhen Hauses" Nr. 2 (1844), Ducpétiaux a.a.O. und „Rapport sur les écoles de réforme en Belgique, fait par Mr. le ministre de justice à la chambre des représentants dans la séance du 23 Janvier 1850".

[50] Nach neueren Mitteilungen eines Besuchers jener Anstalt werden die Zöglinge während der rauen Jahreszeit, wo die Feldarbeiten ruhen, unter anderem

schon vom siebten, achten Jahr an zu militärischen Übungen angehalten, die sie mit Kraft und Geschick ausführen. Endlich hat man sogar eine kleine Musikgruppe gebildet, an welcher Teil zu nehmen für eine Belohnung gilt; wie der Bericht sagt, leistet auch diese nach so kurzer Zeit schon Überraschendes. Das Aussehen der sämtlichen Zöglinge war munter, körperlich kräftig und geistig geweckt; Krankheiten kommen selten vor.

Über mehrere der oben genannten *englischen* Anstalten finden sich in dem erwähnten Bericht von *Ducpétiaux* sehr interessante spezielle Mitteilungen, welche die Art, wie man dort die praktische Methode anwendet und zugleich die Vorteile dieser Anwendung in ein klares Licht stellt.

Die Vorsteherin des Royal Victoria Asylum (für junge Mädchen) sprach sich über ihre Verfahrensweise folgendermaßen aus:

„Alle Verrichtungen in der Hauswirtschaft, diejenigen ausgenommen, welche einen größeren Kraftaufwand erfordern, werden den Kindern anvertraut. Bei ihrem Eintritt in die Anstalt suchen wir ihren Charakter zu erforschen; nach einiger Zeit lassen wir sie dann selbst eine Beschäftigung wählen. Alle vierzehn Tage wird damit gewechselt, damit die jungen Mädchen nach und nach in alle Einzelheiten der Wirtschaftsführung eingeweiht werden. Nur die bei der Milchwirtschaft beschäftigten führen ihr Amt einen ganzen Monat fort. Bei der Einübung der Mädchen zu diesem Geschäft verfahre ich folgendermaßen: Ich begleite das Kind zuerst in die Milchwirtschaft und zeige ihm, was es zu tun hat; sobald die Schülerin so weit ist, um das Geschäft allein auszuführen, gebe ich ihr ein anderes Mädchen bei, welches sie nun ihrerseits zu unterweisen hat; diese ersetzt sie dann und wird ebenfalls wieder von einer Schülerin zu einer Lehrerin. So geht es von Monat zu Monat. In diesem Augenblick sind meine beiden Milchwirtschaftlerinnen zehn Jahre alt, und obgleich es fast unglaublich scheint, diese zwei Kinder bereiten die Milch zu, machen Butter und erfüllen alle Verrichtungen ih-

---

auch mit der Zusammenstellung von Mustersammlungen, z.B. der verschiedenen Stufen der Flachsbereitung, der verschiedenen Sorten von Gespinsten, sowie mit der Fertigung von Kästen mit Handwerkszeug beschäftigt; diese Arbeiten werden teils an andere Schulanstalten zum Gebrauch beim Unterricht verkauft, teils von der Regierung zu gleichem Zweck namentlich an Landschullehrer verteilt.

res Amtes zu meiner Zufriedenheit. Andere Mädchen haben den Viehhof, andere die Reinigung und Ordnung der Zimmer zu besorgen, wieder andere die Küche, die Waschanstalt, das Waschhaus; ferner machen sie abwechselnd die Betten, decken den Tisch usw. Alle sind den Befehlen einer Oberin unterworfen, welche unter denen ausgewählt wird, die durch ihr gutes Betragen und ihre Geschicklichkeit sich auszeichnen. Ich selbst mache an jedem Morgen eine Runde durch die Anstalt, sehe nach, ob alle Arbeiten richtig ausgeführt sind und alles in Ordnung ist. Der Wechsel der Beschäftigungen, die damit verbundenen Auszeichnungen, der Wetteifer unter den verschiedenen Arbeiterinnen — alles dies machen die Arbeit zu einer wahren Lust und Belohnung für die Zöglinge. Es ist ein interessantes Schauspiel, zu sehen, wie dieselben darum betteln mit dieser oder jener Beschäftigung beauftragt zu werden. Noch gestern bat mich ein liebes kleines Mädchen von sieben Jahren mit schmeichelnder Gebärde: Ich möchte ihr gestatten, meine Kammerjungfer zu sein. Man muss unter diesen kleinen Wesen gelebt haben, um sich von der schnellen Entwicklung ihrer geistigen Fähigkeit unter dem Einfluss einer wohlwollenden Erziehung, von der Menge der kleinen Dienste, die sie zu leisten vermögen, und von dem Eifer zu überzeugen, womit sie sich gegenseitig unterstützen." — In der Schule von Baterbury werden die jungen Mädchen ebenfalls zu allen möglichen häuslichen Arbeiten angeleitet: Sie waschen, kochen, backen Brot, reinigen das Haus, fertigen Hemden und andere Kleidungsstücke für die Armen des Distrikts. Die Vorsteherin der Anstalt, welche eine gebildete Person ist, berechnet, dass ein so erzogenes Mädchen schon im Alter von sieben bis acht Jahren in der Hauswirtschaft dieselben Dienste leisten könne, wie ein Mädchen von 13-14 Jahren, welche nie ihr Elternhaus verlassen hat. — Ähnlich ist es in der Schule zu Norwood bei London; besonders erwähnt finde ich hier noch Krankenwärterdienste, welche die Mädchen unter Leitung einer Krankenpflegerin verrichten. Die Erziehung, die man den Mädchen dort gibt, zweckt besonders darauf ab, dieselben zu Dienstmädchen, Köchinnen, Wäscherinnen, Kinderwärterinnen, Kammerjungfern zu bilden oder sie geschickt zu machen, der Hauswirtschaft eines Arbeiters vorzustehen. Man lehrt sie Wirtschaftsbücher führen, Rezepte für Küche und andere Zweige des Hauswesens, Inventare von Wirtschaftsvorräten, Listen der Verkaufsartikel eines kleinen Krams [Krämerladen] nebst ihren Preisen aufsetzen, und bildet sie so zu den Pflichten der Stellung, welche sie einzunehmen bestimmt sein werden; man macht sie aufmerksam auf die Klippen, die sie zu vermeiden haben, und sucht ihnen die Eigenschaften der Klugheit und Sorgfalt beizubringen, welche von direktem Einfluss auf ihr künftiges Geschick sein werden. Der Vorsteher der Anstalt hält sechs Kühe, deren Besorgung, nebst der Milchwirtschaft, ebenfalls den Mädchen anvertraut ist; so erreicht man den Zweck, einen Teil derselben als Mägde und Wirtschafterinnen auf dem Land unterzubringen.

Die Schule von Norwood umfasst gegen 1.100 Kinder beiderlei Geschlechts, zum größten Teil aus der Hefe [den unteren Schichten] der Bevölkerung Londons — Findelkinder, Bettlerkinder, Vagabunden usw.

Ganz neuerlich haben in Deutschland teils die bei der 100jährigen Feier von *Pestalozzis* Geburt im Jahre 1845 entstandenen *Pestalozzi-Vereine*, teils die *Vereine für das Wohl der arbeitenden Klassen in Preußen*, teils verschiedene religiöse Vereine, einerseits der Verein der inneren Mission, andererseits mehrere deutsch-katholische und so genannte freie Gemeinden[51], Anstalten ähnlicher Art wie die des Rauhen Hauses für die Erziehung physisch und moralisch verwahrloster Kinder gestiftet, denen das Prinzip der Arbeit zu Grunde gelegt ist. So die im vorigen Jahre eröffnete Pestalozzi-Stiftung bei Berlin, zunächst für eine Familie von 25 Knaben. Die Kinder sollen darin durch Unterricht *und Arbeit* erzogen werden; letztere soll sich hauptsächlich auf Feld- und Gartenbau, sowie auf die einfacheren ländlichen Gewerbe erstrecken. Sehr treffend wird als Prinzip dieses Arbeitsunterrichts aufgestellt: „Die Handwerksarbeiten seien zu *elementarisieren*, auf ihre einfachsten Formen und Handgriffe zurückzuführen, zur allgemeinen Geschicktmachung der jugendlichen Arbeitskraft für den Selbstbedarf." Später will

---

[51] Siehe „Mittheilungen des Lokalvereins für das Wohl der arbeitenden Klasse zu Berlin", 1850 und 1851.

man auch eine Familie der *hauswirtschaftlichen* Volkserziehung damit verbinden[52].

Ähnliche Grundsätze folgen: Die in Königsberg in Preußen von der dortigen freien Gemeinde begründete Anstalt, die „Moosbude" genannt, die Rettungsanstalten zu Anklam, Neustadt-Eberswalde usw.

So hat man bereits vielfältig das Prinzip der Arbeit, der praktischen Tätigkeitsübung, als ein wesentliches Erziehungsmoment benutzt, und allerwärts, wo man dabei mit gutem Willen und Einsicht verfuhr und wo nicht übermächtige äußere Hindernisse im Wege standen, hat dasselbe seine heilsame Kraft bewährt und die wohltätigsten, zum Teil wahrhaft überraschende Erfolge zu Tage gefördert. Wie kommt es nun, dass diese Methode gleichwohl noch immer nicht zu ausgedehnter Anwendung gelangt, namentlich unserem allgemeinen Volksschulwesen bisher so gut wie gänzlich fremd geblieben ist? Liegen hier äußere, zufällige Ursachen vor, oder ist etwas in jener Methode selbst, was eine allgemeine Anwendung derselben verhindert? Diese Frage verlangt eine sorgfältige Untersuchung.

Zehntes Kapitel

Mutmaßliche Ursachen, weshalb das Prinzip praktischer Erziehung noch nicht in größerem Umfang zur Anwendung gelangt ist

Dass das Prinzip praktischer Erziehung der Jugend, trotz der durchaus befriedigenden Resultate, die es überall, wo man sich seiner mit Einsicht bediente, geliefert hat, doch noch nicht in größerem Maßstabe angewendet, namentlich aber unser öffent-

---

[52] Siehe den Bericht darüber von *Diesterweg* in den „Rheinischen Blättern", XLIV. Bd. 1. Heft.

liches Unterrichtswesen noch nicht aufgenommen worden ist, darüber lassen sich wohl verschiedene Ursachen anführen. Zuerst das allgemeine *Gesetz der Trägheit*, welches in der moralischen Welt kaum weniger mächtig ist als in der physischen, und jeder Neuerung den Widerstand des Alten als ein schwer zu überwindendes Moment entgegenstellt. Hat es doch auch mehr als ein halbes Jahrhundert seit der ersten Anregung durch die philanthropische Schule bedurft, bevor in unserem Unterrichtswesen die Realien sich eine nur einigermaßen ebenbürtige Stellung und Geltung neben den humanistischen Studien zu erringen vermocht! Hat doch der so naturgemäße und den Lehrern selbst ihr Geschäft so sehr erleichternde Anschauungsunterricht beinahe ebenso lange Zeit gebraucht, um in den Schulen die alte Methode des mechanischen Einprägens zu verdrängen, und ist ihm doch bis auf den heutigen Tag dies noch keineswegs überall gelungen! Was Wunder, wenn die viel durchgreifendere Änderung des ganzen Schulwesens, welche in der Annahme jener praktischen Methode und ihrer Erhebung über die gebräuchliche theoretische liegen würde, auf eine noch viel größere Abneigung stößt, noch viel schwerer Eingang und Verständnis findet!

Von Seiten der *Lehrer*, ihrer Mehrzahl nach, war ein bereitwilliges Eingehen auf eine solche Radikalreform des Unterrichts um so weniger zu erwarten als diese, und namentlich die älteren, tonangebenden und einflussreichen, wenig geneigt sein konnten, ihre bisherige Lehrweise, in die sie sich mit Mühe hineingearbeitet hatten, mit einer anderen zu vertauschen, für welche ihnen jede Übung und Vorkenntnis fehlte. Wie viele dieser Schulmänner möchten wohl die Selbstverleugnung eines *Pestalozzi* besitzen, welcher, wie wir sahen, unumwunden bekannte, dass er schuld sei, wenn ihm die Anwendung der praktischen Methode nicht geglückt? Eher würden die meisten die Schuld davon auf die Methode schieben, um sich weiß zu waschen, würden überhaupt lieber jede, auch die als wirkliche Verbesserung anerkannte Neuerung von der Hand weisen, als sich den Unbequemlichkeiten, die mit einer solchen allezeit für die bisher anders Gewöhnten verbunden ist, unterziehen, selbst da, wo eine Verbindung des praktischen mit dem theoretischen Unterricht versucht werden sollte, brachten es die nach dem alten System geschulten Lehrer durch ihre Vorliebe für die theoretischen Studien, die zu beschränken sie nicht Selbstverleugnung genug besaßen, bald dahin, dass der praktische Teil des Unterrichts in Vernachlässigung und Missachtung seitens der Schüler verfiel[53]. Es ging damit ungefähr so, wie lange Zeit (teilweise noch jetzt) mit dem Unterricht in den Realien auf Gymnasien, der auch von vielen humanistisch gebildeten Lehrern als ein Superfluum [etwas Überflüssiges] behandelt und in

---

[53] So spricht [Friedrich Benedict Wilhelm von] Herrmann in seiner Schrift: „Über polytechnische Institute" von der Schule zu Chalons: „So entschieden der Grundgedanke dieser Anstalt allen rein wissenschaftlichen Unterricht zurückweist und die Tätigkeit der Schüler auf das Bedürfnis des Gewerbes beschränkt, so hatten sich doch die Lehrer hinreißen lassen, die Schüler zu viel mit theoretischer Mathematik zu beschäftigen, den Unterricht auch auf Logik, Rhetorik, Poesie auszudehnen. Je mehr Zeit aber dem Schulbesuch gewidmet, den Werkstätten entzogen wurde, desto mehr stieg das Ansehen des theoretischen Unterrichts, sank die Beschäftigung in den Werkstätten als unwesentliche Nebenarbeit. So kam es allmählich, dass zwei Drittel der Zeit in den Schulen, nur ein Drittel in den Werkstätten zugebracht wurde."

Ganz ähnlich bemerkt Michelsen in seiner mehrfach erwähnten Schrift: „Wenn im Einzelnen, namentlich in Beziehung auf die Klüterschule und Gartenschule, den gegebenen Verhältnissen gegenüber so wenig erreicht wurde, so lag die Schuld anderswo. Wir müssen vielmehr, um namentlich der Gartenschule zu gedenken, bei aller Achtung vor der Gesamtheit der hiesigen Schullehrer, die mit denen jeder anderen Gegend getrost in [Wettbewerb] treten können, dennoch den Grund zu dem bisherigen relativen Misslingen der hiesigen Gartenschule zwar nicht in dem widerstrebenden Willen und der allgemeinen Einsicht der Schullehrer, dagegen in ihrem bisherigen, ausführlich auf die Lehrschule berechtigten Bildungsgang suchen, und Verfasser ist überzeugt, dass sich dieselbe Erscheinung überall mehr oder weniger wiederholen würde. Es ist schon oft gesagt und wiederholt worden, es ist namentlich in der neuesten Zeit, wo man sich endlich hat überzeugen müssen, dass es zur Volkserziehung mit dem Lehren und Wissen nicht getan ist, sondern dass das Erziehen, nicht als ein zufälliges Nebending, sondern als die Hauptsache hinzukommen müsse, von den kompetentesten Richtern anerkannt worden, dass unsere städtischen Seminarien [Lehrerbildungsanstalten] weder in ihrem Tun noch in ihrem Unterlassen die rechten Pflanzschulen [Vorbereitungsstätten] sind für unsere Landgemeindeschulen!" — „Die frühere und gegenwärtige Beschaffenheit unserer Schulen beweist unzweifelhaft, dass die Arbeitsschule als Gartenschule neben allen denjenigen Lehrschulen, deren Lehrer durch zufällige Umstände ihrer Jugend oder durch ihre persönliche Neigung nicht nur Kenntnis der Gartenkultur, sondern auch wirkliche Liebe zu derselben hatten, in segenreichen Gang gebracht wurde, aber auch, dass die Gartenschule aufhörte und der schon blühende Schulgarten wieder verwilderte oder zu anderen Zwecken diente, wenn der Nachfolger nicht die entsprechenden Eigenschaften hatte."

Folge dessen natürlich auch von den Schülern als ein solches angesehen und nur lässig betrieben wurde. *Staats-* und *Gemeindebehörden* waren zur Ergreifung der Initiative für eine solche Reform ebenfalls nicht geeignet. Man weiß, wie schwer sich in diesen offiziellen Regionen neue Ideen Bahn brechen, zumal wenn sie zu ihrer Würdigung eine gewisse Kühnheit der Anschauung, zu ihrer Durchführung Entschlossenheit und Beharrlichkeit des Wollens voraussetzen[54]. Hier kam aber noch hinzu, dass die Grundidee der neuen Methode, die Weckung und Übung der *Selbsttätigkeit* des Menschen, zu dem in Deutschland allerwärts herrschenden System des bürokratischen Regimes oder des so genannten Polizeistaates ganz und gar nicht passte, vielmehr dieses System selbst mit allmählicher Untergrabung bedrohte. Haben doch schon die *Fröbel'schen* Kindergärten, diese vereinzelten Vorläufer einer naturgemäßen, praktischen Jugendbildung, den Argwohn und Hass der derzeitigen Machthaber auf sich

---

[54] Selbst da, wo man aus dem gewohnten bürokratischen Schlendrian heraustreten und einen höheren Schwung nehmen wollte, wie z.B. bei Entwertung eines neuen Schulgesetzes für das Königreich Sachsen im Jahre 1848, erhob man sich doch nicht bis zu der Idee einer radikalen Reform des Volksunterrichts durch gänzliche Umkehrung des bisherigen Verhältnisses, Vorangestellung der praktischen Tätigkeitsübung und Unterordnung unter diese. Zwar ist in dem betreffenden Entwurf von „Beschäftigungsanstalten" die Rede, welche „die Bestimmung haben, Schüler der Gemeindeschule außer den Lehrstunden unter erziehender Aufsicht den Tag über angemessen zu beschäftigen" (§ 81). Und zwar sollte sich diese Beschäftigung „nicht allein an die Schularbeiten anschließen, sondern namentlich auch zu nützlichen Fertigkeiten, z.B. Gartenbau, Papier- und Papparbeiten usw., anleiten" (§ 82). Es sollten diese Fertigkeiten auch, namentlich bei den größten Kindern, „zu einer kleinen Erwerbsquelle benutzt werden, sodass dadurch dieselben zugleich an Fleiß, Mut, Selbstvertrauen gewinnen" (ebenda). „Die Beschäftigungsanstalten sind in der Regel mit der Gemeindeschule verbunden, können sich jedoch auch an den Kindergarten anschließen" (§ 83). „Die Einrichtung derselben in ihrer Eigentümlichkeit hängt durchaus von den besonderen örtlichen Verhältnissen ab. Jedenfalls aber muss, wo nicht der Lehrer selbst an der Spitze stehen kann, eine erzieherisch befähigte Person die Oberaufsicht führen" (§ 84).

Allein, wie schon aus diesen Bestimmungen, mehr noch aus dem übrigen Inhalt des Entwurfs hervorgeht, blieben auch hier die „Beschäftigungsanstalten" nur ein Anhängsel der Lehrschule; von einer tieferen Einsicht in die erzieherische Bedeutung der Arbeit, von dem Versuch, dieselbe nach dieser Richtung hin wahrhaft zu organisieren und zum eigentlichen Mittelpunkt der gesamten Jugenderziehung zu machen, scheint man ferngeblieben zu sein.

gezogen, haben Verbote und Verfolgung von Polizeiwegen erfahren müssen![55]

Auch das Vorurteil, welches viele *geistliche* Schulinspektoren gegen die Hereinbeziehung materieller, industrieller Beschäftigungen in den Volksunterricht hegen, hat dem Emporkommen der praktischen Methode wesentlich im Weg gestanden und ihre Erfolge selbst da, wo man sie eingeführt, häufig verkümmert. Sie wollten von dem "Bete *und arbeite!*" nur den ersten Teil lassen, betrachteten das Arbeiten als etwas, wenn nicht Unheiliges, doch der Aufnahme in den Unterricht und der Gleichstellung mit den theoretischen Lehrgegenständen Unwertes, fürchteten namentlich, dass der Religionsunterricht, d.h. der dogmatische Unterricht, den sie allein unter Religion verstanden, dadurch Einbuße leiden möchte. Dass durch die erziehliche Natur der recht organisierten Arbeit brauchbare und darum gute Menschen gebildet würden, die im Stande wären, ihre Bestimmung auf der Erde möglichst vollkommen zu erfüllen, „treue Haushalter" zu sein, schien ihnen kein ausreichender Ersatz dafür, dass vielleicht einige Bibelsprüche oder Katechismussätze weniger auswendig gelernt würden[56].

---

[55] In dem Reskript [Erlass] des preußischen Unterrichtsministeriums, durch welches das Verbot der *Fröbel'schen* Kindergärten in den preußischen Staaten gerechtfertigt werden soll, wird dem *Fröbel'schen* Systeme Schuld gegeben, dass es „dem Christentum abgewandt sei" und die Erziehung auf eine „verworrene Theorie" gründe. „Verworren" heißt von diesem Standpunkt aus, was nicht in dem toten Formalismus des bürokratischen Einmaleins passt; unter dem Christentum aber, dem die *Fröbel'sche* Ansicht abgewandt sein soll, kann wohl nur jenes Pseudochristentum gemeint sein, dessen Wichtigkeit für gewisse politische Doktrinen durch den bekannten Mephistophelischen Spruch getroffen wird: „Sie denken, duckt er da, folgt er euch eben auch." [Johann Wolfgang von Goethe lässt Mephistopheles sagen: „Die Mädchen sind doch sehr interessiert, ob einer fromm und schlicht nach altem Brauch. Sie denken: Duckt er da, folgt er uns eben auch." Siehe: Faust, Teil 1, Marthens Garten] — Der Kuriosität halber sei hier auch ein Antrag erwähnt, der 1851 auf einem der neu erstandenen preußischen Provinziallandtage gestellt und nur mit geringer Mehrheit beseitigt wurde. Derselbe ging dahin: „Man solle die Schullehrerseminare abschaffen, die Volksschullehrer wieder aus den gedienten Unteroffizieren nehmen, den Unterricht in den Schulen aber auf Schreiben, Lesen, Rechnen und einen *zweistündigen täglichen Religionsunterricht* beschränken."

[56] Auch dies bestätigt *Michelsen* a.a.O., wenn er berichtet: „Man begegnet noch in den neuesten Zeiten Klagen einzelner Schullehrer und Arbeitslehrerinnen, dass der Prediger, als Inspektor der Lehrschule, verboten habe, derselben ein größeres Zeitmaß für die Arbeitsschule — *zu rauben*." — „Es wäre dem Verfas-

Man hätte meinen sollen, verständige *Eltern* würden wenigstens die wichtigen Vorteile einer praktischen Bildung ihrer Kinder für deren Charakter wie für deren Fortkommen im Leben eingesehen und daher auf Einführung derselben in die öffentlichen Schulen gedrungen haben. Aber teils kümmern sich, wie schon früher bemerkt wurde, die meisten Eltern leider wenig oder gar nicht um das, was die Schule mit ihren Kindern vornimmt, teils haben sie kein rechtes Verständnis von den Zwecken und Mitteln einer vernünftigen Erziehung, teils sind sie dermaßen in Vorurteilen befangen oder von Eitelkeit und Nachahmungssucht verblendet, dass ihnen ein glänzendes Schein- und Schulwissen ihrer Kinder über alles geht, dass sie durch ein gutes Zensurenregister in einem Dutzend vornehm klingender Wissenschaften, eine öffentliche Belobung vor der Schulkommission oder einige zierliche Examensarbeiten derselben sich vollkommen befriedigt und über die Bildungsresultate der Schule beruhigt fühlen, daher nicht im Entferntesten daran denken, etwas anderes zu wünschen oder gar auf eine Grundform dieses ganzen Prunk- und Flitterwesens zu dringen. Andere Eltern wieder, nur auf den augenblicklichen Vorteil bedacht, lassen ihre Kinder lieber in den Fabriken arbeiten, weil sie hier etwas mehr verdienen, als dass sie dieselben in der Arbeitsschule eine, zwar für den Augenblick vielleicht weniger einträgliche, aber für ihr ganzes künftiges Fortkommen ungleich heilsamere Beschäftigung suchen ließen. Daran scheiterte, wie wir sahen, schon *Pestalozzis* Versuch einer Armenkindererziehungsanstalt; dasselbe musste ich unlängst von einem sehr tüchtigen und für die Einführung der praktischen Methode sehr [aufgeschlossenen] Leh-

---

ser besonders auffallend und nur erklärlich aus der allgemeinen Unkenntnis des inneren Wesens und Segens der Arbeitsschule, als eines lebendigen Erziehungsmittels, dass einzelne Prediger gerade um ihres evangelischen Sinnes und Wirkens halber die Arbeitsschule fast nur als ein nicht zu beseitigendes Übel anzusehen scheinen, das neben den Lehrschulen geduldet werden müsse." „Aber (setzt *Michelsen* hinzu) [der] Verfasser kann es den betreffenden Predigern nicht verhehlen, dass er ihr ausschließliches Vertrauen auf die Lehrschule allein, den bisherigen Resultaten und Erfahrungen gegenüber, gar nicht versteht, namentlich dann nicht, wenn ihnen das Evangelium nicht nur ein *Wissen* von dem Herrn, sondern ein *Leben* in dem Herrn ist. Entging ihnen noch immer die heilende Erziehungskraft der Arbeit, so möchte er sie bitten, in [Theodor] *von Wedderkops* lebendiger und gemütsvoller Schilderung das „Rauhe Haus" zu durchwandern."

rer hören, dessen Bestrebungen, eine Arbeitsschule für Knaben zu errichten, eben dadurch vereitelt worden waren.

So blieb die versuchte Anwendung der praktischen Methode bis jetzt lediglich auf Privatinstitute und solche öffentlichen Anstalten beschränkt, bei welchen das Bedürfnis einer derartigen praktischen Verfahrensweise vorzugsweise stark hervortrat, wie Versorgungsanstalten für arme, verwaiste oder sittlich verwahrloste Kinder. Eben diese Beschränkung aber war ihrerseits wieder einer allgemeinen Anerkennung des Nutzens jener Methode hinderlich. Die Privatanstalten, obschon durch ihre eigentümlichen Verhältnisse begünstigt in der Durchführung einer solchen praktischen Erziehungsweise, konnten doch auf der anderen Seite selten ganz frei und konsequent das Prinzip dieser Erziehungsweise entfalten, weil sie daneben noch den, meist sehr umfänglichen Anforderungen zu genügen hatten, die in Bezug auf den theoretischen Unterricht der Zöglinge an sie gestellt wurden oder die sie selbst an sich stellten, um mit anderen Anstalten und mit den öffentlichen Schulen konkurrieren zu können[57]. Auch konnte nicht ausbleiben, dass bei manchen dieser Anstalten die Nachbildung des Familien- und bürgerlichen Lebens in Künstelei und Spielerei ausartete. Außerdem aber schien selbst das vollkommenste Gelingen dieser Versuche noch nicht maßgebend für die öffentlichen Schulen, weil die Privatanstalten mancherlei Voraussetzungen enthalten, welche bei den letzteren fehlen, namentlich das geschlossene Hauswesen, vermöge dessen sie ihren Zöglingen zugleich die Familie ersetzen müssen.

Noch mehr vielleicht stand einer allgemeinen Einführung der praktischen Methode der Umstand im Weg, dass dieselbe bisher vorzugsweise auf die Jugend der untersten Klassen, zum Teil sogar nur auf sittlich verwilderte und verwahrloste Kinder angewendet

---

[57] Der Verfasser kennt eine solche Anstalt, in deren Programm bestimmt ist, dass die derselben übergebenden Mädchen nicht bloß in weiblichen Arbeiten geübt, sondern auch die älteren durch praktische Teilnahme am Hauswesen, namentlich dem Kochen und Waschen, sowie an der Beschäftigung und Beaufsichtigung der Kleinen im Kindergarten für ihren künftigen Beruf als Mütter, Hausfrauen oder Erzieherinnen vorbereitet werden sollen. Bei angestellter Erkundigung nach der praktischen Ausführung dieser Bestimmung musste er aber freilich hören, dass es dazu nur wenig komme, weil die Zöglinge mit ihren Lernstunden und den Arbeiten dafür vollauf zu tun hätten.

wurde. Dadurch bildete sich unwillkürlich bei vielen die Meinung, dass diese Methode wohl gut sein möge, um dem Kind der Armen sein einstiges Fortkommen, welches auf der niedersten Körperarbeit beruhe, zu erleichtern, oder den jungen Verbrecher und Vagabunden durch die Strenge der Arbeit zu Zucht und Ordnung zurückzuführen, dass sie aber nicht tauge, mindestens nicht nötig sei für die Jugend der besseren Klassen, denen eine vielseitige geistige Bildung, die Erlernung von allerhand höheren Kenntnissen und Kunstfertigkeiten viel notwendiger sei als die Übung in mechanischen Beschäftigungen.

Dieses letzte Vorurteil hat schon *Pestalozzi*[58] treffend widerlegt, indem er sagt: „Was für den *Armen* als wahrhaft bildend angesehen werden kann, ist dieses nur darum, weil es sich für das *Wesen der Menschennatur*, ohne Rücksicht auf seinen Stand und seine Verhältnisse, als bildend erprobt." Derselben Meinung scheint auch *Ducpétiaux* zu sein, wenn er (in der oben erwähnten Schrift) gegen die Anwendung jener praktischen Methode in den Versorgungsanstalten den Einwand erhebt: „Man werde am Ende sagen, dass dadurch den Bettlern und Vagabunden eine *bessere* Erziehung zu Teil werde, als die Kinder der unbescholtenen und unabhängigen Arbeiter genössen" — ein Einwand, auf den er jedoch mit den Worten des Berichterstatters im englischen Unterhaus über den gleichen Gegenstand erwidert: „Wenn die Erziehung der Jugend außerhalb dieser Anstalten mangelhaft ist, kann dies wohl ein Grund sein, auch die der Kinder innerhalb dieser Anstalten zu vernachlässigen?" Und *Michelsen* (a.a.O.) spricht die beherzigenswerten Worte: „Der Zucht durch geregelte, erziehende Arbeitsübung bedürfen wahrlich *alle* unsere Kinder und nicht selten die Kinder der Eltern am meisten, die alle Arbeit und Mühe sorgfältig von ihren Kindern abwenden und möglichst auf andere Menschen hinwälzen."

Wenn somit Männer, welche diese Frage theoretisch und praktisch studiert haben, erklären, dass die Anwendung jener praktischen Methode auch bei der Erziehung der Kinder solcher Eltern, die nicht zu den Armen gehören, der Bildung auf dem bisherigen Wege vorzuziehen sei, soll man diese Anwendung deshalb unterlassen, weil das Kind des Armen vielleicht noch größeren Nutzen davon zieht?

---

[58] In seinem „Journal für Erziehung", 1. Bd. 1. Heft.

Elftes Kapitel

Die neuesten Reformschriften und ihr Verhältnis zu dem hier entwickelten Vorschlag

Bevor ich die Anwendung der praktischen Methode auf unser allgemeines Volksschulwesen, samt deren Bedingungen und Mittel, weiter untersuche, werfe ich einen Blick auf die in letzter Zeit aus der Mitte der Schulmänner selbst gemachten Vorschläge zur Reform der Volksschule, um zu sehen, ob nicht von dieser Seite her wenigstens die Notwendigkeit einer Umgestaltung unseres öffentlichen Unterrichtswesens in dem angedeuteten Sinn begriffen und geltend gemacht worden sei.

Dass die einsichtigeren unter unseren Pädagogen das vielfach Mangelhafte und Naturwidrige der bestehenden Unterrichtsweise schon längst erkannt und mit einer an dieser Stelle doppelt anerkennenswerten Rücksichtslosigkeit und Entschiedenheit bloßgelegt und bekämpft haben, davon sind bereits oben in zahlreichen Äußerungen aus den betreffenden Schriften vollgültige Proben mitgeteilt worden. Allein, wie auch schon früher bemerkt wurde, unsere wissenschaftliche Pädagogik kann bisher über einen gewissen Kreis der Anschauung, gleichsam wie über einen Zauberkreis, in dem sie fest gebrannt war, niemals recht hinaus. Es ging unseren Pädagogen fast wie dem König Midas in der Fabel. Wie sich diesem alles, was er berührte, in Gold verwandelte, sodass er zuletzt mitten in seinem goldenen Überfluss an Hunger und Durst sterben musste, so ist unter den Händen dieser pädagogischen Reformatoren jeder praktische Gedanke, den sie erfassten, wieder zur Theorie geworden, jedes Bächlein, das sie aus der Unmittelbarkeit des Lebens in die von der Abstraktion ausgedörrten Räume ihrer Schule leiten wollten, um diese damit aufzufrischen, im Sande dieser Abstraktion verlaufen und vertrocknet. *Pestalozzi* selbst, dieser und größte Reformator unseres modernen Schulwesens, hat, wie wir sahen, seine besten und fruchtbarsten Gedanken nicht durchgeführt, ist an allerlei Neben- und Formenwerk hängen geblieben und mit seinen Versuchen, die Anschauungslehre in ein System zu bringen, wieder vielfach in Abstraktion, Künstelei und unpraktischen Schematismus verfallen.

Seinen Nachfolgern und Nachahmern ist es nicht besser ergangen. Sie wollten die Schule wieder dem Leben vermählen, die zwischen beiden entstandene Trennung aufheben, aber was sie Leben nannten, war nur ein künstliches Abbild desselben, im Spiegel der Schule gesehen. Sie suchten den Weg zurück zur Natur, aber die Natur selbst verlor bei ihrer Berührung ihre echte Ursprünglichkeit, nahm die Gestalt eines Kunstwerks, bisweilen auch einer Künstelei und Spielerei an. Sie glaubten ihre Zöglinge ganz praktisch zu erziehen und blieben doch in der Theorie, im System, in der Abstraktion befangen, wie in einem Bann, den sie nicht zu durchbrechen vermochten[59].

Diesen Eindruck machen auch die neuesten Bestrebungen und Ansätze zu einer Reform der Volksschule. Sie beginnen sämtlich mit einem Anathema [Verfluchung] über den gegenwärtigen

---

[59] Als eines der frappantesten Beispiele zur Bestätigung des soeben Gesagten sei mir erlaubt [Johann Baptist] *Grasers* „Elementarschule" anzuführen, worin der ganz richtige und fruchtbare Gedanke, dass die Schule Vorbereitung fürs Leben sein und deshalb ihren Stoff und ihre Anschauungen aus wirklichen Lebensverhältnissen entnehmen müsse, im Vexierspiegel [Zerrspiegel] der Theorie zu dem allermerkwürdigsten Zerrbild geworden ist. *Graser* will die Kinderschuljahre in Kursen abgeteilt wissen, deren jeder einem bestimmten Kreis von Lebensverhältnissen entsprechen soll. Das Kind soll sukzessiv [schrittweise] unterrichtet werden über das väterliche Haus, die Familie, die Gemeinde, den Bezirk, die Provinz, den Staat, den Erdteil, die Welt. Ein anderer renommierter Pädagoge, *Wurst*, hat diese Idee weiter ausgeführt und ein förmliches Schulbuch danach bearbeitet. Sollte man es für möglich halten, dass gescheite Männer und praktische Pädagogen auf eine so durch und durch abgeschmackte und unpädagogische Idee kommen können? Verhältnisse, die nur unmittelbar erlebt oder höchstens praktisch, wenigstens in ihren Grundelementen nachgebildet, das lebendige Eigentum der Schüler werden können — die sollen Gegenstand eines „Unterrichts", d.h. einer theoretischen, abstrakten *Belehrung* sein! Kaum würde man es glauben, wenn man es nicht läse. Viel besser freilich ist es auch nicht, wenn in *Vogels* „Plan einer höheren Mädchenschule" (in dessen oben angeführter Schrift) die ganze Fürsorge für den wichtigsten Teil der Erziehung des Weibes für dessen Ausbildung zur Mutter mit der folgenden beiläufigen Bemerkung abgefertigt wird: „Für die Erwachsensten, sowie für solche, welche sich zu Lehrerinnen zu bilden wünschen, könnte (!) ein kurzer und einfacher Kursus der Erziehungslehre, verbunden mit praktischen Übungen in der Anstalt selbst, durch Unterricht (!) einiger kleiner Kinder in eigenem Lokal und unter spezieller Beaufsichtigung des Direktors und der Oberlehrerin gegeben werden."

Unterricht als einen viel zu theoretischen, abstrakten, der Kindesnatur unangemessenen, für das Leben unfruchtbaren. Ihre Urheber werfen sehnsüchtige Blicke ins gelobte Land dieses Lebens mit seinen frischen und fröhlichen Unmittelbarkeiten; man meint, sie wollten mit einem Mal den alten theoretischen Adam ausziehen, den Schulstaub von ihren Füßen schütteln und sich in den verjüngenden Quell einer ganz neuen, allem künstlichen Theorien- und Methodenkram abgewendeten, einer durch und durch naturgemäßen und praktischen Anschauungsweise tauchen — und, siehe da (!), am Ende lassen sie das ganze Fach- und Formenwerk des gegenwärtigen Systems unberührt und unverändert stehen, flicken nur hier und da an der äußeren Bekleidung herum oder geben den alten Sachen neue Namen. Da ist z.B. bei *Curtmann* („Die Reform der Volksschule") viel die Rede von einer „Volkstümlichmachung" und „Individualisierung" des Unterrichts in der Volksschule; da wird verlangt, man soll „dem Unterricht die rechte Stellung zur *Arbeit* geben", da wird die Vornehmheit getadelt, „womit die meisten Lehrer bisher sowohl für ihre Person als für ihre Umgebungen auf die *körperliche Arbeit* herabblicken und die geistige Beschäftigung in der Schule unbedingt als ein viel würdigeres Ziel für die Jugend aufstellten." Da lesen wir weiter Bekenntnisse wie folgende: „*An der Arbeit bildet* sich der Charakter, in den Schulen oft nur das Gedächtnis und der Verstand." — „Die Schule ist eine Dienerin, eine Vorbereiterin und eine Vollenderin *der Arbeit.*" — „Das Kind ist in tausend Fällen besser aufgehoben auf dem Acker, wo es seine Aufmerksamkeit für einen anerkannt notwendigen Zweck zusammennimmt und sein Spiel dem Wohl der Angehörigen zum Opfer bringt als in der Schule, wo vielleicht Mutwille und mindestens ein lockeres Pflichtgefühl sein Herz erfüllt" — ja es wird endlich sogar der fruchtbare Gedanke einer „*erziehlichen Organisation der Arbeit*" angeregt und geäußert: Wenn eine solche möglich wäre, könnte man „vielen Unterricht sparen". Und was kommt zuletzt heraus als das Schlussresultat von dem allen? Einige gewiss recht praktische Winke in Bezug auf bessere Auswahl des Lehrstoffes, Vermeidung des gelehrten Luxus und Vereinfachung des ganzen Lehrgangs, aber im Ganzen nichts Neues, nichts, was nicht von anderen, ja von *Curtmann* selbst schon vor fast zehn Jahren in seiner Schrift „Die Schule und das Leben" gesagt und empfohlen worden wäre. Im Gegenteil tritt jene frühere Schrift des Verfassers in vielen ihrer Betrachtungen und Anschauungen der Idee eines wahrhaft praktischen, mit dem Leben verschwisterten, unmittelbar für dieses vorbildenden Unterricht weit näher, als die neueste. Und doch steht an der Spitze dieser letzteren das Bekenntnis, dass ihr Verfasser an seiner Begeisterung für Volksbildung durch Volksschulen seit dem Erscheinen seiner früheren Schrift völlig irre geworden sei, dass er sich überzeugt habe: Die Volksschule befinde sich auf einem gänzlich falschen, nicht zum Ziel führenden Weg! Hätte man nach einem solchen Geständnis nicht vielmehr Vorschläge zu einer Radikalreform des ganzen bestehenden Unterrichtswesens erwarten sollen, als solche einzelne Ermahnungen und Fingerzeige an die Lehrer; Fingerzeige, von denen doch eben die Erfahrung bereits gezeigt hatte, dass sie fast immer fromme Wünsche und in den Wind gesprochene Worte bleiben?[60]

Eine andere dieser neuesten Reformschriften, die schon oben angeführte von *Grube*, scheint geradewegs auf das Ziel loszugehen, die Schule in eine Anstalt umzuwandeln, welche ihre Zöglinge, namentlich die aus den ärmeren Klassen, für die Arbeit, für die Bewältigung der Materie und für eine dadurch mittels der eigenen Kraft zu erringende soziale Stellung bilde und geschickt mache. Hören wir, wie sich *Grube* über das Bedürfnis einer solchen Vorbildung ausspricht! „Der Arbeiter fühlt den Widerspruch zwischen seiner Menschheit und dem traurigen Los, sein Leben lang bloße arbeitende Maschine zu sein und bleiben zu müssen. Dieses Gefühl ist geistige Not und herber als die physische Armut. Der Arme sieht, wie gewisse bevorzugte Menschen die Natur immer mehr unter ihre Botmäßigkeit bringen, ein Stück nach dem anderen erobern und die erbeuteten Schätze genießen; er aber hat die Arbeit des Schatzgräbers und muss zuschauen, wie man ihm den Schatz vor der Nase

---

[60] Unerwähnt darf ich allerdings nicht lassen, dass *Curtmann* früher einen Vorschlag zur Errichtung von „Gewerbeschulen für das weibliche Geschlecht" (Offenbach, 1836) gemacht hat, um dieses seiner weiblichen Bestimmung, dem Hauswesen und der Kindererziehung, wovon es sich zum Teil so weit entfremdet, wieder zuzuführen. Dieser Vorschlag wurde damals, wie *Curtmann* klagt, „mit Hohn und Gleichgültigkeit aufgenommen." Aber darf dies abschrecken?

wegnimmt. Es werden Maschinen erfunden und verbessert; er arbeitet an und mit ihnen; er sieht sie, kennt sie, schaut das Räderwerk, und doch versteht er sie nicht, doch bleibt er nur der Sklave dieser Naturkräfte, eine bloß physische Kraft gleich dem Wasser, das ein Mühlrad treibt, aber blindlings, weil es muss. Der Mensch aber, selbst der ärmste, will mehr sein als Maschine, denn er fühlt den Odem Gottes in sich. Und was ist es denn eigentlich, das ihn zur Maschine macht? Das ist's, dass er die Dinge der Außenwelt wohl anschaut, aber bloß *rezeptiv*, nicht *produktiv*, (sollte man nun nicht meinen, *Grube* werde etwa so fortfahren: „dass seine industrielle Geschicklichkeit nicht so weit ausgebildet ist, um selbst neue Erfindungen zu machen oder doch in besserer Stellung als der eines bloßen Arbeiters an diesem allgemeinen Industriefortschritt Teil zu nehmen" — ? aber nein, *Grube* fährt so fort:) „dass es die Gegenstände seiner Anschauung nicht zu *zeichnen* (!) vermag". — „Kann ein Mensch zeichnen, so versteht er auch die Materie zu formen, d.h. geistig zu gestalten, so weiß er sich als Herr der objektiven Welt, weil er ihre Mannigfaltigkeit und Zufälligkeit unter das Gesetz der Einheit zu bringen gelernt hat." — „Der Mensch wird durch das Zeichnen hoch über die Armseligkeit seiner Existenz emporgehoben, weil ihm in der gezeichneten Form die Erhabenheit seines geistigen Ich über das materielle Objekt zum Bewusstsein kommt, weil er zeichnend sich als Herr der Welt fühlt. Der Handlanger und Geselle, sobald er Einsicht und Bewusstsein bekommt von dem Riss, nach welchem er arbeitet, ist nicht mehr bloßer Handlanger und Geselle, d.h. bloßes Mittel zum Zweck, bloß Maschine, sondern er fühlt sich als ein dem Meister ebenbürtiges Wesen. Er wird nach wie vor Steine und Balken zuhauen müssen und nach wie vor den Handlanger- und Gesellenlohn empfangen; aber zugleich, weil er durch das Zeichnen gebildet ist, wird er auch einen Meisterlohn empfangen, den er sich selbst auszahlt, indem er an seiner Arbeit ein höheres Interesse nimmt, indem er den Plan des Ganzen erkennt und sich als mitwirkendes Organ anschaut" usw.

Ich zweifle sehr, ob dem Arbeiter dieser ideale Meisterlohn genügen möchte und glaube, dass die Übertreibung, womit der Verfasser das Zeichnen als Panacee [Allheilmittel] für alle sozialen Missstände empfiehl, indem er versichert: „Hat erst das

Volk zeichnen gelernt, dann wird jener Umschwung im geselligen, staatlichen und religiösen Leben stattfinden, den abstrakte Verfassungstheorien und Regierungsexperimente vergebens herbeizuführen versucht haben" — nicht mir allein, sondern manchen Leser dieser Stelle ein Lächeln abgewonnen haben wird.

Gewiss ist das Zeichnen eine praktisch sehr nützliche und zugleich wegen seines ästhetisch bildenden Einflusses pädagogisch fruchtbare Fertigkeit; allein der mystische Nimbus, womit der Verfasser dasselbe zu umgehen und zu etwas ganz Absonderlichem, fast Geheimnisvollem zu verklären sucht, passt schlecht zu dem Wesen der Erziehung, für welche, namentlich in der Volksschule, höchste Klarheit des Zwecks und höchste Einfachheit der Mittel erstes Erfordernis ist.

Ungleich näher kommt *Kirchmann* in seinen „Naturforderungen" dem Punkt, den ich als den Punkt des Archimedes betrachte, von welchem aus unser ganzes Unterrichts- und Erziehungswesen aus seiner abstrakten Höhe außerhalb des Lebens herab- und in dieses mitten hineingedrückt werden könnte. Seine Betrachtungen über den natürlichen Entwicklungsgang des Kindes sind so wahr und lehrreich, dass ich sie ausführlicher glaube wiedergeben zu müssen.

„Unter den sorgsamen Augen der Mutter", sagt *Kirchmann*, „beginnt das Kind im Gebrauch der Sinne und im Spiel den Verkehr mit der Materie; so entsteht in ihm der Gedanke, der sich unter der mütterlichen Anleitung eine Sprache schafft. Es erweitert sich täglich der Lebenskreis des Kindes, er umfasst den Inhalt des Hauses, seine menschlichen und tierischen Bewohner und unbelebten Gegenstände, verbreitet sich über die Nachbarschaft und in die freie Natur hinein; so wächst die Zahl der Vorstellungen und Begriffe, der Reichtum der Sprache, die Lebendigkeit der Gedanken. Das Spiel geht über zur Arbeit, die Arbeit ist vom Spiel unterschieden durch den Ernst und die geradewege Erreichung bestimmt vorgezeichneter Zwecke. Der Eltern Tagewerk ist die Arbeit, die Arbeit in und mit der Materie; zu derselben gesellt sich das Kind und lernt so immer mehr die Eigenschaften der Materie kennen, sie ordnen, die Hand- und Kunstgriffe bei ihrer Beherrschung und Umgestaltung, überhaupt über Ursache, Beschaffenheit, Zweck und Zusammenhang der Materie denken."

Zugleich, meint er, lerne das Kind dabei mit seinen Gedanken sich über die Materie erheben, Übersinnliches erkennen. Der Geist der Wahrheit und Liebe, der das Haus erfüllte, ergreife das Kind unbewusst und reiße es hin, ohne dass es die Lobpreisungen der Tugend zu hören brauche. Sein Nachahmungstrieb führe ihm das Bedürfnis des Lesens- und Schreibenlernens zu, sein Verkehr mit einer Mehrzahl von Dingen das Bedürfnis des Zählens und Rechnens. „Bei einer solchen natürlichen Entwicklung des Kindes wird der Lehrer, den hier Vater und Mutter machen, nie genötigt sein, den Unterrichtsstoff aufzusuchen und auszuwählen, sondern das *Bedürfnis*, aus der Entwicklung hervorgehend, zieht ihn herbei; darum werden auch keine Kenntnisse aufgedrungen, wobei das lernende Kind zur unfreiwilligen Passivität verdammt wird, sondern es erzwingt sich durch Fragen und trägt mühsam zusammen, was es zu seiner geistigen Fortbildung bedarf. Darin besteht der größte Vorzug einer solchen *Familienschule*, dass sie nicht aufdringt, sondern nur gibt, was das Bedürfnis verlangt, dass der Schüler mit Selbstbestimmung, Selbsttätigkeit und Mühe lernt und so völlig Herr und Meister des Erlernten wird, dass er keiner äußeren Triebfeder bedarf, sondern nur getrieben wird von dem inneren Bedürfnis nach Entwicklung und Förderung. Ohne Hunger keine gute Verdauung, und ohne eigenes Kauen ebenso wenig!"

Diese „Familienschule" bleibt nun freilich, nach des Verfassers Ansicht, bloßes Ideal, weil die Eltern in vielen Fällen entweder nicht genug Bildung und Muße haben, um auf die angegebene Weise die Selbstentwicklung der Kinder zu fördern, oder nicht ihre berufliche Beschäftigung im Verkehr mit der Materie finden. „Aber als Ideal soll und muss sie jeder anderen Schule vorschweben, die Anspruch erheben will, die Schüler in ihrer natürlichen Entwicklung möglichst zu fördern." — „Der Lehrer sei das, was vorhin von dem Familienvater gefordert wurde, den Schülern ein liebender Vater und außerdem ein kenntnisreicher und geistig geförderter Mann, die Lehrerin eine Frau mit diesen Eigenschaften; jener verkehre mit seinen Schülern unter ernsten Beschäftigungen in der weiten Natur, diese mit ihren Schülerinnen im Haus und im Garten. Der Verkehr sei hier nur Mittel, die Belehrung der Zweck. Beim Jäten im Garten findet sich die natürlichste Veranlassung, eine Bekanntschaft mit den Pflanzen zu machen, und unter den Gesängen der Vögel, beim Finden und Betrachten ihrer Nester erteilt man den fruchtbarsten Unterricht in der Naturgeschichte der Vögel — kurz, *der Unterricht sei experimental* und die Apparate dabei so viel als nur immer möglich die *Natur, das Leben.* Die Zeiten, wenn der Unterricht im Freien durch Jahreszeit und Wetter behindert ist, bleiben bestimmt für den Unterricht in solchen Gegenständen, die sich nicht unmittelbar an den Verkehr mit der Natur knüpfen und für Fertigkeiten, die füglich nicht im Freien geübt werden können; aber auch dabei werden die Selbsttätigkeit des Kindes möglichst ununterbrochen in Anspruch genommen, wie beim Lesen, Schreiben mit geistiger Produktion, Rechnen, Kartenzeichnen, Tabellenanfertigen, Naturgegenstände vergleichen und bestimmen, Sammlungen ergänzen und ordnen, Experimente aller Art ausführen usw. Der Schüler koche selbst, unter Anleitung des Lehrers, die Seife im Kleinen und lerne daraus die Bestandteile der Seife und deren Bereitung kennen, sowie Natur und Eigenschaften dieser Bestandteile; so wird Siegellack, Bleiweiß usw. verfertigt, Gase aller Art, unbrennbare Gase entwickelt und eine Gasbeleuchtung im Kleinen ausgeführt usw. usf."

„Durch solche Schule", fährt *Kirchmann* fort, „möchte der Unterschied zwischen Schule und Leben immer mehr aufgehoben und dem Leben nicht mehr unbrauchbare Theoretiker geliefert werden, welche ihr Wissen und Können in Heften aufbewahrt haben. In solchen Schulen würde man wenige oder gar keine so genannte unbildsame Köpfe finden; Schüler, welche sie nicht förderten, würde auch das Leben nicht bilden können. Solche Schulen würden eine aufrichtige Versöhnung der Schule mit dem Leben vollziehen, da sie nichts anderes sein wollen als eine Einführung in das Leben, dass die Schüler das Leben verstehen lernen, um aus dem Leben immerfort eine Schule zu machen."

Aber hier verlässt den Verfasser plötzlich der Mut; er wagt es nicht, dem kühn erfassten Gedanken das kühnere „Es werde!" zuzurufen, sondern verdammt sein eigenes Ideal dazu, immer und ewig bloßes Ideal zu bleiben.

„Wer schafft uns Lehrer und Lehrerinnen", ruft er aus, „welche mit der vollen und aufrichtigen Liebe des elterlichen Herzens unter den Kindern walten? Woher nehmen wir Lehrer und Lehrerinnen, die mit der geforderten Hingabe und Liebe auf den höheren Stufen geistiger Förderung stehen, die, im Besitz anderer Kenntnisse, zugleich naturkundige und tatkräftige Geschäftsmänner sind?"

„Bei unseren Zuständen", klagt er, „wie sie sind und bleiben werden, stößt man noch auf andere Hindernisse, wenn man das Familienleben in die Schule ziehen will, und darum *werden Schule und Familie ewig unterschiedene und getrennte Dinge bleiben*. Mit der obigen Darstellung ist demnach für die Ausführung nichts anderes gewonnen, als wir die Schule im Ideal der möglichen Ausführung etwas näher gerückt und der Schule, *wie sie ist und bleiben wird*, ein zwar unerreichbares, aber doch nicht unnahbares Hochschild aufgestellt haben. Eben sowohl geht daraus hervor, *dass unsere Schulen nur Notbehelfe sind, kümmerliche Surrogate für eine Anstalt, wie sie die natürliche Entwicklung des Kindes erheischt.*"

So sind wir Deutschen nun! Einen kühnen Gedanken erfassen, ihn bis in seine feinsten Fasern zerlegen, seine Notwendigkeit haarklein beweisen — das verstehen wir vortrefflich; sobald es aber gilt, ihn zur Tat zu machen, scheuen wir vor den — wirklichen oder eingebildeten — Hindernissen zurück und lassen lieber das als untauglich und verderblich erkannte Alte bestehen, als dass wir unerschrocken den Kampf mit jenen Hindernissen begönnen und ihn unverdrossen zu Ende führen. So machen wir es in der Politik, so in der Pädagogik, so in allem. Wann werden wir doch, gleich jenem französischen Arbeiter, der, da er kein Fahrzeug fand, ins Meer sprang und an [Lajos] Kossuths Schiff schwamm, um dem ungarischen Freiheitshelden die Hand zu drücken, zu unserer Losung das tapfere Wort machen: *„Es gibt keine Hindernisse für den, der will"*?

Von allen neueren Reformschriftstellern hat nur *Michelsen* die Notwendigkeit der Errichtung von *„Arbeitsschulen, die als ein integrierender und vollberechtigter Zweig der Gemeindeschulen neben und mit den Lehrschulen zusammenwirken"*, entschieden ausgesprochen, freilich zunächst doch wieder in der Beschränkung auf das plattdeutsche Land, wo er die praktische

Ausführbarkeit dieser Idee bereits durch die Tat (in den holsteinischen Arbeitsschulen) erwiesen fand. Gewiss ist es dankbar anzuerkennen, dass *Michelsen* vor allem die ihm gebotene Gelegenheit nutzte, sich aus eigener Anschauung von den schon in tatsächlicher Wirksamkeit bestehenden Arbeitsschulen ein genaues, lebendiges und vollständiges Bild zu verschaffen, um an und mit diesem Bild seine systematische Anschauung von einer solchen, nach seiner Überzeugung durchaus wesentlichen, Organisation der Landgemeindeschule allen denjenigen darzulegen, „welche sich gleich dem Verfasser ergriffen fühlen von der wahrlich gerechten Trauer über die tiefe sittliche Not, die in den letzten Jahren fast überall im ganzen deutschen Vaterland zu Tage trat". Gewiss ist auch das sehr wahr, was der Verfasser weiterhin sagt: „Nirgends sind die in der Erfahrung noch nicht erprobten, bloß systematisierenden Experimente gefährlicher, als wo es Erziehung und Schule gibt, denn nirgends müssen sie teurer bezahlt werden." Allein leugnen muss ich, dass eine allgemeine Einführung der praktischen Methode in den Volksschulen (nicht auf dem Land allein) ein bloßes „systematisierendes Experiment" sein würde. Ein Experiment ist freilich jede neue Methode — denn man kann *Erfahrungen* eben nur machen durch *Versuche*, die man anstellt (Experiment kommt ja von „experiri") —, aber wo bereits so viele zweifellose Erfahrungen für die Ausführbarkeit und Ersprießlichkeit eines Verfahrens sprechen wie hier, und wo außerdem dieses Verfahren durch seine unableugbare Naturgemäßheit und innere Notwendigkeit eine so große Bürgschaft der Richtigkeit in sich selbst trägt, da ist der Versuch einer Verallgemeinerung des im Einzelnen bereits Erprobten gewiss weit weniger gefährlich als die zahlreichen Experimente, welche mit den neuen Lehrmethoden und Lehrbüchern auf dem Feld des theoretischen Unterrichts fast Tag für Tag gemacht werden. Darauf nur wird es ankommen, dass man aus den mit der praktischen Erziehungsweise gemachten Erfahrungen dasjenige herausfinde, was allgemein anwendbar ist, und dass man die Bedingungen genau prüfe unter denen ein Verfahren, welches bisher teils nur in bestimmten Anstalten, teils nur für gewisse Vermögens- oder Berufskreise in Übung war, auf den gesamten öffentlichen Unterricht und auf alle Klassen des Volkes übertragen werden könne.

Zwölftes Kapitel

Ist die praktische Methode allgemein in der Volksschule anwendbar und unter welchen Voraussetzungen?

I. Wie steht es bei Anwendung der praktischen Methode mit dem theoretischen Erlernen und der dadurch bezweckten allgemeinen Bildung?

Folgende Fragen werden hier hauptsächlich zu beantworten sein:

1) Wie steht es bei der praktischen Methode mit dem Erlernen der theoretischen Kenntnisse und Fertigkeiten, welche man als notwendig zur allgemeinen Menschenbildung erachtet?

2) Ist die praktische Methode auch da ausführbar, wo die Schule nicht, wie in den geschlossenen Anstalten, zugleich die Familie vertritt und ein vollständiges, geschlossenes Hauswesen darstellt?

3) Wird es möglich sein, für die Durchführung der praktischen Methode in dem gesammelten öffentlichen Volksschulen die nötigen Lehrkräfte in ausreichender Zahl und erforderlicher Vollkommenheit zu beschaffen?

4) Werden die Kosten eines solchen Unterrichts nicht unverhältnismäßig groß sein?

Es könnte ja sein, dass diese Methode zwar eine große Kraft besitzt, um nach gewissen Richtungen hin bedeutende Erziehungsresultate zu erzielen, z.B. einen verwilderten Charakter zur Zucht zurückzuführen und an Ordnung und Fleiß zu gewöhnen, oder gewisse praktische Fertigkeiten und Handgriffe, die ganz nützlich sein mögen, der Jugend beizubringen, dass sie aber doch nicht ausreiche, um derselben jene allgemeine Bildung zu geben, welche als das Ziel unseres öffentlichen Unterrichts, insbesondere in der Volksschule, betrachtet wird.

Die Erledigung dieses Bedenkens scheint mir davon abzuhängen, ob man sich mit den folgenden Sätzen, die ich meinenteils unbedingt bejahen würde, einverstanden zeigen kann oder nicht:

1) dass manches von dem, was man gegenwärtig in den Schulunterricht aufgenommen hat, daraus, unbeschadet des wesentlichen Zwecks der Volksschule, hinweg gelassen werden könne, teils als wirklich überflüssig und entbehrlich, teils als etwas, was besser der eigenen Fortbildung des Zöglings nach seinem Austritt aus der Schule überlassen bleibt;

2) dass manches, dessen Erlernen jetzt eine unverhältnismäßig lange Zeit hinweg nimmt, in viel kürzerer Zeit ebenso gut erlernt werden würde, wenn man es später anfinge und auf eine andere Weise betriebe;

3) dass eine praktische Bildung der Jugend teils formell deren Geist zur Aufnahme von Kenntnissen ungleich geschickter machen, teils materiell auf die Erlernung dieser Kenntnisse einen solchen Einfluss äußern würde, welcher ebenfalls eine bedeutende Ersparnis von Zeit und Kräften zur Folge hätte.

Dass aus dem gegenwärtigen Schulunterricht manches, unbeschadet einer gründlichen und soliden Bildung unserer Jugend, hinweg bleiben könne, ist bereits früher (im dritten Kapitel) durch spezielle Ausführungen sowie durch gewichtige Zeugnisse von Fachmännern nachgewiesen worden. Nicht minder habe ich eben darauf hingedeutet, wie damals unsere Jugend durch Übersättigung mit einem übermäßig in die Breite und Tiefe gehenden, weder ihrer Fassungskraft noch ihrem Bedürfnis angemessenen Wissen ein Überdruss an allem Lernen, Lesen, aller geistigen Nahrung überhaupt beigebracht, wie sie dadurch jenem Zustand geistiger Leere, Schlaffheit und Gleichgültigkeit entgegengeführt wird, welcher den größten Teil unserer halb- und ganz erwachsenen Generation auf so traurige Weise kennzeichnet. Ganz im Gegenteil hierzu würde — ich bezweifle dies keinen Augenblick — eine durch geistige Mäßigkeit und naturgemäße Ausbildung ihres Körpers bei Frische und Gesundheit erhaltene, zur Selbsttätigkeit angeregte und durch eine praktische Erfahrung mit dem Instinkt, überall das Nützliche und Notwendige herauszufinden, begabte Jugend ein lebhaftes und strebsames Interesse für ihre eigene Fortbildung aus der Schulzeit in das reifere Alter mit hinübernehmen. Die Erfahrung lehrt, dass sehr häufig Leute, die in einfachen, aber naturgemäßen, ihren Charakter und ihre Tatkraft stärkenden Bildungsverhältnissen heranwuchsen, das an ihnen theoretisch Versäumte durch eigenen Fleiß und Eifer nachholten, zuweilen mit ganz überraschenden Erfolgen, während die Beispiele weit seltener sein mögen, wo ein theoretisch Vielgeschulter, aber in praktischen Dingen Vernachlässigter es später noch dahin gebracht hat, diesem Mangel abzuhelfen.

Von eigentlicher Versäumnis irgend eines notwendigen theoretischen Wissens soll aber auch nicht die Rede sein, sondern nur von einer Vertagung des Erlernens solcher Dinge, die zu ihrem rechten Verstehen und interessenvollen Erfassen einer größeren Geistesreife bedürfen, als während der Schuljahre in der Regel vorhanden ist. So würde es gewiss nur vorteilhaft sein, wenn das Studium der Geschichte ebenso wie das der politischen Verfassung des Vaterlandes — im weiteren Umfange wenigstens — der Fortbildung nach der Schulzeit vorbehalten bliebe[61], wobei ich freilich voraussetze, dass die *Fortbildung* ebenso wie die *Vorbildung* der Kinder vor der eigentlichen Schulzeit in den allgemeinen Organismus der Erziehung aufgenommen und durch besondere Veranstaltungen von Staats-, Gemeinde- oder Familienwegen gefördert würde.

Den Religionsunterricht (um auch dies hier anzusprechen) möchte ich am liebsten (mit *Diesterweg*), was das *Dogmatische* betrifft, den Geistlichen der betreffenden Konfessionen als etwas von der Schule ganz Getrenntes überlassen; wie ich das *sittlich-religiöse* Moment auffasse, welches allein in die Schule zu gehören scheint, und wovon ich dessen wesentliche Förderung und Entwicklung erwarte, habe ich im achten Kapitel [...] angedeutet.

---

[61] Ich verweise hier nochmals auf den Ausspruch des Schulrats [Lorenz] *Kellner*: „Geschichtsunterricht im gewöhnlichen Sinne des Wortes gehört nicht in die Volksschule."

Anderes wäre zwar während der Schulzeit zu treiben, aber nur nicht in so frühem Alter, wie jetzt, und würde dann wahrscheinlich ebenso gut in viel kürzerer Frist gelernt werden. So zweifle ich nicht, dass Lesen sowohl als Schreiben, und so noch manches andere, worauf jetzt in vielen Schulen, zumal Dorfschulen, oft Jahre verwandt werden in wenigen Monaten zur nötigen Vollkommenheit gebracht werden könnte, wenn man es erst zu einer Zeit anfinge, wo die Fassungskraft der Kinder für solche abstrakten Gegenstände mehr vorgeübt, ihre Hand und ihr Auge zu größerer Sicherheit in der Berechnung und Ausführung von Formen gelangt wären, wo zugleich ihnen selbst die Notwendigkeit dieser Kenntnisse mehr einleuchtete. Gerade dahin aber würde eine vorausgegangene praktische Beschäftigungsweise die Jugend führen, denn dadurch wäre ihr Auffassungs- und Unterscheidungsvermögen geweckt, ihre Hand und ihr Auge geübt, das Bedürfnis jener Mittel des theoretischen Erlernens und der Mitteilung ihr näher gerückt. Überdruss abwehren, den jetzt die Einförmigkeit dieser letzteren, allein betriebenen, so leicht erzeugt, würde den theoretischen Studien den Reiz einer Erholung von der materiellen Arbeit, und umgekehrt, verleihen.[62]

---

[62] „Der Schullehrer (an einer holsteinischen Lehrschule, mit der eine Arbeitsschule verbunden ist), dessen Schule die Tüchtigkeit ihres Meisters vollständig bewies, erkannte es vollkommen an, dass die Lehrschule durch das Zusammenwirken mit der Arbeitsschule nicht verliere, sondern gewinne, und er freute sich besonders *über die frische Lebendigkeit, mit welcher die Mädchen aus ihrer Arbeitsschule in die Lehrschule zurückkehrten,* sodass er darin die hinreichende Erklärung der auffallenden, aber nicht zu leugnenden Tatsache fand, dass dieselben, trotz des nicht unbedeutenden Zeitmaßes, welches für sie die Lehrschule der Arbeitsschule abtrete, im Allgemeinen keineswegs zurückstand." *Michelsen* a.a.O. Ähnliche Beobachtungen wurden, nach demselben Verfasser, an den meisten übrigen Orten, wo Arbeitsschulen bestehen, gemacht. Man vergleiche, was oben (im neunten Kapitel) über die bei den Berliner Erwerbsschulen sowie bei der *Fellenberg'schen* Anstalt in Beziehung auf denselben Punkt gemachten Erfahrungen berichtet wurde. Wie wir dort sahen, kommt man in der Wehrli-Schule mit zwei bis drei Lehrstunden täglich ganz gut aus. Ein Lehrer an der nach dem Muster der Wehrli-Schule eingerichteten Maikirchkolonie erzählte einem die Anstalt besuchenden Fremden: „Der Unterricht dient uns zur Erholung, was bei der Arbeit vorkommt, darüber sprechen wir oft im Unterricht, und wiederum kommt oft bei der Arbeit die Rede auf das, was wir im Unterricht gelernt haben; einer unterstützt den anderen, denn alle Tage haben wir Gelegenheit, das Gelernte bei der Arbeit anzuwenden und beim Unterricht Beispiele aus der Arbeit zu nehmen." (*Lange:* „Feldgärtnereikolonie")

Endlich aber würde die praktische Methode auch noch auf direktere Weise das Erlernen theoretischer Fertigkeiten fördern und somit die Erfüllung aller in dieser Beziehung an die Volksschule billigerweise zu stellenden Forderungen ermöglichen, dadurch nämlich, dass sie dieses Erlernen in unmittelbare Verbindung brächte mit der praktischen Ausübung, dass sie den Sinn und die Aufmerksamkeit dafür schärfe, zugleich aber darüber wache, dass nicht das Notwendige über dem Angenehmen, das im Leben wirklich Brauchbare über dem, was wesentlich nur für die Wissenschaft Wert hat, vergessen und vernachlässigt werde, wie das in unseren heutigen Schulen leider nur zu oft geschieht.

Es ist eine eben sowohl durch die Erfahrung, wie aus der Natur der Sache fließende Wahrheit, dass der Mensch dasjenige leichter und schneller lernt und sicherer behält, was ihm als Befriedigung eines praktischen Bedürfnisses dargeboten wird, wovon er sofort Gebrauch machen, dessen Nützlichkeit er unmittelbar einsehen und erproben kann, als etwas, wobei alles dies nicht stattfindet.

Die praktische Methode gewährt diese Möglichkeit, ruft solche Bedürfnisse des theoretischen Wissens und Könnens beinahe auf jedem Schritt, den sie vorwärts tut, hervor, wie ich dies oben (im sechsten Kapitel) schon angedeutet habe. Sache der Erziehung wäre es, das theoretische Lernen mit der praktischen Übung und Anwendung in einen solchen organischen Zusammenhang zu bringen, dass Eins das Andere unmittelbar fördert, dass die Vermehrung des theoretischen Wissens alsbald seine vorteilhaften Wirkungen zu äußern vermöchte auf die leichtere und vollkommenere Ausübung der praktischen, mechanischen Fertigkeiten, umgekehrt aber die fortschreitende Er-weiterung des Kreises dieser letzteren ein immer gesteigertes und vervielfältigtes Bedürfnis nach theoretischen Kenntnissen hervorriefe. Die Aufgabe dürfte so schwer nicht sein, sobald man sich nur entschlösse — was freilich einem Teil unserer Pädagogen sauer genug ankommen wird —, „das System zu Gunsten des Volkes und der Jugend zu brechen", wie es *Curtmann* ganz richtig ausdrückt, d.h. das theoretische Wissen nicht in der Form und dem Zusammenhange der Jugend darzubieten, wie es dem Forscher sich darstellt, der das Wissen um des Wissens willen sucht und ausbildet, in streng logischer Aufeinanderfolge, überall vom Abstrakten ausgehend und alle Einzelheiten immer wieder auf Allgemeinheiten zurückführend, sondern so, wie es sich dem praktischen Gebrauch am leichtesten anschließt und einordnet. In England hat man diesen notwendigen Schritt aus dem Bann des Systems heraus längst getan, und in Deutschland fängt man wenigstens an, dem nachzuahmen und das unendliche, ohnehin kaum noch von einem Menschen zu übersehende Gebiet der Naturwissenschaften in einzelne Fächer mit Rücksicht auf die Zwecke der Praxis abzuteilen. Schon gibt es neben den allgemeinen, systematischen Werken über Chemie, Physik, Geometrie und Arithmetik nicht bloß besondere Lehrbücher der praktischen Geometrie, der technischen Chemie und Physik usw., sondern wiederum solche zum ganz speziellen Gebrauch für die einzelnen Industriezweige — chemische Handbücher für Schönfärber und Lackierer, physikalische für Holz- und Metallarbeiter, agrikulturchemische für Landwirte, Lehrbücher der Geometrie für Feldmesser, des geometrischen Zeichnens für Bauhandwerker u.dgl.m. Auf diesem Weg fortschreitend, wird man die gedachten Wissenschaften in ihrer unmittelbaren Anwendung auf die Praxis immer mehr „elementarisieren", d.h. den einfachsten praktischen Verrichtungen anpassen können, ohne doch dabei den Grundsatz steter Vervollkommnung jedes einzelnen dieser praktischen Arbeitsfächer und einer organischen Verbindung derselben untereinander aus dem Auge zu verlieren, damit der solchergestalt unterwiesene Schüler nicht bloß im engen Kreis eines abgegrenzten Arbeitsgebietes und einer mechanischen Routine sich bewege, sondern in stufenweisem Fortschreiten sowohl innerhalb des einzelnen Gebietes immer neue und weitere Bahnen sich erschließe, als auch den Übergang von einem Gebiet in das andere leicht und durch sich selbst finden lerne.

Eine derartige Verbindung der Theorie mit der Praxis und eine wechselseitige Förderung der einen durch die andere beim Jugendunterricht ist schon längst nicht nur von einzelnen praktischen Pädagogen empfohlen und in ihren Grundzügen vorgezeichnet, sondern auch in den meisten jener Anstalten, in denen man die Arbeit zum Mittelpunkt der Erziehung gemacht hat, mit dem besten Erfolg durchgeführt worden. So gibt *Blasche* in seiner oben angeführten Schrift für die Verbindung der Naturwissenschaften mit den mechanischen Arbeiten folgende Fingerzeige, die ein ganz gutes Bild von der Art eines solchen Unterrichts gewähren. Er sagt:

„In Beziehung auf Metallarbeiten z.B. kommen diejenigen Eigenschaften der Metalle zumeist zur Sprache, von welchen die Art ihrer Bearbeitung abhängt. Die auffallendsten äußeren Merkmale, die sie miteinander gemein haben, und diejenigen, wodurch sich die Art derselben unterscheiden, gehen voraus; dann macht man die Kinder auf die Dehnbarkeit (Streckbarkeit), Schmelzbarkeit, Glanzfähigkeit usw. besonders aufmerksam. Es entsteht hieraus die genaueste technologisch-physikalische Kenntnis dieser, für die Gewerbe und das menschliche Bedürfnis so nutzbaren Körper. Späterhin verbreitet sich der Unterricht auch über die chemischen Eigenschaften der Metalle, wobei der technologische Gesichtspunkt so viel wie möglich immer ins Auge gefasst werden muss. Es ist in dieser Absicht die Rede von dem weiteren Verhalten der Metalle in einem stärkeren Feuer nach dem Schmelzen, von der Auslösung derselben in Säuren, von den verschiedenen Graden der chemischen Verwandtschaft verschiedener Metalle zu einer Art von Säuren und umgekehrt verschiedener Säuren zu einem Metall. In den verschiedenen chemischen Prozessen, die sich darauf gründen, entwickelt sich aufs Neue von einer anderen Seite die große technologische Wichtigkeit der Metalle, und die Natur der letzteren klärt sich den Kindern weit vollständiger auf. Die hier z.B. vorkommende Verwandlung der Metalle durch deren Auflösung im Feuer und in Säuren gewährt eine Menge Stoffe, die für die Gewerbe und die bürgerliche Betriebsamkeit von ausgezeichnetem Nutzen sind. Klein, leicht und ohne erhebliche Kosten zu veranstaltende Versuche müssen diesen Unterricht beleben und seine Wirksamkeit durch Anschauung unterstützen. — Wollte man über der chemischen Ausführlichkeit die technologische Tendenz außer Acht lassen, so würde man die Grenze überschreiten, innerhalb welcher der Unterricht an diesem Ort allein zweckmäßig sein kann."

Auf ähnliche Weise, wie sie *Blasche* hier von den Metallen anführt, wird man natürlich auch mit allen anderen Stoffen, die den Zöglingen bei ihren Arbeiten unter die Hände kommen, zu verfahren haben. So wird beim Klütern, Tischlern und Drechseln aus den verschiedenen Hölzern deren größere Härte oder Weichheit und dadurch bedingte Bearbeitungsfähigkeit, der Vorzug der einen und der anderen Art für diesen oder jenen Zweck, der Einfluss, den auf dies alles wiederum das Alter der Bäume, die Jahreszeit, in der sie gefällt sind, die Weise ihrer Aufbewahrung und ihrer Zurichtung zu Nutzholz hat, und Ähnliches mehr in Betracht zu nehmen und den Zöglingen am gehörigen Ort und in der gehörigen Reihenfolge — soviel möglich immer auf dem Wege der unmittelbaren Anschauung und des eigenen praktischen Erprobens — deutlich zu machen sein. Dasselbe Verfahren sahen wir von *Fellenberg* auf die Unterweisung der Zöglinge seiner landwirtschaftlichen Anstalten in den zum Landwirtschaftsbetrieb gehörigen theoretischen Kenntnissen — der Prüfung der verschiedenen Bodenarbeiten, der Benutzung chemischer Prozesse für deren Verbesserung oder für Düngerbereitung — mit bestem Erfolge angewendet, und ebenso begegneten wir einer unmittelbaren Verbindung der Geometrie mit mechanischen und landwirtschaftlichen Arbeiten in der Wehrli-Schule, einer praktischen Benutzung der Arithmetik für Buchführung und allerhand Rechnungswerk in den englischen Industrieschulen, den Anstalten zu Ruysselede, Mettray usw. Die Pflanzen- und Tierkunde wird ähnlich zu behandeln sein. Entweder unmittelbar beim Arbeiten in der Natur, beim Jäten, Begießen, Säen von Pflanzen, beim Pfropfen der Bäume, beim Verschneiden des Weinstockes oder, wenn auch in besonderen Lehrstunden, doch in engster Wechselbeziehung mit jenen Beschäftigungen[63], lerne der Schüler die

---

[63] Über die pädagogisch-technische Frage: Inwiefern eine unmittelbare Verbindung des Unterrichts mit den Arbeiten oder aber eine örtliche und zeitliche Trennung beider das Zweckmäßigere sei, wage ich kein absprechendes Urteil zu fällen. Die Meinungen der Pädagogen hierüber sind geteilt und die gemachten Erfahrungen scheinen ebenfalls bald für das Eine, bald für das Andere zu sprechen. Von *Wehrli* erzählt *Birnbaum*, dass er seinen Zöglingen allerlei nützliche Kenntnisse während der Arbeit selbst und an diese anknüpfend beigebracht habe. *Pestalozzi* versuchte es, die Kinder während des Unterrichts zugleich mit Handarbeiten (Stricken, Spinnen usw.) zu beschäftigen. Dieses Verfahren ist von anderen Pädagogen, als die Aufmerksamkeit teilend und zu einem geistlosen, mechanischen Arbeiten verleitend, getadelt worden. Es ist freilich noch etwas ganz anderes, ob man die Kinder während der Arbeit — beziehendlich in den Pausen derselben, welche zur Erholung nötig sind, doch ohne sie gänzlich zu unterbrechen — über die Dinge unterrichtet, die sie unmittelbar auf den Gegenstand der Arbeit selbst beziehen, z.B. beim Umgraben der Erde über die Einflüsse von Luft, Licht und Feuchtigkeit auf den Humus und über die

einzelnen Blumen und Gemüsearten, die Obst- und Zierbäume, die verschiedenen Sorten der Reben u.dgl.m. kennen, und zwar immer zum ästhetischen Genuss oder zu beiden, ferner mit Rücksicht auf die Landesart, das Klima, die Kulturverhältnisse, deren die einen oder anderen zu ihrem Wachstum bedürfen. Nicht minder werden den Schülerinnen, die man mit der Pflege des Federviehs, der Ziegen oder Kühe beschäftigt, das Nötige aus der Naturgeschichte dieser Tiere in unmittelbarer Anknüpfung an deren praktische Behandlung und die dabei sich darbietenden Beobachtungen beigebracht. Dass die Mädchen gelegentlich ihrer Unterweisung im Waschen, Kochen, Backen, in der Aufbewahrung von Früchten, der Bereitung von Seife usw. (was alles einen wesentlichen Teil des weiblichen Unterrichts nach dieser Methode ausmachen müsste) noch vielerlei andere Naturkenntnisse — chemische und physikalische — erlangen und dadurch zugleich eine rationelle Verfahrensweise bei diesen für das häusliche Leben so wichtigen Beschäftigungen sich aneignen könnten, liegt auf der Hand. Und wo gäbe es eine reichere Fundgrube des so notwendigen anthropologischen und

---

daraus hervorgehenden Regeln für flacheres oder tieferes Graben, beim Beeteabdecken über die geometrische Lehrsätze, welche ihre Anwendung auf dieses Geschäft finden u.dgl.m. — oder ob man ihnen während der Betreibung von Handarbeiten einen denselben ganz fremdartigen Unterricht, etwa im Lesen, erteilt. Letzteres mag allerdings leicht die Aufmerksamkeit zersplittern, jenes wird sie nur schärfen und konzentrieren; übrigens lassen sich, wie mir scheint, selbst von solchen mit der Arbeit nicht unmittelbar zusammenhängenden Übungen manche ganz wohl und sogar zweckmäßig mit derselben verbinden, zumal wenn in beiden (der Handarbeit und der Verarbeitung von Denkstoffen) schon ein gewisser Grad von Fertigkeit erlangt ist. Ich denke dabei namentlich an das *Singen* während der Arbeit. Es ist nicht übel, wenn man die Jugend möglichst früh gewöhnt, ihre geistige Tätigkeit, soweit sie durch die mechanische Beschäftigung nicht vollständig in Anspruch genommen wird, lieber auf einen bestimmten zweiten Gegenstand zu richten, als im dumpfen Hinbrüten oder im zwecklosen Umhervagieren [Umherstreichen, Abschweifen] der Phantasie nutzlos zu vergeuden. Auch das Vortragen von Gedichten für die jüngeren, von Mitteilungen ernsteren, belehrenden Inhalts für die älteren Kinder während der Arbeiten (man denke an *Campes* Robinsonerzählungen im Kreise seiner mit Handarbeiten beschäftigten Kinder und Zöglinge!) erscheint nicht unpassend und ist eine gute Vorübung für das in vielen Werkstätten (z.B. den Buchdruckereien) übliche Vorlesen von Zeitungen u.dgl.m. bei der Arbeit.

[Zu den Robinsonerzählungen siehe: Joachim Heinrich Campe: Robinson der Jüngere, zur angenehmen und nützlichen Unterhaltung für Kinder. Hamburg 1779.]

psychologischen Wissens für die künftige Mutter, Erzieherin und Kinderwärterin, als bei dem gegenseitigen Unterricht und der Leitung der jüngeren durch die älteren Kinder nach dieser praktischen Methode [...] oder bei der Beschäftigung mit den Kleinen im Kindergarten (wovon später noch weiter die Rede sein wird), wenn die verständige Lehrerin ihre Zöglinge hier auf jede neue Erscheinung des kindlichen Seelenlebens, gleichsam jede neu aufbrechende Knospe an dieser Himmelspflanze, aufmerksam machte, ihnen dieselbe im Zusammenhang mit dem ganzen physikalischen und psychischen Leben des Kindes erklärte, ihnen Anweisung und praktische Anleitung gäbe, diese Regungen des jungen Gemütslebens zu verstehen und mit leiser, aber sicherer Hand überall zum Rechten zu lenken? Wie wäre für die Knaben eine bessere Schule der Menschenkunde denkbar, als im steten geschäftlichen Verkehr mit ihresgleichen? Wie eine zweckmäßigere Vorbereitung für das jedem Staatsbürger so unentbehrliche Studium der allgemeinen Prinzipien der Volkswirtschaft, als bei der Beobachtung und selbsteigenen Mitregierung jenes „Staates im Kleinen", welches die Schule dann darstellen würde? Wo wäre ein fruchtbarerer Boden für den Unterricht in der Sittenlehre zu finden, als eben hier, wo zur praktischen Ausübung so verschiedenartiger Tugenden der nächste, ungesuchteste Anlass sich böte? Oder wo könnte das Gefühl für alles Schöne und Erhabene besser geweckt und gekräftigt, wo könnte ein reicheres Gemütsleben in dem Kind ausgeschlossen, wo könnte demselben die Bestimmung des Menschen besser zum Bewusstsein gebracht werden, als in diesem vertrautesten Umgang mit der Natur[64], in dieser Hinwendung aller seiner Kräfte auf die Vergeistigung der Materie in dieser Ausbreitung aller Wunder göttlicher Macht und Weisheit, aller Errungenschaften menschlicher Betriebsamkeit und menschlichen Genies vor dem staunenden jugendlichen Geist, in der Vorführung jener gewaltigen Erfindungen der Technik und den damit Hand in Hand gehenden tiefsinnigen

---

[64] Der Geist und Gemüt veredelnde Einfluss einer rationell betriebenen landwirtschaftlichen Tätigkeit ist von den namhaftesten Pädagogen anerkannt und gerühmt worden; von keinem so scharf- und zugleich tiefsinnig wie von *Fellenberg* in seinen „Landwirtschaftlichen Blättern."

Entdeckungen der Wissenschaft, der Aufzeigung des ganzen wunderbaren Wechselspiels von Geist und Materie, Übersinnlichem und Sinnlichem, Unvergänglichem und Vergänglichem? Aber, werden vielleicht nicht wenige hier einreden, wie steht es bei einem solchen Verfahren mit der *Vollständigkeit* des Wissens? Werden nicht die Kenntnisse, welche auf diese Weise der Schüler gleichsam nur beiläufig einsammelt, immer bloßes Stückwerk bleiben, und wird nicht dadurch der Jugend die üble Gewohnheit beigebracht, sich überall mit einem solchen stückweise und vereinzelten Wissen zu begnügen?

Auf diesen Einwurf ließe sich zunächst entgegnen, dass ein Wissen, welches zwar nur einzelne Teile eines größeren Ganzen umfasst, aber innerhalb dieser Grenzen sich mit Klarheit und Sicherheit bewegt, welches stets im Geist haftet und nicht so leicht wieder daraus entschwindet, welches endlich nicht bloß Wissen, sondern zugleich Können ist, unendlich mehr Wert habe, als ein dem Scheine nach über einen viel weiteren Kreis verbreitetes und systematisch abgeschlossenes (in Wahrheit jedoch, eben dieser zu großen Verbreitung halber, auf keinen Punkt tief eindringendes, sondern überall zerflossenes und verflachtes, kaum von heut auf morgen festgehaltenes, in seiner Anwendbarkeit aufs Leben unbegriffenes und darum unfruchtbares); kurz, ein Wissen, wie es nur zu häufig unsere heutigen Schulen mit ihrem Streben nach systematischer Vollkommenheit zuwege bringen. Aber das erhobene Bedenken findet auch seine Erledigung bei näherer Betrachtung in sich selbst. Die aufscheinende Regellosigkeit und Zerstückelung des auf jenem angedeuteten Weg erstrebten Wissens ist in der Tat nur scheinbar. Die Regel, der Zusammenhang, der Fortschritt von einer Erkenntnis zur anderen ist bei dieser Methode gegeben durch die organische Natur der mechanischen Beschäftigungen, an welchen die theoretische Forschung fortgeleitet wird. Wenn man freilich Jahr aus Jahr ein die Knaben nur mit Umgraben der Beete und Pflanzen derselben Gewächse oder mit Verfertigung der gleichen Arbeiten aus Holz, die Mädchen nur mit Stricken und Spinnen beschäftigen wollte, so würde daraus praktisch und theoretisch eine bedenkliche Einseitigkeit und

Beschränktheit hervorgehen[65]. Wenn man dagegen — wie allerdings hier notwendige Voraussetzung ist — die Zöglinge einen ganzen Kreis wechselnder, stufenweise aufeinander folgender oder sich gegenseitig ergänzender Arbeiten nach vorgebrachtem Plane durchschreiten lässt, wenn man also, um nochmals das *Curtmann'sche* Wort zu gebrauchen, die Arbeit „erziehlich organisiert" und damit gleichmäßig fortschreitend das theoretische Wissen erweitert und vervollständigt, so dürfte schwerlich irgend ein wesentlicher Teil dieses letzteren — so weit es überhaupt in die Volksschule gehört und für das Kindesalter passt — unberührt und unberücksichtigt bleiben. Ich möchte doch wissen, in welchem Kopf es wohlgeordneter aussähe, wo sich mehr wirklich verdaute und zu praktischer Anwendung bereitliegende Kenntnisse vorfänden, ob in dem eines Schülers unserer Volksschule, mit dem man die ganze Naturgeschichte nach den besten Systemen und mit allem Apparat kunstreicher Klassifikationen und Nomenklaturen durchmacht, den man die präzisesten Definitionen und Demonstrationen in der Geometrie, die „Urformen der Zahlenverhältnisse" in der Arithmetik hat lernen und wieder lernen und aufschreiben und wieder aufschreiben lassen — oder eines Zöglings der praktischen Methode, dessen Anschauung zwar vielleicht zur Zeit sich nur erst auf einen kleinen Kreis von Pflanzen oder Mineralien erstreckt, der auch nicht anzugeben weiß, welche Stelle jede Art derselben nach [Carl von] Linné, Werner, [Lorenz] Oken oder [Heinrich Gottlieb Ludwig] Reichenbach im Ganzen des Systems einnehme, der aber von den Eigenschaften dieser Mineralien, ihrer Härte und Schwere, ihrer Leicht- und Schwerflüssigkeit, ihrer Elastizität oder Sprödigkeit, von dem Wachstum dieser Pflanzen, der Bodenart, in der sie gedeihen, den besten Methoden ihrer Pflege und Veredlung, ihrem technologischen, me-

---

[65] Aus diesem Grund äußern die Arbeiten der Kinder in den *Fabriken* nicht die bildende Wirkung, welche ich den mechanischen Beschäftigungen zugesprochen habe. Auch bei den bloßen Spinn- und Strickschulen findet Ähnliches statt. Übrigens wollen Lehrer von Fabrikschulen doch die Wahrnehmung gemacht haben, dass diese Fabrikkinder verhältnismäßig (wenn man auf die so sehr ungünstigen Umstände, unter denen ihr Unterricht vor sich geht, Rücksicht nehme) leichter lernen als Bauernkinder, und sie schreiben dies der durch die Arbeit an den Maschinen geweckten Aufmerksamkeit der Kinder zu.

dizinischen und hygienischen Nutzen für den Menschen, ihren Einwirkungen auf dessen Schönheitssinn usw. eine klare, überall von praktischer Erfahrung durchdrungenen Anschauung hat. Und endlich, um auf mehrfach Gesagtes nochmals zurückzukommen, sobald nur erst solchergestalt ein guter Grund solider Kenntnisse gelegt, sobald nur auf einzelnen Punkten des unendlichen Wissensgebietes fester Fuß gefasst und damit zugleich ebenso sehr das Bedürfnis stetigen Fortschritts geweckt, wie das Talent, sich selbst weiter fortzufühlen, ausgebildet worden wäre, würde das Leben nach der Schule schon das Übrige tun, um die etwa noch gebliebenen und fühlbar werdenden Lücken auszufüllen. Man lasse doch ja der Jugend Stoff und Antrieb zu solcher weiterer Fortbildung, statt sie vorzeitig mit zu vielem und unverdautem Wissen zu überfüttern und dadurch für ihr ganzes künftiges Leben lernfaul zu machen! Wie gern und eifrig wird der, welcher in der Schule den Wert der Künste und Handwerke durch eigene Erfahrung kennen lernte, jede Gelegenheit benutzen, um sich von der Geschichte und dem gegenwärtigen Stand derselben im In- und Ausland eine deutliche Vorstellung zu verschaffen! Und wie viel mehr Gewinn wird ein Solcher — vorbereitet, wie er ist, durch die selbsteigene rationelle Praxis der Technik und den sicheren Besitz der einschlägigen theoretischen Kenntnisse — aus dem Studium der Technologie ziehen, als der Schüler einer jener Anstalten, von denen im dritten Kapitel die Rede war, wo den 10-14jährigen Knaben Technologie vorgetragen wird, ohne dass sie von irgend einer der gewerblichen Beschäftigungen, die ihnen darin vorgeführt werden, eine praktische Kenntnis, ja vielleicht nur überhaupt eine unmittelbare Anschauung haben! Jede Gewerbeausstellung, jeder Besuch in der Werkstatt eines Handwerkers oder Künstlers oder in einem Fabriketablissement wird jenem, der geübt ist, alles mit dem Auge des praktischen Beobachters zu betrachten, reiche Belehrung und neuen Antrieb zu Verbesserungen seiner eigenen Geschäftspraxis gewähren, während dieser, trotz aller seiner theoretischen Studien der Technologie wahrscheinlich ziemlich unbeholfen an einer Menge der wichtigsten Gewerbserzeugnisse herumtastet, wenn nicht gar unachtsam daran vorübergehen dürfte.

Dreizehntes Kapitel

Ist die praktische Methode auch in solchen Schulen anwendbar, welche nicht ein geschlossenes Hauswesen bilden?

Dieser Punkt ist von entscheidender Wichtigkeit für die Frage der Ausführbarkeit der praktischen Methode, denn wäre deren Ein- und Durchführung an die unerlässliche Bedingung geknüpft, dass alle die Kinder, welche der Vorteile dieser Methode teilhaftig werden sollten, dem Elternhaus völlig entzogen und in abgeschlossenen Anstalten eingehegt werden müssten — fürwahr! Viele würden gerechtes Bedenken tragen, ihren Kindern um solchen Preis jene Vorteile zuzuwenden, und der Verfasser selbst wäre der Erste, der diese Bedenken teilte, da er nach eigener Erfahrung und mannigfachen Beobachtungen eine tiefe Abneigung gegen alle geschlossenen Erziehungsinstitute hegt, dieselben nur als traurige Notbehelfe betrachtet in den Fällen, wo die natürliche Bildungsstätte des Kindes, das Elternhaus, durch ein unglückliches Schicksal demselben geraubt ist. Die Idee einer Erziehung des ganzen künftigen Geschlechts in völliger Absonderung, ohne Mitwirkung der Eltern, wie sie *Fichte* in seinen „Reden an die deutsche Nation" aufstellte, erscheint mir als eine von Haus aus durchaus verfehlte. Eine solche künstliche Erziehung müsste, auch beim besten Willen und den vortrefflichsten Eigenschaften der Erzieher und Erzieherinnen, in deren Händen solchergestalt die ganze junge Generation unbedingt überliefert wäre, beinahe unausbleiblich zu Verbildungen, Übertreibungen, Einseitigkeiten aller Art führen, wie denn bereits in den Andeutungen *Fichtes* von den Grundsätzen, wovon er diese neue „Nationalerziehung" eingerichtet wissen will, bei vielem Richtigen und Tüchtigen doch auch nicht wenig Unpraktisches, idealistisch Nebelhaftes und schwärmerisch Überfliegendes sich findet. Fast möchte ich vermuten, dass die bisherige teilweise Durchführung der praktischen Methode in Privatanstalten, außer den bereits im zehnten Kapitel angeführten Gründen, auch um dessen willen nicht den normgebenden Einfluss auf das allgemeine Erziehungswesen geübt habe, den man sonst wohl hätte erwarten können, weil der abgeschlossene Charakter derartiger Anstalten jenen Versuchen eine gewisse Künstlichkeit oder wenigstens den Schein einer solchen aufdrückte und so im großen Publikum, welches ohnehin gegen alles *Neue* misstrauisch ist, ein Vorteil dagegen erwecke. Umgekehrt möchte ich die Hoffnung aussprechen, dass diese Methode der Erziehung allgemeinere praktische Erfolge erzielen und in der öffentlichen Meinung Wurzeln schlagen werde, *wenn sie sich so eng als möglich an die bestehenden häuslichen und bürgerlichen Verhältnisse, an Familie und Gemeinde anschließt,* ohne deshalb ihren hohen Zweck, die Verbesserung und Veredlung dieses Bestehenden in seiner Fortbildung durch das nachwachsende Geschlecht, jemals aus den Augen zu verlieren.

Die Frage ist nur: Wird dies möglich sein und auf welche Weise?

Die Arbeit als Mittel der Jugendbildung muss ihren Zweck recht erfüllen, teils eine gewisse natürliche Stufenfolge ihrer einzelnen Teile, teils eine ins Auge fallende Beziehung auf bestimmte praktische Zwecke darbieten. Dadurch unterscheidet sich die *Arbeit* als solche von dem *Spiel*, und darin liegt das wesentliche erziehende Moment derselben. Das Kind selbst, sobald es über das Alter des bloßen Spielens hinaus ist, verlangt ein solches praktisches Ziel und ein Resultat seines Tuns; es will sich nützlich machen, schon in Folge seines natürlichen Nachahmungstriebes, weil es die Erwachsenen um sich herum sämtlich für bestimmte Zwecke tätig sieht. Dieser Trieb nach *bestimmter, nützlicher* Tätigkeit in dem Kind darf ja nicht unberücksichtigt, unentwickelt bleiben! Die geschlossenen Anstalten, indem sie ihre Zöglinge neben dem Unterricht zugleich an einem sie selbst einschließenden Hauswesen teilnehmen lassen, sie gleichsam in eine einzige große Familie vereinigen, haben den Vorteil, einen solchen organisierten Arbeitsstoff auf natürliche und nahe liegende Weise zu gewinnen. Sie können ihren Zöglingen die häuslichen Verrichtungen überweisen, welche sonst unter die Familienglieder und Dienstboten verteilt zu sein pflegen, können sie zur Befriedigung der Bedürfnisse des Hauswesens sowie ihrer eigenen, durch Betreibung von allerhand dahin einschlagenden Handwerken, durch Feld- und Gartenbau,

Viehzucht u.dgl.m. beitragen lassen, können sie endlich gar anleiten, durch weiter ausgedehnte industrielle Beschäftigungen und Verwertung der damit erzielten Produkte die Mittel zur Erhaltung der Anstalt beschaffen zu helfen, wie dies z.b. in umfassendstem Maße in den oben erwähnten Anstalten zu Ruysselede, Mettray, Horn und anderen geschieht. Nicht geschlossene Anstalten, dergleichen unsere gewöhnlichsten Schulen sind, entbehren freilich des größten Teils dieser Vorteile der geschlossenen. Dagegen stehen ihnen zur Erreichung des angegebenen Zweckes andere, wie mir scheint noch direktere, an das gewünschte Ziel führende Wege offen.

Schon das ist ein nicht gering anzuschlagender Vorteil, dass diese gewöhnlichen Schulen sich den Eigentümlichkeiten und Bedürfnissen ihrer örtlichen Umgebung aufs Genaueste anschließen können, während die geschlossenen Anstalten ihre Zöglinge, weil sie dieselben ihren bisherigen Verhältnissen ganz entreißen, immer nur mehr ins Allgemeine hin bilden müssen. Der Sohn des Bauern, der künftig einmal das väterliche Gut übernehmen soll, wird besser die zu seiner Bestimmung erforderliche praktische Vorbildung sich da aneignen, wo er in stetem unmittelbaren Rapport mit dem Boden, dem er angehört, bleibt, wo er die in der Schule erlernten landwirtschaftlichen Fertigkeiten und Kenntnisse immer sogleich mit dem, was man bei ihm daheim treibt, vergleichen kann, als wenn er in einem Institut, vielleicht in ganz anderer Gegend und Landesart, erzogen wird und nach längerer Zeit als ein Fremdgewordener aus ganz anderen Umgebungen auf die väterliche Scholle zurückkehrt. Später, bei erlangter größerer Reife, mag er sich so viel nur möglich auswärts umsehen, neue Erfahrungen und Lebensansichten einsammeln; allein das Hinausstoßen der Jugend in so frühem Alter in eine ihr ganz fremde Welt, unter fremden Menschen, scheint mir, wo nicht ganz besondere Verhältnisse es notwendig machen, allemal unnatürlich und darum unzweckmäßig. Ebenso wird der künftige städtische Gemeindebürger leichter in das Gemeinwesen, dem er einst als tätiges Mitglied angehören soll, hineinwachsen, wenn schon seine Erziehung ihn in unmittelbarem Zusammenhang mit demselben erhält, als beim Aufenthalt, in einer abgeschlossenen Anstalt mit ihrer künstlichen, wenn auch noch so wohl berechneten Lebensordnung.

Das Bestreben der nicht geschlossenen Schulanstalten wird bei Anwendung der praktischen Unterrichtsmethode jedenfalls dahin gehen müssen, ihren Arbeitsstoff so viel möglich mit Rücksicht auf die vorherrschenden Beschäftigungen und die wesentlichen Bedürfnisse, besonders die gemeinsamen, der örtlichen Bevölkerung auszuwählen. Mit einiger Aufmerksamkeit und regem Eifer wird ein derartiger passender Stoff sich überall leicht finden lassen. Auf jener Uniformität, wie sie der Schematismus unserer heutigen Volksschulgesetze und Lokalschulordnungen darbietet, wird man freilich verzichten müssen, aber das Leben richtet sich auch nicht nach solchen Schematismen; sein Gesetz ist die Mannigfaltigkeit und Besonderheit der Erscheinungen.

Es ist deshalb auch nicht wohl möglich, von dieser praktischen Erziehung ein allgemein zutreffendes und vollständiges Bild zu entwerfen; nur beispiels- und andeutungsweise lassen sich einzelne Züge eines solchen zusammenstellen.

Die Arbeit im Freien, in der Natur, wird überall, auf dem Land wie in der Stadt, die Grundlage des praktischen Unterrichts bilden müssen. Sie schließt sich am ungezwungensten an die freien Spiele und Körperübungen der Kindheit an, entspricht am meisten der Hinneigung der Jugend zu der belebten und unbelebten Natur, zu Tieren und Pflanzen. Für die ländliche Jugend versteht sich dieser Vorzug der landwirtschaftlichen Beschäftigungen vor allem übrigens wohl von selbst, denn diese Beschäftigungen sind es ja, welche später ihren wesentlichen Lebensberuf bilden werden. Der Einwurf, den man etwa erheben könnte, dass die Bauernkinder zu derartigen Arbeiten hinlängliche Gelegenheit und Anleitung im eigenen Elternhause fänden, erledigt sich durch das früher (im fünften Kapitel) über den Zweck der praktischen Methode Gesagte, welcher Zweck ja hauptsächlich mit darin bestehen soll, die Jugend zu einer *rationellen, geistigen* Betreibung ihres künftigen Berufs vorzubilden, als welche sie von ihren Eltern und durch deren Beispiel lernen können.

Für die Jugend in den Schulen und den stadtähnlichen Dörfern in der Nähe großer Städte ist eine solche Befreundung und Beschäftigung mit der Natur wieder aus anderen Rücksichten höchst wünschenswert. Unverkennbar führt der Gang unserer Kulturbewegung, und mit täglich beschleunigender Gewalt, von dem Leben in und mit der Natur hinweg und einer künstlichen Zivilisation zu. Immer dichter drängt sich an den Sitzen der großen Industrie und des Handels die Bevölkerung zusammen, immer weiter dehnt sich der Einfluss dieser Mittelpunkte der Kultur über das sie umgebende Land aus. Nun braucht man noch lange nicht mit *Rousseau* eine Rückkehr des Menschen zu einem aller Kultur baren Naturzustand oder mit gewissen Sozialisten die Zerstörung aller Städte, als der Sitz einer gefährlichen Überbildung, zu wünschen, um gleichwohl der Meinung zu sein, dass eine solche, täglich zunehmende und ohne alles Gegengewicht gelassene einseitige Strömung des Kulturlebens mancherlei bedenkliche Folgen in volkswirtschaftlicher, politischer und sittlicher Hinsicht äußern müsse. Das einfachste und natürlichste Gegengewicht aber gegen solches bedenkliche Übermaß dieser Richtung dürfte darin zu finden sein, dass man das nachwachsende Geschlecht, dessen Väter zum großen Teil zwischen den kalten Steinmassen der Städte, in den dumpfen Spielunken, hinter den dampfenden Essen der Fabriken beinahe vergessen haben, wie es draußen in der freien Natur, in Feld, Wald und Wiese aussieht, dieser Natur wieder etwas näher rücke, die Annehmlichkeiten und die Vorteile für Körper und Geist, welche eine praktische Beschäftigung mit dem mütterlichen Erdboden gewährt, aus eigener Erfahrung kennen lerne, und auf diese Weise eine Ausgleichung zwischen Kultur- und Naturleben wenigstens anbahne. Wer weiß, ob nicht früher oder später auch durchgreifendere Maßregelungen in dieser Hinsicht, z.B. die Überführung des überschüssigen und Not leidenden Teils der städtischen Massenbevölkerung auf das Land, die Gründung großer Ackerbaukolonien auf einzelnen weniger bevölkerten oder noch ganz brachliegenden Strecken Deutschlands, sich als notwendig erweisen werden; für diesen Fall wäre es doppelt zweckmäßig, wenn die Bevölkerungen der Städte neben den städtischen auch die ländlichen Arbeiten einigermaßen kennen gelernt und liebgewonnen hätten.

Durch die *Kindergärten* ist wenigstens ein kleiner Anfang zu einer solchen Wiederbefreundung der städtischen Jugend mit der Natur gemacht; auf diesem Boden hätte die praktisch erziehende Volksschule weiter zu bauen. Ein freier Platz zur Anlegung eines Gartens in der Nähe der Schule wird auch in den Städten überall zu erlangen sein, wenn man nur erst dahin gelangt ist, den Raum für die *Arbeiten* der Kinder als etwas ebenso Notwendiges und Unentbehrliches anzusehen, wie die Räume zum *Lernen*. Das beliebte deutsche Bequemlichkeitspolster des „wo möglich" oder „soweit tunlich" müsste man freilich ein für allemal hinter sich werfen[66]. Wo zunächst nur ein kleiner Raum zu gewinnen wäre (wie namentlich in den großen Städten), da müsste man sich vor der Hand mit den einfachsten Gartenarbeiten, Blumen-, Gemüsezucht und etwas Obstbau begnügen. Auf dem Land würde sich bald die landwirtschaftliche Tätigkeit der Schule über den engen Kreis des Gartens hinaus auf Feld, Wiese und Wald, auf Vieh- und Hühnerhof erstrecken. Für kleine Städte mit ausgedehntem ländlichen Areal empföhle sich besonders auch der Anbau von Handels- und Offizialpflanzen in dem Schulgarten und auf dem Schulfeld (wo die Bodenart dies gestattet), indem dadurch mancher neue Gewerbs- und Handelszweig begründet werden könnte und die Kultur dieser Bodenerzeugnisse die dazu nötige größere Menge von Händen in der, gewöhnlich sehr zahlreichen, Schuljugend solcher Orte fände.

Die Beziehung zu einem bestimmten äußerlichen Zweck oder Nutzen, welche ich oben als Erfordernis einer erziehlich organisierten Arbeit darstellte, ist gerade bei Garten- und Feldarbeiten für den Anfang minder dringend, weil hier schon die Freude am unmittelbaren Erfolg der Arbeit, an dem Aufgehen des gesäten Samens, an dem Knospen und Blühen der gepflegten Pflanzen, an dem Wachstum der ausgesetzten und vom Ungeziefer befreiten Bäumchen für das Kindergemüt ein befriedigender Lohn

---

[66] In dem schon früher angeführten Entwurf zu einem neuen allgemeinen Schulgesetz für das Königreich Sachsen war dies noch nicht der Fall; darin hieß es: „Der Schulgarten ist auf dem Land überall, wo *möglich* auch in der Stadt, zu beschaffen und für den Bau und die Pflege der gewöhnlichsten Gemüse und Blumenarten durch die Kinder selbst einzurichten."

der darauf verwendeten Arbeit und ein starker Anreiz zu neuer Tätigkeit ist. Auch die Aufeinanderfolge und Verknüpfung der Arbeiten wird hier zum größten Teil durch die Natur selbst vorgezeichnet, und endlich kann es nicht an mannigfachen, ungesucht sich ergebenden Beziehungen zwischen den Beschäftigungen einer solchen Gartenschule und den Vorkommnissen im Elternhaus der Zöglinge fehlen. Was das Kind über die Behandlung einer Blume oder einer anderen Pflanze lernt, dafür bietet ihm der elterliche Garten Gelegenheit zu weiteren Beobachtungen und eigenen Versuchen, und was es hier Neues sieht und erfährt, das wird es wieder in der Schule in Form von Fragen oder Vorschlägen vorbringen. So würden Schule und Haus einander tatsächlich in die Hände arbeiten, wenn jedes von beiden seinen Teil an der gemeinsamen Aufgabe recht begriffe und mit wahrer Freudigkeit erfüllte. Zugleich wäre hier der Weg angebahnt, wie die Schule als Musteranstalt fürs Leben schon auf die jetzt lebende erwachsene Generation einen heilsam bildenden Einfluss ausüben könnte.

Aber auch die Hinweisung auf einen äußerlichen Zweck und Nutzen dieser Arbeit und der darin liegende bestimmtere Antrieb wären wohl leicht gefunden. Für den Anfang möchte es genügen, wenn den Kindern verstattet würde, von den Blumen, die sie gezogen, von den Beeren, die sie gepflegt und gepflückt, einen Teil ihren Angehörigen, ihren Lehrern und Lehrerinnen, oder wem sie sonst wollten, als Liebesgabe darzubringen. Denn allzu früh dürfte man diesem rein kindlichen Trieb des uneigennützigen Schaffens nach freier Wahl für andere weder die Beziehung auf einen persönlichen Zweck, noch selbst das gemessenere Gebot einer bestimmten Pflichterfüllung unterschieben.

Bei etwas reiferem Alter und entwickelterem Bewusstsein würden die Kinder allerdings darauf hinzuweisen sein, wie es ihre Pflicht, einen Teil ihrer Tätigkeit zur Belohnung derer, welche ihre Kraft ihnen widmen, und zur Rückerstattung der Kosten ihrer Erziehung aufzuwenden, also zunächst für den Lehrer oder die Lehrerin, weiter dann zum Nutzen der Anstalt selbst oder derer zu arbeiten, welche diese zu ihrem Besten unterhalten.

Ich denke mir den Schulgarten in drei Teile geteilt, wovon der eine dem Lehrer gehörte[67], der andere für die Schulanstalt selbst benutzt, beziehendlich durch Verwertung seiner Produkte nutzbar gemacht würde, der dritte endlich dazu diente, den größeren Zöglingen jedem ein eigenes Stückchen Land oder ein Beetchen zur Bebauung und Nutznießung anzuweisen. Diese Zuteilung würde aber erst dann erfolgen, wenn die Zöglinge in Selbsttätigkeit und Geschicklichkeit so weit fortgeschritten wären, sich also so fleißig und tüchtig bewährt hätten, dass man ihnen einen solchen eigenen Betrieb eben so wohl als Belohnung wie als Gelegenheit zu weiterer Ausbildung ihrer Selbständigkeit anvertrauen könnte. Es wäre das gewiss die naturgemäßeste und unbedenklichste Art von Belohnung, zugleich eine auch fürs spätere Leben sehr nützliche Anleitung zur Schätzung und Erstrebung eines der eigenen Tätigkeit zu verdankendes *Besitzes*. Die Kleineren würden auf dem Anteil des Lehrers und der Anstalt beschäftigt werden; die Größeren behielten die Verpflichtung, erst ein bestimmtes Pensum von Arbeiten dort zu vollbringen, bevor sie für sich selbst arbeiten. Über die Benutzung und Verwertung ihrer eigenen Landstücke hätten die Zöglinge genaueste Rechenschaft abzulegen (was zugleich die zweckmäßigste Gelegenheit gäbe, die erlernte theoretische Kenntnis der Arithmetik, Buchführung usw. praktisch anzuwenden), auch in Bezug auf die Bearbeitung den Rat der Lehrer einzuholen, wobei ihnen jedoch eine angemessene Freiheit der eigenen Wahl und des selbstständigen Gebarens zu lassen wäre, denn gerade hierin liegt ein wichtiges Moment der Charaktererziehung, der Übung des Selbstvertrauens aber auch der Erlernung von Bescheidenheit. Andererseits wäre wie die selbständige Benutzung dieser kleinen Einzelbesitztümer, auch die gemeinschaftliche Bearbeitung und Ausbeutung derselben durch freie Vereinigung mehrerer zu fördern, als nützliche Vorbereitung künftiger ernsterer Assoziationen[68]. Über den

---

[67] In Holstein erhält, wie *Michelsen* berichtet, der Lehrer von dem Ertrag des Schulgartens den dritten Teil.

[68] Ich will hier nur auf ein einziges Beispiel dieses Nutzens hinweisen. In der Schweiz bestehen bekanntlich seit Langem so genannte *Milchwirtschaften*, Assoziationen der kleinen Viehzüchter zur gemeinsamen Bereitung und Verwer-

Wert und Ertrag der von ihnen für die Anstalt geleisteten Arbeiten möchte den Zöglingen auch Rechnung abgelegt und ihnen bekannt gemacht werden, welchen Teil der Kosten ihrer Erziehung sie auf diese Weise selbst wieder erstatteten, wie viel noch von ihren Angehörigen oder der Gemeinheit zugeschossen werden müsste. Jenes würde ihr Ehrgefühl und ihren Tätigkeitstrieb auf eine zweckmäßige Weise anregen und die Freude an der Arbeit ihrer Hände erhöhen, dieses würde sie dankbar und demütig erhalten, sie vor Dünkel und Überschätzung ihrer eigenen Leistungen bewahren. Eine Illusion wie die, in welche *Fichte*[69] die Zöglinge seiner Nationalerziehungsanstalten erhalten wissen wollte, als ob sie durch ihre eigene Tätigkeit sich und diese Anstalten selbst gänzlich unterhielten, halte ich weder für nötig noch für gut.[70] Eine derartige Täuschung, sobald sie als solche von den Zöglingen entdeckt würde (und was bliebe der Jugend unbemerkt?), möchte sehr nachteilig wirken, denn alles Unwahre, auf falschen Schein Berechnete schadet dem jugendlichen Gemüt. Auch ist es besser, die Jugend erfährt wie unzureichend ihre Tätigkeit noch ist und wie viel größere Kraftaufwendungen das Leben erfordert; um so weniger

---

tung von Butter und Käse. Warum gibt es deren nicht auch bei uns in den Gegenden, wo die Bodenbeschaffenheit sich zur Erzeugung guter Futterkräuter, also zur Viehzucht, vorzugsweise eignet, z.B. im sächsischen Erzgebirge, im böhmischen Gebirge usw.? Weil unserer Bevölkerung der Sinn und die Gewöhnung industrieller Betriebsamkeit und Assoziation fehlt.

[69] Fichte schreibt in seinen „Reden an die deutsche Nation": „Das Grundgesetz des kleinen Wirtschaftsstaates sei dieses, dass in ihm kein Artikel zur Speise, Kleidung usw. noch, so weit es möglich, irgend ein Werkzeug gebraucht werden dürfe, das nicht in ihm selbst erzeugt und verfertigt sei. Bedarf diese Haushaltung einer Unterstützung von außen, so werden ihr die Gegenstände in Natur, aber keine anderer Art, als sie auch selbst hat, gereicht *und zwar ohne dass die Zöglinge erfahren*, dass ihre eigene Ausbeute vermehrt worden oder so, dass sie, wo das Letztere zweckmäßig ist, es nur als Darlehen erhalten und zu bestimmter Zeit wieder erstatten."

[70] [Fichte hat sich, so ist hier anzumerken, nicht der Illusion hingegeben, als könnten die Zöglinge durch ihre eigenen Hände Arbeit die Kosten der Arbeitsschulen gänzlich erwirtschaften. In seiner 12. Rede, wenige Abschnitte vor der von Biedermann zitierten Textstelle, führt Fichte aus: „Ein Haupterfordernis dieser neuen Nationalerziehung ist es, dass in ihr Lernen und Arbeit vereint sei, dass die Anstalt durch sich selbst sich zu erhalten den Zöglingen *wenigstens scheine*, und dass jeder in dem Bewusstsein erhalten werde, zu diesem Zweck nach aller seiner Kraft beizutragen."]

werden die Ansprüche die das letztere an sich nach ihrem Austritt aus der Schule stellt, sie überraschen und entmutigen, um so größer wird ihr Eifer sein, für diese ernsten Kämpfe des wirklichen Lebens sich vorzubereiten.

Für sehr zweckmäßig würde ich es halten, wenn die etwas reifere Schuljugend benutzt würde, um unter Aufsicht und Leitung ihrer Lehrer bei der Anlegung, Pflege und Unterhaltung solcher Anpflanzungen zu helfen, welche der Gemeinheit angehören und zum allgemeinen Nutzen oder Vergnügen dienen, wie Promenaden, Blumen- und Parkanlagen, öffentliche Baumpflanzungen u.dgl.m. Dadurch würden sie Achtung vor solchen öffentlichen Anlagen lernen und dem, leider noch immer so häufigen, empörenden Leichtsinn in Beschädigung derselben ablegen, würde darin vielmehr gleichsam ihre eigene Schöpfung und ihr gemeinsames Eigentum erblicken und sie deshalb auch in späterer Zeit mit gemeinsamer Liebe hegen. Zugleich würden der Jugend auf diesem Weg die ersten Begriffe eines Gemeinwesens und eines Gemeininteresses beigebracht, diese so wichtigen Grundlagen ihrer Bildung für das bürgerliche Leben[71]. Auch die Idee des holsteinischen Lehrers *Cappel*, von welcher *Michelsen* berichtet, scheint mir ganz praktisch: Dass die älteren Schüler unter Anleitung des Lehrers die Pflege von Bäumen und anderen Pflanzungen in Privatgärten übernehmen könnten. Dadurch würde ebenfalls eine wichtige soziale Idee, die der Teilung der Arbeit und des Bedürfnisses gegenseitiger Hilfeleistung, der Jugend in ganz handgreiflicher Gestalt vor

---

[71] „Es gibt eine Menge Feldraine, Gemeinde- und wüste Plätze, die, unbeschadet der unteren Frucht, ja oft zur Verbesserung des Bodens oder zur Verschönerung des Platzes, noch viel Fruchtbäume tragen könnten. Es dürften daher namentlich die Schullehrer auf dem Land anzuweisen und zu belehren sein, Baumschulen zu pflegen und auf die geeignete Anpflanzung Bedacht zu nehmen. Ich nehme an, dass bei der Baumschule an öffentlichen Plätzen dann auch die Schulknaben der ersten Klasse mit tätig sein müssten. Diese würden dann nicht nur darüber belehrt und angewiesen, sondern auch frühzeitig darauf hingeleitet, für gemeinnützige Zwecke etwas zu tun, sie würden zugleich gewahren, wie viel Zeit und Geduld dazu gehört, ehe die Frucht einer langen Bemühung zu genießen ist und die mutwillige Frevel [Zerstörungen] an Bäumen und Forsten würden gewiss durch eine solche frühzeitige Erkenntnis bedeutend abnehmen." *A. Marschner*, „Die erziehlichen Einflüsse des Lebens auf den Armen." Vergleiche die von *Michelsen* mitgeteilten Erfahrungen [...].

Augen geführt und zum Bewusstsein gebracht. Ja es wäre zu erwägen, ob nicht ähnliche wandernde Gruppen jugendlicher Arbeiter zur Aushilfe bei noch manchen anderen Arbeiten der Privaten oder Gemeinden in Feld und Wald, in Gärten und auf Wiesen zweckmäßig benutzt werden möchten. Selbst die Schulen benachbarter Ortschaften könnten bei solchen öffentlichen Arbeiten, z.B. Urbarmachung von wüstem Land, Baumpflanzungen an Vizinalwegen [an Wegen, die von den privaten Äckern auf öffentliche Straßen führen] usw., sich gegenseitig beistehen und gemeinsam tätig sein. Diese Gegenseitigkeit der Aushilfe, welche z.B. unter den Ansiedlern in Nordamerika so gewöhnlich ist und sich so nützlich erweist, unter unseren Landleuten aber meines Wissens wenig oder gar nicht vorkommt, würde vielleicht auf solchem Weg auch unter den Erwachsenen allmählich Eingang finden. Zugleich ließe sich dadurch der Kreis der den Kindern beizubringenden landwirtschaftlichen Erfahrungen immer weiter ausdehnen.

Es sind dies alles, wie ich im Voraus schon bemerkt habe, nur Andeutungen, können nur solche sein, weil eben die Eigentümlichkeit der örtlichen Verhältnisse über die Zweckmäßigkeit und Ausführbarkeit des einen oder anderen Vorschlags entscheiden muss. Wenn man erst dahin gelangt sein wird, der Auffindung und Vervollkommnung derartiger Wege und Mittel für eine bildende, praktische Beschäftigung der Jugend nur halb so viel Fleiß und Scharfsinn zu widmen, als man jetzt auf die Erfindung neuerer Methoden des Lese-, Sprach- oder Anschauungsunterrichts verwendet, so wird es an der nötigen Mannigfaltigkeit der Arbeitsstoffe und Beschäftigungsweisen auf diesem Gebiet nicht fehlen.

Aber auch für andere Arbeiten, als die sich unmittelbar an die Natur anschließenden, werden die öffentlichen, nicht geschlossenen Schulanstalten ebenso gut Stoff und Gelegenheit finden, wie die geschlossenen und Privatinstitute, wenn sie nur auf die Vorkommnisse und Bedürfnisse des Familienlebens ihrer Zöglinge und des Gemeinwesens, auf dessen Boden sie stehen, die gehörige Aufmerksamkeit richten, und wenn man andererseits von diesen beiden Seiten her ihnen tätig zu Hilfe kommt.

Man wird hier ebenfalls mit dem anfangen, was sich am nächsten an das kindliche Spiel anschließt und dessen Zweck mehr das Angenehme als das Nützliche ist. Die Kindergärtner arbeiten auf diesem Gebiet trefflich vor. Das Flechten von allerhand kleinen Gerätschaften aus bunten Bändchen, Papier oder Stroh, das Ausmalen von Figuren mit bunten Farben, das Ausschneiden und Ausstechen von Bilderchen in Papier u.dgl.m., alle diese Übungen des Kindergartens lassen sich allmählich zu größeren, schwereren und nützlicheren Arbeiten in Papier, Pappe, Steinpappe und Ton, zu Stroh- und Binsenflechten aller Art (Matten, Hüte, Körbchen usw.) zu Malereien auf Holz, Elfenbein und anderen Stoffen und zu ähnlichen Beschäftigungen mehr ausbilden. Die eigene Lust der Kinder an derlei bunten und niedlichen Kleinigkeiten, der Gebrauch, den dieselben von der und jener Arbeit zu Hause gemacht sehen, der Wunsch, für ein solches wahrgenommenes Bedürfnis des Vaters, der Mutter, der Geschwister, des Lehrers oder der Lehrerin zu sorgen, würden Fingerzeige genug für die Auswahl und Aufeinanderfolge derartiger Beschäftigungen geben. Zunächst würde man dabei am meisten auf solche Arbeiten Rücksicht zu nehmen haben, welche ihre nutzbare Verwendung im Haus und in der Wirtschaft der Eltern finden. Die „Klüterschulen", deren Einrichtung ich oben nach *Michelsen* geschildert, geben dafür, namentlich auf dem Land, ein ganz zweckmäßiges Muster, welches nur hier und da weiter auszuführen wäre[72]. Auch für die Anstalt selbst, sowie für die damit verbundene Lernschule würde es allerlei zu tun geben, z.B. Ausbesserung und Erneuerung der nötigen Werkzeuge zum Gartenbau, kleine Reparaturen an den Gebäuden, Gartenmauern, Wasseranlagen, die Ausführung von Staketen und Spalieren, das Verfertigen von Tüten, Schachteln und Kästen aller Art zur Aufbewahrung von Sämereien, getrockneter Pflanzen usw., dann wieder das Heften von Schreibe- und Zeichenbüchern, das Einbinden der gedruckten

---

[72] „Die beim Landbau freie Zeit findet passende Verwendung ohne Aufreibung der Kräfte, wenn sie auf einfache Zweige der Industrie gerichtet wird. Allein eben diese Nebenbeschäftigungen Korbmacherei, Matten- und Strohhüteflechten, Bindfadenspinnerei, Seidenbau, Stricken grober Wollwaren, Fertigung hölzerner Geschirre und Kultur von Handelsfrüchten verlangen eine größere Regsamkeit des Geistes, als die ländliche Indolenz [Gleichgültigkeit] und Langeweile der Ofenbank gewöhnlich gestattet." [Friedrich] Harkort: „[Bemerkungen über d]ie Hindernisse der Zivilisation und Emanzipation der arbeitenden Klassen.]"

Schulbücher, das Fertigen von Linealen, Pennalen [Kästen für Schreibfedern] und Schiefertafeln sowie von allerhand Modellen für den mathematischen und physikalischen Unterricht u.a. m.[73] Solche Gegenstände könnten dann, beim Mangel eigenen Bedarfs, als Handelsartikel benutzt werden. Die oben in Bezug auf die landwirtschaftlichen Beschäftigungen als zweckmäßig erachtete Dreiteilung der Arbeitsprozedur wäre auch hier beizubehalten. Desgleichen würde hier wie dort die Richtung der jugendlichen Tätigkeit auf gemeinnützige Zwecke möglichst ins Auge zu fassen sein. So, um nur einiges hervorzuheben, wird sich wohl in jeder größeren Stadt und selbst in vielen kleinen die eine oder andere gemeinnützige Anstalt finden, welche mannigfacher Handreichungen und Hilfeleistungen bedarf, sei dies nun eine Krankenanstalt oder eine Speise- und Bekleidungsanstalt für Arme oder sonst etwas dergleichen. Sehr zweckmäßig würden solche Anstalten zu den Arbeitsschulen in nähere Beziehung gebracht werden, dergestalt, dass die Kräfte dieser letzteren für jene mit verwendet würden. In Holstein findet, wie wir gesehen haben, eine solche Verbindung wenigstens annähernd statt. Für die Kranken- und Speiseanstalten z.B. würden nicht allein die Zöglinge der Schule einen Teil des nötigen Materials an Gemüse, Früchten u.dgl.m. aus ihrem Schulgarten liefern oder durch Bestellung der zu diesen Anstalten selbst gehörenden Grundstücken gewinnen können[74], sondern es würden auch beim Zurichten dieser Stoffe, beim Kochen, beim Einmachen von Früchten, beim Reinigen des Geschirrs und der Räumlichkeiten der Anstalt und ähnliche Verrichtungen mehr der Jugend, namentlich deren weiblicher Teil, allerhand nützliche Dienste leisten können, welche zugleich ebenso viele treffliche Vorübungen wären für den eigenen künftigen Hausstand oder den Beruf der Mädchen als Dienstmäd-

---

[73] Ich verweise hier auf das in der Anmerkung zu [...] der Anstalt zu Ruysselede berichtete.

[74] So gehört (nach *Langes* „Feldgärtnereinkolonien") zum Hospital in Leipzig 300 Acker Feld. Wenn man diese durch die Schuljugend auf ähnliche Weise bearbeiten ließe, wie es in den *Fellenberg'schen* Anstalten, in Mettray und Ruysselede, im Waisenhaus zu Pirna usw. geschieht, so würde man, nach den dort gemachten Erfahrungen, sowohl viele Kosten für Arbeitslöhne, Schiff und Geschirr sparen, als auch einen weit höheren Ertrag erzielen.

chen, Köchinnen, Wirtschafterinnen. Für die Bekleidungsanstalt könnten die Mädchen nähen, stricken, flicken, waschen usw. Auf dem Land und in kleinen Orten fehlt es freilich zur Zeit noch meist an solchen Gelegenheiten, allein wahrscheinlich wird man, wie man hier und da schon angefangen, mit der Zeit immer mehr dahin kommen, nicht bloß zur Abhilfe der Armennot, sondern für die gesamte Bevölkerung, zum Zwecke leichterer, besserer und billigerer Befriedigung der allgemeinsten Lebensbedürfnisse, allerhand gemeinsame Veranstaltungen einzurichten, Gemeindebacköfen und Gemeindeküchen, gemeinsame Wasch- und Ausbesserungsanstalten u.dgl.m. Da gäbe es dann vielfache treffliche Gelegenheit zur Benutzung, Übung und Bildung der jugendlichen Kräfte, nicht minder zur Einführung der Jugend in den rechten Geist eines *guten, vernünftigen und praktisch schöpferischen Sozialismus* — der besten Schutzwehr gegen den unvernünftigen, phantastischen und zerstörenden.

Ein sehr wichtiger Vorteil ließe sich endlich durch eine engere Verbindung der Arbeitsschule mit den Kindergärten und Kinderbewahranstalten (welche beide Anstalten wohl künftig verschmolzen werden dürften) für die Heranbildung der weiblichen Jugend zu Müttern und Erzieherinnen oder zu Kindermädchen und Wärterinnen erreichen. Man könnte dann die etwas reiferen Mädchen (etwa 12-14 Jahre, vielleicht sogar schon früher) sowohl zur körperlichen Abwartung und Pflege, als zur Beaufsichtigung und geistigen Entwicklung der kleinen Kinder anleiten. Das würde unstreitig eine weit praktischere Vorbereitung für das künftige Leben der Mädchen sein, als die didaktischen Vorlesungen und Ermahnungen, welche man denselben in „höheren Töchterschulen" und ähnlichen Anstalten unter der Form so genannter Erziehungsstunden mit viel Behagen und großer Salbung, aber gewöhnlich mit sehr zweifelhaftem Erfolg zu applizieren [verabreichen] pflegt.

Bei den Knaben wäre noch eine andere praktische Übung nicht zu vergessen — das Exerzieren[75]. Unsere männliche Jugend muss nicht allein *nähr- und lehrhaft*, d.h. fähig zu sein, sich zu

---

[75] Dass dieses sowohl in Hofwyl als in Ruysselede geübt wird, ist oben mitgeteilt.

nähren und zu bilden, sondern auch, wie nun einmal die allgemeinen Verhältnisse noch sind, *wehrhaft*, zur Verteidigung des Vaterlandes geschickt gemacht werden. Dazu könnte man den Grund recht wohl schon in den Schulen legen. Das gäbe zugleich eine treffliche Ausbildung des Körpers, gewöhnte ferner die Jugend von früh auf an eine gewisse straffe Zucht und Ordnung, an strenge Pünktlichkeit und Genauigkeit in allen ihren Bewegungen und Handlungen, was ihr auch in anderen Lagen des Lebens von großem Vorteil sein würde. Natürlich meine ich nicht ein mechanisches Dressieren zu steifem Paradeschritt mit gliedermannähnlicher Körperhaltung und unverbrüchlicher Beobachtung der vorgeschriebenen Distanz zwischen Hosennaht und angelegtem Daumen, sondern ich denke mir eine allseitige Übung in sämtlichen zur Stärkung und Geschmeidigmachung des Körpers und zum Gebrauch von allerhand Waffen dienenden Geschicklichkeiten, also im taktmäßigen Gehen und Laufen, in der Handhabung von Hieb-, Stoß- und Schusswaffen (natürlich nach Verhältnis des Alters), im Übersteigen von Mauern, Hecken, Zäunen, im Überspringen von Gräben, im Durchschwimmen von Flüssen, im Aufwerfen und Stürmen von Schanzen u.dgl.m., kurz ein erweitertes, auf die Zwecke der künftigen Landesverteidigung angewendetes Turnen[76]. Wenn solche Übungen in der Volksschule begonnen, in Fortbildungsanstalten nach der Schule fortgesetzt würden, so möchten unsere Offiziere weniger über das körperliche und geistige Ungeschick der Rekruten zu klagen haben, diese Letzteren selbst aber weit leichter und schneller davon kommen.

---

[76] Der Verfasser hat sich bereits zu so vielen Ketzereien gegen hergebrachte Ansichten und Einrichtungen bekannt, dass er sich nicht scheut, hier noch eine weitere in Bezug auf das Turnwesen hinzuzufügen. Er hält dasselbe für sehr nützlich überall da, wo es an anderen Gelegenheiten zu vielseitiger Übung und Ausbildung des Körpers fehlt, daher für höchst wohltätig als Gegengewicht gegen das viele Sitzen und einseitige Kopfarbeiten, wie es in unseren damaligen Volks- und Gelehrtenschulen stattfindet, allein immerhin nur für ein Surrogat [Ersatz], welches überflüssig wird, sobald man das echte, naturwüchsige Befriedigungsmittel für das betreffende Bedürfnis haben kann, nämlich eine Körperübung, welche zugleich einen praktischen Zweck verfolgt. Knaben, welche den ganzen Tag über auf die mannigfache Weise im Garten, auf dem Exerzierplatz, in der Werkstatt tätig wären, bedürften ebenso wenig besonderer Turnstunden, wie etwa ein Briefträger des müßigen Spaziergehens.

Überhaupt dürfte, nach des Verfassers Ansicht, die Realisierung des immer allgemeiner werdenden und selbst von den Konservativsten aus nahe liegenden Rücksichten des Geldbeutels täglich lauter erhobenen Wunsches nach einer durchgreifenden Verminderung der stehenden Heere und Beschränkung des Aktivbestandes auf bloße Kader auf keinem anderen als auf diesem Weg *der Wehrhaftmachung unserer gesamten Jugend schon von früh auf* zu erreichen sein.

In einer Denkschrift des Professors [Johann Gustav] *Droysen* über die Einrichtung einer allgemeinen Volksbewaffnung, die er am 18. April 1848 in der 57. Sitzung der Beigeordneten des Bundestages vorgetragen hatte, finden sich folgende hier eingeschlagene Betrachtungen:

„Bei früheren Veranlassungen habe ich mit dem preußischen General Aschoff über eine mögliche Verbindung zwischen Turnwesen und Volksbewaffnung verhandelt. Das Turnwesen ist lange eine immerhin wohlgemeinte, aber wesentlich oberflächlich verstandene Spielerei gewesen. Entschließt man sich, den Volksunterricht zu organisieren, auf geistige *und körperliche* Ausbildung der Jugend — denn sie gehört nicht den Familien allein, sondern dem Vaterland — die gehörige Aufmerksamkeit [zu]zuwenden; macht man das Volksschulwesen in dem Sinne, wie es in gewissen deutschen Ländern schon der Fall ist, völlig frei und gleich für alle durch eine Vermögenssteuer innerhalb der Schulgemeinden, so ist es möglich, die Knaben, die der Schule bis zur entwickelten Pubertät angehören müssen, durch einen geregelten und nicht bloß spielenden Turnunterricht in einem gewissen Grad zum Waffendienst vorzubereiten, wenigstens ihnen die freie und sichere Bewegung ihrer Glieder und die notwendige Übung gewisser Evolutionen beizubringen. Setzt man diese Übungen vom 15. bis zum 19. Jahr, etwa Sonntag nachmittags, fort, erweitert man sie mit der wachsenden Kraft bis zum Tragen und Handhaben der Waffen, so ist es möglich, die unmittelbare Dienstpflicht, die eigentliche Kriegsschule in der Linie, in der kürzesten Frist zu absolvieren."

Ganz ähnliche Ideen finden sich in einem unter dem Titel: „Die deutsche Volksbewaffnung", von A[ugust] R[öckel], (Dresden, 1848) erschienenen Schriftchen entwickelt. Darin heißt es: „Um in Wahrheit für alle Zeiten ein Volksheer zu bilden, muss *die*

Wehrhaftigkeit ein Teil unserer Erziehung sein, die Pflicht sowie die Fähigkeit, das Vaterland zu schützen, uns in Fleisch und Blut übergehen. Um dies zu erreichen, muss baldigst die Entscheidung getroffen werden, dass in allen Schulen, von den untersten Klassen an, unsere Söhne zu dieser Pflicht vorbereitet werden. Das Infanterie-Exerzitium wird als Übung und Ausbildung des Körpers mit dem Turnen in Verbindung gebracht, die Teilnahme daran zur ersten Pflicht aller gemacht. Diese Übungen werden sowohl um der durch das viele Sitzen bedrohten Gesundheit willen, als auch, um sie zur leichten Gewohnheit zu machen, durch alle Klassen aller Schulen fortgesetzt. Dem künftigen Staatsbürger wird dadurch für seine reiferen, produktiven Jahre ein Zeitopfer erspart, dem wir uns jetzt unterziehen müssen und zugleich eine Vollendung gegeben, wie wir sie entbehren. Auf den wissenschaftlichen und Gewerbeschulen wird bei diesem Unterricht Rücksicht genommen auf die militärische Anwendung der Lehrgegenstände, verbunden mit den dahin eingeschlagenen Übungen. Ebenso werden die Lehrlinge der für den Kriegsdienst verwendbaren Handwerke für die ihnen zufallenden Fächer vorbereitet und eingeübt."

Vierzehntes Kapitel

Wie steht es mit der Beschaffung der nötigen Lehrkräfte bei einer allgemeinen Einführung der praktischen Methode?

„Alles gut!" wird man vielleicht sagen; „aber woher nehmen wir die Lehrer und Lehrerinnen für solche praktische Erziehungsanstalten, wenn wir uns diese über das ganze Gebiet unseres Volksschulwesens ausgebreitet denken?"
Freilich aus unseren jetzigen Lehrerbildungsanstalten schwerlich. Wird doch die Vorbildung, welche in diesen die künftigen Volksschullehrer erhalten, von den kompetentesten Beurteilern

(z.B. *Curtmann*) als ungeeignet selbst nur für eine zweckmäßige Behandlung des gewöhnlichen Unterrichts dargestellt! Die neue Methode würde sich ihre Organe — Lehrer und Lehrerinnen — ebenso gut erst schaffen müssen, wie die Kindergärten solches zu tun genötigt waren. Gelang es den Kindergärten im Laufe von kaum einem Jahrzehnt (denn so lange höchstens ist es, dass diese Anstalten angefangen haben, in Deutschland einige Verbreitung zu finden), einen leidlichen Stamm von Lehrern und Lehrerinnen für ihre Zwecke zu gewinnen, warum sollte nicht dasselbe auch für die Herstellung eines praktischen Unterrichts in der Volksschule möglich sein, wenn nur die Sache von allen Seiten mit Eifer und gutem Willen angegriffen würde? Allerdings wäre das Bedürfnis hier ungleich größer als dort; aber auch die Mittel seiner Befriedigung wären mannigfaltiger. Einen großen Vorteil bietet, wie wir gesehen, die praktische Methode selbst für diesen Zweck dar, dadurch, dass sie mit Leichtigkeit und in kurzer Zeit aus ihren eigenen Schülern brauchbare Gehilfen für das Lehr- und Erziehungsgeschäft heranbildet. Die oben (im neunten Kapitel) mitgeteilten Erfahrungen lassen keinen Zweifel hierüber bestehen.

Nur für den Anfang also möchte die Gewinnung geeigneter Lehrkräfte für die praktischen Erziehungsanstalten einige Schwierigkeiten haben[77]. Wäre erst ein Stamm von Lehrern und Lehrerinnen geschaffen, so würden diese sich ihre Schüler und Nachfolger selbst bilden. Das Beste möchte dann sein, dass junge Leute, die sich diesem Erziehungsgeschäft widmen wollten, an den schon bestehenden Anstalten bei erprobten und erfahrenen Lehrern ihren praktisch-theoretischen Kursus machten, wie es die Kindergärtner und Kindergärtnerinnen in Keilhau bei *Fröbel* oder in Kaiserswerth bei [Georg Theodor Heinrich]

---

[77] Vielleicht könnten das Rauhe Haus und die sonstigen Wehrli-Schulen, auch wohl das nach *Wehrlis* Grundsätzen eingerichtete Seminar zu Kreuzlingen, die ersten Lehrer und Erzieher zur Verpflanzung der dort erprobten Methode in die öffentlichen Volksschulen liefern. Der etwas streng religiöse Standpunkt, welche die Zöglinge der erstgenannten Anstalt zu dem Werk mitbringen würden, dürfte wohl kaum Bedenken erregen, denn vor einer Frömmigkeit, welche die Jugend neben fleißigem Beten auch zum fleißigen Arbeiten, zur hingebenden Beschäftigung mit der materiellen Außenwelt, mit Natur und Kultur anhält, braucht man sich nicht zu fürchten.

Fliedner zu tun pflegen. Besonders mit größeren Schulen dieser Art würden, wegen der größeren Mannigfaltigkeit der dort vorkommenden Arbeitsgelegenheiten, Bedürfnisse und Individualitäten der Zöglinge, solche Bildungsanstalten für Lehrer zweckmäßig verbunden werden können[78]. Es käme eben alles darauf an, für den Anfang die rechten Männer und Frauen zu finden, welche in den Geist der neuen Methode ganz einzugehen, dieselbe mit Hingabe und Liebe, psychologischem Takt und praktischem Geschick anzuwenden im Stande wären. Denn allerdings wird hier mehr verlangt, als ein bloßer Haufen buntscheckiger Kenntnisse oder eine gewisse Kunstfertigkeit im Lehren einzelner Wissenszweige; der Lehrer, der mit Erfolg auf dem Feld dieses praktischen Unterrichts wirken will, muss nicht allein ein vielseitiges, gründliches Wissen besitzen (und zwar nicht ein bloß äußerlich angelerntes und unverdautes, sondern ein in Blut und Leben übergegangenes), er muss auch die Beziehungen dieses Wissens zu den praktischen Erziehungszwecken genau kennen, um es immer an der rechten Stelle und auf die rechte, fruchtbare Weise anzuwenden; er muss von den technischen Handgriffen der Arbeiten, die er als Bildungsmittel gebrauchen soll, unterrichtet sein[79], muss aber auch von ihren

----

[78] Bei der Anstalt zu Mettray fanden sich sofort nach ihrer Gründung einige zwanzig junge Leute aus wohlhabenden Familien ein, welche es als eine Ehre betrachteten, ihre Kräfte einem so schönen und edlen Werke zu widmen. Sie wurden von den Leitern der Anstalt *binnen sechs Monaten* in den Geist und die Grundsätze der dort geübten Erziehungsweise vollständig eingeweiht. Die Zahl dieser Gehilfen wuchs immer mehr und es wurde für sie eine förmliche Vorbereitungsschule errichtet, worin man sie in den Grundsätzen der Moral und Religion, der Muttersprache, der vaterländischen Geschichte und Geographie, der Arithmetik, Geometrie, dem Linearzeichnen, dem Rechnungswesen, der Gymnastik, dem Schwimmen, der Vokal- und Instrumentalmusik, der rationellen Landwirtschaft und den Elementen der darauf bezüglichen Wissenschaften unterrichtete. Diese so vorgebildeten Lehrergehilfen (contre-maîtres) traten alsdann an die Spitze neuer ähnlicher Anstalten. So berichtet *Ducpétiaux* a.a.O.

[79] Vielleicht finden manche die Anforderungen übertrieben, dass ein und derselbe Mann nicht nur vielerlei theoretische Kenntnisse, namentlich in Naturwissenschaften und Mathematik, sondern auch technische Geschicklichkeiten besitzen, Gärtnerei, Baumzucht, auch wohl Handwerke verstehen, endlich noch rationeller Erzieher sein solle. Allein bei einem selbst praktischen Bildungsgang der künftigen Lehrer wäre dies durchaus nichts Unerreichbares, vielleicht sogar minder schwierig, als die Bildung eines normalen Lehrers für die jetzigen Schulen durch die Seminarien. Übrigens würde da, wo eine größere Menschlichkeit

pädagogischen Wirkungen, von der Einrichtung, welche denselben aus diesem Gesichtspunkt zu geben ist, von der Reihenfolge und Verbindung, in welche sie zu bringen sind, eine klare Anschauung haben; endlich muss er diejenigen Eigenschaften des *Willens* besitzen, welche nötig sind, um auf den Willen der Zöglinge, dessen Ausbildung bei dieser Methode die Hauptsache ist, gehörig einwirken; er muss vor allem seinen Zöglingen selbst mit dem Muster praktischer Tüchtigkeit, Entschlossenheit, Ordnung und Unverdrossenheit vorangehen; er muss endlich ein aufgeschlossenes Gemüt und ein offenes Zutrauen erweckendes Wesen besitzen, um seine Zöglinge zu gleicher Offenheit und Zutraulichkeit zu veranlassen; kurz, er muss das sein, was ein verständiger, sorgsamer, sich der sittlichen und geistigen Bildung seiner Kinder ganz widmender Hausvater ist. So groß diese Forderungen und so unverhältnismäßig sie, an einen gewöhnlichen Volksschullehrer gestellt, erscheinen[80], so wird doch ihre Erfüllung gerade wieder durch die Eigentümlichkeit der praktischen Methode erleichtert. Denn, indem bei dieser alles natürlich und mit einer inneren Notwendigkeit unter sich zusammenhängt und ineinander greift, indem der Gang und die Stufenfolge des Unterrichts ebenso durch die Natur des Stoffes, wie durch die Neigung und Fähigkeiten der Zöglinge und deren allmähliche Entwicklung vorgezeichnet sind, bedarf es nur eines warmen Herzens für die Sache, einer unverdrossenen Aufmerksamkeit und einer Fernhaltung alles eigenwilligen und ein-

---

praktischer Beschäftigungen erforderlich schiene (in größeren Stadtschulen), eine Teilung der Fächer unter die Lehrer, auch die Zuziehung technischer Gehilfen (Handwerksmeister, Gärtner) — wie das in Ruysselede geschieht — eintreten können.

[80] Traurig genug, dass man beim gegenwärtigen Unterrichtswesen die Ansprüche an den Volksschullehrer so niedrig stellt und in Folge dessen ihm eine so untergeordnete Stellung im Staat und in der Gesellschaft einräumt! Vollkommen Recht hat der früher erwähnte Lehrer in *Vogels* „Bürgerschule", wenn er sagt: „Der erste Elementarunterricht müsste vielmehr den *allerbefähigsten* Lehrern anvertraut werden. Eine kostbare Blume werden wir nimmer einem unerfahrenen Gärtner anvertrauen, und das Kinderherz mit seinen Himmelskeimen wollt ihr einem unerfahrenen Lehrer anvertrauen? Wer aber nicht vorbereitet durch die allertiefsten psychologischen Studien, in das schwierige Verständnis des Kinderherzens eingeweiht, durch Erfahrung an der Hand eines langjährigen Kenners bekannt geworden ist mit der großen Kunst der richtigen Behandlungsweise der Kinder, der ist ein solcher."

seitigen Wesens auf Seiten des Lehrers, um, bei übrigens vorhandener tüchtiger Vorbildung, günstige Erfolge zu erzielen. Die Freude an diesen Erfolgen und die Natürlichkeit des ganzen Verhältnisses, welches (wie bereits oben im neunten Kapitel ausgeführt wurde) weder den Lehrer zu aufreibenden körperlichen und geistigen Anspannung, zu fortwährendem Kampf mit der widerstrebenden Natur der Kinder verdammt, noch die Kinder in gezwungenen, gegen ihre Neigungen streitenden Beschäftigungen festhält und dadurch widerspenstig oder geistesträge macht, vielmehr ein harmonisches Zusammenwirken beider Teile ermöglicht — diese Freude muss auf den Lehrer äußerst wohltätig und fördernd einwirken; sie wird seinem pädagogischen Streben immer neuen Schwung verleihen, wird ihm fortwährend neue Elemente der eigenen Fortbildung und neue unterstützende Momente seiner Erziehertätigkeit zuführen. Die Zöglinge selbst werden ihm dazu behilflich sein. Da hat der eine beim Arbeiten im Garten gewisse Veränderungen an den Pflanzen oder an dem umgerissenen Erdreich beobachtet und gibt dem Lehrer durch Mitteilung dieser Beobachtung Veranlassung zu allerhand belehrenden Winken; ein anderer glaubt in Bezug auf den vorteilhaften Gebrauch eines Handwerkzeuges oder auf eine neue Benutzung eines Arbeitsstoffes eine nützliche Entdeckung gemacht zu haben, und die gemeinsame Besprechung und Prüfung dieser Entdeckung, die Aufstellung praktischer Versuche damit, die Erörterung der einschlagenden physikalischen, chemischen, mathematischen Momente bieten abermals reiche Gelegenheit zu den förderndsten, belehrendsten Beschäftigungen, bei denen der Lehrer weiter nichts zu tun hat, als den von selbst vorwärts strebenden Geist der Schüler überall auf die rechte Spur zu leiten. Mit einem Wort: Beim praktischen Unterricht ist es nicht der Lehrer allein, der alles tun, für alles sorgen, jede Tätigkeit der Schüler erst wecken, jede Richtung, die sie einschlagen sollen, erst angeben, auf jedem Schritt sie lenken, überwachen, anspornen muss, sondern *hier hilft alles Arbeiten, hier wirkt alles zusammen, um das gemeinsame Ziel mit vereinten Kräften zu erreichen*, und der Lehrer ist gewissermaßen nur der Erste dieser wetteifernd Vorwärtsstrebenden, nur einer, der um ein paar Schritte den anderen auf der gleichen Bahn voraus ist, nicht aber, wie leider in den heutigen

Schulen nur zu oft der Fall, ein von seinen Zöglingen durch eine weite Kluft geschiedenes, ihnen fremd, fast feindlich gegenüberstehendes Wesen[81].

Wie beim praktischen Unterricht der Lehrer vorgeschrittenen Schülern sich eine förmlich organisierte, äußerst wirksame Unterstützung für Leitung und Beaufsichtigung der übrigen schaffen könne, ist oben [...] bereits angedeutet worden[82].

Noch eine andere, nicht minder wichtige und für die Erfolge der praktischen Schule selbst höchst wohltätige Beihilfe des Lehrers würde eintreten können durch *die Mitwirkung der Eltern*

---

[81] Man lese noch einmal die [...] mitgeteilten Schilderungen der Arbeiten im Rauhen Haus und man wird die hier geäußerte Hoffnung nicht übertrieben nennen.

[82] Zur Verdeutlichung dessen sei hier noch das Bild wiedergegeben, welches ein praktischer Schullehrer, [Johann Karl Gottfried] *Börner*, in seinen „Gedanken und Wünsche [über] die Erziehung der Kinder der Armen" (Leipzig 1847), von einer solchen Arbeitsschule entwirft. „Sind nur erst einige Schüler fertig und sicher in diesen Künsten", sagt derselbe, „so werden sich andere ihnen anschließen, um von ihnen zu lernen, besser als von erwachsenen Meistern, da ja die Erfahrung lehrt, dass Kinder weit leichter und angenehmer von Kindern lernen als von Erwachsenen. Die Aufsicht des Lehrers wird die Vorgesetzten bei den Arbeiten stets so zu bewachen suchen, dass den ihnen Untergebenen kein Unrecht geschieht und dass alle die Arbeit fröhlich vollbringen. Es werden z.B. Sämereien ausgelesen. Die Vorgesetzten sehen zuweilen nach, ob alles gut gelesen wird, begeben sich dann wieder an ihren Ort, um selbst tätig zu sein. Wills bei einem der Untergebenen nicht so recht gehen, so kommt er einmal zu seinem Oberen [Vorgesetzten] und sieht, wie dieser es treibt. Es werden Tüten angefertigt. Es gelingt einem diese kleine Arbeit besser als allen anderen. „Ich habe eine Tüte fertig!" Die Anderen kommen und sehen es; bei ihnen will's auf's erste Mal nicht gelingen. Sie bitten, er möge eine fertigen, während sie zusehen; und so ist er stillschweigend zu ihrem Vorgesetzten gewählt, denn kaum ist einer der Geschickteren an seinem Platz, beginnt die Arbeit und sind sie gelungen, so zeigt er sie erfreut jenem ersten, dieser besieht sie, bemerkt noch einen Fehler und spricht: „So wird sie nicht ganz fest halten." Er hilft dem kleinen Fehler ab. So kommen noch andere und zeigen ihm ihre Arbeiten. Nach der Zeit besieht er die Tüten dessen, der zuerst zu ihm kam und findet sie gelungen. Er weist nun einige der anderen zu diesem, die es jetzt ebenfalls recht versteht. So ist ein Zweiter auf rechtmäßiger Weise zum Oberen geworden. Der Lehrer kommt zuweilen, gibt, wenn es möglich ist, allgemeinen Beifall zu erkennen, verweist auf Karl und August, deren Arbeit von ihm als die gelungenste erkannt wird, und so sind die Oberen in ihrem Aufsichtsrecht bestätigt. So werden sich fast bei jedem Arbeitszweig verschiedene Obere herausstellen, welchen von allen anderen willig Gehorsam geleistet wird, da ihr Recht sich auf den Vorzug ihrer Geschicklichkeit in der betreffenden Verrichtung gründet. Auf ähnliche Weise wie bei den Knaben werden sich auch die Beschäftigungen der Mädchen von diesen selbst leiten lassen."

und Angehörigen der Zöglinge. Überhaupt der Mitglieder der Schulgemeinde, als allgemein bei der Erziehung des nachwachsenden Geschlechts Beteiligter; dass eine solche bei der praktischen Methode ungleich leichter und wirksamer sei, als bei der theoretischen, ist im achten Kapitel [...] nachgewiesen worden. Ich verstehe aber darunter nicht bloß jene nachhelfende Tätigkeit, welche die einzelnen Väter und Mütter der Schule durch die Erziehung ihrer Kinder daheim leisten können, sondern eine *allgemeine und förmlich organisierte sämtlicher Mitglieder der Schulgemeinde*. Allerdings nicht in der bisherigen, sehr äußerlichen Weise, in welcher so genannte „Schuldeputationen" oder „Schulvorstände" die Schule beaufsichtigen helfen (wobei die Laien in der Regel nur die stummen Beisitzer und Ja-Sager abgeben, die Hauptsache aber den geistlichen und den bürokratischen Schulbehörden überlassen bleibt), sondern im Geist einer *durch Rat und Tat* mit der Schule und ihren Leitern innig verbundenen Körperschaft, eines wahren und wahrhaftigen *Elternrates*, wie ihn schon vordem *Curtmann* — freilich von dem beschränkten Standpunkt des bloß theoretischen Unterrichts aus — empfohlen, neuerdings aber ein anderer, der hier zu Grunde gelegten Vorstellung näher stehender Schriftsteller, [Wilhelm Heinrich von] *Gwinner*[83], in folgenden Worten bezeichnet hat:

„Die Eltern aller Stände, wie sie die Gemeinde verbindet, sollen zusammentreten und ihre eigene Schulbehörde darstellen, indem sie sich wechselseitig zur Ermunterung, Unterstützung, Beratung, Leitung und Überwachung der Erzieher verpflichten und so das Prinzip der *Selbstregierung* hier auf den vernunft- und naturgemäßen Boden verpflanzen. *Alle* Stände müssen bei diesem echt deutschen und echt liberalen *Elternrat* beteiligt sein und die höheren mit den niederen gerade hier, bei der gemeinsamen Liebespflicht gegen die Jugend, brüderlich Hand in Hand gehen lernen."

---

[83] In seiner Abhandlung: „Deutschland und die innere Mission", im 1. Band der „Germania. [Die Vergangenheit, Gegenwart und Zukunft der deutschen Nation]", [Hrsg. v. einem Verein von Freunden des Volkes und Vaterlandes. Eingeführt durch Ernst Moritz Arndt, Leipzig 1851]; S. 623.

Wir haben eine solche Mitwirkung von *Laien* neben den eigentlichen *Fachmännern* bereits eintreten sehen beim *Turnunterricht*, und die Erfahrung hat gelehrt, dass nicht bloß das allgemeine pädagogische Moment, die Aufsicht auf die versammelte Jugend, durch diese Mitwirkung wesentlich gefördert und dem eigentlichen Lehrer erleichtert wurde, sondern dass auch in Bezug auf die Übungen selbst manche fruchtbare Beobachtung gemacht, manche nützliche Anregung gegeben, mancher beherzigenswerte Rat von dieser Seite her erteilt werden konnte. Sollte nicht dasselbe in noch viel höherem Grade der Fall sein bei einem Unterricht wie der vorgeschlagene, der so vielfach in die gewöhnlichsten Verhältnisse des täglichen praktischen und häuslichen Lebens eingreifen und daher jedem mit diesen Verhältnissen Vertrauten so viele bekannte und fassbare Seiten der interessenvollen Anteilnahme und des fördernden Einwirkens darbieten würde? Mit richtigem Takte ruft *Diesterweg*[84] zur Unterstützung der Erzieher von Fach in die neu begründete *Pestalozzi*-Stiftung bei Berlin, Männer des praktischen Lebens, besonders Handwerker, herbei, welche angeben sollen, wie die verschiedenen praktischen und technischen Beschäftigungen zu „elementarisieren", d.h. auf ihre einfachsten Formen und Handgriffe zurückzuführen und zu organisieren seien. Ich denke mir, dass an der Ausbildung und Vervollkommnung dieser Organisation des praktischen Unterrichts, sobald nur erst das Verständnis der Methode allgemeiner verbreitet, das Interesse daran geweckt wäre, die ganze Schulgemeinde mitarbeiten und dadurch dem Lehrer sein Geschäft nicht wenig erleichtern würde. Jeder wäre bemüht, seine Beobachtungen, Erfahrungen und Ideen über die Einfügung dieses und jenes neuen Gebiets in den Organismus des Unterrichts, über die Benutzung dieses und jenes Stoffes zu praktischen Übungen, über die zweckmäßige Verknüpfung der letzteren mit theoretischen Unterweisungen u.dgl.m. den Erziehern mitzuteilen, und so würde das ganze Erziehungswerk allmählich das werden, was es naturgemäß sein soll: *eine Sache der Allgemeinheit*, nicht mehr das ausschließliche Geschäft und Monopol eines besonderen Standes.

---

[84] In den „Rheinischen Blättern für Erziehung", XLIV. Bd. 1. Heft.

Die so genannten „Laien", d.h. diejenigen, die nicht von dem Lehren und Erziehen Profession machen, dagegen aber das nächst praktische Interesse daran haben, dass die Jugend gut erzogen werde und etwas Tüchtiges lerne, die ferner am besten wissen, was die Jugend im Leben und für das Leben braucht, diese muss die Schule zur tätigen Beteiligung an ihrem Erziehungsgeschäft heranziehen, ähnlich wie dies bereits mehr oder weniger auf den Gebieten der Kirchen, der Rechtspflege und der Verwaltung geschehen ist. Dann erst, wenn auf solche Weise die Erziehung eine *öffentliche*, eine wahre *Volks- und Nationalangelegenheit* geworden ist, wird sie ihre schönsten Blüten entfalten und ihre reichsten Früchte tragen.

Curtmann (in seiner Schrift „Die Schule und das Leben") wirft die Frage auf, „ob sich nicht dem Unterricht eine gewisse *Öffentlichkeit* geben ließe, wenn man an einzelnen Tagen, ohne gerade Prüfung zu halten, die Schule dem Zutritt der Eltern öffnete." Ich halte diese Idee für eine sehr fruchtbare, aber *nur beim praktischen Unterricht*. Dieser verträgt nicht bloß, sondern fordert sogar eine solche Öffentlichkeit, eine möglichst ausgebreitete, innige und ununterbrochene Wechselbeziehung zwischen der Schule und der Schulgemeinde. Die Eigentümlichkeit der Bildungsmittel, deren sich der praktische Unterricht bedient und die sich sämtlich an das gewöhnliche, namentlich das häusliche Leben und seine Beschäftigungen anschließen, bringt es gleichsam von selbst mit sich, dass der Lehrer wünschen muss, diese Übungen unter den Augen der Eltern seiner Zöglinge und der sonstigen Mitglieder der Schulgemeinde vorzunehmen, um fortwährend versichert zu sein, dass er in Übereinstimmung mit den praktischen Bedürfnissen des Lebens handle, nicht in Künstelei und Einseitigkeit verfalle. Es würde daher eine solche Öffentlichkeit des praktischen Unterrichts weder „Unbequemlichkeit für den Lehrer herbeiführen", noch „Zerstreuung der Schüler" (wie *Curtmann* von seinem Vorschlag befürchtet, „solange die Sache noch neu und die Kommenden indiskret wären") — ebenso wenig als dies z.B. beim öffentlichen Turnunterricht der Fall ist. Der gegenwärtige Unterricht freilich verträgt nicht gut die Dazwischenkunst eines Uneingeweihten, dessen zweifelvolle Mienen oder wohl gar „indiskrete" Fragen bezüglich der Natur- und Zweckmäßigkeit der angestellten Lernübungen die Illusion stören möchten, in der bei diesem Unterricht Lehrer und Schüler sich fortwährend erhalten müssen. „Noli turbare circulos meos!" („Tritt mir nicht in meine Kreise hinein!") möchte da jeder Lehrer dem Fremden, der in das Mysterium der Schule eindringen will, zurufen. Die praktische Schule dagegen könnte über ihre Pforten getrost die Worte schreiben:

„Kommt! Seht! Prüft! Helft!"

Fünfzehntes Kapitel

Würden nicht die Kosten eines solchen praktischen Unterrichts unverhältnismäßig groß sein?

Diese Kosten sind doppelter Art, nämlich:

1. die Gehälter der Lehrer und Lehrgehilfen;

2. die Kosten für das Arbeitsmaterial, die Beschaffung eines Schulgartens (respektive Schulfeldes), die Einrichtungen zum Betrieb gewisser Handarbeiten, z.B. Aufstellung von Hobel- und Drehbänken, Anschaffung von Handwerkszeug und von Arbeitsstoffen; Holz, Pappe, Papier usw.

Rücksichtlich der Lehrgehalte kommt zweierlei in Frage:
Würde man beim praktischen Unterricht mehr Lehrkräfte als beim gegenwärtigen, oder weniger, oder ebenso viele brauchen?
Würde man diese Lehrer, nach Verhältnis der von ihnen geforderten Qualitäten und Leistungen, besser bezahlen müssen als die jetzigen?
Die erste dieser beiden Fragen glaube ich dahin beantworten zu können, dass, wenn nicht weniger, doch sicherlich auch

nicht mehr Lehr- und Aufsichtskräfte für den praktischen Unterricht nötig sein würden als für den theoretischen.

Allerdings ist eine genaue Aufsicht und ein möglichst allseits gegenwärtiges Eingreifen des Lehrers bei den praktischen Arbeiten erforderlich, damit dieselben auf die rechte Weise von statten gehen, nicht leichtsinnig hingeschludert, nicht verkehrt angegriffen werden, damit unnützer Zeitaufwand, zwecklose Verschwendung von Material, ungeschickte Verderbung der Werkzeuge vermieden werden. Denn, es kann das nicht oft genug wiederholt werden, nur eine gut geleitete, mit Verstand, Aufmerksamkeit und Hingabe betriebene Arbeit wirkt bildend; eine bloß mechanisch, gedankenlos oder flüchtig getane würde, statt zu nützen, nur schaden. Allein ganz dasselbe findet beim theoretischen Unterricht statt. Ein gewissenhafter Lehrer muss hier auch jedes Schreibebuch und jede Rechentafel nachsehen, um sich zu vergewissern, dass alle Schüler gut und richtig gearbeitet haben, und, wo dies nicht geschieht (leider geschieht es nicht überall, kann nicht überall geschehen), da sieht es eben auch schlimm genug um die gründliche Bildung der Schüler aus. Dahingegen bietet, wie wir schon oben gesehen haben, die praktische Methode dem Lehrer ganz andere Vorteile zur Beaufsichtigung und Leitung einer größeren Anzahl von Schülern, als die theoretische, nicht allein durch die Möglichkeit, die besseren, gewandteren und zuverlässigen Schüler mit der aushelfenden Aufsicht über die anderen zu betrauen, so dass der Lehrer nur die Oberaufsicht auf das Ganze zu führen braucht, sondern auch durch die leichtere Art der Beaufsichtigung selbst. Eine Zahl von 10, 20, 30 jungen Gartenarbeitern, die in einer oder mehreren Reihen hintereinander graben, pflanzen, jäten oder dergleichen, ist weit eher mit einem Blick zu übersehen und zu mustern, als eine eben solche Zahl von Schreib- oder Rechenschüler, wo der Lehrer bei jedem einzelnen herumgehen, sein Auge auf jedes Buch und jede Tafel genau heften muss, um das Geschriebene oder Gerechnete durchzusehen. Auch bei den Handarbeiten im Zimmer ist die Übersicht weniger schwer, als bei den Kopfarbeiten. Ob der junge Arbeiter an der Hobelbank die gegebene Anweisung zum Gebrauch des Hobels oder Bohrers begriffen habe, ist mit einem Blick auf seine Arbeit zu sehen; ob der Lernschüler reine Regeln der Grammatik recht anzuwenden wisse, muss erst durch allerhand Fragen und Antworten ermittelt werden, wenn diese Anwendung in dem einen Fall richtig erfolgt, so hat der Lehrer noch keine Sicherheit darüber, dass sie nicht in einem anderen wieder verfehlt werde, während praktische Handgriffe, einmal erlernt, selten einer nochmaligen Einübung bedürfen.

Ein anderes Bedenken könnte hier freilich entstehen, nämlich das: ob ein und derselbe Lehrer im Stande wäre, den praktischen und den theoretischen Unterricht, und wiederum jenen in verschiedenen Fächern, z.B. in der Gärtnerei, Tischlerei, den Papparbeiten usw. zu erteilen. Ich habe dieses Bedenken schon im vorigen Kapitel berührt und zu erledigen versucht. Die Erfahrung spricht dafür, dass die, allerdings scheinbar weit auseinander gehenden Verrichtungen des Lehrens theoretischer Kenntnisse und der Anleitung zu praktischen Beschäftigungen dennoch in einem Individuum ganz wohl vereinigt sein könnten, ja dass sie, wie beim Lernenden, so auch beim Lehrer sich gegenseitig unterstützen, indem der in praktischer Nutzanwendung der theoretischen Wissenschaften, z.B. der Mathematik und Physik, Geübte diese Wissenschaft selbst leichter und besser lehren wird, als der bloß theoretisch Geschulte wie andererseits die Kenntnisse der Theorie ihm in der Praxis (z.B. durch Anwendung physikalischer Erfindungen oder besserer Methoden geometrischer Messung) manchen Vorteil schafft. Freilich sind die *Wehrlis*, die *Lütschgs*, die *Cappels* nicht allzu häufig, aber auch unter unseren bloß theoretischen Lehrern bilden die guten, rationell doch nur die Ausnahme, und aus den inneren Wahrscheinlichkeitsgründen, die ich früher entwickelt habe, ist anzunehmen, dass sich noch leichter Lehrer finden werden, welche eine Schule von 50-60 Kindern nach der praktischen Methode tüchtig bilden, als solche, welche dieselbe Zahl auf dem bloß theoretischen Weg intellektuell und sittlich zu der gehörigen Vollkommenheit bringen. Das bei Einführung des praktischen Unterrichts nicht die Zahl der Lehrstunden um so viel, als dieser in Anspruch nähme, vermehrt, sondern dieser Zuwachs durch Verringerung der Zahl der Lernstunden fürs theoretische Wissen ausgeglichen werden würde, ist schon oben des Weiteren auseinandergesetzt und sei hier nur nochmals in Erinnerung gebracht.

Eine andere Frage ist, ob man nicht Lehrer, die soviel mehr leisten, auch ganz anders werde bezahlen müssen, als unsere jetzigen Lehrer, von denen man nur eine Hälfte jener Leistungen, das theoretische Lehren, verlangt. Und da sage ich allerdings: Ja, man wird die Lehrer der Volksschulen anständig honorieren müssen, wenn man will, dass die Bildung der Jugend, unstreitig eines der wichtigsten und schwierigsten unter allen Geschäften, überall in den befähigtesten Händen sich befinde. Der praktische Unterricht vermag, wie wir gesehen, für eine tüchtige und wahrhaft brauchbare Bildung des nachwachsenden Geschlechts Großes zu leisten, *wen er von Männern geleitet wird, welche den wahren inneren Beruf, die rechte geistige und sittliche Befähigung und die echte hingebende Liebe und Begeisterung dazu mitbringen*. Diesen Männern soll man aber auch dann diejenige Stellung in der Gesellschaft anweisen und diejenige öffentliche Achtung bezeigen, welche sie, als die Bildner unserer Jugend und somit gewissermaßen als die Schöpfer unserer ganzen nationalen Zukunft, nicht nur verdienen, sondern auch haben müssen, um mit rechtem Erfolg, mit ganzer Seele, ohne drückende und entmutigende Nebengedanken in ihrem wichtigen Amt tätig sein zu können. Dazu gehört nun auch ein solches Einkommen, so dass der Lehrer, bei mäßigen Ansprüchen, es nicht nötig habe, an fremdartigen Nebenerwerb zu denken, nicht verleitet werde, wegen notgedrungenen steten Harrens und Bangens um eine Zulage oder eine bessere Stelle den allzeit devoten, katzenbuckelnden Diener der „hohen Vorgesetzten" zu machen, bei den Mitgliedern des Schulvorstandes, den Gemeinderäten oder Stadtverordneten herumzuschmarotzen, vielleicht sogar (die Fälle sind da gewesen) den eigenen Schülern, weil sie Kinder einflussreicher Eltern sind, zu schmeicheln, nicht durch zur Schau getragene Dürftigkeit und Hungerleiderei sich und seinen Stand dem Mitleid der Verständigen und dem Spott der Unverständigen aussetze, nicht aus Mangel an Geld sich die nötigste geistige Nahrung, die Mittel seiner Fortbildung versagen müssen, vielmehr in der Lage sei, ohne Nahrungssorgen anständig zu leben, seine Stellung als gebildeter Mann in der Gesellschaft und eine gewisse würdevolle Unabhängigkeit selbst seinen Vorgesetzten und Brotgebern gegenüber zu behaupten, endlich mit der fortschreitenden allgemeinen Kultur, deren Dolmetscher er ja für das jüngste Geschlecht sein soll, auch selber gleichen Schritt zu halten. Dieser Maßstab muss freilich, mit den damaligen Gehältern unserer meisten Volksschullehrer, zumal auf dem Land, verglichen, ein sehr idealischer genannt wurde. Denn die besseren Verhältnisse der Lehrer in einzelnen Gegenden Deutschlands, wie z.B. von *Michelsen* geschilderten auf den großherzoglich Oldenburgischen Gütern in Holstein[85], sind nur Oasen in der ungeheuren Wüste der materiellen, geistigen und geselligen Gedrücktheit unseres Volksschullehrerstandes. Erhielten doch noch im Jahr 1847 von den 15.000 Volksschullehrern des Königreichs Preußen 12.000 weniger als 100 Taler Gehalt[86], und im Königreich Sachsen schlug erst 1850 die Regierung ein Minimalgehalt von 160 Taler für jeden konfirmierten Lehrer vor, welcher aber von den Kammern auf 140 Taler herabgesetzt wurde.

Auch hier indessen dürfte die praktische Methode für das gesteigerte Bedürfnis, welches sie nicht sowohl schaffen als nur offener bloßlegen und stärker zur Geltung bringen würde, einigermaßen selbst die Mittel der Aushilfe darbieten. Zwar bin ich nicht ganz der Meinung *Langes*, der (in seinen „Feldgärtnereikolonien") die Ansicht aufstellt: „Eine Bildung der Schullehrer durch und zu landwirtschaftlichen Arbeiten würde dieselben an ein so einfaches und mäßiges Leben gewöhnen, dass sie dann auch mit dem geringsten Gehalt auskämen und zufrieden wären", denn, wenn schon allerdings eine mehr praktische als gelehrte, mehr naturgemäße als verkünstelte Vorbildung der Volksschullehrer unter anderem auch den Vorteil haben möchte, dass die so Vorgebildeten weniger künstliche Bedürfnisse und hochfliegende Ideen in ihren Beruf mitbrächten, so gibt es doch ein gewisses Maß des Nötigen und Anständigen, unter-

---

[85] Wo z.B. bei *Pensionierungen* von Dorfschullehrern in dem einen Fall Herzog Peter resolvierte [detailliert festlegen]: „Im Ganzen soll er jährlich 240 Taler Preuß. Cour. haben", und in einem anderen Falle Großherzog August: „dass dem Lehrer jährlich 240 Taler in Geld und die Nutzung eines Ackers zu gewähren, auch nach seinem Tode der Witwe 50 Taler sowie für jedes Kind bis zum 18. Jahre 12 Taler zu zahlen seien."

[86] Siehe *Scherr* „Organisation der Volksschule".

halb welches man den Lehrer, schon aus Rücksicht auf seine geistige Freudigkeit und das ihm zu wünschende Selbstgefühl, niemals herabdrücken sollte. Aber in anderer Hinsicht wird er Lehrer einer Arbeitsschule durch diese selbst Mittel seiner Existenz gewinnen, welche eine Erhöhung seines Gehalts in Geld vielleicht ganz, gewiss zum großen Teil entbehrlich machen, ihm ein anständiges Auskommen sichern und ihn doch nicht (wie etwa schriftstellerische Nebenarbeiten) seinem eigentlichen Beruf entziehen oder dafür stumpf machen, vielmehr ganz wesentlich mit diesem selbst zusammenhängen. Der Schullehrer (zumal auf dem Land) würde aus seinem Anteil am Schulgarten, den er mit Hilfe der Schüler selbst bebaute, allerhand Bodenprodukte gewinnen, welche, teils in Natur, teils in Geld umgesetzt, ihm einen ganz annehmlichen Zuschuss zu seinen sonstigen Existenzmitteln gewähren möchten.

Wenn ferner (wie das in Holstein, nach *Michelsen*, häufig der Fall ist) die Vorsteherin der Mädchenschule des Schullehrers Frau wäre, was auch in anderer Hinsicht sehr wünschenswert und außerdem ziemlich natürlich und nahe liegend erscheint, so gäbe dies wieder eine wesentliche Verbesserung der Lage einer solchen Lehrerfamilie ohne besondere Last für die Schulklasse. Ich setze überhaupt voraus, dass man mit Hilfe der praktischen Methode auch *Lehrerinnen* bilden würde, welche im Stande wären, den *ganzen Unterricht* der weiblichen Jugend zu übernehmen, um so allmählich zu dem naturgemäßen Verhältnis zurückzukehren, wonach die Erziehung der *künftigen Frauen* in der Hauptsache *Frauenhänden* übergeben sein sollte.

Was die zweite oben erwähnte Art von Kosten, die für Anschaffung des Materials und der Werkzeuge zum Arbeiten, für Herstellung eines Schulgartens oder einer Werkstatt betrifft, so müssten diese sich durch den Ertrag der Arbeiten wieder decken, sei es nun, dass letztere durch ihre Verwendung für gemeinnützige Anstalten (wie früher ausgeführt) der Gemeinde Kosten ersparten, welche von den Ausgaben für die Schule in Abrechnung zu kommen hätten; sei es, dass man die Arbeitsprodukte verwerte und ihren Erlös (nach dem gleichfalls früher angegebenen Teilungsmaßstab) zum Teil der Schulklasse zuwiese. Das eine wie das andere geschieht, wie wir gesehen, in den holsteinschen Arbeitsschulen. Dennoch wird man vielleicht von manchen Seiten her Anstoß an diesem Vorschlag nehmen. Idealistische Pädagogen werden es höchst bedenklich finden, dass man die Jugend schon so früh daran gewöhnen wolle, die Arbeit nicht als bloße Pflichterfüllung, sondern im Licht eines materiellen Erwerbsmittels zu betrachten, und manche reiche Familie dürfte die Nase rümpfen bei dem Gedanken, dass auch die „Kinder aus guten Häusern" gleich den anderen für Geld arbeiten sollten. Jenen Ersteren möchte ich erwidern, dass, solange sie es nicht dahin bringen können, dass der Mensch vom Geist oder von der Luft lebe, es immer um vieles menschenwürdiger, sittlich edler und für die Gesellschaft vorteilhafter sein wird, wenn jeder einzelne sich von früh auf daran gewöhnt, „sein Brot im Schweiße seines Angesichts zu essen", mit seiner Hände Arbeit einen materiellen Gewinn zu erzielen, als wenn ein Teil der Menschen in aristokratischem Müßiggang und vornehmer Verachtung der redlichen Erwerbstätigkeit sein Leben verträumt oder verliedert und sich nur vom Schweiß seiner Mitmenschen nährt. Vollends aber in diesem Fall, wo seitens der Kinder die gewinnbringende Arbeit lediglich als eine teilweise Rückerstattung ihrer Erziehungskosten, also recht eigentlich als die Erfüllung einer Pflicht und die Abtragung einer Schuld gegen die Schulanstalt und die Schulgemeinde betrieben werden soll, muss auch die letzte Spur jenes Bedenkens schwinden. Eltern aber, welche in ihren Kindern den Gedanken nähren möchten, dass sie nicht zu arbeiten brauchten, weil sie etwas Besseres seien als andere, die mögen wohl zusehen, was sie tun. Sie werden es einst zu verantworten haben, wenn die lieben Söhnchen verzärtelte, untaugliche Mitglieder der menschlichen Gesellschaft werden, die nichts wissen und können als ihre Zeit und das mühelos ihnen zufallende Geld in leeren Tändeleien, wenn nicht in Schlimmerem, zu verzetteln.

Allerdings würde es nicht zu billigen sein, wenn man den ökonomischen Gesichtspunkt bei dergleichen Arbeitsschulen über den pädagogischen erheben und zum Beispiel gewisse Arten von Arbeiten, die pädagogisch nur von untergeordnetem Nutzen wären oder deren lange, einförmige Fortstellung den Kindern Schaden bringen könnte, nichtsdestoweniger darum betreiben wollte, weil ihre Produkte vorzugsweise guten Absatz fänden und reichen Gewinn brächten. Allein für ebenso unrichtig würde ich es, sogar vom pädagogischen Standpunkt aus, erachten müssen, wenn man das ökonomische Moment bei der Wahl und Anordnung der praktischen Beschäftigung der Kinder ganz aus dem Auge lassen, wohl gar als etwas Unwürdiges und Fernzuhaltendes behandeln wollte. Gerade die rechte Schätzung dieses ökonomischen Moments ist etwas, was man schon der Jugend beizubringen suchen muss, um sie einesteils vor jenem blinden Jagen nach dem größtmöglichen *augenblicklichen* Vorteil, das meist ebenso ökonomisch falsch, als sittlich verderblich ist, andererseits davor zu bewahren, dass sie die Arbeit nur als ein Spiel, als einen angenehmen Zeitvertreib ansehe und immer nur solche Arbeiten verrichten wolle, welche ihr gerade Spaß machen. Die Freude am *Erwerb*, solange sie im rechten Verhältnis zu der dafür aufgewendeten Mühe steht, ist so wenig der Idealität einer wahrhaft sittlichen Lebensauffassung oder der Reinheit jugendlicher Unschuld zuwider, dass in ihr vielmehr der Keim der schönsten Tugenden und der nützlichsten gesellschaftlichen Eigenschaften liegt.

Ein anderes Bedenken könnte gegen die ökonomische Verwendung und Verwertung der Kräfte der Schuljugend von der Seite erhoben werden, dass man sagt, es werde dadurch den erwachsenen Arbeitern eine drückende und benachteiligende Konkurrenz geschaffen. Dieser Einwurf hat eine gewisse Berechtigung auf dem gegenwärtigen Standpunkt unserer Industrie- und Arbeitsverhältnisse, wo man lediglich durch Zurückhaltung und Unterdrückung jeder neu auftretenden Gewerbskraft den gegebenen Bestand mühsam zu behaupten sucht; er muss aber seine Kraft verlieren, sobald durch eine allgemein praktische gewerbliche Erziehung der Jugend die ganze Bevölkerung mit dem Geist eines regen industriellen Strebens und größerer Kühnheit in Aufsuchung neuer Bahnen des Erwerbs erfüllt, sobald der Gedanke überall zur Herrschaft gelangt ist, dass nicht ein neidisches Niederdrücken der anderen produktiven Kräfte und die ängstliche Behauptung eines Monopols der Arbeit und des Erwerbs, sondern nur die unbeschränkteste Entwicklung und Fruchtbarmachung aller vorhandener produktiver Kräfte die Wohlfahrt des Ganzen und jedes Einzelnen sicher verbürge. Wenn man namentlich durch Benutzung der bisher ganz unbenutzt gebliebenen jugendlichen Kräfte dahin gelangen könnte, der Natur, dem Erdboden ein größeres Maß von Erträgnissen aller Art abzugewinnen, also auf der gleichen Bodenfläche eine größere Zahl von Menschen als bisher, oder die bisherige Zahl leichter und besser zu nähren — wie das allerdings nach den gemachten Erfahrungen kaum zu bezweifeln ist[87] —, so wäre das ein reines volkswirtschaftliches Surplus [Mehrwert], wodurch die bisherige Arbeiterbevölkerung nicht allein an ihrem Verdienst nicht das Geringste einbüßte, sondern sogar, durch die Vermehrung und folglich Verwohlfeilung [Verbesserung] der ersten Lebensbedürfnisse, bedeutend gewinnen würde.

Leider geben die Erfahrungen, die man bisher (siehe das achte Kapitel) mit der praktischen Methode gemacht hat, für unseren Zweck, hinsichtlich der Kosten solcher Anstalten, keinen sicheren Anhaltspunkt. Ist es nämlich schon fast unmöglich, aus den in den geschlossenen Anstalten für die Erziehung und physische Verpflegung der Zöglinge aufgewendeten Gesamtkosten den auf die Erziehung allein fallenden Anteil herauszufinden, so kommen noch zwei andere Umstände hinzu, welche die Anwendung des Maßstabes jener geschlossenen Anstalten auf die allgemeine Volksschule erschweren. Auf der einen Seite nämlich ist dort der ökonomische Gesichtspunkt zu einer Höhe gelangt, wie es nur bei den eigentümlichen Verhältnissen jener Anstalten möglich war, in allgemeinen Volksschulen aber nicht tunlich sein würde. Wenn zum Beispiel jene Anstalten ihre Zöglinge teilweise bis zum 20. Jahr behalten und also von der in diesem Alter schon ungleich ausgebildeteren Arbeitskraft derselben einen höheren Ertrag ziehen können, so ist das ein Vorteil, welcher der gewöhnlichen Volksschule entgeht. Ferner ist es leichter, die Naturbedürfnisse einer solchen geschlossenen

---

[87] Nach dem oben [...] mitgeteilten Bericht der [Zeitung] „Independance" hatte sich die Ertragsfähigkeit der jungen Arbeiterkolonie zu Ruysselede zur Bearbeitung überlassenen Bodens binnen zweier Jahre vervierfacht; der offizielle Bericht des Justizministers an die Kammer von 1851 veranschlagt die Erhöhung des Grundwertes jener Kolonie nach dreijähriger Bearbeitung durch die jungen Kolonisten auf 50%, nach fünfjähriger auf 100%. Ein vorher wenig fruchttragender Boden war durch die sorgsame Bestellung mit Hilfe so vieler Hände in einen fruchtbaren verwandelt worden. — Das Waisenhaus zu Pirna in Sachsen gewann (nach *Langes* „Feldgärtnereikolonien") durch die von seinen Zöglingen betriebene Spatenkultur von einem Grundwert von 3.500 Talern fast 600 Taler Ertrag, also gegen 17%. —

Anstalt durch die Arbeiten der Zöglinge selbst beschaffen zu lassen, als diese letzteren in Geld umsetzen, um damit zum Beispiel die Lehrergehalte zu decken. Auf der anderen Seite bedürfen solche Anstalten in der Regel zahlreicherer Kräfte zur Beaufsichtigung ihrer Zöglinge, als eine gewöhnliche Schule bedürfen würde, weil jene es mit verwahrlosten, zum Teil verwilderten Kindern zu tun haben, welche gebessert und gebildet werden sollen. Diesen Grund führt zum Beispiel der in den „Fliegenden Blättern des Rauhen Hauses" (2. Heft) mitgeteilte Bericht der Anstalt von Mettray für das äußerst zahlreiche Personal dieser Anstalt an.

Dennoch geben einzelne dieser Anstalten in Betreff der aufgewendeten Kosten, wenn man diese auf die Verhältnisse einer bloßen Unterrichtsanstalt überträgt, für letztere einen ziemlich günstigen Maßstab. In Ruysselede betrugen die Gehälter für das gesamte Personal der Anstalt im Jahre 1851, bei einer Zahl von 500 Zöglingen, 16.250 Francs, also etwas über 4.300 Taler; davon gehen aber ab die Gehälter für den Geistlichen, den Arzt, die Rechnungsführer, den Koch und andere, deren Dienste lediglich durch die besonderen Verhältnisse der Anstalt als eines geschlossenen Hauswesens bedingt sind, mit 4.850 Francs oder ziemlich 1.300 Talern, so dass für das eigentliche Lehr- und Aufsichtspersonal, mit Einschluss von neun Arbeitsaufsehern und acht Arbeitsmeistern verschiedener Gewerbe, welche den Zöglingen Anweisung erteilen, ungefähr 3.000 Taler oder 6 Taler auf einen Zögling fallen. Zwar kommen dazu noch einige Nebeneinkünfte in Natur (Kost und Kleidung für die Arbeiter und Aufseher), etwa zur Hälfte jener Summe, allein davon ist wieder abzurechnen der Wert der Arbeit dieser Personen, welche neben der Anweisung, die sie den Zöglingen geben, zugleich selbst zum Nutzen der Anstalt ihr Gewerbe ausüben. Man kann also als wirklichen Aufwand an Lehrkräften für die 500 Zöglinge höchstens 4.000 Taler oder 8 Taler pro Kopf rechnen. Dagegen finde ich auf den Etat einer Bürgerschule in einer größeren Stadt Deutschlands bei einer Zahl von 1.200 – 1.500 Zöglingen 34 Lehrer mit einem Gesamtgehalt von circa 17.000 Talern aufgeführt, sodass auf einen Zögling hier ungefähr 12 Taler kommen.

Die Betriebskosten für die landwirtschaftlichen Beschäftigungen der Zöglinge in Ruysselede betrugen 1851 20.000 Francs, die

Erträgnisse dieser letzteren ungefähr 30.000 Francs, sodass ein Überschuss von etwa 10.000 Francs verblieb, der als Verzinsung des Grundwerts von 160.000 Francs gelten konnte, abgesehen davon, dass dieser Grundwert selbst bedeutend erhöht worden war.

Den holsteinschen Arbeitsschulen, 16 an der Zahl (auf eine Bevölkerung von etwa 8.000 Menschen), wurde wie wir schon sahen [...] zur Anschaffung von Arbeitsmaterial (Werkzeugen) eine Summe von 426 Talern im Ganzen bewilligt.

Man darf also wohl annehmen, dass die Kosten einer nach der praktischen Methode eingerichteten Schule entweder gar nicht oder doch nicht bedeutend höher sein würden, als bei der jetzigen Einrichtung. Wenn sie es aber wären, müsste namentlich für eine anständige Bezahlung der Schullehrer ein größerer Aufwand als bisher gemacht werden, so würde damit die Gesellschaft — der Staat, die Gemeinde oder wer immer dies übernähme — nur eine schon allzu lange rückständige Schuld abgetragen. Solange noch zum Beispiel in Preußen, dem „Staat der Intelligenz", die Ausgaben für das ganze Ministerium der geistlichen, Unterrichts- und Medizinalangelegenheiten wenig über 5%, die Ausgaben für das Kriegsdepartment dagegen etwa 40% des Gesamtbudgets betragen — und mehr oder weniger findet das Gleiche in den anderen Staaten Deutschlands statt —, so lange ist eine Vermehrung jener ersten Ausgabe — wo möglich durch Verminderung dieser letzteren — eine unerlässliche, nur mit den allergrößten Gefahren für Staat und Gesellschaft noch länger zu vernachlässigende Pflichterfüllung. Was hierüber schon so vielfach gesagt worden ist und etwa noch gesagt werden könnte, das glaube ich nicht besser zusammenfassen zu können, als in die trefflichen Worte, welche schon vor fast einem halben Jahrhundert den deutschen Regierungen mahnend und beschwörend der große Philosoph und Patriot *Fichte* zurief, indem er in seinen „Reden an die deutsche Nation" mit Beziehung auf seinen Plan einer auf praktische Grundlagen zu bauenden Nationalerziehung sagte:

„Möchte man doch den Staat in Absicht seines Zweifels, ob er auch wohl das Vermögen habe, den Aufwand einer Nationalerziehung zu bestreiten, überzeugen können, dass er durch diese einzige Ausgabe seine meisten übrigen auf die wirtschaftlichste

Weise besorgen und dass, wenn er diese nur übernimmt, er bald nur diese einzige Hauptausgabe haben werde. Bis jetzt ist der bei Weitem größte Teil der Einkünfte des Staates auf die Unterhaltung stehender Heere gewendet worden. Den Erfolg dieser Verwendung haben wir gesehen. Dagegen würde der Staat, der die von uns vorgeschlagene Nationalerziehung allgemein einführte, von dem Augenblick an, da ein Geschlecht der nachgewachsenen Jugend durch sie hindurchgegangen wäre, gar keines besonderen Heeres bedürfen, sondern er hätte an ihr ein Heer, wie es noch keine Zeit gesehen. Jeder einzelne ist zu jedem möglichen Gebrauch seiner körperlichen Kraft vollkommen geübt und begreift sie auf der Stelle, zu Ertragung jeder Anstrengung und Mühseligkeit gewöhnt; sein in unmittelbarer Anschauung aufgewachsener Geist ist immer gegenwärtig und bei sich selbst; in seinem Gemüt lebt die Liebe des Ganzen, dessen Mitglied er ist, des Staates und des Vaterlandes, und vernichtet jede andere selbstische Regung. Der Staat kann sie rufen und unter die Waffen stellen, sobald er will, und kann sicher sein, dass kein Feind sie schlägt."

„Ein anderer Teil der Sorgfalt und der Ausgaben in weise regierten Staaten ging bisher auf die Verbesserung der Staatswirtschaft im ausgedehntesten Sinne und in allen ihren Zweigen, und es ist hierbei durch die Ungelehrigkeit und Unbehilflichkeit der niederen Stände manche Sorgfalt und mancher Aufwand vergebens gemacht worden, und die Sache hat allenthalben nur geringen Fortgang gehabt. Durch unsere Erziehung erhält der Staat *arbeitende* Stände, die des Nachdenkens über ihr Geschäft von Jugend auf gewohnt sind und die schon sich selbst durch sich selbst zu helfen vermögen und Neigungen haben; vermag nun noch überdies der Staat ihnen auf eine zweckmäßige Weise unter die Arme zu greifen, so werden sie ihn auf das halbe Wort verstehen und seine Belehrung dankbar aufnehmen. Alle Zweige der Haushaltung werden, ohne viel Mühe, in kurzer Zeit einen Flor gewinnen, den noch keine Zeit gesehen hat, und dem Staat wird seine erste Ausgabe tausendfältig Zinsen tragen."

„Bisher hat der Staat für Gerichts- und Polizeianstalten viel tun müssen und doch niemals genug für sie tun können. Zucht- und Besserungshäuser haben ihm Ausgaben gemacht, die Armenanstalten endlich erforderten, je mehr auf sie gewendet wurde, einen um so größeren Aufwand und erschienen in der ganzen bisherigen Lage eigentlich als Anstalten Arme zu machen. Die ersteren werden in einem Staat, der die neue Erziehung allgemein macht, sehr verringert werden, die letzteren gänzlich wegfallen. Frühe Zucht sichert vor der späteren sehr misslichen Zucht und Besserung; Arme aber gibt es unter einem so erzogenen Volk gar nicht."

Sechzehntes Kapitel

Unterstützende Veranstaltungen für das Wirksammachen des praktischen Unterrichts

Die Voraussetzung, von welcher ich bei meinen Betrachtungen ausging, war die, dass die Schule nicht ein Isolierschemel, sondern ein wesentlich mitwirkendes Glied in dem Organismus unseres Volks- und Kulturlebens sein sollte. Daraus folgt, dass ein Unterricht wie der von mir vorgeschlagene, welcher sich aufs Engste den natürlichen Entwicklungsgesetzen dieses Lebens anzuschließen sucht, seine volle Wirksamkeit erst dann zu entfalten vermag, wenn diese natürlichen Entwicklungsgesetze auch in den übrigen Teilen des gesellschaftlichen Organismus zu ungehemmter Äußerung gelangt sind. Solange unser Staatswesen noch auf dem Grundsatz möglichster Beschränkung der persönlichen Selbständigkeit, ängstlicher Überwachung der Einzelnen und ihrer freien Vereinigungen, ausgedehntester Bevormundung des Volkes durch ein dem Leben entfremdetes, klassenmäßig geschultes Beamtentum ruht, so lange wird freilich ein Erziehungssystem, welches darauf ausgeht, den Menschen zur Selbständigkeit und Selbstbeherrschung zu erziehen, als eine vereinzelte Einrichtung unter ungleichartigen, ja feindseligen Umgebungen dastehen. Solange unser Gelehrtendünkel und unser Hang nach Idealisterei und die praktische Beschäftigung mit den materiellen Lebensinteressen mehr oder weniger als etwas Untergeordnetes, wenn nicht Verächtliches ansehen lässt, wird ein Unterricht, dessen Zweck es ist, diese praktischen Beschäftigungen in ihr natürliches Recht einzusetzen und die übermäßige Ausdehnung gelehrten Wissens und abstrakter Geistestätigkeit zu beschränken, auf vielfachen Widerstand und heftige Anfeindungen stoßen. Solange endlich der Geist industrieller Beweglichkeit, Energie und Vielseitigkeit, der Sinn für Abhilfe der eigenen und der allgemeinen Not durch selbsttätige Anstrengungen und freies Zusammenwirken, der Drang unaufhörlichen Fortschreitens auf allen Gebieten der Kultur unter dem Einfluss mangelhafter Einrichtungen und einseitiger Anschauungsweisen sich nur unvollkommen zu entwickeln und zu äußern vermag, so lange werden auch dem praktischen Unterricht wichtige Triebfedern und wesentliche Vorbedingungen seines Gedeihens fehlen.

Alles dies jedoch sind Verhältnisse, deren Änderung nur nach und nach, zum Teil durch weit ausstehende politische und soziale Umgestaltungen, zum Teil auch eben durch den allmählichen Einfluss einer zweckmäßigen Erziehung zu erwarten steht.

Wenn ich daher von unterstützenden Veranstaltungen für den praktischen Unterricht spreche, so meine ich zunächst nur solche, welche sofort und von denselben Faktoren, die ich mir bei der Verwirklichung der hier entwickelten Ideen in erster Linie denke, ins Leben gerufen werden könnten.

Zwei solcher Veranstaltungen sind es namentlich, die ich als wichtig für das Wirksammachen und die Unterstützung des praktischen Unterrichts ansehe, nämlich:

1. *ein gemeinsamer* und *gleicher* Unterricht für die Kinder aller Stände;
2. ein, an den eigentlichen Schulunterricht sich organisch anschließendes System von *Vor- und Fortbildungsanstalten.*

Der gemeinsame Unterricht für die Kinder der verschiedenen Klassen der bürgerlichen Gesellschaft, der Reichen und Armen, der Gebildeten und Ungebildeten, ist eine Forderung, welche ebenso vom Standpunkt der Politik wie der Humanität immer lauter und dringender sich erhebt. Der gegenwärtige, theoretische Unterricht stellt aber der Erfüllung dieser Forderung mehrere nicht unerhebliche Schwierigkeiten entgegen. Derselbe verlangt nämlich zu seiner rechten Benutzung teils eine gewisse gleichmäßige Vorübung und Gewecktheit der geistigen Anlagen, teils eine fortwährende unterstützende Nachhilfe des in der Schule Gelernten. Beides steht den Kindern der unbemittelten und minder gebildeten Stände nicht oder nur in geringerem Grad zu Gebote, als denen der höheren Klassen, und aus diesem Grund erklären viele den gemeinsamen Unterricht beider für undurchführbar, weil, sagen sie, die Armenkinder mit den Kindern der Gebildeten nicht fort kämen und entweder selbst zurückgeblieben oder die letzteren in ihrem Fortschreiten aufhielten. Außerdem fürchtet man von dem Zusammensein gebildeter mit ungebildeten Kindern eine bedenkliche Erschwerung der, ohnehin schon in den öffentlichen Schulen so mühsamen Disziplin. Und endlich behauptet man — nicht mit Unrecht, wie schon früher bemerkt wurde: Der wissenschaftliche Unterricht, wie ihn der Sohn des Reichen brauche, würde für den Sohn des Armen ein unnützer, wenn nicht schädlicher Luxus sein.

Beim praktischen Unterricht stellt sich die Sache wesentlich anders. Wenn der Sohn des Armen aus der Einförmigkeit seiner väterlichen Hütte nicht dieselbe geistige Entschlossenheit, dieselbe Beweglichkeit des Vorstellungsvermögens, dieselbe Empfänglichkeit der Einbildungskraft mitbringt, wie der Sohn des Reichen aus den mannigfaltigen und anregenden Umgebungen, in denen er sich bewegt, so hat dagegen in Bezug auf praktische Körpergeschicklichkeiten jener nicht selten einen Vorsprung vor diesem. Ebenso verhält es sich mit der häuslichen Nachhilfe. Es wird also hier statt einer Hemmung eine gegenseitige Förderung und Ergänzung zwischen diesen beiden Klassen von Zöglingen eintreten: Die einen werden eine größere Geübtheit in körperlichen Fertigkeiten, die anderen vielleicht eine raschere Fassungskraft für das wissenschaftliche Element des Unterrichts mitbringen — so werden sie sich gegenseitig ausgleichen, unterstützt und angefeuert. Auch braucht weder das Kind wohlhabender Eltern von der Höhe seiner Bildungsbedürfnisse herabzusteigen, noch das des Armen zu unnatürlichem Wissensluxus sich hinaufzuschrauben, vielmehr gibt es auf dem Feld des praktischen Unterrichts ein für beide Teile angemessenes Niveau, denn die Übung in allerlei technischen Geschicklichkeiten ist, wenn schon für den Ärmeren noch direkter nutzbringend, doch auch für den Reichen mit mannigfachen Vorteilen verbunden, und der wissenschaftliche Unterricht, der sich an diese praktischen Übungen anschließt, vornehmlich also der Unterricht in Naturkunde und Mathematik wird dem einen just so ersprießlich sein wie dem anderen. Das Bedenken wegen der Disziplin endlich wird hier nach dem darüber schon im achten Kapitel Bemerkten, ebenfalls seine Kraft verlieren, ja es ist zu vermuten, dass bei dieser Art des Unterrichts gar häufig der Sohn des Arbeiters dem künftigen Erben eines unabhängigen Vermögens mit dem guten Beispiel des Fleißes, der Ordnungsliebe, des Gehorsams gegen die allgemeinen Gesetze eines solchen kleinen Arbeiterstaates vorangehen wird.

Aber nicht bloß unbedenklich ist bei Anwendung der praktischen Methode die gemeinsame und gleiche Erziehung der Kinder aller Stände, sondern geradezu notwendig, wenn diese Methode ihre ganze wohltätige Wirksamkeit entfalten soll. Es ist bereits früher (im siebenten Kapitel) darauf hingewiesen worden, wie einer der größten Vorteile des praktischen Unterrichts darin bestehe, dass er in der Jugend die wichtigsten gesellschaftlichen Tugenden entwickelte, dass er dieselbe für die mannigfachsten künftigen Lebenslagen vorbereitet. Dazu gehört aber ganz besonders auch die Kenntnis und richtige Würdigung der Beziehungen, Gegensätze und Berührungspunkte der verschiedenen Stände der menschlichen Gesellschaft. Wir sahen, wie *Fellenberg*, von einer ähnlichen Idee geleitet, seine Erziehungsanstalt für Reiche dicht neben die für Arme stellte, um beide in Wechselbeziehungen miteinander zu bringen. Allein die noch mehr patriarchalische Auffassung der beiderseitigen Verhältnisse dieser Stände, welche *Fellenberg* dabei zu Grunde legte, will heutzutage, wenigstens in den meisten Fällen, nicht ferner passen. Ohne den kommunistischen Träumen von einer durchgängigen Gleichheit aller Menschen eine Berechtigung einzuräumen, die sie wohl niemals erlangen werden, muss man doch, wenn man vorurteilsfrei die gegenwärtigen Gesellschaftsverhältnisse betrachtet, zugestehen, dass der Zug unserer Kultur dahin geht, keine festen trennenden Schranken zwischen den verschiedenen Klassen (wie sie sonst z.B. die privilegierten Stände von dem übrigen Volke scheiden) fernerhin anzuerkennen, vielmehr stetige Übergänge aus der einen Klasse in die andere anzubahnen, und zwar durch die immer höher gesteigerte Macht und Geltung der persönlichen Tätigkeit und Tüchtigkeit — der *Arbeit.* Aus dieser Betrachtung ergibt sich die Wichtigkeit eines gemeinsamen und gleichen Bildungsganges der Jugend aller Klassen wenigstens in den frühen Lebensjahren, eines Bildungsganges, welcher ebenso sehr das Kind des Reichen mit dem Gedanken vertraut mache und anleite, sein Glück nicht dem bloßen Zufall der Geburt, sondern der eigenen Tätigkeit und Geschicklichkeit zu verdanken, das Kind der Armen aber befähigen, durch angestrengten Fleiß sich selber eine günstigere Lebensstellung zu erringen. Ein praktischer Unterricht, der lediglich arme oder reiche Zöglinge umfasst, wird immer nur halbe und unvollständige Erfolge haben.

Die zweite Vorbedingung eines gedeihlichen Wirkens des praktischen Unterrichts ist die, dass derselbe schon vor der eigentlichen Schulzeit, wenigstens vorbereitungsweise, beginne und dass er auch über dieselbe hinaus fortgesetzt werde. Für jenes haben wir bereits ziemlich ausreichende Veranstaltungen in den *Kindergärten,* und es bedarf nur einer allgemeinen Verbreitung, sowie hier und da einer noch zweckmäßigeren Einrichtung dieser, um schon vom zartesten Alter an die körperliche und geistige Entwicklung der Kinder auf die rechte, naturgemäße Weise zu fördern, besonders ihrer Selbsttätigkeit und ihrem Gestaltungstriebe frühzeitig Nahrung und Anleitung zu geben. Spielend wird hier die Kraft des Kindes geübt; durch recht geleitete Spiele wird der Grund zu einer planvollen, geregelten Arbeitsamkeit gelegt, werden die ersten Keime des Tätigkeitstriebes, der Pünktlichkeit, Aufmerksamkeit, der Entschlossenheit des Handelns und des Scharfsinns in Auffindung der rechten Mittel und Wege dazu, nebst anderen fürs Leben wichtigen Eigenschaften, gepflegt und entwickelt[88].

Seine Weiterführung und Vollständigkeit findet der praktische Unterricht allerdings auf die natürliche Weise im Leben selbst,

---

[88] „Schon die körperlichen Spiele, gut organisiert, gewöhnen zur Ordnung, Geduld, Verträglichkeit und anderen schätzbaren Tugenden." (*Curtmann:* „Schule und Leben")

durch den Übergang der Zöglinge entweder zu wirklichen praktischen Berufsbeschäftigungen oder zu speziellen Vorbildungsanstalten für solche. Und hier eben zeigt sich ein Hauptvorzug desselben vor dem jetzt üblichen theoretischen Unterricht, der nämlich, dass ein durch jenen hindurchgeganger Zögling nicht als ein Fremdling im Leben und an der Schwelle seines künftigen Berufs steht, sondern in denselben wie in ein ihm schon bekanntes Land eintreten lässt und er sich darin bald heimisch findet. Gleichwohl ist das Bedürfnis besonderer Fortbildungsanstalten dadurch nicht ausgeschlossen. Die Tätigkeit, welche die verschiedenen Berufsarten in Anspruch nehmen und somit fortüben, ist mehrfach nur eine sehr einseitige, bald eine überwiegend geistig abstrakte, bald eine ausschließlich körperlich mechanische. Soll daher der Hauptzweck der Bildung, wie er früher (im fünften Kapitel) dargestellt wurde: Ausgleich der durch das Leben erzeugten Einseitigkeiten und Hervorbringung einer möglichst harmonischen Entwicklung aller Kräfte mehr als bloß halb erreicht werden, so muss auch über die eigentliche Schulzeit hinaus eine solche Ausgleichung stattfinden; nach der einen Seite durch fortgesetzte Übung mechanischer Geschicklichkeiten und damit verbundene Kräftig- und Gelenkigerhaltung des Körpers — was besonders für die ein Bedürfnis ist, die sich einem vorwiegend geistigen, so genannten gelehrten Beruf widmen —, nach der anderen durch Darbietung von Gelegenheit zum Nachholen oder Vervollständigen mancher während der Schulzeit zurückgestellten und diesem reifen Alter vorbehaltenen theoretischen Kenntnisse[89] — für solche, deren spezieller Beruf sie nicht von selbst führt —, endlich für die einen wie für die anderen, durch stetes Festhalten und Weiterausbilden jenes organischen Zusammenhangs zwischen Theorie und Praxis, Wissen und Können, von welchem, als einem der fruchtbarsten Erfolge der praktischen Methode, oben mehrfach[90] die Rede gewesen ist.

Wie auf solche Weise der durch die Schule gepflanzte Stamm praktisch-theoretischer Bildung und energischen Strebens nach

---

[89] Vgl. Kapitel 12 [...]

[90] z.B. Kapitel 12 [...]

steter Selbstvervollkommnung sich in zahlreichen Ästen und Zweigen immer weiter ausbreiten, eine immer lebendigere Tätigkeit, Strebsamkeit und gegenseitige Durchdringung aller dieser mannigfachen Bildungskreise erzeugen, dadurch unserem ganzen Gesellschafts- und Kulturleben höheren Schwung und größere Vertiefung verleihen würden, das kann hier nur angedeutet, nicht ausgeführt werden.

Nur an Einzelnes sei erinnert, was den eben ausgesprochenen Gedanken verdeutlichen mag. So z.b. würden jene gemeinsamen Körper- und Waffenübungen zu militärischen Zwecken, welche schon in der Schule begonnen hätten[91], von den aus dieser getretenen jungen Leuten in entsprechender Erweiterung fortgesetzt und auf diese Weise *eine wahre allgemeine Waffenschule für das ganze Volk* geschaffen werden. Die Schulverbände, die in der Regel mit den politischen Gemeindeverbänden zusammenfallen, würden die räumliche, der Übertritt gleicher Altersklassen aus der Schule in diese militärischen Fortbildungsverbände die zeitliche Basis einer solchen, wirklich organisch aus dem Volksleben heraus sich bildenden Heeresverfassung abgeben[92]; der einzelne träte nicht in das Heer wie in ein fremdes Element hinüber, das ihn dem gewohnten heimlichen Leben entführte, sondern er wüchse gleichsam in dasselbe hinein, ohne seiner bisherigen bürgerlichen und menschlichen Beziehungen aufzugeben, er fände sich fortwährend an der Seite derselben Kameraden, mit denen er in der Schule die Arbeiten und die militärischen Übungen geteilt, er würde sich seine Führer leicht aus denen, die er seit langem als die Tüchtigsten kennen gelernt, wählen können[93]. Welche Vorteile daraus für den

---

[91] Siehe Kapitel 13 [...]

[92] Das engere Anschließen der Heeresorganisation an die lokalen Verhältnisse des Volkslebens durch Bildung von *Wehrkreisen* haben nicht nur solche Militärschriftsteller, die von dem Gedanken einer durch und durch volkstümlichen Heeresverfassung ausgingen, wie z.B. *Huldreich Schwertlieb* in seinem „Krieg der Zukunft" (Leipzig 1848), sondern auch strengkonservative, wie [Carl Eduard] *Pönitz* in seiner „Deutschen Nationalbewaffnung (Stuttgart 1848) empfohlen.

[93] Die Wahl der Offiziere durch die Mannschaften, eine derzeit wieder in das Reich der Utopien oder der demokratischen Umsturzpläne verwiesene Idee, wurde 1848 unter anderen von *Pönitz* a. a. O, desgleichen von dem, größtenteils aus preußischen und österreichischen Offizieren bestehenden Wehrausschuss des

festen Zusammenhalt, den wirklich militärischen und doch volkstümlichen Geist und die Disziplin des Heeres erwachsen müssten, bedarf nicht der weiteren Ausführung. Auch im Inneren würde ein solches, aus früher und gemeinsamer geregelter Tätigkeit und strenger gesetzlicher Zucht hervorgegangenes Volksheer, ein ebenso starker Schutz gegen die Anarchie von unten, wie gegen den Despotismus von oben sein.

Aber nicht bloß zum Schutz des Vaterlandes, sondern auch zu allerhand gemeinsamer und gemeinnütziger Tätigkeit würden die Zöglinge der praktischen Schule, getreu dem dort empfangenen Impulse, für das spätere Leben verbunden bleiben. Wie jetzt Turn- und Gesangvereine, so würden dann Vereine zur gemeinsamen Fortbetreibung und Ausbildung der verschiedenen landwirtschaftlichen Tätigkeiten, der Baum- und Obstzucht, der Blumen- oder sonstigen Pflanzenkultur, zur Vervollkommnung gewisser technischer Gewerbe, zur Aufsuchung und Nutzbarmachung neuer Erfindungen auf diesen und ähnlichen Gebieten entstehen. Der weibliche Teil der Jugend würde Gelegenheit suchen, die in der Schule erworbenen hauswirtschaftlichen und pädagogischen Fertigkeiten weiter und nützlich anzuwenden, und wo sich diese Gelegenheit nicht im Elternhaus oder in weiteren Familienkreisen fände, da würden sie, durch Erneuerung der dort geschlossenen Vereinigungen sich gegenseitig anfeuernd und ermutigend, ihre Tätigkeiten dem Allgemeinen zur Verfügung stellen, und es dürften auf diese Weise das Armenwesen, die öffentliche Krankenpflege und andere wohltätige Anstalten eine Menge brauchbarer, hilfreicher Kräfte gewinnen.

Kurz, der Gemeinsinn, der Geist der Vereinigungen, der Eifer und das Geschick selbsttätigen Eingreifens in die öffentlichen und die Privatangelegenheiten würden von allen Seiten aus dem Boden der praktischen Schule hervor sprießen und rückwirkend diesen Boden selbst wiederum aufschließen und befruchten.

Frankfurter Parlaments (in dem veröffentlichten „Entwurf zu einem Gesetz über die deutsche Wehrverfassung") als nützlich und notwendig dargestellt.

Siebzehntes Kapitel

Schluss

Wer aber soll diese Reform der Schule zuerst in die Hand nehmen? Eigentlich wäre das wohl die Pflicht des *Staates*, welcher das gesamte Schulwesen an sich gezogen und unter seine Obhut genommen hat. Allein wir haben oben [...] gesehen, dass und warum von dieser Seite unter den gegenwärtigen Umständen eher eine Hemmung als eine Förderung derartiger Reformbestrebungen zu erwarten sei. Die *Gemeinden*, namentlich die größeren, können allenfalls wohl selbstständig mit der Einführung der neuen Methode vorangehen und den anderen das Beispiel zur Nachfolge geben. Sollte auch da kein günstiger Boden für die Verwirklichung dieser Idee zu finden sein, so bliebe übrig, dass eine Anzahl *Familien* sich in freier Vereinigung zur Einrichtung solcher praktischen Schulen für ihre Kinder verbände. Gelänge der Versuch, wie bei eifrigem und geschicktem Anfassen der Sache zu hoffen ist, so würde der ersichtliche Erfolg bloß andere zur Nachahmung reizen. Auch das Institut der Kleingärten ist auf ähnlichem Wege von den kleinsten Anfängen zu einer schon jetzt weit verbreiteten und täglich steigenden Anerkennung und Ausdehnung emporgewachsen. Möchten die vorstehenden Betrachtungen zu solchen Versuchen einer allgemeinen Einführung der praktischen Unterrichtsmethode den Anstoß geben! Zunächst geht mein Wunsch dahin, dass *Eltern* und *Lehrer* die hier entwickelten Ideen einer vorurteilsfreien und gewissenhaften Prüfung unterziehen, dass die Presse, die pädagogische wie die politische, wenn sie dieselben als wahr und natürlich erkennt, deren weitere Verarbeitung und Ausbreitung sich angelegen sein lassen. Welches aber auch das Schicksal dieser Betrachtungen sei, ob sie einen Erfolg haben oder keinen, der Verfasser derselben glaubt eine Schuld gegen das Vaterland und das nachwachsende Geschlecht abzutragen, indem er das, was ihm an der gegenwärtigen Jugenderziehung mangelhaft und verfehlt erschien, offen aufdecke und zur Verbesserung dieser Mängel und Fehler Vorschläge entwickelte, welche zwar auf Neuheit und Originalität keinen Anspruch machen, immerhin jedoch das Verdienst haben könnten, einem Gedanken Ausdruck zu geben, welcher vielleicht manchem Vater und manchem Lehrer schon lange dunkel in der Seele geruht hat.

III. Anhang

Adolf Diesterweg

Erziehung zur Arbeit [Rezension*]⁹⁴

Diese Schrift gehört zu denjenigen, welche auf eine „Reform der Schule", des Unterrichts und der Erziehung dringen. Diese Tendenz gehört im Augenblick bei den Lehrern nicht zu den beliebten. Was ist, denken und fragen sie, bei der Masse von Reformvorschlägen, die wir gehört und gelesen haben, herausgekommen? Haben sie irgend praktische Resultate herbeigeführt? Ist von ihnen der Anstoß zur fortgesetzten Entwicklung ausgegangen, oder sind sie nicht vielmehr die Veranlassung

---

* Rheinische Blätter für Erziehung und Unterricht. Herausgegeben von F. A. W. Diesterweg. Der neuen Folge sechsundvierzigster Band. Essen 1852. S. 330 – 340.

⁹⁴ „Die Erziehung zur Arbeit, eine Forderung des Lebens an die Schule". Von Dr. Karl Friedrich. „Können ist besser denn Wissen". Leipzig, Avenarius & Mendelsohn, 1852. (Geb. 174 S. gr. 8).

geworden, den Fortschritt abzubrechen und in alte, kaum halb
verlassene Bahnen wieder einzulenken?

Zu diesen Urteilen und der in ihnen sich kundgebenden Bestimmungen liegen historische Gründe vor, sie lassen sich begreifen, verdienen darum nicht, verurteilt zu werden. Was man
nach seiner natürlichen Entstehungsweise begreift, verurteilt
man nicht. (Tout compendre, c'est tout pardonner [„Alles verstehen, ist alles verzeihen"], sagt Frau v. Staël.) Aber trotzdem
lehnen wir uns gegen die Wirkungen dieser Urteile und Bestimmungen auf. Eine derselben ist die Passivität, das Versin-
ken in den Zustand, in welchem man alles gehen lässt, wie es
eben geht, und die für notwendig gehaltenen Verbesserungen
von anderen erwartet. Ich ging daher auch mit Vergnügen an
das Lesen der vorliegenden Reformschrift, deren Titel auf praktische Menschen eine anziehende Kraft auszuüben vermag.
Auf der Gothaer Lehrerversammlung habe ich als Merkmal der
modernen Schule erklärt, sie sei eine *Arbeitsanstalt*, und, wo
sie es noch nicht sei, müsse sie es *werden*, im Prinzip bin ich
also mit dem mir unbekannten (pseudonymen?) Verfasser eins,
denn auch er verlangt von der *Schule* die Erziehung zur Arbeit.
Unter den Reformvorschlägen, welche der Prediger [Emil The-
odor] *Goltzsch* in seiner besprochenen, von dem jetzigen preußischen Minister empfohlenen Schrift veröffentlicht hat, habe
ich den, der auf eine Beschränkung des täglichen Schulunterrichts auf 3, resp. 4 Stunden dringt, den beachtenswertesten
genannt, weil dadurch die Möglichkeit entsteht, die Kinder von
früh an in den Familien mit häuslichen und anderen Arbeiten zu
beschäftigen, sie dadurch von früh an zum praktischen Leben
zu erziehen.

Es ist bekannt, dass Vorschläge ähnlicher Tendenz für *geschlossene Anstalten* nicht neu und dass sie auch zum Teil
ausgeführt sind.

Man denke an die Einrichtungen, welche *Salzmann* in seinem
Schnepfenthal traf (der Vorschläge *Rousseaus* nicht zu gedenken, dessen Rat z.B. [Heinrich] *Zschokke* befolgte, indem er jeden seiner Söhne ein Handwerk erlernen ließ); denke an *Pestalozzis* Neuhof zu Anfang und wieder vor dem Ende seiner Wirksamkeit, an *Fellenbergs* Institute, namentlich an seine *Wehrli-
Schulen*; außerdem an alle Waisenhäuser innerhalb und au-

ßerhalb Deutschlands (das „Rauhe Haus" mit eingeschlossen), die da, wo sie nur gedeihen können, nämlich auf dem Land, liegen, und von welchen wohl keines mehr die Anleitung der Zöglinge zu häuslichen, ökonomischen und technischen Arbeiten ausschließt, denke an die seit *Pestalozzis* Jubelfest gestifteten geschlossenen *Pestalozzi-Anstalten* usw., und man wird einsehen, dass der Vorschlag des Herrn *K. Friedrich* [Biedermann] *für die genannten Anstalten* nicht neu ist.

Auch in *der* Beziehung, dass die Anleitung zu praktischen (Hand-)Arbeiten mit dem gewöhnlichen Schulunterricht verbunden oder an denselben in derselben Anstalt angereiht werden möge, ist sein Vorschlag nicht neu. Man denke an die Arbeits- und Industrieschulen der Fürstin *Pauline von Lippe-Detmold*, an die *Berliner Erwerbsschulen*, welche aus dem vorigen Jahrhundert stammen, an die vor etwa 50 Jahren in ähnlicher Tendenz errichteten Anstalten in Holstein und an anderen Orten.

Aber in *der* Beziehung sind die Vorschläge des Herrn *K. Friedrich* neu, dass er von *allen Volksschulen* die „Erziehung zur Arbeit" verlangt.

In dieser Beziehung weicht er von Herrn *Goltzsch* ab, und auch von dem, was ich darunter verstand, wenn ich in Gotha die Schule zur *Arbeitsanstalt* gemacht wissen wollte.

Herr *Goltzsch* will dasselbe, aber er will es durch die Eltern, nicht durch die Schule, Herr *Friedrich* will es durch *diese*.

Ich verlange vom Unterricht, dass *er* Arbeit sei, zur Arbeit gemacht werden soll. Ich hatte im Gedanken das Einseitige und Verderbliche einer (alten) Schule, die hauptsächlich nichts ist als eine *Lernschule*, nur nebensächlich (im mechanischen Schreiben, Rechnen usw.) eine Übungsschule, eine Schule, in welcher die Kinder Wörter lernen, die der Lehrer vorsagt oder in den Büchern stehen, eine das Wortgedächtnis belastende, mechanisch abgerichtete, schlechte Schule alter Art. Ich drang und dränge auf *Selbsttätigkeit* der Schüler, auf die *Bearbeitung* der Unterrichtsgegenstände, ihre förmliche *Bearbeitung* und dadurch auf *Herausarbeitung* der Kräfte und Eigentümlichkeit des Schülers an den Stoffen.

Diese Tendenz der Schule muss auch der Verfasser der vorliegenden Schrift billigen und direkt wollen, und er will sie, wie nicht nur aus der Gesamttendenz seiner Schrift, sondern auch

[wie] aus wiederholt und eindringlich ausgesprochenen Ansichten und bestimmten Forderungen hervorgeht, [nämlich], dass er den eigentlichen *Zweck* der Erziehung und Bildung der Jugend, besonders in dieser Zeit und nach den Bedürfnissen der Zustände des Vaterlandes, vollständig erkannt hat. Ob dasselbe auch von den *Mitteln gilt, die er vorschlägt, ist eine andere Frage.* —

Was er überhaupt von der Erziehung im Allgemeinen und von der Schule im Besonderen verlangt, ist die Herausbildung der Selbsttätigkeit und Selbständigkeit des Schülers an den Unterrichtsobjekten; in derselben Tendenz drängt er auf gleichzeitige Anleitung zu *praktischen Arbeiten,* und sowohl in jenem allgemeinen, als in diesem speziellen Sinne fordert er *praktischen Unterricht.*

Zuerst in *jenem* Sinne. Demnächst verwirft er den rein theoretischen, abstrakten Unterricht und die ihn veranlassende Unterrichtsweise, indem er sich auf die stärkste (nicht zu starke) Weise dagegen erklärt.

Dann in *diesem,* ihm eigentümlichen Sinne, indem er von der *Schule neben* und *außer* dem *praktischen* Schulunterricht in der eben angegebenen Bedeutung eine Anleitung zu praktischen, d.h. (dass man ihn genau verstehe!) zu *Hand*arbeiten, im Garten, auf dem Feld, in Stuben und Werkstätten (die Mädchen zum Teil in anderen als die Knaben) in Vorschlag bringt. Damit ist dann verbunden seine Forderung der Entfernung alles unnötigen Unterrichtsstoffes aus der Schule, der Beschränkung auf das Wesentlichste und Notwendigste.

Wir müssen nun näher zusehen, wie der Verfasser sein Thema behandelt und welche Ansichten ihn leiten. Beides springt aus der Mitteilung der *siebzehn* Kapitel, in welchen der Verfasser seinen Stoff bearbeitet, hervor.

1. *Die Mangelhaftigkeit unseres öffentlichen Unterrichtswesens, nachgewiesen an den praktischen Erfolgen desselben*

Nicht bloß reaktionäre Staats-, sondern auch Schulmänner und Familienväter, Fachmänner und Laien stimmen nach dem Verfasser darin überein, dass unsere Schulen das Erforderliche nicht leisten, wie die Erfahrung allerwärts bezeuge. Die Hauptmängel sind ihm diese:

a) die Summe und der Gehalt dessen, was in der Schule gelernt wird, steht in keinem Verhältnis zu der dafür verwendeten Zeit;

b) das rasche Vergessen des in der Schule Gelernten nach dem Austritt der Schüler aus der Schule.

c) die Resultate der erworbenen Kenntnisse für das eigentliche Leben, für das Gemüt, die Sittlichkeit, den Charakter, die praktische Tüchtigkeit sind in sehr vielen, beinahe den meisten Fällen mehr als zweifelhaft. (Gewährsmänner: *Scherr, Grube, Curtmann, Kirchmann* u.a.)

2. *Die unmittelbar ins Auge fallenden Missstände unseres öffentlichen Unterrichts*

a) Das Missverhältnis der Schülerzahl zu den Lehrkräften;

b) die mangelhafte Disziplin;

c) der Mangel des inneren Triebes und der freien Neigung der Schüler zum Leben u.a.

3. *Die Unverträglichkeit des gegenwärtigen Unterrichts mit dem Zweck der Volksschule und den Gesetzen der Kindernatur*

a) Es wird manches gelehrt, wozu kein wirkliches Bedürfnis vorhanden und dessen praktischer Nutzen in formeller und materieller Hinsicht ein sehr zweifelhafter ist;

b) es wird manches zu früh gelehrt;

c) dagegen wird vieles gar nicht gelehrt, was für die wahre Bildung und den künftigen Lebensberuf der Schüler gerade das Notwendigste wäre.

In diesen drei Kapiteln ist demnach eine allgemeine Kritik der jetzigen Schuleinrichtung enthalten.

4. *Der Sitz des Übels und der Weg zur Abhilfe*

Die Entfremdung der Schule vom Leben, die unnatürliche Verwandlung derselben aus einem *Mittel* zum *Selbstzweck* – demnach Umbildung der Schule in eine *Vorbereitungsanstalt für's Leben.*

5. *Das naturgemäße Bildungsprinzip der Volksschule, erkennbar aus dem Bildungsbedürfnis des Lebens*

   a) aus den Bedürfnissen des Hauses, der Familie;

   b) aus denen des Berufslebens;

   c) aus denen des bürgerlichen Gemeinwesens.

6. *Die Anleitung der Jugend zur praktischen Tätigkeit – eine Forderung der menschlichen und insbesondere der kindlichen Natur.*

7. *Eine praktische Erziehung der Jugend, in Sonderheit für Deutschland ein Nationalbedürfnis*

„Schafft uns an der Stelle der verbüffelten, auf den Schulbänken faulgesessenen, in der versperrten Stubenluft verstechten [gesundheitlich geschädigt] und verzärtelten Jugend eine solche, die durch ein frisches, fröhliches Leben in und mit der Natur körperlich abgehärtet und geistig geweckt, durch den Ernst der Arbeit zur unnachlassenden Beharrlichkeit und zu Konsequenzen, zum Selbstvertrauen und Selbstgefühl, aber auch zur Selbstbeherrschung und Mäßigkeit angeleitet, mit den Grundsätzen sozialer Gemeinsamkeit, Gegenseitigkeit und Gerechtigkeit vertraut gemacht sei – und wir schenken euch gern alle die schönen Phrasen von Nationalität, Vaterlandsliebe, deutscher Einheit und dergleichen!"

8. *Pädagogische Vorzüge der praktischen Unterrichtsmethode vor der theoretischen*

   a) Sie richtet sich nach dem Standpunkt des Schülers und schreitet mit seiner Entwicklung stetig fort;

b) ihre Resultate gehen nicht wieder verloren;

c) sie macht alle künstlichen Mittel unnötig;

d) sie unterstützt die Disziplin;

e) sie entwickelt das Individuelle im Schüler;

f) fördert die körperliche Entwicklung;

g) sie entheben den Lehrer des Abarbeitens;

h) sie begünstigt die Beschäftigung der Schüler in einzelnen Gruppen;

i) sie stärkt die sittliche Natur, den Charakter des Schülers;

k) sie schließt sich eng an Haus und Familie an.

9. *Praktische Versuche, die man bereits mit dieser Methode gemacht hat*

Die hier namhaft gemachten und beurteilten Anstalten sind oben zum Teil schon genannt worden.

10. *Mutmaßliche Ursachen, weshalb das Prinzip praktischer Erziehung noch nicht in größerem Umfang zur Anwendung gelangt ist*

a) die Trägheit;

b) die ungeeignete Bildungsweise und Gewöhnung der Lehrer;

c) die Gleichgültigkeit oder auch der Widerstand der Staats- und Gemeindebehörden;

d) der Widerwillen geistlicher Inspektoren.

11. *Die neuesten Reformschriften und ihr Verhältnis zu dem hier entwickelten Vorschlag:*
Pestalozzi, Fellenberg, Grube, Curtmann, Kirchmann, Michelsen. Herrn [Emil Theodor] *Goltzsch* scheint der Verfasser nicht zu kennen.

12. *Ist die praktische Methode allgemein in der Volksschule anwendbar und unter welchen Voraussetzungen?*

Was letztere betrifft:

a) Manches kann und sollte aus der jetzigen Volksschule entfernt werden (z.B. der dogmatische Religionsunterricht);

b) manches muss in viel kürzerer Zeit gelehrt werden;
c) der Unterricht überhaupt muss Geist weckend erteilt werden.

13. *Ist die praktische Methode auch in solchen Schulen anwendbar, welche nicht ein geschlossenes Hauswesen bilden? Ja.*

14. *Wie steht es mit der Beschaffung der nötigen Lehrkräfte bei einer allgemeinen Einführung der praktischen Methode?*

15. *Würden nicht die Kosten eines solchen praktischen Unterrichts unverhältnismäßig groß sein?*

16. *Unterstützende Veranstaltungen für Wirksammachung des praktischen Unterrichts.*

„So lange unser Staatswesen noch auf dem Grundsatz möglicher Beschränkung der persönlichen Selbstständigkeit, ängstlicher Überwachung der Einzelnen und ihrer freien Vereinigungen, ausgedehntester Bevormundung des Volkes durch ein dem Leben entfremdetes, kastenmäßig geschultes Beamtentum ruht, so lange wird ein Erziehungssystem, welches darauf ausgeht, den Menschen zur Selbsttätigkeit und Selbstbeherrschung zu erziehen, als eine vereinzelte Erscheinung unter ungleichartigen, ja feindseligen Umgebungen dastehen."
Ebenso feindselig dem Prinzip sind „der Gelehrtendünkel, die Idealisiersucht, die Abkehr der Höherstehenden von praktischen Beschäftigungen" usw.
Anerkennung des hohen Wertes der *Fr. Fröbel'schen* Beschäftigungsmittel und der Notwendigkeit der Fortbildungsanstalten.

17. Wer soll diese Reform der Schule in die Hand nehmen?

***

Die Leser erkennen die Umsicht, mit welcher der Verfasser seinen Gegenstand behandelt hat. Er gibt viel mehr, als er auf dem Titel in Aussicht gestellt hat; seine Schrift enthält eine fast vollständige Kritik des jetzigen Schulwesens. Er ist damit nicht zufrieden, wie keiner von denjenigen, welche auf eine der individuellen Menschennatur und den Bedürfnissen der gegenwärtigen Lage des Vaterlandes und der Welt entsprechenden Bildungsweise der Jugend dringen. Dreist können wir fast jeden Tadel, den der Verfasser in *dieser* Beziehung über die Schule ausspricht, unterschreiben. Außerdem ist die Darstellung klar, durchsichtig und eindringlich. Die Schrift ist in dieser Beziehung sehr empfehlenswert.

Ob er aber in Betreff des Hauptvorschlages, dass *jede* Schule mit dem Unterricht die Anleitung zu praktischen Arbeiten und Geschäften verbinden solle, Recht hat, das ist mir, ich gestehe es, mehr als zweifelhaft. Nicht [ist es] mir zweifelhaft, dass die Schüler auch während der Schulzeit zu praktischer Tätigkeit angeleitet werden sollen (ich halte das für notwendig, höchst heilsam; folglich auch, dass die Schule den Kindern dazu volle Zeit lassen müsse); aber ich weiß nicht, ob solches die *Schule* übernehmen, ob sie *alles* übernehmen soll, oder ob es nicht natürlicher und folglich auch besser sei, dies den Eltern zu überlassen. Ich will es nicht bestreiten, dass es, je nach lokalen Bedürfnissen, zweckmäßig sein kann, die Knaben einer Schule durch den *Lehrer* mit der Obst- und Bienenzucht praktisch bekannt zu machen, die Mädchen zum Stricken, Nähen, Stopfen, Spinnen usw. in dem Schullokal anzuleiten, vielleicht auch sie an dem Gemüsebau Anteil nehmen zu lassen; dass aber eigentlich Handwerke, z.B. die Weberei, die Holzschneidekunst usw. nicht in der Schule, wenigstens anderwärts besser, gelernt werden können, das, meine ich, leuchtet von selbst ein. Die verunglückten Versuche, welche in dieser Beziehung die Industrieschulen [unternommen] haben, bestätigen die Richtigkeit dieser Meinung. Der Verfasser will nun zwar keine Industrie-, sondern Arbeitsschulen; aber es erheben sich, wenn man an die Ausführung denken wollte, nicht nur sehr große Schwierigkeiten, sondern auch im Allgemeinen und Ganzen die ernstlichen Bedenken.

Die Arbeitsschule des Verfassers ist ein künstliches Erzeugnis, nur mit bedeutenden Geldopfern herzustellen. Die Lehrer müssten dazu ganz besonders vorgebildet werden. Was das Leben (der Kinder im Elternhaus – vorausgesetzt, dass die Schule nicht auch despotisch in dasselbe eingreift) bisher leistet, würde dadurch in die Schule hineingezogen. Würde dadurch, muss man fragen, die Schule in der Tat eine Vorbereitungsschule für das Leben [werden], oder wäre es nicht besser, dem Leben zu überlassen, für das Leben vorzubereiten und für dasselbe *durch die Teilnehmer an den Arbeiten des Lebens* zu bilden?

Nach althergebrachter Ordnung werden die Kinder in den meisten Familien, namentlich in allen, worin Handarbeiten betrieben werden, sehr frühzeitig und während der ganzen Jugendzeit, je nach dem Maß ihrer Kraft, zur Mithilfe herangezogen und auf diese Weise praktisch für das Leben erzogen. Das Kind steht so als ein tätiges, mitschaffendes Glied in der Familie, es nimmt an nutzbringenden, notwendigen Arbeiten Anteil, es hat seine Freude an dem Gedeihen dieser Arbeit unter der Anleitung von Vater und Mutter oder älterer Geschwister, es übt sich in dieser Arbeit zugleich in sittlichem Gehorsam, kurz es existiert und wirkt in dem geschlossenen Organismus der Familie als ein lebendiges, schaffendes Mitglied. Kann die Schule durch künstliche Veranstaltungen diese natürlichen Verhältnisse ersetzen? Wird der Vater es zugeben, dass sein Sohn seiner Leitung entzogen, der praktischen Anleitung zu dem Beruf, dem er sich, gleich dem Vater, in der Regel widmet, entnommen werde, um in der Schule an „allgemein-bildenden" praktischen Arbeiten Teil zu nehmen? Haben diese um eines idealen Bildungszwecks willen vorgeschriebenen Arbeiten Wert, dieselbe Bedeutung für das Kind, sind sie von demselben sittlichen Einfluss begleitet, wie die, welche das Kind in Gemeinschaft mit den Eltern und zur Erhaltung der Familie unternimmt?

So weit meine Einsicht in das praktische Leben reicht, bin ich nicht im Stande, das Förderliche und Heilsame der Vorschläge des Verfassers im Großen und Ganzen zu erkennen. Mit der Tendenz seiner Bestrebungen zwar vollkommen einverstanden und seine Vorschläge für geschlossene Anstalten meist für praktisch ausführbar anerkennend, kann ich doch nicht umhin, mich aus den angedeuteten Gründen *gegen* die allgemeine Errichtung von *Arbeitsschulen* in dem Sinne des Verfassers zu erklären. Ich würde es für einen Eingriff in die Elternrechte erklären, wenn solche Anstalten auf den Befehl einer Behörde eingerichtet werden sollten. Ich zweifle nicht, das gesamte Landvolk würde sich dagegen erheben, und sicher nicht ohne Grund und Recht. Überhaupt wird man wohl endlich dahin kommen, die Einrichtung einer Schule nicht mehr ohne den Beirat der Schulinteressenten zu beschließen. Für jeden unbescholtenen Erwachsenen wird die tätige Teilnahme in kirchlichen Angelegenheiten verlangt; für die Teilnahme der Eltern, besonders des Vaters, an Schulangelegenheiten sprechen noch viel gewichtigere Gründe. Dieselben werden sich dann nach der Verschiedenheit lokaler Bedürfnisse sehr verschieden gestalten, und es wird wünschenswert sein, dass es dann mit einer Arbeitsschule des Herrn *Friedrich* von denjenigen versucht werde, welche die Sache nicht bloß für ausführbar, sondern auch für heilsam erachten.

Trotz allem kann mancher Lehrer aus der Schrift des Verfassers vieles Nützliche lernen: die Betrachtung der Schule aus dem Gesichtspunkt des Lebens – die Würdigung der Unterrichtsgegenstände aus diesem – die Notwendigkeit der Herausbildung der Selbstständigkeit des Schülers durch die Selbsttätigkeit desselben – die Verwandlung der Schule in eine Arbeitsanstalt in unserem Sinne und noch vieles andere. Wir haben diese Ziele so oft hingestellt; es tut einem wohl, sie auch einmal von einem Laien besprochen zu sehen. Die Schrift des Verfassers kann zur Kategorie derjenigen gerechnet werden, welche sich die Bekämpfung des abstrakten Unterrichts in der Volksschule zum Ziel gesetzt haben; unter denselben nimmt sie nicht die letzte Stelle ein.

A.D.

Michael Franzke

Karl Biedermann und die Arbeitsschul-
bewegung in Deutschland

Wiederannäherung

Karl Biedermann (1812–1901) hat sich mit seiner Schrift „Die Erziehung zur Arbeit, eine Forderung des Lebens an die Schule" (1852) unstrittig einen bleibenden Platz in der Geschichte der Arbeitsschulpädagogik erworben. Daran ändert auch die Tatsache nichts, dass er – und darauf hat er stets selbst mit Nachdruck hingewiesen – sich als Laie in den pädagogischen Fachdiskurs einmischte. Die gesamtgesellschaftlichen Krisenerscheinungen des Jahres 1848 hatten deutlich erkennen lassen, dass die institutionalisierte Pädagogik noch keine zukunftsweisende Antwort auf die soziale Frage gefunden hatte und eine solche vorerst weder aus der pädagogischen Elite noch aus den Zentren der politischen Macht heraus zu erwarten war. Biedermann erklärte die Pädagogik, insbesondere die Volksschulreform, zur Angelegenheit der Öffentlichkeit, der Bürger. Sozialer Friede, Kultur und Nation hätten nur eine Perspektive, so Biedermann, wenn die Volksbildung umgestaltet würde zu einer Stätte der Erziehung zur Arbeit. Er nimmt damit eine Vision wieder auf, die Johann Gottlieb Fichte in seinen „Reden an die deutsche Nation" während der Wintermonate 1807/08 entwickelt hatte: Der Weg der sittlichen, kulturellen und wirtschaftlichen Erneuerung der deutschen Nation führt nur über den Weg der Nationalerziehung, dessen Kern die Arbeitsschule bildet. Fichte gab damit eine Antwort auf die Frage, wie Preußen seine Existenz nach der Niederlage bei Jena und Auerstedt und der napoleonischen Fremdherrschaft behaupten, ja, seine Souveränität zurückerlagen könnte.

Biedermann sah im „rohen Sozialismus des Pöbels" der 1840er Jahre eine Schreckensherrschaft am Horizont heraufziehen. Sollte Deutschland das gleiche Schicksal widerfahren wie den Franzosen in den Jahren von 1789 bis 1795, ein Absturz von der Revolution in den Terror? Hatte nicht der Ehrenbürger der Französischen Revolution Friedrich Schiller selbst feststellen müssen: „Der Versuch des französischen Volkes, sich in seine heiligen Menschenrechte einzusetzen und eine politische Freiheit zu erringen, hat bloß das Unvermögen und die Unwürdigkeit desselben an den Tag gebracht und nicht nur dieses unglückliche Volk, sondern mit ihm auch einen beträchtlichen Teil Europas, und ein ganzes Jahrhundert, in Barbarei und Knechtschaft zurückgeschleudert. Der Moment war der günstigste, aber er fand eine verderbte Generation, die ihn nicht wert war und weder zu würdigen noch zu benutzen wusste."[95]

Religion und Kirche, denen nach 1848 wieder ihre alte Macht zurückzugeben wurde, waren für Biedermann ebenfalls keine Option der Zukunft. Als Liberaler forderte er die Hebung der

---

[95] Friedrich Schiller: Brief an den Herzog Friedrich Christian von Augustenburg. Jena, den 13. Juli 1793. In: Die Französische Revolution im Spiegel der deutschen Literatur. Herausgegeben von Claus Träger. Leipzig 1975. S. 265f.

Volkskultur durch Bildung, eine freie Bahn den Tüchtigen. In seinem Bildungsprogramm verdichtete er die fortschrittlichste Pädagogik seiner Zeit. Es bedurfte jedoch zunächst der Überwindung der Reaktion der 1850er Jahre und eines erwachenden Interesses der Wirtschaft an der Schulbildung, bis sein Plädoyer einer Erziehung zur Arbeit durch Arbeit auf fruchtbaren Boden fiel und der Pädagogik in Theorie und Praxis neue Impulse verleihen konnte. Er gehört in den 1870er Jahren zu den Gründungsvätern der, wie sie sich damals nannte, Knabenhandarbeitsbewegung, die sich für die Aufnahme eines erzieherischen Handfertigkeitsunterrichts als Unterrichtsfach in den Schulen einsetzte. Schülerwerkstätten sollten zum didaktischen Kern der neuen Schule reifen, die die alte „Paukschule" hin zum Leben öffnen. In ihnen sollten Zöglinge nicht für die industrielle Massenproduktion abgerichtet, sondern eine neue Generation zu Staatsbürgern erzogen werden. Es ist so bedeutenden Historikern der Bildungs- und Erziehungsgeschichte wie Adolf Teuscher und Theodor Franke[96], Walter Stuhlfath[97] (1887–1974), Eduard Burger[98] und Hinrich Schloen[99] zu danken, dass sie Karl Biedermann jenen Platz in den Annalen der Pädagogik zugewiesen haben, der ihm gebührt und zwar einen Platz unter den Pionieren der Arbeitsschulbewegung, deren erste Entwicklungsetappe in das letzte Drittel des 19. Jahrhunderts zurückreicht und zum Motor der Reformpädagogik wurde.

Eine Rückgewinnung der Pionierleistung Karl Biedermanns ist von höchster Aktualität. Drei Gründe dafür seien an dieser Stelle hervorgehoben.

Erstens: Geschichte lässt sich zwar nicht wiederholen, diejenigen aber, die sich auf die Suche nach Wegen zur Entfaltung

---

[96] Adolf Teuscher und Theodor Franke: Quellen zur Geschichte der Arbeitsschulbewegung. Leipzig 1913. S. 202 – 213.

[97] Walter Stuhlfath: Vom Werden der Arbeitsschule. Osterwieck am Harz 1922. S.79f.

[98] Eduard Burger: Arbeitspädagogik. Geschichte – Kritik – Wegweisung. Leipzig 1923. S. 211f., 123, 221, 290, 315, 317, 337, 366, 389, 677.

[99] Hinrich Schloen: Entwicklung und Aufbau der Arbeitsschule. Berlin 1926. S. 14.

sozialintegrativer Kräfte schulischer Bildung sowie zur Erhöhung ihrer Wirksamkeit und Effizienz gemacht haben, verlieren Zeit und laufen Gefahr sich zu verirren, wenn sie ihre historischen Vorgänger einfach ignorieren.

Zweitens: Das praxisorientierte Lernen hat heute in Form von Praxisklassen, Schülerfirmen, Schüler- und Jugendwerkstätten, produktivem und produktionsorientiertem Lernen, Produktionsschulen und Jugendhilfebetrieben Konjunktur. Alle diese Formen stehen in der Tradition der Knabenhandarbeitsbewegung, an deren theoretischer Begründung wie praktischer Ausgestaltung Karl Biedermann einen aktiven Anteil hatte. Diese birgt ein didaktisches Potenzial, das bis heute nicht abgegolten ist.

Drittens: Die Rezeption der Arbeitsschule als pädagogisches Konzept ist immer noch eingebettet in eine „Geschichte der Reformpädagogik", deren Beginn um 1900 datiert wird. Die neueren Forschungen liefern Hinweise darauf, dass diese Datierung einer Überprüfung bedarf.[100] Als weiteres Indiz hierfür kann die Schrift Biedermanns gelten, die einen gelungenen Entwurf einer Arbeitsschulpädagogik darstellt.

Pädagogen der Bundesrepublik Deutschland knüpften nach dem zweiten Weltkrieg an die geisteswissenschaftliche Pädagogik an. Von ihr wurde das Leben als eine „Funktion des Geistes" verstanden, der in der Welt der Zerrissenheit und Interessengegensätze Einheit stiften und Ausgleich schaffen sollte. Zur Klärung der Frage nach der „Bildung in der modernen Arbeitswelt" wurden Werke von Eduard Spranger (1882–1964), Theodor Litt (1880–1962) herangezogen, beide Kritiker der Ar-

---

[100] Zu diesen Hinweisen zählen m. E. Studien, die belegen, dass vor 1900 nicht nur Kritiken an der „Lernschule" vorgetragen, sondern gleichzeitig Alternativvorschläge vorgelegt wurden. Dazu gehören vor allem neuere Forschungsergebnisse zu den Anfängen der Sozialpädagogik. Siehe u. a: Carsten Müller und Heinrich Kronen (Hrsg.): Sozialpädagogik nach Karl Mager. Quellen und Diskussion. Bad Heilbrunn 2010; Bernd Dollinger, Florian Eßer, Carsten Müller, Michael Schabdach, Wolfgang Schröer: Sozialpädagogik und Herbartianismus. Studien zu einem theoriegeschichtlichen Zusammenhang. Bad Heilbrunn 2010. Sie belegen, dass die Sozialpädagogik sich keineswegs außerhalb der Schulpädagogik herausgebildet hat, sondern in ihr als Form der Öffnung der Schule „hin zum Leben".

beitsschulbewegung. Ungeachtet der Dominanz der geisteswissenschaftlichen Pädagogik standen die zu Klassikern gewordenen Werke der Arbeitspädagogik Georg Kerschensteiners (1854–1932) und Aloys Fischers (1880–1937) hoch im Kurs, sie wurden neu befragt und neu aufgelegt. Im Unterschied zu den 1920er Jahren finden sich nach 1945 – in Ost wie in West – nur noch vereinzelte Hinweise auf das pädagogische Wirken Karl Biedermanns.

In der DDR stand die Arbeitserziehung ganz im Zeichen der polytechnischen Ausbildung. Ihr ging es vor allem um die Frage der Herausbildung einer bisher nicht da gewesenen, neuen, einer „kommunistischen Einstellung" zur Arbeit. Ihre bevorzugten historischen Quellen waren Nadeshda Konstantinowna Krupskaja (1869–1939), Anton Semjonowitsch Makarenko (1888–1939) und Pawel Petrowitsch Blonski (1884–1941). Zur Begründung der psychologischen Aspekte der Arbeit im Erziehungsprozess stand das Tätigkeitskonzept Alexei Nikolajewitsch Leontjews (1903–1979) zur Verfügung. Unter diesen Voraussetzungen blieb der Zugang zum pädagogischen Erbe Karl Biedermanns weitgehend versperrt. Die Ende der 1950er Jahre erfolgte Biedermann-Rezeption diente dem Zweck der Abgrenzung der sozialistischen von der bürgerlichen Arbeitspädagogik.

Ein Durchbruch hinsichtlich der Reflexion und Einordnung Karl Biedermanns in die Arbeitsschulbewegung wurde Ende der 1890er Jahre erzielt. Jürgen Oelkers wies darauf hin, dass zwischen der Arbeitsschulpädagogik des 19. und des 20. Jahrhunderts eine Kontinuität besteht.[101] Damit ist die Ansicht auf den Prüfstand gestellt, wonach es sich bei den Reformbestrebun-

---

[101] Siehe: Jürgen Oelkers: Reformpädagogik. Eine kritische Dogmengeschichte. Weinheim – München 1989. Im Vorwort zur dritten Auflage 1996 schreibt er rückblickend: „Die ursprüngliche Datenbasis meiner „Dogmengeschichte" entstammt Forschungen, die ich 1985 begonnen und 1989 abgeschlossen habe. Das Interesse der Datenerhebung galt bestimmten pädagogischen Konzepten, die für gewöhnlich der Reformpädagogik zugerechnet wurden. ‚Reformpädagogik' war der Ausdruck für eine historische Epoche, die als abgeschlossen und zugleich offen für die Gegenwart betrachtet wurde. In der Sekundäranalyse wurde relativ schnell klar, dass die Epochenbehauptung im Anschluss vor allem an *Herman Nohls* Konstruktion der ‚pädagogischen Bewegung' in Deutschland nicht konsistent ist und angesichts der Kontinuität ihrer Theoreme (und Motive) nicht aufrechterhalten werden kann." (Ebenda. S. 7.)

gen im letzten Drittel des 19. Jahrhunderts, also auch und vor allem bei der Knabenhandarbeitsbewegung als erste Entwicklungsperiode der Arbeitsschule lediglich um einen „Vorläufer" der Reformpädagogik handelt. Seitens der Arbeitsschulpädagogen wurde die produktive Tätigkeit als erzieherisch wertvoll erkannt und nach einem Prinzip gesucht, wie Schule und Arbeit so gekoppelt werden könne, dass das Lernprinzip der Schule gewahrt bleibt, aber zugleich das abstrakte Prinzip des Unterrichts korrigiert werden kann.[102] Oelkers stellt fest: „Es gibt nach 1890 keine Programmatik und kein Postulat der Schulreform, in denen diese Motive nicht enthalten sind. Man muss aber hinzufügen, es gibt auch *vor* 1890 kein Reformprogramm, das nicht die Verbindung der Schule mit dem Leben, die Reduktion des Stoffes oder die Verstärkung des pädagogischen Auftrages der Schule gefordert hätte. Das Jahr 1890 stellte keinen Einschnitt dar, der einen irgendwie dramatischen Wandel auslöste."[103]

In der „Geschichte der Erziehung", die 1988 in der 16. Auflage im Verlag der DDR „Volk und Wissen" erschienen war, wurde ebenfalls die von Biedermann hergestellte Verbindung von Arbeit und Lernen, Theorie und Praxis hervorgehoben[104] und damit die Aussage relativiert, dass es Biedermann lediglich um die Sicherung der bürgerlichen Staatsordnung und um die Befähigung verarmter Menschen gehe, ihre soziale Not aus eigener Kraft zu lindern.[105] Die unterschiedlich akzentuierten Bestrebungen der Reformpädagogik, so heißt es in der „Geschichte der Erziehung", „stimmten in dem Ziel überein, die Selbständigkeit der Schüler und die Verbindung der Schule mit dem Leben anzustreben. In der Zeit vor dem ersten Weltkrieg mündete sie

---

[102] Vgl.: Jürgen Oelkers: Reformpädagogik. Eine kritische Dogmengeschichte. Weinheim – München 1996. S. 53.

[103] Ebenda. S. 28.

[104] Siehe: Geschichte der Erziehung. Berlin 1988. S. 452. Das Motiv der Arbeitserziehung bei Biedermann wurde nicht ausschließlich und nicht vordergründig als Motiv der Sozialarbeit gesehen, sondern als Motiv einer Schulreform in sozialpädagogischer Absicht.

[105] Siehe: Zur Geschichte der Arbeitserziehung in Deutschland. Teil I: Von den Anfängen bis 1900. Monumenta Paedagogica. Rote Texte. Reihe Ausbildung und Erziehung. Frankfurt am Main 1972. S. 196ff.

in eine Bewegung ein, die die Umgestaltung der Lernschule zur Arbeitsschule zum Ziel hatte."[106] Am Anfang dieser Entwicklung habe aber Karl Biedermann mit seiner Schrift „Die Erziehung zur Arbeit, eine Forderung des Lebens an die Schule" gestanden.[107] Einen weiteren Schritt in Richtung Wiederaneignung des pädagogischen Erbes Karl Biedermanns ging Hermann Röhrs, wenn er in den 1990er Jahren eine erneute Bestimmung des historischen Platzes der Knabenhandarbeitsbewegung vornahm und sie als „erste Konzeption der Arbeitsschulidee" bewertet wissen wollte.[108] Zu ihren Exponenten zählt Röhrs ebenfalls Karl Biedermann.[109] Philipp Gonon wies nach, dass der Begriff „Arbeitsschule" bereits 1828 vom Basler Professor Rudolf Hanhart (1780–1856) geprägt worden war.[110] Bis dahin war die Position von Herman Nohl (1879–1960) unwidersprochen geblieben, dass Jan Daniel Georgens (1823–1886) diesen Begriff 1857 in seiner Schrift „Die Gegenwart der Volkschule" erstmals verwendet habe.[111] Gonon verortete Karl Biedermann ebenfalls in

---

[106] Geschichte der Erziehung. Berlin 1988. S. 452. Tatsächlich lässt sich um 1910 eine enorme Ausweitung der Arbeitsschulbewegung ausmachen. Es ging ihr nun nicht mehr nur darum, die praktische Arbeit als Unterrichtsfach einzuführen. Das Prinzip Arbeit sollte nicht mehr einem Schulfach (dem Handfertigkeitsunterricht als technische Bildung) allein vorbehalten bleiben, sondern zum allumspannenden Prinzip einer neuen Schule werden. Siehe zu dieser Entwicklung: Die Arbeitsschule. Beiträge aus Theorie und Praxis. Arbeiten aus der methodischen Abteilung des Leipziger Lehrervereins. Herausgegeben vom Leipziger Lehrerverein. Leipzig 1909; Erster Deutscher Kongress für Jugendbildung und Jugendkunde zu Dresden am 6., 7. und 8. Oktober 1911. Erster Teil: Die Arbeitsschule. Vorträge und Verhandlungen am Freitag, den 6. Oktober 1911. Leipzig – Berlin 1912; Aus der Praxis der Arbeitsschule, bearbeitet von Alwin Pabst. Osterwieck/Harz – Leipzig 1912.

[107] Geschichte der Erziehung. Berlin 1988. S. 452.

[108] Hermann Röhrs: Die Reformpädagogik. Ursprung und Verlauf unter internationalem Aspekt. Weinheim 1998. S. 208.

[109] Siehe: Ebenda. S. 210.

[110] Siehe: Philipp Gonon: Arbeitsschule und Qualifikation. Arbeit und Schule im 19. Jahrhundert, Kerschensteiner und die heutigen Debatten zur beruflichen Qualifikation. Bern – Frankfurt a. M. – New York – Paris – Wien 1992. S. 71.

[111] Ebenda. S. 119.

den Gründungsdiskurs der Arbeitsschule, der auch Konrad Michelsen (1804–1862)[112] und Hermann Pösche (1826–1907)[113] zuzurechnen sind. Eine Rezeption des pädagogischen Erbes Karl Biedermanns beginnt, so Jürgen Oelkers, mit Robert Rißmann (1851–1913), der 1882 seine „Geschichte des Arbeitsunterrichts in Deutschland" vorgelegt hatte.[114] Rißmann schließt sich Biedermanns Schulkritik an und fasst seine Reformvorschläge in folgenden elf Punkten zusammen: „Als *pädagogische Vorzüge*, welche der praktische Unterricht vor dem theoretischen voraushabe, führt der Verfasser Folgendes an:

1) Die praktische Methode könne mit den einfachsten, naheliegendsten und leichtesten Kraftübungen beginnen und stetig zu immer schwereren übergehen im Verhältnis zu dem fortschreitenden Wachstume der Kräfte des Zöglings, während die theoretische sogleich mit schwerfasslichen Abstraktionen und künstlichen Vorstellungen (Lesen, Schreiben, Zählen etc.) den ungeübten und solcher Operationen ungewohnten kindlichen Geist anstrengen müsse.

2) Die Resultate des praktischen Unterrichts seien viel weniger dem Wiederverlorengehen ausgesetzt, als gewöhnlich diejenigen des theoretischen.

3) Da die praktische Tätigkeit mit dem Naturbedürfnis und der Neigung des Kindes übereinstimme, so bedürfe es zu ihrer Erweckung weder künstlicher Reizmittel noch des Zwanges.

---

[112] Siehe: Konrad Michelsen: Die Arbeitsschule der Landgemeinden in ihrem vollberechtigten Zusammenwirken mit den Lehrschulen. – Eine historisch begründete Beantwortung der Zeitfrage: „Wie wird die Volksschule von der abstrakten Methode emanzipiert und fruchtbar gemacht für Herz und Hand der Zöglinge?". Eutin 1851; Wie nimmt die Schule Teil am Kampf gegen den Pauperismus? Beantwortung durch ein Referat über die Lehr- und Arbeitsschule in Alfeld. Hildesheim 1854.

[113] Hermann Pösche veröffentlichte in den „Rheinischen Blättern für Erziehung und Unterricht", herausgegeben von F. A. W. Diesterweg, zwischen 1856 und 1858 eine Reihe von Aufsätzen zu Fragen der Arbeitserziehung und Berufsbildung.

[114] Vgl.: Jürgen Oelkers: Reformpädagogik. Weinheim – München 1996. S. 51.

4) Von besonders vorteilhaftem Einfluss sei dies auf die *Diszip-lin*, zu deren Aufrechterhaltung weder Zwang noch Strafe sich als nötig herausstelle.

5) Beim praktischen Unterricht lasse sich die Erkenntnis und Beobachtung der *Individualität* am sichersten erreichen, da dieselbe sich nur in einem ihr angemessenen Akte der *Selbsttätigkeit*, nie bei einem bloß rezeptiven Verhalten und einer aufgezwungenen Beschäftigungsweise, frei entwickeln und äußern könne.

6) Augenfällig sei der Vorteil einer Beschäftigung mit praktischen Arbeiten statt des jetzigen Hockens der Jugend auf den Schulbänken im eingeschlossenen Raum auf deren Gesundheit und Körperentwicklung.

7) Auch auf den *Lehrer* müsse diese naturgemäßere Beschäftigung in eben dem Maße wohltätig und anregend einwirken, als die jetzige ihn fast notwendig körperlich und geistig *aufreibe*.

8) *Der gegenseitige* Unterricht, welcher in den theoretischen Gegenständen sehr bedenklich sei, bei praktischen Beschäftigungen aber gar keine Schwierigkeit habe, sei nicht nur als Unterstützung des Lehrers beim Massenunterricht, sondern auch als die naturgemäßeste Vorbereitung für die künftige Tätigkeit des Familienoberhauptes und Erziehers von großem Wert.

9) Überhaupt sei das der größte Vorzug des praktischen Unterrichts vor dem theoretischen, dass jener unmittelbar und sofort mit der Übung der Fähigkeiten des Geistes auch auf den *Charakter*, auf die *sittliche Natur* des Zöglings bildend einwirke, indem er zu recht betriebener Arbeit, dem fruchtbarsten Keim aller sittlichen und namentlich aller bürgerlichen und gesellschaftlichen Tugenden, anleite.

10) Der *Wetteifer* unter den verschiedenen Zöglingen einer Schule und der *Ehrgeiz* jedes einzelnen, es dem anderen zuvor zu tun, werden hier einen anderen Charakter annehmen und keine bedenklichen Folgen entwickeln. Der Gegenstand des Wetteifers sei nämlich beim praktischen Unterricht unmittelbar das durch die Arbeit erzielte Resultat, während dasselbe beim theoretischen Unterricht nur mittelbar in Frage komme, nämlich

als Mittel, um Anerkennung des Lehrers oder auch irgend welche äußere Auszeichnung zu erlangen. Ein Ehrgeiz aber, der darauf ausgeht, etwas wirklich besser zu machen als andere, sei allemal unschädlicher und lobenswerter als einer, dem es mehr nur darum zu tun sei, dass er besser angesehen werde, etwas besser gemacht zu haben.

11) Von ganz besonderem pädagogischen Wert sei endlich beim praktischen Unterricht der Umstand, dass derselbe sich dem Leben in *Haus und Familie* aufs engste anschließe, so dass auch die minder gebildeten Eltern an den Fortschritten ihrer Kinder, die auch sie zu beurteilen und zu fördern imstande seien, lebhafteren Anteil nehmen würden, als dies bei den Fortschritten in theoretischer Beziehung der Fall sein könnte."[115]

Nachdem Rißmann die wichtigsten Positionen Biedermanns zusammengefasst hatte, kam er zu folgender Wertung: „Unter allen, den gleichen Gegenstand behandelnden neueren Schriften nimmt das Werk Karl Biedermanns, welches erschöpfende Gründlichkeit mit geistreicher, durchweg fesselnder Darstellung vereinigt und dazu auf jeder Seite den schwerwiegenden Vorzug wirklich originalen Denkens kundgibt, eine der ersten, wenn nicht die erste Stelle ein, obgleich nicht verschwiegen werden soll, dass der Verfasser hier und da in den Fehler aller für ihre Idee begeisterten Reformatoren: in den der Übertreibung, schiefen Voraussetzungen und zu idealistischer Anschauung, verfallen ist."[116] Rißmann folgt mit dieser Einschätzung der von Friedrich Adolph Wilhelm Diesterweg (1790–1866). Karl Biedermann fand sowohl unter den Anhängern Johann Heinrich Pestalozzis (1746–1827) als auch Friedrich Fröbels (1782–1852) Zustimmung. Sein in sich konsistentes Arbeitsschulkonzept war dreigliedrig, es ging aus vom Kindergarten und reichte über die Volksschule bis zur Fortbildungsschule.

---

[115] Robert Rißmann: Geschichte des Arbeitsunterrichts in Deutschland. Gotha 1882. S. 57f.

[116] Ebenda. S. 58f.

Kindheit, Jugend, Studium und Berufsethos

Karl Biedermann wurde am 25. September 1812 in Leipzig als Sohn des Dienstmädchens Auguste Henriette Biedermann geboren. Über seinen Vater wissen wir nichts Genaueres. „Früh", schreibt Biedermann, „wurde ich vaterlos."[117] In seinen Lebenserinnerungen nahm er Abstand, darüber genaueres zu berichten. Hans Blum schreibt 1899: „Den Vater verlor er in der Kindheit. Fortan oblag also der trefflichen Mutter die alleinige Sorge für das Gedeihen ihres einzigen Kindes."[118] Wolfgang Emmerich teilt uns 1979 das Ergebnis seiner Nachforschungen mit: Sein Vater wäre ein aus Schlesien stammender preußischer Kriegskommissar gewesen.[119]
Bei Rolf Weber heißt es 1992: „Es gibt beweiskräftige Belege dafür, dass sein wirklicher Vater nicht der in der Geburtsurkunde angegebene entfernte Verwandte seiner Mutter, sondern ein Baron von Beust war, kein Geringerer als der Vater des nachmaligen sächsischen und österreichischen Außen- und Premierministers Ferdinand von Beust."[120]
Gern kam Biedermann auf folgende Geschichte zurück: „Wie mir erzählt worden [ist], sind in das Dach des Hauses, wo ich als einjähriges Kind eben krank daniederlag, während der Völkerschlacht bei Leipzig einzelne Kanonenkugeln eingeschlagen. Nach dem Einzug der Verbündeten haben bärtige Kosaken, denen meine Mutter Essen in das unferne Lazarett schick-

---

[117] Karl Biedermann: Mein Leben und ein Stück Zeitgeschichte. Erster Band. Breslau 1886. S. 1.

[118] Hans Blum: Karl Biedermann. In: Hans Blum: Vorkämpfer der deutschen Einheit. Lebens- und Charakterbilder. Berlin 1899. S. 59.

[119] Wolfgang Emmerich: Einleitung. In: Karl Biedermann: Deutschland im 18. Jahrhundert. Frankfurt am Main – Berlin – Wien. 1980. S. XV.

[120] Rolf Weber: Karl Biedermann und die liberale Bewegung in Leipzig. Vortrag, gehalten am Mittwoch den 25. November 1992 im Saal der Alten Handelsbörse. Leipzig 1992. S. 7. (Texte des Leipziger Geschichtsvereins e.V.; Heft 1.)

te, mich liebkosend, wie diese wilden Krieger gern mit Kindern taten, auf den Arm genommen."[121]

Um das Jahr 1816 zogen Mutter und Kind von Leipzig vorübergehend ins erzgebirgische Arnsfeld bei Annaberg, wo Auguste ihrer Mutter bei der Führung der Wirtschaft des hiesigen Predigers Unterstützung bot. Bereits mit vier Jahren lernte Karl fließend zu lesen. Wenig später erfolgte der Umzug nach Breitenhof, wo seine Mutter eine Stellung als Wirtschafterin im Hause des Hauptmanns a. D. Christian Ludwig von Stieglitz (1756–1836) annahm und kurz darauf nach Großpöhla, wo sie als Wirtschafterin für den Major a. D. von Elterlein tätig wurde. Beide Orte liegen in der Nähe von Schwarzenberg im oberen Erzgebirge. Im Hause von von Elterlein wurde Karl die Möglichkeit geboten, am Hausunterricht der Kinder der Familie teilzunehmen. Ergänzt wurde die frühe Bildung durch den Privatunterricht beim Dorflehrer Mühlmann.

Mit neun Jahren fand Karl Biedermann Aufnahme in der Internatsschule des Freimaurerinstituts in Dresden, in der nach philanthropischen Erziehungsprinzipien unterrichtet wurde.[122] Dort fühlte er sich jedoch eingesperrt, wie in einem Gefängnis. „Heimweh, Herzenskälte seitens der Lehrer, brutale Vergewaltigung durch ältere Mitschüler, Alles", so Hans Blum, „hatte der arme Knabe in diesen Prüfungsjahren zu erdulden."[123] Seine Lage verbesserte sich erst im Herbst 1823. Pastor Sturz aus Knobelsdorf bei Waldheim, ein Bekannter der Mutter, übernahm seine Erziehung. Sturz wirkte ungemein anregend auf Karl, er vermittelte seinem Zögling nicht nur große Fertigkeiten im Lateinischen, sondern machte ihn darüber hinaus mit der klassischen deutschen Literatur bekannt, mit Werken von Friedrich

---

[121] Karl Biedermann: Mein Leben und ein Stück Zeitgeschichte. Erster Band. Breslau 1886. S. 1.

[122] Vgl.: John A. Walz: Introduction. In: Deutsche Bildungszustände in der zweiten Hälfte des achtzehnten Jahrhunderts. Herausgegeben von John A. Walz. New York 1905. S. viii. Bei dieser Schrift handelt es sich um den Nachdruck des letzten Kapitels des zweiten Bandes von Biedermanns „Deutschland im 18. Jahrhundert".

[123] Hans Blum: Karl Biedermann. In: Hans Blum: Vorkämpfer der deutschen Einheit. Lebens- und Charakterbilder. Berlin 1899. S. 60.

Gottlieb Klopstock (1748–1773) und Christian Friedrich Voß (1722–1795), Friedrich Schiller (1759–1805) und Karl Theodor Körner (1791–1813), dem Dichter der Befreiungskriege. Der naturwissenschaftliche Unterricht hingegen wurde fast gänzlich vernachlässigt, die sogenannten Realien (Mathematik, Geschichte und Geographie) waren im Unterricht ausgeschlossen. Sein Lehrer weckte in dem Jungen den festen Wunsch, Philologie zu studieren. An Michaelis 1827 begann der 15-jährige Karl sich in der Kreuzschule zu Dresden auf ein Universitätsstudium vorzubereiten. Während seines Schulbesuchs in Dresden fand er Aufnahme in der Familie des verwitweten Obersteuerrats Stelzner, die rege mit anderen Familien des höheren Beamtenstandes verkehrte. Karl, der zu den Geselligkeiten hinzugezogen wurde, lernte hier die bestehende Kluft zwischen der humanistischen Schulbildung und dem wirklichen Leben kennen und berichtete darüber: „Ich empfand mit Unbehagen den Abstand meiner bisherigen Bestrebungen von dem, was das Leben, das jetzt zum ersten Mal mit seinen mannigfaltigen Verhältnissen und Interessen an mich herantrat, von dem Einzelnen fordere und erwarte."[124] Der Wunsch, Philologie zu studieren, geriet ins Wanken, er erwog nunmehr das Studium der Theologie aufzunehmen. Ehemalige Mitschüler, die sich an der Universität Leipzig eingeschrieben hatten, rieten ihm ihrerseits zum Jurastudium. Karl schwankte erneut. Das Vermögen, das ihm sein Pflegevater Sturz vererbt hatte, machte ihn finanziell unabhängig, es bestand kein Zwang, sich schnell für eine Studienrichtung entscheiden zu müssen. So kam er Ostern 1830 ohne einen festen Studien- und Lebensplan nach Leipzig, schrieb sich in die hiesige Universität ein und hörte Vorlesungen in Philosophie, Philologie, Theologie, Geschichte und Anthropologie. Allesamt vermochten den Studenten Biedermann aber nicht sonderlich zu fesseln, er beklagte den Schematismus und die Weltabgewandtheit der Professorenschaft.

Vom Studium nicht sonderlich begeistert, begann er sich nun auch in die Werke Johann Wolfgang von Goethes (1749–1832) zu vertiefen und drang tief in das Gedankengebäude der Ver-

---

[124] Karl Biedermann: Mein Leben und ein Stück Zeitgeschichte. Erster Band. Breslau 1886. S. 27.

nunftkritik Immanuel Kants (1724–1804) ein. Er machte sich Kants Fragen zueigen: Was ist Aufklärung? Wie ist Wissenschaft als solche möglich? Wie kommt Vernunft in die Geschichte? Wie fälle ich ein Urteil, das vor jeder Prüfung bestand hat? Was kann ich hoffen? Was ist der Mensch? Wie ist Freiheit möglich? Der junge Student begann seine englischen Sprachkenntnisse zu erweitern und machte sich mit den Werken William Shakespeares (1564–1616) bekannt. Der Beruf des Philologen schien ihm dennoch nicht erstrebenswert. „Ich sagte der Philologie ab", so Biedermann in seinen Lebenserinnerungen, „weil sie die Anforderungen nicht erfülle, die ich an die Wissenschaft als Bildnerin der Menschheit und Führerin der Menschheit stellen müsse."[125]

Nach drei Jahren verließ Karl Biermann die Universität Leipzig „ohne sonderlich reichen oder doch zuverlässigen Gewinn an positiver Wissensausbeute"[126], um sein Studium in Heidelberg fortzusetzen. Die Universität Heidelberg genoss zur damaligen Zeit einen sehr guten Ruf und Heidelberg galt in den 1830er Jahren als Hochburg des süddeutschen Liberalismus. Wenn Karl Biedermann auch rückblickend versicherte, dass sein Interesse an der „reinen Wissenschaft" damals größer war als für die kulturphilosophische Durchdringung der gesellschaftlichen Entwicklung seiner Zeit, so dürfte seine liberale Weltanschauung während seiner Heidelberger Studienzeit entscheidend geprägt worden sein. Unter den Professoren, die er hörte, ragte insbesondere Karl Salomo Zachariä (1769–1843) heraus, der als einer der bedeutendsten und zugleich einflussreichsten Staatsrechtslehrer der ersten Hälfte des 19. Jahrhunderts galt. Seine liberalen Anschauungen waren beeinflusst von den Ideen des aufgeklärten Absolutismus und der Französischen Revolution. Er sah die konstitutionelle Erbmonarchie als beste Verbindung zwischen Einzelherrschaft und Volksherrschaft, als Idealstaat an. – Diese Vision eines Idealstaates wird sich später bei Karl Biedermann wiederfinden. Die von Zachariä verfasste Schrift „Nationale und nationelle Erziehung" (1830) war noch

---

[125] Ebenda. S. 30.

[126] Ebenda. S. 33.

druckfrisch, als sich der Student Karl Biedermann dazu durchgerungen hatte, die akademische Laufbahn nun doch zielstrebig zu verfolgen. Er intensivierte seine philosophischen Studien, las den französischen Rationalisten René Descartes (1596–1650), den holländischen Pantheisten Baruch Spinoza (1632–1677) und immer wieder die philosophische Klassik, nach Kant nun besonders Johann Gottlieb Fichte, Friedrich Wilhelm Joseph Schelling (1775–1853) und den großen Dialektiker Georg Wilhelm Friedrich Hegel (1770–1831). Aber Hegels Philosophie der Geschichte behagte dem jungen Biedermann nicht. Weder Vernunft noch Geist regierten, wie Hegel meinte, die Welt, auch seien sie noch lange nicht soweit sich ihrer wirklich sicher sein zu können. Der Philosoph Hegel sei viel zu abstrakt, zu sehr von der Idee besessen, die Welt in ein System zu pressen und sein eigenes Lebenswerk mit der Ausarbeitung eines geschlossenen Systems der Geschichte zu vollenden. Nein, die Weltgeschichte ist noch nicht entschieden, sie kommt wieder in Bewegung, gewinnt wieder an Fahrt, Neues bricht sich Bahn. Meldungen über die Erfolge des industriellen Aufschwungs überschlugen sich. 1834 hatte Sachsen seinen Beitritt zum preußisch-deutschen Zollverein erklärt, die Handelsschranken fielen. Reformen in Politik und Verwaltung, Justiz und Militär, Landwirtschaft, Industrie, Transportwesen, Kultur und Bildung folgten Schlag auf Schlag, getrieben von einem unbändigen Freiheitsstreben der Bürger. Auf dem Hambacher Fest vom 27. Mai 1832 fand es einen ersten Höhepunkt. Karl Biedermann war dabei. Er berichtet darüber, wie er bei einer Passkontrolle bereitwillig Auskunft gab: Ich bin gekommen, um in Hambach „Revolution machen zu helfen".[127] Trotz behördlichen Verbots versammelten sich rund 30.000 Menschen, Groß- und Kleinbürger, Bauern und Handwerker, Lohnarbeiter, Intellektuelle und Studenten. Die Intellektuellen wurden sich ihrer Verantwortung für die politische Entwicklung bewusst, unter den Studenten gärte es, sie schlossen sich den Burschenschaften an. Die Gefahr einer Radikalisierung der politischen Verhältnisse lag in der Luft, die Burschenschaften reagierten auf die Verfolgung

---

[127] Siehe: Ebenda. S. 41.

Hunderter ihrer Anhänger 1832 auf dem Stuttgarter Burschentag: „Der Zweck der Burschenschaften soll von nun an sein die Erregung einer Revolution, um durch diese die Freiheit und Einheit Deutschlands zu erreichen."[128] Am 3. April 1833 erstürmten Burschenschaftler und Bürger die Frankfurter Hauptwache. Eine weit größere Kraft zur Radikalisierung der sozialen Konflikte ging von den sich schrittweise organisierenden Arbeitern aus. Die Industrialisierung brachte eine Verschlechterung ihrer sozialen Lage mit sich. Der „Bund der Gerechten" trat 1834 mit einer eigenen „Erklärung der Menschen- und Bürgerrechte" hervor. Darin heißt es:

„Art. 1. Der Zweck der Gesellschaft ist das Glück aller ihrer Glieder.

Art. 2. Um dieses Glück zu sichern, muss die Gesellschaft einem Jeden verbürgen: Sicherheit der Person; die Mittel, sich auf eine leichte Weise ein Auskommen zu verschaffen, welches ihm nicht nur die Bedürfnisse des Lebens, sondern auch eine des Menschen würdige Stellung in der Gesellschaft sichert; Entwicklung seiner Anlagen; Freiheit; Widerstand gegen Unterdrückung."[129]

Am 31. Juni 1834 erscheint die sozialrevolutionäre Flugschrift „Der Hessische Landbote". „Friede den Hütten, Krieg den Palästen" rufen die Autoren aus, unter ihnen der Medizinstudent Georg Büchner (1813–1837). Aber konnte man eine Revolution tatsächlich gut heißen? Lag in ihr nicht mehr Zerstörungskraft als Aufbauwillen? Die Liberalen antworteten mit einem klaren: „Nein!". Sie setzten auf friedliche Reformen und rechtliche Kontinuität.[130]

---

[128] Zitiert nach: Fragen an die deutsche Geschichte. Ideen, Kräfte, Entscheidungen von 1800 bis zur Gegenwart. Historische Ausstellung im Reichstagsgebäude in Berlin. Katalog. 17. Auflage: Herausgegeben vom Deutschen Bundestag, Referat Öffentlichkeitsarbeit. Berlin 1993. S. 65.

[129] Ebenda. Abbildung II/42.

[130] Siehe: Golo Mann: Deutsche Geschichte des 19. und 20. Jahrhunderts. Frankfurt am Main 2004. S. 200.

Zurück zu Karl Biedermann: Sein Interesse am sozialen und politischen Zeitgeschehen wuchs, doch zunächst galt es, das Studium zum Abschluss zu bringen. Aus diesem Grunde kehrte er im Herbst 1834 nach Leipzig zurück. Ein weiterer Grund: seine Heimatstadt schickte sich an, ein kulturelles Zentrum zu werden, in dem Kultur aus Leben und Emanzipation geschmolzen wird.[131] Mitte 1835 begann er sich den akademischen Prüfungen zu stellen, legte das kombinierte Examen für die Doktorpromotion und die Habilitation als akademischer Dozent ab, hielt seine Probevorlesung, unterzog sich der feierlichen Disputation und wurde als Privatdozent für Staatswissenschaften an der Philosophischen Fakultät der Universität Leipzig zugelassen.

Am Beginn seiner akademischen Laufbahn stand eine rege Vorlesungstätigkeit, er hielt Vorlesungen über die Grundlegung der Philosophie als Wissenschaft, über ihre Geschichte und über Logik. Noch immer hatte er keine schlüssige Antwort auf die Frage gefunden, in welche Richtung er seine eigene wissenschaftliche Arbeit künftig vorantreiben sollte. Das Erbe der klassischen deutschen Philosophie lag ausgearbeitet vor ihm, Hegel hatte sie zum Abschluss gebracht. Sollte er ihrer Auffassung von Wissenschaft folgen, das Fundament seiner eigenen wissenschaftlichen Arbeit auf ihrem Fundament des transzendentalen Idealismus gründen? Wissenschaft gründe, so hatte bereits Kant gelehrt, auf Begriffen a priori, auf Begriffen, die vor aller Erfahrung gegeben sind. Eine allgemeingültige Wahrheit sei nur möglich, wenn die Wirklichkeit auf diese Begriffe bezogen, mit diesen Begriffen gedacht und geordnet wird. Kann aber die Geschichte angesichts ihrer ganzen Vielfalt und Dynamik tatsächlich mittels eines abstrakten, nicht mehr hinterfragbaren Systems von Begriffen erklärt werden? Karl Biedermann kam zu dem Schluss, dass eine solche Philosophie nicht den Platz einer Königin der Wissenschaft beanspruchen könne. Eine Philosophie, die nicht darauf aus ist, den historischen Prozess selbst auf den Begriff zu bringen, sondern diesen nach vorgefassten

---

[131] Siehe zur kulturellen Entwicklung Leipzig dieser Zeit: Edwin Redslob: Die Welt vor hundert Jahren. Menschen und Kultur der Zeitenwende um 1840. Leipzig 1943. S. 236 – 244.

Begriffen zu deuten sucht, verliere sich letztlich in Spekulationen, hinke der Zeit immer nur hinterher. Karl Biedermann äußerte sich später dazu wie folgt: „In einer ‚Fundamentalphilosophie‘, die ich 1837 schrieb, versuchte ich den Gedanken durchzuführen, dass die systematische Philosophie, als eine in sich abgeschlossene Wissenschaft, die Rolle einer Lehrerin und Führerin der Menschheit, die sie bisher übernommen, an eine andere Macht abgeben müsse, an die stetige Entwicklung des Menschengeistes, wie sie in der Form der öffentlichen Meinung im Staats- und Volksleben, in der Form der empirischen Forschung auf dem Gebiet der Naturwissenschaft auftrete und unaufhaltsam voranschreite, aller Versuche spottend, durch abstrakte Formeln sie in einen gewissen Kreis bannen zu wollen.“[132] In der öffentlichen Meinung sah er eine neue geschichtsbildende Macht am Horizont heraufziehen. Ihr gelte es zu dienen und was wäre dazu geeigneter als eine Publizistik, die sich der Wissenschaft zu vergewissern vermag? 1838 öffnet sich jedoch eine weitere Pforte auf dem Weg seiner akademischen Laufbahn, mit 26 Jahren – für die damalige Zeit ungewöhnlich schnell – wurde er zum außerordentlichen Professor für Staatswissenschaften berufen, ungewöhnlich auch deshalb, weil er von Anfang an kein unpolitischer Wissenschaftler war.[133]

Mit seiner zwei Bände umfassenden Schrift „Die deutsche Philosophie von Kant bis auf unsere Zeit, ihre wissenschaftliche Entwicklung und ihre Stellung zu den politischen und sozialen Verhältnissen der Gegenwart“, die 1841 und 1842 erschien, zog er ein Resümee seiner bisherigen wissenschaftlichen Arbeit. Sie steht gleichsam am Übergang seiner zweiten Schaffensperiode.

---

[132] Karl Biedermann: Mein Leben und ein Stück Zeitgeschichte. Erster Band. Breslau 1886. S. 60f.

[133] Vgl.: Wolfgang Emmerich: Einleitung. In: Karl Biedermann: Deutschland im 18. Jahrhundert. Frankfurt am Main – Berlin – Wien. 1980. S. XVI.

Publizistik, Politik und die Bildungsfrage

Karl Biedermann lebte seine eigene Forderung, wonach Wissenschaft sich den existenziellen Fragen des Lebens zu stellen habe, die sittlichen und freiheitlichen Bestrebungen der Zeit in sich aufnehmen und aktiv begleiten müsse. Sie habe der Vernunft auf dem Weg zum Richterstuhl der Weltgeschichte die Hand zu reichen. Dieses Wissenschaftsverständnis, das er seinen Studenten in den Vorlesungen kundtat, blieb im Kultusministerium zu Dresden nicht unbemerkt. Es entsandte Hörer nach Leipzig, um sich berichten zu lassen, welche politische Gesinnung er vom Katheder verkündet. Seine Vorlesungen erregten Ärgernis und Biedermann wurde ermahnt, sich tunlichst religiöser und rechtsphilosophischer Fragen zu enthalten sowie Fragen nach dem Verhältnis von Kirche und Macht nach dem Zeitalter der Aufklärung. Die Mitarbeit Karl Biedermanns an den „Hallischen Jahrbüchern für deutsche Wissenschaft und Kunst" wurde ebenfalls mit Argwohn zur Kenntnis genommen. Die Jahrbücher wurden von Arnold Ruge (1802–1880) auf Initiative von Gelehrten und Lehrern des Pädagogikums in Halle seit 1838 herausgegeben und waren bis 1843 Sprachrohr der so genannten Junghegelianer[134], d.h. revolutionärer Demokraten. Die Mahnung aus Dresden dämpfte einerseits Biedermanns Hoffnung auf eine steile akademische Karriere, förderte jedoch andererseits seine Absicht, sich ganz der Publizistik zuzuwenden. Sein erstes publizistisches Großprojekt nahm 1841 im Plan Gestalt an, eine „Deutsche Monatsschrift" herauszugeben, in der das deutsche Nationalleben in seinem gegenwärtigen Zustand und seiner fortschreitenden Entwicklung betrachtet werden sollte.[135] Das öffentliche, politische, wissenschaftliche und soziale Leben sollte in seinen mannigfaltigen Erscheinun-

---

[134] Zu den Junghegelianern siehe: Ingrid Pepperle: Junghegelianische Geschichtsphilosophie und Kunsttheorie. Berlin 1978.; Die Hegelsche Linke. Dokumente zur Philosophie und Politik im deutschen Vormärz. Herausgegeben von Heinz und Ingrid Pepperle. Leipzig 1985.

[135] Siehe: Karl Biedermann: Das deutsche Nationalleben in seinem gegenwärtigen Zustand und in seiner fortschreitenden Entwicklung betrachtet. Programm der „Deutschen Monatsschrift". Leipzig 1841.

gen und Beziehungen anschaulich gemacht und unter dem Einfluss eines einzigen höchsten Prinzips beurteilt werden. Als dieses eine, weil einigende Prinzip, ließ Biedermann nur gelten: nationale Einheit, soziale Gerechtigkeit und individuelle Freiheit. Er übte eine scharfe Kritik an den „philosophischen Schulen" und „literarischen Sippschaften", die von ihrem Einzel- und Parteistandpunkt die soziale Entwicklung beurteilten und dabei den Nationalgeist gänzlich vermissen ließen. In seinem Zeitschriftenprogramm setzte Biedermann zwei Schwerpunkte, die wegweisend für sein gesamtes publizistisches Schaffen werden sollten:

Erstens: „Deutschland hat bisher den Ruhm geistiger Überlegenheit über andere Staaten in der höheren Ausbildung und Anerkennung gesucht, welche es den allgemeinen, spekulativen Beschäftigungen zu Teil werden ließ; aber, während die Deutschen ihre besten Kräfte auf die Entwicklung dieser idealen kosmopolitischen Interessen richteten, kamen ihnen andere Nationen an praktischer und politischer Bildung zuvor."[136]

„Zweitens muss sie überall den praktischen Gesichtspunkt ins Auge fassen und deshalb alles das voranstellen, was die praktischen Interessen Deutschlands zu fördern und den praktischen Sinn der deutschen Nation zu wecken geeignet scheint; dagegen aber auch in allen den Fällen, wo sich in dem Nationalleben der Deutschen ein Mangel an praktischem Sinn und eine Hinneigung zu künstlichen, unpraktischen, einseitigen Richtungen kund gibt, diesen Mangel rügen und diese Verirrung des Nationalgeistes als solche anschaulich zu machen suchen."[137]

Dem Erziehungswesen maß Karl Biedermann neben der Rechtspflege eine besondere Bedeutung bei.[138] Bereits hier formulierte er den Gedanken seiner Vorschläge zur Volksschulreform: das „Praktisch-Werden" von Bildung und Erziehung. Die Bildung durch die Schule, so führt er aus, ist zu sehr von der Bildung durch das Leben getrennt. Seine bildungspolitische

---

[136] Ebenda. S. 4.

[137] Ebenda. S. 6.

[138] Ebenda. S. 31.

Kernfrage lautet: „Ob unser Volksunterricht, bei aller Sorgfalt, welche man auf ihn verwendet, doch gerade dasjenige leistet, was er leisten muss, wenn er dem Volke wirklich nutzen bringend sein soll, ob er den gemeinen Mann für seinen Beruf, für seine Stellung in der Gesellschaft erziehe, ob er seinen Verstand schärfe, ob er ihn lehre, sein Geschäft mit Überlegung zu betreiben, für die Verbesserung seiner Lage durch Geschicklichkeit und Fleiß zu sorgen und an den allgemeinen Angelegenheiten der Gemeinde und des Staates mit Umsicht und Selbständigkeit Teil zu nehmen, oder ob der Mechanismus des Anlernens, wie er in den meisten unserer Volksschulen noch immer herrscht, der wahren Volksbildung mehr nachteilig als förderlich sei, dies sind Fragen, welche zwar hier nicht entschieden werden sollen, welche aber zur Besprechung und, soweit dies möglich, zur Erledigung zu bringen, eine der wichtigsten Aufgaben unserer Zeitschrift sein wird."[139]

„Mein Unternehmen trat", so Biedermann rückblickend, „mit Beginn des Jahres 1842 in's Leben."[140] Zu den Ergebnissen führte er aus: „Aufbau eines kräftigen Nationallebens auf der Grundlage möglichst allseitig entwickelter Interessen und eines tüchtigen praktischen Geistes im Volke; im Politischen konsequente Durchführung des konstitutionellen Prinzips, tunlichste Selbstverwaltung des Volkes, Förderung des Gemein- und Assoziationsgeistes; für die allgemeinen deutschen Verhältnisse *Anschluss der sämtlichen Staaten zweiten und dritten Ranges an Preußen*, Weiterausbildung des Zollvereins nach der positiven Seite hin; im Kirchlichen möglichste Sonderung der Gebiete von Staat und Kirche, Zurückführung der Letzten auf ihre natürliche und ursprüngliche Grundlage, die Gemeinde; in allen sonstigen Zweigen des Gemeinwesens (Erziehung, Rechtspflege, Gesetzgebung) Berücksichtigung der Anforderungen des Lebens und Volkstümlichkeit; für die idealen Bestrebungen endlich – Wissenschaft, Literatur, Kunst – möglichst enger Anschluss an

---

[139] Ebenda. S. 37f.

[140] Karl Biedermann: Mein Leben und ein Stück Zeitgeschichte. Erster Band. Breslau 1886. S. 71.

die lebendige Wirklichkeit, besonders auch die nationale."[141]
Die „Deutsche Monatsschrift" vertrat einen gemäßigten Liberalismus und sah sich einer permanenten Kritik von Seiten revolutionärer Demokraten, Sozialisten und Kommunisten ausgesetzt
– unter ihnen der ebenfalls in Leipzig wohnende Robert Blum
(1807–1848), Arnold Ruge und Karl Marx (1818–1883) sagten
sich von ihm los. Karl Biedermann blieb jedoch bei seiner klaren
Abgrenzung von Forderungen nach einer radikalen Lösung sozialer und nationaler Fragen, eine Reform der Gesellschaft
könne nur die Bildung und Reife des Volkes, seine freie Teilnahme am Staatsleben und an der Wohlfahrtspflege zum Ziel
haben.

Unverkennbar ist, dass Karl Biedermann bereits Anfang der
1840er in der Hebung der Volksbildung ein taugliches Mittel zur
Lösung sozialer Konflikte sah. Sein Kollege Friedrich Bülau
(1805–1859), der 1833 zum Professor für Philosophie berufen
worden war und ab 1840 die Staatswissenschaft an der Universität Leipzig vertrat, dürfte ihn in dieser Position bestärkt haben.
Dieser hatte sich ebenfalls eingehend mit Fragen der Erziehung
befasst und in seiner Schrift „Der Staat und die Industrie. Beiträge zur Gewerbepolitik und Armenpolizei" (1834) behandelt.
Die Übernahme der Verantwortung des Staates für die Erziehung der heranwachsenden Generation zu Staatsbürgern einerseits und die Erziehung der Schüler für das Zeitalter der
„großen Industrie" andererseits habe, so stimmen beide überein, notwendig einen Methodenwechsel des Unterrichts nach
sich zu ziehen. Die Verbindung von Technik und Wissenschaft
erfordere eine Methodik des Elementarunterrichts, bei dem der
Zögling den Lernprozess nicht leidend erfährt, sondern in diesem produktiv ist, zur Selbsttätigkeit befähigt und in die Technik
des Produzierens eingeführt wird.

Bildung als Hebel einer umfassenden Sozialreform in Betracht
zu ziehen, schien in den 1830er Jahren so abwegig nicht. Zur
Absicherung des Aufschwungs der Wirtschaft bedurfte es der
beständigen Zufuhr von „verwertbarem Humankapital". Nach
den Zollschranken sollten nun auch Bildungsschranken fallen.

---

[141] Ebenda.

Mit dem 1835 verabschiedeten „Elementar-Volksschulgesetz"
hatten sich im Königreich Sachsen die schulrechtlichen, organisatorischen und materiellen Bedingungen zur Durchsetzung der
bereits 1769 eingeführten achtjährigen allgemeinen Schulpflicht
deutlich verbessert. Da der Unterricht in Wohnungen verboten
wurde, nahm der Schulneubau, insbesondere in den Dörfern,
einen rasanten Aufschwung. Zum Schutz vor Kinderarbeit und
zur Absicherung der Schulpflicht wurde verfügt, dass kein Kind
in einem Lehrverhältnis stehen dürfe. Die Lehrer erhielten eine
feste Anstellung, eine Besoldung und eine feste Wohnung, ihre
Ausbildung wurde wesentlich verbessert. Eine Reform der Pädagogik im liberalen Geist rief Pädagogen auf den Plan, die es
an Weitsicht und Tiefgründigkeit nicht fehlen ließen: Friedrich
Daniel Ernst Schleiermacher (1768–1834) und Friedrich Adolf
Wilhelm Diesterweg (1790–1866).

Der Theologe Schleiermacher setzte mit seinen pädagogischen
Ansichten neue Akzente, verlieh ihnen eine betont soziale Kom-
ponente. Wie Johann Friedrich Herbart (1776–1841) so gründet
Schleiermacher die Pädagogik auf Ethik und Psychologie. Ob
eine Erziehung richtig und wirksam ist, hänge davon ab, ob der
Lehrer es vermag, zur Erkenntnis der Individualität seines Zöglings vorzustoßen und die Ausbildung des Kindes für die sittliche Gemeinschaft in Übereinstimmung mit ihrer Entwicklung zu
bringen. Die herausragende Bedeutung der Pädagogik Schlei-
ermachers liegt in der Tatsache begründet, stellte Friedrich
Heman (1839–1919) fest, dass „ihre Grundsätze nicht abstrakt
durch bloße Spekulation aufgestellt worden sind, sondern weil
er überall von den bestehenden Verhältnissen ausgehend die
Probleme untersucht, die sich aus den tatsächlichen Umständen ergeben".[142] Wegweisend ist seine Methode geworden, nur
solche Forderungen aufzustellen, „die unter obwaltenden Umständen sich als das Zutreffende und Passende ergeben, was
die Vernunft am meisten anrät".[143]

---

[142] Friedrich Heman: Geschichte der neueren Pädagogik. Osterwieck/Harz –
Leipzig 1913. S. 466.

[143] Ebenda.

Diesterweg seinerseits nahm bereits „Grundgedanken und - themen der späteren Reformpädagogik um fast einhundert Jahre vorweg."[144] Er machte dagegen Front, weiterhin von der christlichen Erbsündelehre und dem negativen Menschenbild des Pietismus auszugehen und infolge dessen die Menschennatur zu knicken, statt sie zu entfalten, das Kind zur Passivität zu verdammen, statt es selbst tätig werden zu lassen.[145] Hier klingen Themen an, die auch Karl Biedermann beschäftigen werden: die Wirksamkeit von Erziehung und Bildung, die Möglichkeit der Gestaltung des Unterrichts als Erziehungsmittel, die Berücksichtigung der Natur des Kindes und die Entwicklung seiner Individualität zum Vorteil der Gemeinschaft. Was Schleiermacher und Diesterweg noch nicht im Blick hatten, war die Frage nach der Rolle der produktiven Arbeit in diesem Prozess. Der pädagogische Begriff der Arbeit war überschattet von den negativen Erfahrungen der Fabrikarbeit, die das Handwerk gänzlich zu vernichten drohte, sowie der Lohnsklaverei und der Kinderarbeit. Die ersten Jahrzehnte des 19. Jahrhunderts waren geprägt durch eine ungeheure Dynamik der Industrialisierung einerseits und des Pauperismus andererseits. Arbeit wurde aus diesem Blickwinkel primär wahrgenommen als Quelle des Unternehmerprofits und der Selbst-Entfremdung der Arbeiter. Es bedurfte nicht erst der Überzeugung eines Karl Marx, der das soziale Grundübel der kapitalistischen Produktionsweise darin sah, dass der Wert des Arbeiters sich nicht nach dem Gebrauchswert seiner Arbeit bemisst, sondern danach, wie sich seine Produkte als Waren auf dem freien Markt bewähren, welche Profitrate sich mit ihnen erzielen lässt[146], um einer Integration der Arbeitspädagogik in die humanistisch entworfene Allgemeinbildung mit Skepsis zu begegnen. Sollte nicht gerade die Allgemeinbildung der Ort sein und als solcher verteidigt werden, an dem – zumindest der Möglichkeit nach – die Indivi-

---

[144] Vgl.: Winfried Böhm: Geschichte der Pädagogik: Von Platon bis zur Gegenwart. München 2004. S. 110.

[145] Ebenda.

[146] Zum Problem Entfremdung und Arbeit bei Karl Marx siehe: Karl Marx: Ökonomisch-Philosophische Manuskripte. Versehen mit einem Kommentar von Michael Quante. Frankfurt am Main 2009. (Suhrkamp Studienbibliothek; 15.)

dualität junger Menschen zur Entfaltung kommen kann, die den Arbeitern als „Diener der Maschinen" in den Fabriken immer mehr verloren zu gehen scheint? Friedrich Schiller hatte bereits den staatlichen und gesellschaftlichen Verhältnissen Deutschlands nicht mehr zugetraut, Menschen dazu zu erziehen, „einer künftigen humanistischen Gemeinschaft erfolgreich anzugehören".[147] Schillers Zeitdiagnose war düster: „Auseinandergerissen wurden jetzt der Staat und die Kirche, die Gesetze und die Sitten; der Genuss wurde von der Arbeit, das Mittel vom Zweck, die Anstrengung von der Belohnung geschieden. Ewig nur an ein einzelnes kleines Bruchstück des ganzen gefesselt, bildet sich der Mensch selbst nur als Bruchstück aus, ewig nur das eintönige Geräusch des Rades, das er umtreibt, im Ohre, entwickelt er nie die Harmonie seines Wesens, und anstatt die Menschheit in seiner Natur auszuprägen, wird er bloß zu einem Abdruck seines Geschäfts, seiner Wissenschaft."[148] – Der Mensch ist nicht mehr dort Mensch, wo er arbeitet, sondern nur noch dort, wo er „spielt". Im „Reich des Spiels" nimmt der ästhetische Bildungstrieb den Menschen „die Fesseln aller Verhältnisse" ab und entbindet ihn „von allem, was Zwang heißt".[149] Und der Mensch „spielt" dort, wo er sich selbst als Zweck setzt, wo die Natur des Individuums und die Kultur des Staates, Gefühl und Vernunft, Freiheit und Pflicht, Moral und Gesetz zur Einheit verschmelzen. Schillers Vision einer ästhetischen Bildung reicht weit über die Kunst hinaus. Es ist das Verdienst Friedrich Fröbels, das Motiv des Spiels aufgegriffen und zur Grundlage seiner Kindergartenpädagogik gemacht zu haben. Das Spiel schien das humanistische Bildungsmittel der Zukunft zu sein, Mittel zur Menschenerziehung im Zeitalter der Fabrikarbeit. So schreibt Fröbel: „Spielen, Spiel ist die höchste Stufe der Kindesentwicklung, der Menschenentwicklung dieser Zeit; denn es ist freitätige Darstel-

---

[147] Hans Mayer: Schiller und die Nation. Berlin 1955. S.43.

[148] Friedrich Schiller: Über die ästhetische Erziehung des Menschen. Versehen mit einem Kommentar von Stefan Matuschek. Frankfurt am Main 2009. (Suhrkamp Studienbibliothek; 16.) S. 25.

[149] Ebenda. S. 121.

lung des Innern, die Darstellung des Innern aus Notwendigkeit und Bedürfnis des Innern selbst, was auch das Wort Spiel selbst sagt. Spiel ist das reinste geistige Erzeugnis des Menschen auf dieser Stufe, und ist zugleich das Vorbild und Nachbild des gesamten Menschenlebens, des inneren, geheimen Naturlebens im Menschen und in allen Dingen; es gebiert darum Freude, Freiheit, Zufriedenheit, Ruhe in sich und außer sich, Frieden mit der Welt."[150]

Aus der Tatsache, dass Fröbel als „Vater des Kindergartens" in die Geschichte der Pädagogik eingegangen ist, lässt sich jedoch nicht schlussfolgern, dass er das pädagogische Spiel mit dem Kinderspiel gleichsetzte, der Begriff des Spiels war ihm kein Gegenbegriff zum Begriff Arbeit. Es ist geradezu das Schädlichste, so Fröbel, dass der Mann „vom Kinde und Knaben und Jüngling wie von Wesen ganz anderer Art, mit ganz anderen Naturen und Anlagen redet. Dies trennend scheidende Gegenüberstellen, dies so scharfe Grenzemachen, [..] bringt unsägliches Unheil, Hemmung und Störung der Entwicklung und Fortbildung des Menschengeschlechts".[151] Die Natur des Menschen selbst ist es, die eine Polarisierung von Spiel und Arbeit aufhebt. „Dieses ist besonders in Beziehung auf die Entwicklung und Ausbildung der Menschentätigkeit zur Hervorbringung äußerer Erzeugnisse für Werktätigkeit, für Arbeitsamkeit hoch zu beachten wichtig. Der Mensch hat jetzt wohl durchgehend einen ganz falschen äußeren, darum unhaltbaren toten, nicht Leben weckenden und Leben nährenden, noch weniger einen Lebenskeim in sich tragenden und darum lastenden, erdrückenden, erniedrigenden, hemmenden und toten Begriff von Arbeit und Arbeitsamkeit, von Tätigkeit für äußere Erzeugnisse, von Werktätigkeit."[152]

Die pädagogische Reformbewegung war bis 1848 in ihrer Erkenntnis soweit vorangeschritten, dass eine Schulreform nicht

---

[150] Friedrich Fröbel: Die Menschenerziehung, die Erziehungs-, Unterrichts- und Lehrkunst, angestrebt in der allgemeinen deutschen Erziehungsanstalt zu Keilhau; dargestellt von dem Stifter, Begründer und Vorsteher derselben. Herausgegeben und eingeleitet von Hans Zimmermann. Leipzig 1926. S. 75.

[151] Ebenda. S. 56.

[152] Ebenda. S. 59.

vor einer Erziehung zur Arbeit halt zu machen braucht, wohl aber dem ökonomischen Arbeitsbegriff einen pädagogischen entgegensetzen muss.

In diesem Sinne hatte bereits Carl Gottfried Scheibert (1803–1898) in seinem 1848 erschienenen Buch „Wesen und Stellung der höheren Bürgerschule" darauf hingewiesen, dass die Bildung zum Beruf ins Zentrum der Schule rücken müsse, dies aber nicht bedeuten könne, den Schüler für eine Beschäftigungsart „abzurichten", vielmehr gehe es darum, ihn zu befähigen, „Lebensbeziehungen aus seinem Geschäftskreis her aufzusuchen".[153]

Karl Biedermann und die 1848er Revolution

Anfang der 1840er Jahre hatte sich Karl Biedermann als Publizist einen Namen gemacht und erfuhr im öffentlichen Leben seiner Heimatstadt eine hohe Wertschätzung. 1841 hatte er den Vorsitz des Leipziger Literatenvereins inne. 1845 leitete er den „Deutschen Schriftstellertag" und den Leipziger Turnverein. Im Oktober 1844 begann er mit der Herausgabe einer zweiten politischen Zeitschrift „Der Herold. Eine Wochenschrift für Politik, Literatur und öffentliches Gerichtsverfahren". Mit ihr griff er nun direkt in die Tagesdebatten ein und schenkte der Landes- und Kommunalpolitik mehr Aufmerksamkeit. 1845 stellte er sich erfolgreich der Wahl zum Leipziger Stadtverordnetenhaus. Hier verstärkte Robert Blum seine politische Agitation und machte sich zum Wortführer der radikalen Demokraten. Er forderte eine gerechte Verteilung der Güter der Erde durch friedlichen Ausgleich, Beschränkung der unheilvollen Übermacht des

---

[153] Siehe: Theodor Ballauff und Klaus Schaller: Pädagogik. Eine Geschichte der Bildung und Erziehung. Band III. Freiburg – München 1973. S. 398f.

Auch in den von Dietrich Benner und Herwart Kemper herausgegebenen „Quellentexte zur Theorie und Geschichte der Reformpädagogik" (Teil 2, Weinheim 2001) wird Scheibert neben Diesterweg als Exponent einer „Vorgeschichte reformpädagogischer Alternativen in der Schulpädagogik des 19. Jahrhunderts" ausgewiesen.

Geldes, ausreichenden Arbeitslohn, Erhebung der unteren Klassen zu den allgemeinen Menschen- und Bürgerrechten. Das Genossenschaftswesen war für ihn das Wirtschaftsmodell der Zukunft. In Robert Blum fanden die Leipziger einen Politiker, der es vermochte, den Protest der Volkmassen zu organisieren. Als am 12. August 1845 in Leipzig spontan eine Volksmenge zusammenkam, um ihren Unwillen gegen die reaktionäre Politik des Bruders von Friedrich August II. (1797–1854), König von Sachsen, Prinz Johann von Sachsen (1801–1873), Ausdruck zu verleihen, befahl dieser den Einsatz militärischer Gewalt. Acht Menschen, meist Arbeiter, wurden erschossen. An Volksversammlungen und Kundgebungen, die die Bestrafung der Schuldigen am Militäreinsatz forderten, beteiligten sich bis zu 20.000 Menschen.

Karl Biedermann, dessen publizistische Tätigkeit durch die Presseverbote erhebliche Beschränkungen auferlegt war, sah sich von den politischen Entwicklungen herausgefordert, er gewann als Hauptsprecher der gemäßigten Liberalen in Leipzig Profil und avancierte zum Führer der liberalen Partei in Sachsen.[154] Seine politischen Hauptforderungen waren: vollständige Verwirklichung des konstitutionellen Systems, gesetzliche Freiheit der Presse, uneingeschränktes Versammlungsrecht, ein „freisinniges Wahlsystem" und öffentliche Rechtspflege. Bevor eine nationale Einigung zur Stärkung der Wettbewerbsfähigkeit Deutschlands auf dem internationalen Wirtschaftsmarkt in greifbare Nähe rückt, sind, davon ist Biedermann überzeugt, die Klassengegensätze soweit abzumildern, dass sie die Nation nicht in einen Bürgerkrieg stürzen. Ein Mittel dazu sah er in der Bekämpfung der Strömungen der radikalen Demokraten, Sozialisten und Kommunisten. Karl Biedermann grenzte sich vom bisherigen Liberalismus insofern ab, als er die Form des Staates nicht vom Volksleben getrennt wissen wollte, sondern diese aus den tatsächlichen Interessen der verschiedenen Bevölkerungsschichten abzuleiten suchte. Der neue Liberalismus erachtete die politische Freiheit und Mündigkeit des Volkes als

---

[154] Rolf Weber: Karl Biedermann und die liberale Bewegung in Leipzig. Vortrag, gehalten am Mittwoch den 25. November 1992 im Saal der Alten Handelsbörse. Leipzig 1992. S. 2. (Texte des Leipziger Geschichtsvereins e.V.; Heft 1.)

Bedingung eines gesunden Nationallebens. Mitte der 1840er Jahre begann er deshalb mit dem intensiven Studium des Sozialismus und machte ihn zum Gegenstand öffentlicher Vorlesungen. Die Quintessenz seiner Studien ist: die politische Bewegung des Sozialismus erstarkt, weil sie die soziale Frage als Existenzfrage thematisiert und eine Lösung anbietet, während die Königshäuser auf die berechtigten Forderungen der Volksmassen nach Verbesserung ihrer Lebenslage mit verstärkten Repressalien antworten. 1847 erklärte Biedermann in seinen „Vorlesungen über Sozialismus und soziale Frage": „Das also glaube ich als zugestanden aussprechen zu dürfen und als Recht, als Verdienst der sozialistischen Bewegung aussprechen zu müssen, die Überzeugung nämlich, dass auch auf sozialem Gebiet, so gut wie auf politischem, auf religiösem, auf wissenschaftlichem reformiert werden müsse, und zwar gründlich, mit Ernst, ohne falsche zärtliche Schonung angewohnter Verhältnisse, dass man den täglich furchtbar sich uns aufdrängenden Übelständen der Gesellschaft nicht mehr die kalte Ruhe der Gleichgültigkeit oder den banalen Trostspruch der Verzweiflung: Das ist nun einmal so! Das lässt sich nicht ändern! entgegensetzen dürfe."[155] Die sozialen Übelstände wurzeln, so seine Überzeugung, im Kampf der egoistischen Sonderinteressen der Menschen und im Mangel einer organischen Verbindung unter ihnen, eines einigenden gesellschaftlichen Prinzips, einer Gemeinsamkeit der Interessen und Bestrebungen der Einzelnen.[156] Die Grundidee des Sozialismus war aus seiner Sicht die Aufhebung des Individualismus in der Gesellschaft, die Herstellung einer allgemeinen, inneren Verbindung aller einzelnen Elemente zu einer harmonischen Einheit.[157] Eine Sympathie mit dieser Idee konnte er nicht verbergen, unübersehbar sind jedoch Biedermanns Bestrebungen, sich abermals und mit aller Deutlichkeit von den radikalen Strömungen des Sozialismus zu distanzieren. „Unrichtig ist es", so führt er aus, „wenn man be-

---

[155] Karl Biedermann: Vorlesungen über Sozialismus und soziale Frage 1847. S. 256f.

[156] Vgl.: Ebenda. S. 103.

[157] Vgl.: Ebenda. S. 118.

hauptet, der politische Liberalismus müsse, weil er die künstlichen Ungleichheiten der Geburt und des Standes, weil er die willkürlichen Monopole und Privilegien zerstört, notwendig auch zu einer Aufhebung des Eigentums und der Unterschiede der Bildung führen. Unrichtig ist, wenn man die Forderung des politischen Liberalismus: gleiche Rechte für alle in Bezug auf die Teilhabe am Staat und Freiheit einem Jeden in Bezug auf seine eigenen Angelegenheiten, auf die Entwicklung und Äußerung seiner Tätigkeit! – wenn man, sage ich, diese Forderungen politischer Freiheit und Gleichheit ohne Weiteres identifiziert mit den Forderungen des Sozialismus oder Kommunismus auf gleichen Anteil Aller an den Gütern der Gesellschaft, auf absolute Freiheit der Einzelnen in der Benutzung dieser Gemeingüter."[158] Der politische Liberalismus setze sich als originäres Ziel die größtmögliche Selbständigkeit des Einzelnen. Hierin findet sich der Leitgedanke der Aufklärung wieder: die Erziehung des Menschen zur Mündigkeit und zum Mut, sich seines eigenen Verstandes zu bedienen. Biedermann schließt seine Vorlesungen mit dem Hinweis: „Aber freilich müssen wir bei allen unseren Bestrebungen für politische und sonstige Kulturfortschritte immer schon das weitere Ziel einer sozialen Reform vor Augen haben und uns die Wege dazu offen halten. Was auch ein Teil der Sozialisten darüber sagen mag, nach meiner Überzeugung muss die politische Reform der sozialen vorhergehen, ihr die Wege bahnen, und es wäre das größte Unglück für uns, wenn die sozialistische Bewegung die politische überholen, wenn, bevor noch die Mittelklassen vollständig politisch emanzipiert zur Teilhabe am Staatsleben zugelassen und herangebildet wären, die Bewegung schon in die unteren Klassen eindringen und von dort aus die bestehende Ordnung aus ihren Angeln zu heben versuchte."[159] Es sei die Aufgabe liberaler Politik dazu beizutragen, durch „eine veränderte Organisation der Arbeits- und Verkehrs-, überhaupt der Gesellschaftsverhältnisse eine

---

[158] Ebenda. S. 230.

[159] Ebenda. S. 277.

größere Gleichmäßigkeit, Gerechtigkeit und Billigkeit in den gegenseitigen Beziehungen" der Klassen herbeizuführen.[160]
In Sachsen zum Führer der Liberalen geworden, empfahl sich Biedermann als deren Vertreter auf Bundesebene. Vom 31. März bis zum 5. April 1848 nahm er an den Verhandlungen des Vorparlaments in Frankfurt am Main teil, das die Aufgabe hatte, die Grundsätze der Wahl zur Nationalversammlung festzulegen und Empfehlungen für die künftige Verfassung auszusprechen. Das Vorparlament setzte einen Fünfziger-Ausschuss ein, der den Regierungen bei der Vorbereitung der Wahlen zur Nationalversammlung beratend zur Seite stehen sollte. „Bei der Wahl zum Fünfziger-Ausschuss, die mit möglichst gleichmäßiger Berücksichtigung der verschiedenen deutschen Landschaften vollzogen wurden", so berichtet Karl Biedermann, „war die konservative Mehrheit anfänglich geneigt, die demokratische Minderheit grundsätzlich auszuschließen. In einer Vorbesprechung von zahlreichen Mitgliedern derselben machte sich diese Ansicht geltend. Ich fand mich veranlasst, dagegen zu sprechen. Man hatte für Sachsen mich und Heinrich Brockhaus in Aussicht genommen – die beiden Einzigen, welche in der Versammlung auf der konservativen Seite gestimmt hatten. Ich bat, man möge statt des Einen von uns R. Blum wählen, der notorisch die Ansichten eines nicht geringen Teils des sächsischen Volkes vertrete. Da der Fünfziger-Ausschuss eine Art von Vertrauensorgan der Nation sein soll, so schien es mir nicht richtig, die Vertreter einer Richtung, zu der (mochte sie immerhin eine falsche sein) nun einmal ein ziemlich großer Teil des Volkes sich bekannt, grundsätzlich davon fernzuhalten."[161]
Ins Frankfurter Parlament gewählt, das nur für ein Jahr Bestand haben sollte, schloss sich Karl Biedermann zunächst dem „Württemberger Hof" an – zur damaligen Zeit wurden die „Parteien" nach den Orten bezeichnet, an denen sie ihre Beratungen abhielten. Der „Württemberger Hof" galt als das „linke Zentrum" des Parlaments und stellte mit 47 von 435 Mitgliedern nur

---

[160] Ebenda. S. 282.

[161] Karl Biedermann: Mein Leben und ein Stück Zeitgeschichte. Erster Band. Breslau 1886. S. 331f.

eine schwache Minderheit unter den in ihm vertretenen Liberalen.[162]

Seine Eigenschaften als Parlamentsredner betreffend schreibt er: „Ein Redner im großen Stile zu sein, habe ich nie beansprucht; dazu fehlt mir das Temperament, die Leidenschaft."[163] Was er hier voller Bescheidenheit feststellen zu müssen glaubt, sahen Zeitzeugen etwas anders. In den „Brustbildern aus der Paulskirche" heißt es zu Karl Biedermann: „Seine äußere Haltung hat, wenn nicht schon etwas Ministerielles, jedenfalls doch etwas Amtliches. In dem Wert, den er auf anständige Form legte, in seiner fein polierten Bildung und dabei in der blut- und leidenschaftslosen Weise seiner Debatte, die sich darum auch mit größerem Glück an die Einsicht als an den Willen der Versammlung wendet, vertritt er das saubere sächsische Element, die nüchterne Sitte und theoretische Erkenntnis, die das Eigentum seines Heimatlandes ist. Seine Rede bewegt sich stets in klarem, niemals mitreißendem Flusse. Wo es aber nicht sowohl gilt, den Standpunkt des politischen Vorwärts erst zu beginnen, sondern sich auf demselben mit gutem Umblick zu behaupten, ist er einer der besten Redner des Hauses."[164]

Als Vertreter des linken Zentrums trat er für eine klare Trennung von Staat und Kirche ein. Keine Seite habe sich in die Angelegenheiten der anderen einzumischen. Beide haben der jeweils anderen Seite Befugnisse zurückzugeben, die sie nicht länger für sich beanspruchen könne. Die Schule, so Biedermann, gehöre dem Staat allein. In diesem Sinne führte er aus: „Ferner wird auch der Staat namentlich eins wieder erhalten, was er bisher nur in sehr unklarer Verbindung mit der Kirche besaß, die Schule. Ich weiß wohl, dass hierbei die Meinungen, die jetzt einig scheinen, sehr auseinandergehen werden, dass ein Einfluss auf die Schule von jener Seite beansprucht werden wird, den wir von unserer Seite nicht gewähren können. Ich glaube aber, die Mehrheit der Versammlung wird sich dahin einigen,

---

[162] Siehe: Wolfgang Treue: Die deutschen Parteien. Frankfurt am Main – Berlin – Wien 1975. S. 30.

[163] Ebenda. S. 204.

[164] Brustbilder aus der Paulskirche. Leipzig 1849. S. 40f.

dass die Schule da, wo sie für das Leben, für die Gesellschaft, für den Staat vorbereitet, auch nur eine Anstalt des Staates und des wirklichen Lebens sei, jedem fremden Einflusse, namentlich dem der Geistigkeit entzogen und unter die ausschließliche Macht des Staates gestellt wird."[165]

Die Nationalversammlung beschloss dann auch zur Orientierung für die Verfassungsgebung der Länder im § 23 der Grundrechte: „Das Unterrichts- und Erziehungswesen steht unter der Oberaufsicht des Staates und ist, abgesehen vom Religionsunterricht, der Beaufsichtigung der Geistlichkeit enthoben."[166]

Die bildungspolitischen Forderungen des Liberalismus, wie sie Biedermann vertrat, kamen den bildungspolitischen Forderungen der Arbeiterschaft weit entgegen. Die erste Nummer der „Leipziger Arbeiter-Zeitung" vom 1. Mai 1848 stand unter dem Motto „Durch Bildung zur Freiheit, und durch diese zum Wohlstand".

Die Volksbildung war als ein Mittel entdeckt, das geeignet schien, der Lösung der sozialen Frage ein Stück näher zu kommen: soziale Integration und sozialer Aufstieg durch Bildung, Bildung als Maßnahme zur Kultivierung der Massen, als Prävention gegen die noch immer drohende revolutionäre Gewalt. Wolle der Wirtschaftsliberalismus eine Zukunft haben, so müsse er durch den sozialen Gedanken ergänzt werden, die soziale Gerechtigkeit war zu einer Frage des sozialen Friedens geworden.

So wichtig die politischen Grundrechte und die Bildungsfrage auch waren, von größerer Bedeutung war zunächst die Frage nach einer geeigneten Regierungsform. Biedermann schloss sich der von Heinrich von Gagern (1799–1880) vorgeschlagenen „erbkaiserlichen Lösung" an. Durch seine Zustimmung zu einer monarchistischen Verfassung und zur Wahl des preußischen Königs zum deutschen Kaiser machte er sich zum Mitglied der sogenannten „Erbkaiserpartei". Biedermann zeigte

---

[165] Karl Biedermann: Beitrag zur Debatte der Nationalversammlung über die Grundrechte, Glaubens- und Gewissensfreiheit, Artikel V. In: Aus der Paulskirche. Die erste Deutsche Nationalversammlung zu den Grundrechten des deutschen Volkes. Berlin 1948. S. 68f.

[166] Ebenda. S. 24f.

sich hier durch und durch als Realpolitiker. Welche andere Staatsform wäre seinerzeit in der Lage gewesen, die nationale Einheit zu schmieden? Das politische Motiv für diese Lösung sah Wolfgang J. Mommsen in folgendem: „Hier trat erneut das dominante sozialkonservative Motiv des gemäßigten Liberalismus zutage, nämlich die ungewollte Revolution zum frühestmöglichen Zeitpunkt zu beenden." Bei der Lage der Dinge schien dies am ehesten durch die Übertragung des Kaisertums an den preußischen König Friedrich Wilhelm IV. (1795–1861) erreicht werden zu können.[167] Am 27. März 1849 nahm die Nationalversammlung die Reichsverfassung samt dem Erbkaisertum und dem allgemeinen Wahlrecht an. Friedrich Wilhelm der IV. wurde mit 290 bei 248 Enthaltungen zum „Kaiser der Deutschen" gewählt und die Kaiserwürde angetragen. Doch dieser lehnte ab. Die Monarchie war während der fast zehnmonatigen Beratung der Nationalversammlung wieder erstarkt. Grundrechte wie die auf Gleichheit aller vor dem Gesetz, Glaubens-, Gewissens- und Versammlungsfreiheit sowie die Freiheit von Wissenschaft und Lehre blieben auf dem Papier.

Die Reaktion ging ans Werk. Die sächsische Regierung löste am 1. Juni 1850 die Zweite Kammer des Sächsischen Landtages wieder auf, in die Karl Biedermann wenige Monate vorher gewählt worden war, um die früheren Stände wieder einberufen zu können. Kriminalpolizeiliche und gerichtliche Untersuchungen, politische Prozesse und Verurteilungen, steckbriefliche Verfolgungen und Todesstrafen, die später zu Zuchthaus- und Gefängnisstrafen umgewandelt wurden, standen auf der Tagesordnung. Biedermann erhob energischen Einspruch, durch Pressezensur und Polizeiwillkür sei den Mitgliedern der aufgelösten Kammern das Recht auf Selbstverteidigung genommen worden. Er befürchtete, dass die politische Kultur dauerhaften Schaden erleide. „Auf diese Weise hofft man es dahin zu bringen, dass", so erklärt Biedermann, „die öffentliche Meinung, von keiner Seite über den wahren Sachverhalt aufgeklärt, immerfort nur in einer Richtung bearbeitet durch die ministerielle Presse und durch das Gewicht der scheinbar unangefochtenen vollen-

---

[167] Wolfgang J. Mommsen: 1848. Die ungewollte Revolution. Frankfurt am Main 1998. S. 280.

deten Tatsachen, am Ende wirklich irregeführt oder doch abgestumpft werde und zuletzt das für Recht hinnehme, was ihr tatsächlich als solches gepredigt und wovon das Gegenteil zu hören ihr nie Gelegenheit geboten wird."[168] Wieder war Biedermann für die Regierung unbequem geworden. Willkommener Anlass, um ihm einen Maulkorb anzulegen, bot ein Aufsatz in den von ihm herausgegebenen „Deutsche Annalen zur Kenntnis der Gegenwart und Erinnerung an die Vergangenheit". Den Sachverhalt schilderte er folgendermaßen: „Die ‚Annalen' wurden eröffnet mit einem Artikel: ‚Deutschland und das französische Kaisertum'. Darin wurde die unableugbare Tatsache, dass der Urheber des Staatsstreichs am 2. Dezember 1851, Louis Bonaparte [1808–1873], der sich ein Jahr darauf zum erblichen Kaiser als Napoleon III. gemacht hatte, von einem großen Teil der deutschen Kabinette als ‚Retter der Gesellschaft' begrüßt worden war, zum Ausgangspunkt einer, allerdings für die Anbeter des Erfolgs nicht schmeichelhaften, Ausführung genommen. Wegen dieses Artikels, sowie wegen zweier anderer Stellen des Bandes, wovon die eine die Wirksamkeit des wiederhergestellten Bundestages, die andere gewisse Maßregeln der preußischen Regierung gegen die freieren kirchlichen Richtungen betraf, wurde eine strafrechtliche Untersuchung gegen mich eingeleitet."[169] Nach Abschluss der polizeilichen Ermittlungen wurde gegen Karl Biedermann Anklage wegen „Beleidigung deutscher Regenten und ihrer Bevollmächtigten" erhoben. Das Appellationsgericht in Leipzig ließ diese Anklage jedoch fallen, erhob aber eine neue wegen Beleidigung des französischen Regenten. Die geforderte Haftstrafe von zwei Monaten Gefängnis wurde vom Oberappellationsgericht in Dresden bestätigt. Die für Pressevergehen sonst übliche Umwandlung einer Haft- in eine Geldstrafe wurde ihm nicht gewährt, nach seinem Gnadengesuch aber die Haftzeit um einen Monat herabgesetzt. Die Strafe verbüßte er unter reger öffentlicher Anteilnahme vom 18. Februar bis zum 19. März 1854 im

---

[168] Karl Biedermann: Die Wiedereinberufung der alten Stände in Sachsen, aus dem Gesichtspunkte des Rechts und der Politik beleuchtet. Leipzig 1850. S. III f.

[169] Karl Biedermann: Mein Leben und ein Stück Zeitgeschichte. Zweiter Band. 1849–1886. Breslau 1886. S. 63f.

„Stockhaus" zu Leipzig. Mit Beginn der Untersuchung war Biedermann von seiner Professur suspendiert worden und ihm Vorlesungen untersagt. Mit der Verurteilung erfolgte eine gänzliche Enthebung von der Professur. Der Protest der Philosophischen Fakultät der Universität Leipzig blieb ungehört.[170]

Die Reaktion drängte nicht nur die Pressefreiheit zurück, sie ergriff alle Lebensbereiche der Gesellschaft, die Pädagogik war davon nicht ausgenommen; und es traf sie besonders hart. Friedrich Wilhelm der IV. gab vor allem der Lehrerschaft die Schuld an den revolutionären Unruhen. Es ist „einzig Ihre Schule, die Schuld der Afterbildung, der unreligiösen Massenweisheit, die Sie als Weisheit verbreiteten, mit der Sie den Glauben und die Treue in den Gemütern meiner Untertanen ausgerottet und deren Herzen von mir abgewandt haben."[171] Und er fügte hinzu: „Nicht den Pöbel fürchte ich, aber die unheiligen Lehren einer modernen, frivolen Weltweisheit vergiften und untergraben mir eine Bürokratie, auf die bisher ich stolz zu sein glauben konnte. Doch solange ich noch das Heft in Händen führe, werde ich solchem Unwesen zu steuern wissen."[172]

Lehrer, die sich an Aufständen beteiligt hatten, wurden angeprangert, polizeilich verfolgt und mit Freiheitsstrafen von mehreren Wochen bis zu 20 Jahren Zuchthaus belegt.[173]

Die Antworten namhafter Pädagogen auf die vom Schweizer Landammann Dietrich Schindler (1795–1882) 1850 gestellten Frage zur Entwicklung der Volksschulen gewähren einen Einflick in die pädagogischen Gestaltungsoptionen nach der Revolution von 1848. Biedermanns Vision der Erziehung zur Arbeit ist in diesem Kontext zu verorten und daran zu messen. Das Wissen um die Verfolgung progressiver Pädagogen und dass er selbst unter Beobachtung stand, dürfte der ausschlaggebende Grund dafür gewesen sein, dass er sein Buch unter

---

[170] Vgl.: Ebenda. S. 66f.

[171] Zitiert in: Theodor Ballauff und Klaus Schaller: Pädagogik. Eine Geschichte der Bildung und Erziehung. Band III. Freiburg und München 1973. S. 397.

[172] Gerhardt Giese: Quellen zur deutschen Schulgeschichte seit 1880. Göttingen – Berlin – Frankfurt 1961. S. 135.

[173] Siehe: Quellen zur Geschichte der Erziehung. Berlin 1975. S. 250ff.

dem Pseudonym Karl Friedrich veröffentlichte. Karl Biedermann wollte weder radikaler Demokrat noch Revolutionär sein, er war und blieb seinem Bekenntnis nach gemäßigter Liberaler und konstitutioneller Monarchist, aber, wie Wolfgang Emmerich feststellte, ein beredtes Beispiel dafür, wie jemand „revolutionär wirken kann, ohne es eigentlich zu wollen".[174]

Landmann Schindlers Preisfrage – Biedermanns Antwort

1850 hatte Schindler, seinerzeit Landammann im Schweizer Kanton Glarus[175], die in der deutschen Lehrerwelt viel beachtete Frage gestellt: „Wie kann der Unterricht in der Volksschule von der abstrakten Methode emanzipiert und für die Entwicklung der Gemütskräfte fruchtbar gemacht werden?"[176] Folgen wir Adam Joseph Endris (1846–1910), Lehrer in Montabaur, so hat er die Anregung zu dieser Frage von Professor Friedrich Adolf Trendlenburg[177] (1802–1872) aus Berlin erhalten. Dieser hatte bereits 1842 gefordert: „Es darf die sog. wissenschaftliche Seite des Volksunterrichts nicht gesteigert, sondern sie muss vielmehr nach der praktischen Seite hin ergänzt werden, indem

---

[174] Vgl.: Wolfgang Emmerich: Einleitung. In: Karl Biedermann: Deutschland im 18. Jahrhundert. Frankfurt am Main – Berlin – Wien. 1980. S. XIX.

[175] Vgl.: Philipp Gonon: Arbeitsschule und Qualifikation. Arbeit und Schule im 19. Jahrhundert, Kerschensteiner und die heutigen Debatten zur beruflichen Qualifikation. Bern – Frankfurt am Main – New York – Paris – Wien 1992. S. 89ff.

[176] Die Formulierung der Preisfrage ist dem Aufsatz von Diesterweg „Die Preisfrage des Alt-Landammann Schindler in Zürich" entnommen. Vgl.: Rheinische Blätter für Erziehung und Unterricht. Hrsg. von F. A. W. Diesterweg. Der neuen Folgen vierundvierzigster Band (Juli bis Dezember 1851), Heft 1. Essen 1851. S. 93.

[177] Bei Endris steht Trendlinburg. (Adam Joseph Endris: Die Erziehung zur Arbeit, eine Forderung der Zeit. Leipzig 1888. S. 39). Ich nehme an, dass es sich dabei um einen Schreibfehler handelt und Professor Tendlenburg gemeint ist.

für die Geschicklichkeit der Hände und der Handarbeit Sorge getragen wird."[178]

Das ausgeschriebene Preisgeld lag bei 25 Friedrichsdor; das waren 25 preußische Goldmünzen, die in der Staatsbank gegen jeweils fünf Taler in Gold eingetauscht werden konnten. Es scheint auf den ersten Blick sehr verwunderlich, dass Schindler 1850 eine so akademisch klingende Preisfrage gestellt hat, wo doch die Volksschule noch ganz unter dem Eindruck der Ereignisse der 1848er Revolution und den Folgen ihres Scheiterns stand. Was also hat die Schindler'sche Frage nach der Gemütsbildung mit der pädagogischen „Bewältigung" der Revolution zu tun?

Um diese Frage beantworten zu können, ist zunächst zu rekonstruieren, was unter „Gemüt" verstanden wurde. Diesterweg schlug vor, unter Gemüt jenen Zustand des menschlichen Geistes zu verstehen, in dem seine Anschauungen, Empfindungen, Gedanken und Bemerkungen zu wirklichen Zuständen seines Inneren werden, sein inneres Leben tatsächlich bestimmen.[179] Bei der Frage nach dem Gemüt geht es um die Frage, (a) wie Wissen vermittelt werden muss, damit es von den Schülern nicht sofort wieder vergessen, sondern verinnerlicht wird und (b) das erworbene Wissen das sittliche Handeln der Schüler auszurichten und zu leiten vermag. Für Diesterweg löst sich die Schindler'sche Frage auf in die nach dem „rechten Unterricht".[180] Um ein „rechter Unterricht" zu sein, müsse er drei Ansprüchen genügen: die Kräfte und natürlichen Anlagen des Kindes zur vollen Entfaltung bringen, die Versittlichung der sozialen Beziehungen fördern und die Heranwachsenden dazu befähigen, in allen Belangen des Lebens für sich selbst zu sorgen. Als Ursache dafür, dass der Volksschulunterricht diesen Ansprüchen nicht genügt, wurde nahezu in allen schulpoliti-

---

[178] Zitiert in: A. J. Endris: Die Erziehung zur Arbeit, eine Forderung der Zeit. Leipzig 1888. S. 39.

[179] Vgl.: F. A. W. Diesterweg: Die Preisfrage des Alt-Landammanns Schindler in Zürich. In: Rheinische Blätter für Erziehung und Unterricht. Hrsg. von F. A. W. Diesterweg. Der neuen Folgen vierundvierzigster Band (Juli bis Dezember 1851) Heft 1. Essen 1851. S. 103.

[180] Ebenda. S. 105.

schen Lagern die Abstraktheit des Unterrichts angegeben, die ungenügende Anschaulichkeit des Stoffs, die mangelnde Verbindung von Geist und Sittlichkeit und das Auseinanderfallen von Theorie und Praxis, Schule und Lebenswelt.

Schindlers Preisfrage stieß bei Karl Biedermann auf reges Interesse. Anfang der 1850er Jahre arbeitete er an der Herausgabe seiner Zeitschrift „Germania", der jedoch kein großer Erfolg beschieden war und nach wenigen Monaten ihr Erscheinen einstellen musste. Als Gründe nennt er „die Ungunst der Zeiten, die Angespanntheit und Gleichgültigkeit der gebildeten Kreise war groß".[181] Er suchte eine neue publizistische Herausforderung und fand sie in eben dieser Preisfrage. 1852 veröffentlichte er seine Antwort: „Die Erziehung zur Arbeit, eine Forderung des Lebens an die Schule".

Bereits in den 1840er Jahren wurde vielerorts Klage darüber geführt, dass die Volksschulbildung an ihrer Kluft zum Leben leide, die Schüler nicht ausreichend auf das Leben nach der Schule vorbereitet werden. In die Schar der Kläger hatten sich die besten Pädagogen seiner Zeit eingereiht, allen voran Friedrich Adolf Wilhelm Diesterweg. Eben dieser hatte in seinen „Rheinischen Blättern für Erziehung und Unterricht" bereits im Sommer 1851 damit begonnen, die ersten Antworten auf die Schindler'sche Preisfrage zu besprechen.[182] Das beste Zeugnis stellte Diesterweg der von Seminardirektor Wilhelm Jacob Georg Curtmann (1802–1871) aus Friedberg vorgelegten Schrift „Die Reform der Volksschule" aus.[183] Curtmann hatte bereits 1842 mit seiner Schrift „Die Schule und das Leben" einen Preis

---

[181] Ebenda. S. 53.

[182] Zu den Antworten auf die Schindler'sche Preisfrage gehören u.a.: August Wilhelm Grube: Der Elementar- und Volksschulunterricht. Erfurt und Leipzig 1851; Wilhelm Jacob Georg Curtmann: Die Reform der Volksschule. Frankfurt am Main 1851; C. E. Hager: Die neueste Aufgabe der Volksschule. Leipzig 1851; K. Michelsen: Die Arbeitsschulen der Landgemeinden in ihrem vollberechtigten Zusammenwirken mit den Lehrschulen. Eutin 1851; Karl (Friedrich) Biedermann: Die Erziehung zur Arbeit, die Forderung des Lebens an die Schule. Leipzig 1852.

[183] Wilhelm Jacob Georg Curtmann: Die Reform der Volksschule. Frankfurt am Main 1851. 178 S.

und hohes Ansehen gewonnen.[184] Die Hinweise auf die Überbürdung und Überlastung der Schüler, die Kritik an einem Zuviel an Hausaufgaben, an einem Unterrichtsstoff, der die Lern-
freude im Keim erstickt und an der gesundheitlichen Beein-
trächtigung durch das übermäßig lange Stillsitzen, all dies lässt
sich bereits bei Curtmann finden. Er beklagte die soziale Lage
der Lehrer, ihre schlechte Ausbildung und bemängelte, dass bei
der Lehrerauswahl die Charakterfrage so gut wie keine Rolle
spielt. Welche Mittel der Besserung schlug er vor? Er setzte auf
den christlichen Glauben, auf Zucht und Ordnung. Aus der Unterrichtsmethode Pestalozzis könne, so Curtmann, kein Re-
formansatz gewonnen werden.[185] Das neue Unterrichtsprinzip
müsse lauten: „Streben aus allen Kräften nach Erhaltung und
Förderung der christlichen Zivilisation."[186] Die treibende Kraft
einer Schulreform erwachse aus dem Christentum selbst, stärker aber noch aus der Sorge, es könnte einen Umsturz geben.[187] Die Revolution 1848 sei nur möglich geworden, so setzte er seine Argumentation später fort, weil gerade die Werte des
Christentums nicht genügend zum Tragen gekommen sind. Er
plädierte dafür, die Volksschule nicht weiter als Gelehrtenschule
zu entfalten. Sie solle statt der Wissensvermittlung die Gemütsbildung in den Vordergrund rücken und Dienerin der Arbeit sein.
Um dieses Ziel aber erreichen zu können, müsse die Religion
erneut gestärkt werden, die Kirche ihren alten Einfluss auf die
Volksbildung zurückgewinnen. Sein Vorschlag zur methodischen Verbesserung des Unterrichts erschöpfte sich darin, die
Abstraktheit durch eine Volkstümlichkeit zu überwinden. „Als
Hauptübel des bisherigen Unterrichts haben wir seine Abstraktheit erkannt. Wohl, so lasst uns das ganze Gewicht auf die an-

---

[184] Die Rezension von Karl Mager (1810–1858) zu dieser Schrift ist unlängst
wieder abgedruckt worden in: Carsten Müller, Heinrich Kronen (Hrsg.): Sozialpädagogik nach Karl Mager. Quellen und Diskussion. Bad Heilbrunn 2010. S.
129 – 155.

[185] Siehe: Wilhelm Jacob Georg Curtmann: Die Schule und das Leben, eine
gekrönte Preisschrift. Friedberg in der Wetterau 1842. S. 113.

[186] Ebenda. S. 94.

[187] Ebenda.

dere Seite werfen, ohne jedoch die einzelnen Vorteile des bisherigen Verfahrens aufzugeben. Um den Schaden der Abstraktheit zu vermeiden, unterrichten wir volkstümlich, halten uns zunächst an die Anschauung, begrenzen das Feld der Lehre, um desto tiefer zu pflügen. Um das Gemüt zu erfassen, individualisieren wir den Unterricht, lassen wir ihm Zeit, aus dem Begriff in Gefühl und Willen überzugehen. Mit dem Wahren verbinden wir zunächst das Schöne, und durch dieses Mittelglied auch das Gute."[188] Als Leitbild für einen volkstümlichen Unterricht empfiehlt Curtmann den konfessionellen.[189]

Die Antwort von August Wilhelm Grube (1816–1884) war keineswegs ertragreicher, wenngleich Diesterweg in ihr eine Annäherung an Pestalozzi sah.[190] Grube wollte den Schulunterricht durch eine ästhetisch ausgerichtete Erziehung reformiert wissen. Ziel der ästhetischen Erziehung sei die Herausbildung der vollen Menschlichkeit, die durch die Teilung der Arbeit, das Auseinanderfallen von geistiger und körperlicher Arbeit gefährdet sei. Religion und Kunst sind für Grube die Grundlage jeglicher Pädagogik. Die Idee der Schönheit, so folgt er Friedrich Schiller, führe zum „ästhetischen Zustand" der Menschheit, zur Harmonie des Menschen mit sich selbst. Das Zeichnen, so Grube weiter, sei das herausragende Mittel ästhetischer Erziehung. Mit der Forderung nach Einführung eines Kunst- und Zeichenunterrichts nahm Grube einen Grundsatz der Kunsterziehungsbewegung um 1900 vorweg.[191]

Im Handwerk können Arbeit und Kunst zusammengeführt werden. Handarbeit sei in ihrer künstlerischen Ausprägung jene

---

[188] Wilhelm Jacob Georg Curtmann: Die Reform der Volksschule. Frankfurt am Main 1851. S. 176.

[189] Siehe: F. A. W. Diesterweg: Die Preisfrage des Alt-Landammanns Schindler in Zürich. In: Rheinische Blätter für Erziehung und Unterricht. Herausgegeben von F. A. W. Diesterweg. Der neuen Folgen vierundvierzigster Band. Heft 1. Essen 1851. S. 121f.

[190] Vgl.: Ebenda. S. 94.

[191] Vgl.: Philipp Gonon: Arbeitsschule und Qualifikation. Qualifikation, Arbeit und Schule im 19. Jahrhundert, Kerschensteiner und die heutige Debatte zur beruflichen Qualifikation. Frankfurt am Main – New York – Paris – Wien 1992. S. 103.

Form der ästhetischen Bildung, die den künftigen Fabrikarbeiter zur Sittlichkeit führen könne, da in ihr Geist und Körper, Verstand und Willen, Pflicht und Neigung zur Einheit gefügt werden kann.

Zur Preisschrift von C. E. Hager bleibt anzumerken, dass sie neue, den Fragen des Lebens zugewandte Lehrbücher und einen sachgemäßen Einsatz der Bibel und des Gesangbuchs empfiehlt.

An der Kernaufgabe einer Schulreform, der Wiedergewinnung des Vertrauens „zu den sittlichen oder ethischen Mächten im Welt- und Staatsleben", so Diesterweg, gingen diese drei Antworten allerdings vorbei.[192] Anders die Preisschriften von Konrad Michelsen und Karl Biedermann. Beide plädieren für die Einführung eines praktischen Unterrichts, für die Einführung einer Arbeitsschule.

Konrad Michelsen legte 1851 seinen Plan einer Arbeitsschule für Landgemeinden vor.[193]

Für Michelsen, der Theologie und Philologie studiert hatte, und nach seinem theologischen Amtsexamen als Privatlehrer arbeitete, war seine Preisschrift – wie für Biedermann – ebenfalls eine Verlegenheitsarbeit. Preußen hatte 1848 Dänemark den Krieg erklärt, aber nicht gewinnen können. Schleswig und Holstein blieben unter dänischer Herrschaft, Michelsen wurde ausgewiesen und fand bei seinem Schwager in Bergfeld bei Eutin Unterkunft. Die Zeit seiner beruflichen Untätigkeit nutzte er, um seinen Plan einer Arbeitsschule zu entwerfen. Michelsen griff

---

[192] Siehe: F. A. W. Diesterweg: Die Preisfrage des Alt-Landammanns Schindler in Zürich. In: Rheinische Blätter für Erziehung und Unterricht. Herausgegeben von F. A. W. Diesterweg. Der neuen Folgen vierundvierzigster Band. Heft 1. Essen 1851. S. 157.

[193] Zum Konzept Michelsens siehe: Georg Schmelzer: Der Plan einer Arbeitsschule für Landgemeinden von Dr. Konrad Michelsen und sein Zusammenhang mit den ostholsteinischen Industrieschulen. In: Jahrbuch für Erziehungs- und Schulgeschichte. Herausgegeben von der Kommission für deutsche Erziehungs- und Schulgeschichte der Deutschen Akademie der Wissenschaften zu Berlin. Berlin 1961. S. 71 – 94; Philipp Gonon: Arbeitsschule und Qualifikation. Arbeit und Schule im 19. Jahrhundert, Kerschensteiner und die heutige Debatte zur beruflichen Qualifikation. Frankfurt am Main – New York – Paris – Wien 1992. S. 100ff.

dabei auf die Erfahrungen zurück, die im Oldenburger Großherzogtum mit 16 Erziehungsanstalten gemacht worden waren, die den Charakter von Industrieschulen trugen. Hier wurden Kinder an die Produktion von Waren für den Markt und den häuslichen Eigenbedarf herangeführt. Der Erziehungswert produzierender Arbeit stand für Michelsen außer Zweifel, doch werde dieser durch eine vordergründige Orientierung auf Masse, Verkauf und Gewinn teilweise wieder aufgehoben. Eine Arbeitsschule habe vielmehr den erzieherischen Charakter von Arbeit in den Vordergrund zu stellen. Nicht Fabrikate sind der eigentliche Zweck von Arbeitsschulen, sondern die Arbeitsübungen als allgemeine Vorbereitung auf die Erwerbsarbeit. Die Arbeitsschule habe – wie die Lernschule – der sittlich-religiösen Erziehung zu dienen, beide seien somit gleichberechtigt und nebeneinander zu stellen. Arbeitsschule bedeutet für Michelsen eine Ergänzung, nicht eine Alternative zur bisherigen Lernschule. Während die Lernschule für die Bildung des Kopfes zu sorgen habe, sei die Arbeitsschule für die Bildung der Hand verantwortlich. Die Arbeitsschule selbst konzipierte er als eine dreigliedrige, als Spinn-, Klüter- und Gartenschule. Die Auswahl des Spinnens für die Mädchen, der Holzarbeiten für die Jungen und der Gartenarbeit für beide Geschlechter als Haupttätigkeiten deutet darauf hin, dass er sich an den Besonderheiten der ländlichen Wirtschaft in Schleswig und Holstein orientierte. Neben der Erziehung schrieb Michelsen der Arbeitsschule zwei weitere Funktionen zu, die Bekämpfung von Not und Armut sowie das Engagement für das Gemeinwesen. Georg Schmelzer hob hervor, dass Michelsen weit über die Industrieschulpädagogik hinausging und den Arbeitsschulgedanken in Richtung Hausfleißbewegung weiterentwickelt habe, die zwei Jahrzehnte später von Adolf von Clauson-Kaas (1826–1906) in Dänemark erneut aufgegriffen wurde.[194]

---

[194] Siehe: Georg Schmelzer: Der Plan einer Arbeitsschule für Landgemeinden von Dr. Konrad Michelsen und sein Zusammenhang mit den ostholsteinischen Industrieschulen. In: Jahrbuch für Erziehungs- und Schulgeschichte. Herausgegeben von der Kommission für deutsche Erziehungs- und Schulgeschichte der Deutschen Akademie der Wissenschaften zu Berlin. Berlin 1961. S.88.

Karl Biedermann hatte Michelsens Konzept einer Arbeitsschule zustimmend zur Kenntnis genommen und darauf aufgebaut. Zur Entstehung seiner eigenen Schrift führte er aus: „Ich hatte während meines fast fünfjährigen Aufenthalts auf dem Lande, fern von beinahe jeder Geselligkeit, meine freien Stunden, besonders die Abende, zu meiner Erholung vielfach mit allerhand kleinen praktischen Beschäftigungen (zuerst Fertigung von Spielsachen für meine Kinder) ausgefüllt und hatte dabei den großen Reiz empfunden, den solche praktische Beschäftigung, als eine Unterbrechung der rein geistigen Tätigkeit, gewährt. Ich hatte auch meinen älteren Knaben, den ich, weil er schwächlich war und daher noch nicht wohl zur Stadt in eine Schule gehen konnte, eine Zeit lang selbst unterrichtet, zu ähnlichen praktischen Arbeiten (so weit sie seinem Alter angemessen waren) angewiesen und hatte auch dabei die Erfahrung gemacht, wie sehr eine derartige praktische Tätigkeit der menschlichen und namentlich der Kindernatur zusagt. Dies veranlasste mich, der Sache weiter nachzudenken, die einschlägige Literatur zu studieren (eben damals ertönten allerhand Klagen über unsere Lernschule aus den Kreisen praktischer Schulmänner selbst), und so entstand das Buch, das mir bei der Abfassung große Freude machte, weil ich das Gefühl hatte, damit einem wirklichen Bedürfnis zu dienen und etwas für das nachwachsende Geschlecht nützliches zu tun."[195]

Wodurch zeichnete sich nun Biedermanns Arbeit gegenüber den anderen Preisschriften aus? Folgende zehn Aspekte möchte ich an dieser Stelle hervorheben:

Erstens: Karl Biedermann knüpft zu Zeiten politischer Restauration an das progressive pädagogische Erbe – insbesondere an Fichte und Fröbel – an und verteidigt es. Volksbildung hat nicht den Herrschenden zu dienen, sondern der Erziehung eines Volkes zur Souveränität und somit der Bürger zur Mündigkeit. Die Arbeitsschule wird bei ihm zum Kristallisationspunkt der Nationalerziehung, der Erziehung einer Nation zur nationalen Einheit. In ihr verbietet sich daher eine Ausdifferenzierung der Bil-

---

[195] Karl Biedermann: Mein Leben und ein Stück Zeitgeschichte. Zweiter Band. 1849–1886. Breslau 1886. S. 88f.

dungsinhalte und der pädagogischen Methoden nach sozialen Klassen und Schichten, nach Stadt- und Landbevölkerung. Nationalerziehung bleibe ohne Bildungsgerechtigkeit unvollkommen.

Zweitens: Er stützt sein Plädoyer für die Arbeitsschule auf internationale Erfahrungen, schöpft aus Schulversuchen in Frankreich, England, Belgien und der Schweiz, spürt den neuesten Entwicklungen in Deutschland nach. Bildung ist eine Frage der Kulturhoheit und ein Mittel, den Konkurrenzkampf auf dem Weltmarkt friedlich auszutragen.

Drittens: Karl Biedermann stellt eine Verbindung von sozialer Frage und Volksbildung her, die weit über den ökonomischen Zweck der Industrieschulen hinausgeht. Schulbildung trägt zur Lösung der sozialen Frage insofern bei, als dass sie auf das Berufsleben in seiner ganzen Vielfalt vorbereitet, sie den Grundstein für gelingende Berufskarrieren legt, die sozialen Aufstieg ermöglichen und vor den Risiken der Wirtschaftskrisen schützt.

Viertens: Er verankert das pädagogische Prinzip der Arbeit in der Natur des Kindes. Es entspricht seinem Trieb nach Bewegung, Tätig-Sein und Anerkennung, Selbstentfaltung und Erkenntnis. Die Natur des Kindes verlangt ihr Recht. Erziehung und Bildung selbst können als gerecht gelten, wenn sie ihr gerecht werden. Das „Zurück zur Natur des Kindes!" ist ein Vorbote des „Jahrhundert des Kindes".

Fünftens: Mit seiner Gegenüberstellung von abstrakter und praktischer Methode des Unterrichts nimmt er die Gegenüberstellung von Lern- und Arbeitsschule vorweg, wie sie für die Reformpädagogik des 20. Jahrhunderts charakteristisch werden sollte. Biedermann stellt die Arbeitsschule nicht der Lernschule zur Seite, sondern will praktische Arbeit und theoretischen Unterricht zur Einheit verschmelzen. Damit kommt er dem Versuch nahe, die Arbeitsschule nicht nur als Schulform, sondern auch als Unterrichtsform zu begreifen.

Sechstens: Die Schüler von unnötigem Lernstoff zu befreien war für ihn nicht nur eine Frage des Zeitgewinns für praktische

Arbeit, sie war ihm stets eine Frage der Effizienz schulischer Bildung. Können wir es uns überhaupt leisten, Schüler mit Wissen „vollzustopfen", für das sie kein Interesse aufbringen, das schnell wieder vergessen wird und Abneigung gegen die Schule verursacht? Wäre es nicht vorteilhafter, in ihnen Wissensdurst zu erzeugen und sie in die Lage zu versetzen, ihn ein Leben lang selbst zu stillen?

Siebentens: Das Arbeitsschulkonzept Karl Biedermanns reicht vom Kindergarten über die allgemeinbildende Schule bis zur Berufsbildung. Damit wird nicht nur sein pädagogischer Arbeitsbegriff facettenreicher – vom Spiel über den Unterricht bis zur Ausbildung –, sondern auch ein umfassendes Bildungskonzept vorgelegt, dessen Einheit durch das Arbeitsprinzip gestiftet wird. In diesen Gedanken steckt die Idee der Einheitsschule.

Achtens: Im Zuge seiner Überlegungen, warum die Entwicklung der Arbeitsschule in Deutschland hinter denen anderer europäischer Nationen zurückbleibt, stieß er zur Erkenntnis vor, dass die Arbeitsschulen eine immens politische Dimension aufweist. Hohe Kosten, unzureichend ausgebildete Lehrer und sozialräumliche Hemmnisse mögen Argumente gegen die Einführung der Arbeitsschule sein, aber wenn die Regierung dem Volk seine Souveränität vorenthält, wird es keine Nationalerziehung in Form von Arbeitsschulen geben können.

Neuntens: Die Einbettung der Arbeitsschule ins Gemeinwesen, die Förderung des bürgerlichen Engagements ist bei Biedermann integraler Bestandteil einer funktionierenden Arbeitsschule. Was bei Konrad Michelsen noch als ländliche Besonderheit erscheint, wird bei ihm zu einer Wesensbestimmung. Arbeitsschulen werden so zu gestaltenden Elementen kommunaler Bildungslandschaften.

Zehntens: Die Gemeinwesenarbeit von Schule, produktives Arbeiten als Bindeglied zwischen Schule und Familie, Arbeitserziehung als Sozialisationsfaktor, die Organisation der Schule als Schule zur Demokratie sind Hinweise darauf, dass Karl Biedermann eine Grenzziehung von Schul- und Sozialpädagogik nicht zulassen will. Beides sind für ihn zwei Seiten eines pädagogischen Prozesses.

Karl Biedermann war 1852 mit seiner Schrift „Die Erziehung zur Arbeit, eine Forderung des Lebens an die Schule" dem Zeitgeist um Jahrzehnte voraus. Mit den preußischen Regulativen vom Oktober 1854 wurden die Weichen der Volksschulentwicklung in eine ganz andere Richtung gestellt: Die als nicht wirksam genug erkannte abstrakte Unterrichtsmethode sollte durch Vereinfachung der Darstellung, Reduzierung der Unterrichtsinhalte und den Ausbau von Übungen überwunden werden. Die Lehr- und Lerninhalte sollten nunmehr aus dem Leben selbst geschöpft und durch sie christliche und vaterländische Gesinnung sowie häusliche Tugenden vermittelt werden. Den Lehrerbildungsanstalten wurde untersagt, Pädagogik als wissenschaftliches System zu lehren. Die richtige Unterrichtsmethode würde sich aus den volkstümlichen Lehrinhalten selbst ergeben. „Was die Erziehung im Allgemeinen betrifft", heißt es in der 1. Regulative den Seminarunterricht betreffend, „so wird für den künftigen Elementarlehrer eine Zusammenstellung und Erläuterung der in der heiligen Schrift enthaltenen, hierher gehörenden Grundsätze ausreichen. Die Lehre von der Sünde, menschlicher Hilfebedürftigkeit, von dem Gesetz, der göttlichen Erlösung und Heiligung ist eine Pädagogik, welche zu ihrer Anwendung für den Elementarlehrer nur einiger Hilfssätze aus der Anthropologie und Psychologie bedarf."[196]

Diesterweg würdigt Biedermanns Antwort auf die Schindler'sche Preisfrage als die beste von allen. Weitgehende Übereinstimmungen zwischen beiden finden sich hinsichtlich der Kritik an der bisherigen Schule, der Erklärung für die Ursachen der 1848er Revolution, der Zurückweisung der Angriffe auf die Lehrerschaft sowie der politischen Stoßrichtung der vorgeschlagenen Volksschulreform. In der Beurteilung der von Biedermann vorgeschlagenen Mittel und Methoden der Reform – die Einführung des praktischen Unterrichts – wird er allerdings vorsichtiger, ja skeptisch. Die Vorzüge des praktischen Unterrichts an sich seien unstrittig: er geht von der Natur und Individualität des Schülers aus, schreitet mit seiner Entwicklung stetig fort und formt den Schüler zur Persönlichkeit; die in ihm erworbenen

---

[196] Gerhardt Giese: Quellen zur deutschen Schulgeschichte seit 1880. Göttingen – Berlin – Frankfurt 1961. S. 148.

Kenntnisse und Fähigkeiten wirken nachhaltig, sind anwendungsbereiter als die rein abstrakt vermittelten; er fördert die Disziplin und Sittlichkeit des Schülers; er ist seiner Gesundheit nicht abträglich und bereitet auf das spätere Leben in Haus, Familie und Beruf vor.

Aber Diesterweg weist ebenso mit aller Deutlichkeit auf die Umstände hin, die der praktischen Umsetzung der *Biedermann'schen* Reformvorschläge im Wege stehen: Die Kosten für die Umgestaltung der „Lernschule" in eine „Arbeitsschule" seien kaum aufzubringen. Die Vorbehalte Diesterwegs speisten sich meines Erachtens aber mehr noch aus folgenden vier Befürchtungen:

Erstens: Biedermanns Reformvorschläge könnten einer Neuauflage der Industrieschulen, d.h. der unmittelbaren Einbeziehung der Schule zur Linderung der sozialen Not durch eine verdeckte Kinderarbeit, Vorschub leisten.

Zweitens: Die Einführung praktischen Unterrichts in die Volksschule könnte dem humanistischen Bildungsauftrag der Schulen abträglich sein und als Alternative zum dringend notwendigen Auf- bzw. Ausbau der Fortbildungsschulen missbraucht werden.

Drittens: Bei der noch weitgehend ungeklärten Frage, wie der praktische Unterricht eigentlich konkret gestaltet werden müsse, ist zu befürchten, dass bei einer Zunahme der Bildungsbreite doch letztlich das Bildungsniveau der Volksschule absinkt.

Viertens: Es ist zu erwarten, dass die Elternschaft Protest gegen den praktischen Unterricht in der Schule einlegen wird, weil ihr damit ein wesentliches Erziehungsmittel aus der Hand genommen wird, das ihr zudem wirtschaftliche Vorteile bringt.

Klar und deutlich grenzte sich Diesterweg von Biedermann ab, wenn er es weiterhin ganz der Familie überlassen wollte, das Kind in das praktische Arbeiten einzuweisen. Seinen Einwand, dass die Erziehung zur Arbeit ein unzulässiger Eingriff in die Elternrechte sei, hat er selbst später relativiert.[197]

Philipp Gonon ist der Auffassung, dass die von Diesterweg vorgetragenen Einwände gegen die *Biedermann'schen* Vorschläge zur Einrichtung von Arbeitsschulen gar „nicht so scharf" gewesen seien, wie es dem ersten Anschein nach hatte. Zunehmend habe dieser die reformerischen Aspekte auch der praktischen Arbeit anerkannt und gewürdigt.[198] Dass Diesterweg seine Ablehnung einer Verbindung von Schule und Arbeit in seinem Spätwerk relativierte, darauf hat auch Robert Rißmann hingewiesen.[199] Der Leiter der Leipziger Lehrerbildungsanstalt für Knabenhandarbeit, Alwin Pabst (1854–1918), hat sich dieser Sicht später angeschlossen.[200]

Diesterweg bot der Diskussion über die praktische Methode des Unterrichts in seinen „Rheinischen Blättern für Erziehung und Unterricht" einen breiten Raum. Anlass dafür war die wachsende Erkenntnis, welchen zentralen Stellenwert die praktische Erziehung bei Johann Heinrich Pestalozzi tatsächlich eingenommen hatte. Er war zur Integrationsfigur der gesamten Volksschullehrerschaft Deutschlands geworden, die sich 1848 zu organisieren begonnen hatte. Aus den zahlreichen Wortmeldungen der 1850er Jahre zur Frage der beruflichen Bildung ragt eine Aufsatzsammlung von Hermann Pösche heraus, in der auch Karl Biedermann eine angemessene Würdigung erfahren sollte. Die Zeit fordere die praktische Erziehung, deren Mittel die Arbeit, deren Material die Natur und deren Ideal die Versöhnung

---

[197] Siehe: Alwin Pabst: Die Knabenhandarbeit in der heutigen Erziehung. Leipzig 1907. S. 28.

[198] Siehe: Philipp Gonon: Arbeitsschule und Qualifikation. Frankfurt am Main – New York – Paris – Wien 1992. S. 116f.

[199] Vgl.: Robert Rißmann: Deutsche Pädagogen des 19. Jahrhunderts. Leipzig 1910. S. 87.

[200] Vgl.: Alwin Pabst: Zur theoretischen Grundlegung. In: Aus der Praxis der Arbeitsschule. Bearbeitet von Alwin Pabst. Osterwieck/Harz – Leipzig 1912. S. 23.

von Mensch und Natur ist.[201] Biedermann, so Pösche, gehört zu ihren Wegbereitern. Er stimmte Biedermann darin zu, dass die Schule im Zuge der Industrialisierung der Wirtschaft vor der Aufgabe stehe, wesentliche Elemente der Arbeitserziehung zu übernehmen. Die Familien verfügten weder über die notwendige Zeit noch über die pädagogischen Fähigkeiten und materiellen Mittel, die notwendig sind, um den Ansprüchen einer Erziehung hin zur modernen Arbeitswelt gerecht werden zu können. „Meine Ansicht geht dahin", schreibt Pösche, „dass wir in der Volksschule durch Gärten, Felder und Werkstätten ein schaffendes, werktätiges Leben organisieren, das die Grundlage für alles Lernen ist. Wir führen also durch Praxis zur Theorie. Jetzt machen wir es gerade umgekehrt. Wir wollen durch Theorie zur Praxis führen, durch Kunde zur Kunst, durch Wort zur Tat, durch Passivität zur Aktivität. Wir bilden Wortmenschen statt Tatmenschen. Der Mensch erreicht seine irdische Bestimmung nur durch die Beherrschung der Natur, durch die Arbeit an ihr in Benutzung ihrer erkannten Gesetze. Indem er sie veredelt, veredelt und kultiviert er sich und sein Geschlecht.

So möge sich denn unsere Zeit im Hinblick auf das Ziel, auf diesen Siegpreis, in ihrer materiellen Arbeit der Naturunterwerfung nicht beirren lassen. Vor allen Dingen aber möge die Erziehung die darin liegende Mahnung der Zeit nicht verkennen, um mit den Mitteln der Zeit die Erziehung zeitgemäß zu organisieren für die junge Generation. Die Zeit fordert eine praktische Erziehung, deren Mittel die Arbeit, deren Material die Natur, deren Endziel und Ideal die Verklärung von Natur und Mensch, die Einheit und Versöhnung beider ist."[202]

---

[201] Vgl.: Hermann Pösche: Kritik unserer öffentlichen Volksschule. In: Rheinische Blätter für Erziehung und Unterricht. Herausgegeben von F. A. W. Diesterweg. Band LIV. Essen 1856. S. 147.

[202] Hermann Pösche: Das praktische Bildungsideal unserer Zeit. Kritik unserer öffentlichen Volksschule. In: F. A. W. Diesterweg (Hrsg.): Rheinische Blätter für Erziehung und Unterricht mit besonderer Berücksichtigung des Volksschullebens. Band LIV der neuen Folge. 2. Heft. Essen 1856. S. 160.

Karl Biedermann im Dienst der Arbeitsschule

Es mussten jedoch über zwei Jahrzehnte vergehen, bis die Zeit reif dafür war, Karl Biedermanns Vision einer Arbeitsschule in die Praxis umzusetzen.

Biedermanns Ideen waren zunächst der Vergessenheit anheimgestellt. Er selbst wirkte weiterhin außerhalb der pädagogischen Fachkreise. Das Lehrverbot an der Universität und die Restauration in der Volksbildung veranlassten Biedermann den eingeschlagenen Weg als Publizist weiter zu verfolgen. Im Frühjahr 1855 erhielt er einen Brief vom Verlagsbuchhändler und Hofbuchdrucker Hermann Böhlau mit der Bitte, die „Weimarische Zeitung" zu übernehmen. Er nahm das Angebot an und zog nach Weimar. Erst acht Jahre später sollte er im Herbst 1863 nach Leipzig zurückkehren. Für Leipzig war 1863 ein Jahr der Feste, das Deutsche Turnfest wurde ausgerichtet und das 50-jährige Jubiläum der Völkerschlacht gefeiert. Biedermann wurde schnell wieder heimisch. 1864 erhielt er alle Rechte eines Universitätsprofessors zurück und begann im Wintersemester 1865 mit Vorlesungen zur deutschen Geschichte, die er als Kulturgeschichte, einschließlich der Literatur, vortrug. Der Pädagogik schenkte er als Kulturhistoriker weiterhin seine Aufmerksamkeit, arbeitete zur Methode des Geschichtsunterrichts und machte die Pädagogik zum festen Bestandteil seiner Schriften zur deutschen Geschichte. Auch in die Tagespolitik griff er wieder aktiv ein und hatte 1866 maßgeblichen Anteil an der Bildung der „National-liberalen Partei", die von Leipzig aus in ganz Sachsen wirkte. 1869 wurde er in den sächsischen Landtag gewählt und 1871 in den ersten gesamtdeutschen Reichstag. Karl Biedermann gehörte zu den Initiatoren der „Gemeinnützigen Gesellschaft", die sich ebenfalls 1871 in Leipzig konstituierte und die neben der Gründung des „Vereins für Familien- und Volkserziehung" durch Henriette Goldschmidt (1825–1920) das wohl bedeutendste sozialpolitische Ereignis der Stadt Leipzig in jenem Jahr war. Die Mitglieder der „Gemeinnützigen Gesellschaft" zu Leipzig waren Angehörige des gehobenen Bürgertums, sie kamen überwiegend aus Kreisen der Universität, des Reichsoberhandelsgerichts (des späteren

Reichsgerichts) sowie des Groß- und Buchhandels. Ihr erster Vorsitzender war der spätere Leipziger Bürgermeister Dr. Otto Robert Georgi (1831–1918). Ihre Bedeutung erlangte die Gesellschaft durch eine Vielzahl sozialer und bildungspolitischer Projekte.

Der Arbeitsschulgedanke fand unterdessen weitere namhafte Anhänger. 1873 veröffentlichte der Gymnasialdirektor Erasmus Schwab (1831–1917) in Wien das Buch: „Die Arbeitsschule als organischer Bestandteil der Volksschule". Sein Leitspruch einer Volksschulreform lautete: Der Schüler kann nur das, was er sich selbst erarbeitet hat. Er sah die Zeit für gekommen, jede Schule mit einer Schulwerkstatt und einem Schulgarten auszustatten. Diese Schrift wirkte zunächst prägend für die weitere Diskussion der Arbeitsschule.[203] Die große Verwandtschaft zwischen den Ansichten Biedermanns und Schwabs brachte Eduard Burger dadurch zum Ausdruck, dass er von einer eigenständigen Entwicklungslinie Biedermann-Schwab sprach.[204] Auch in der pädagogischen Praxis begann die Arbeitsschulbewegung eine neue Dimension anzunehmen.

In Finnland war der Handfertigkeitsunterricht bereits 1870 auf Initiative von Uno Cygnäus (1811–1888) als Unterrichtsfach in sämtlichen Volksschulen eingerichtet worden. Ihm war daran gelegen, aus der Werkstatt-, Land-, Forst-, Garten- und Fischereiarbeit bildenden Einfluss auf die Charakterbildung zu gewinnen. Seine erziehungswissenschaftlichen Überzeugungen, so hob er immer wieder hervor, habe er sich aus Deutschland geholt. In Schweden entstanden flächendeckend Handfertigkeitsschulen, die sogenannten Slöjd-Schulen.[205] In Dänemark entwi-

---

[203] Vgl.: Alwin Pabst: Zur theoretischen Grundlegung. In: Aus der Praxis der Arbeitsschule. Bearbeitet von Alwin Pabst. Osterwieck/Harz – Leipzig 1912. S. 23.

„Dass Schwab Biedermanns Schrift ‚Die Erziehung zur Arbeit' gekannt hat, hebt er ausdrücklich hervor; ihren Grundgedanken stimmt er auch vollständig zu, vertritt aber im Einzelnen vielfach abweichende Ansichten." (Ebenda.)

[204] Vgl.: Eduard Burger: Arbeitspädagogik. Geschichte – Kritik – Wegweisung. Leipzig 1923. S. 221.

[205] Slöjd-Schulen bedeuten in wörtlicher Übersetzung Handfertigkeitsschulen. Slöjd ist eine Form erzieherischer Werktätigkeit und tritt in Finnland und

ckelte sich eine starke Hausfleißbewegung, um der ländlichen Bevölkerung in den Wintermonaten eine sinnvolle Beschäftigung zu geben, dem Müßiggang und der Trunksucht vorzubeugen sowie ein Nebeneinkommen zur Minderung sozialer Not zu ermöglichen. Deutschland blieb hinter dieser Entwicklung zunächst zurück. Hier begann in den 1870er Jahren die Wirtschaft zu florieren. Der Sieg über Frankreich 1871 brachte Deutschland einen Kapitalzufluss in Form von Reparationszahlungen, der eine enorme Welle von Unternehmensgründungen nach sich zog. Doch die so genannten Gründerjahre waren bald vorbei, ihnen folgte der Gründerkrach und zahlreiche Investitionen erwiesen sich als Spekulationen. Auf der Wiener Weltausstellung 1873 schnitt Deutschland wider Erwarten schlecht ab. Seit 1851 waren Weltausstellungen zum unbestechlichen Gradmesser für die Leistungs- und Konkurrenzfähigkeit der Industrienationen geworden. „Zu Anfang der 1870er Jahre hatte der Gründungsschwindel alle Kreise der Gesellschaft erfasst. Nachdem jedoch der Rausch verflogen war, da erkannte man, dass das Leben des Volkes krank ist. Maßlos hohe Löhne hatten dem Arbeitervolk eine Menge Bedürfnisse angewöhnt, von deren Befriedigung es vorher keine Ahnung hatte, da ihm das Geld dazu fehlte. Allein der Geschmack an ehrlicher, redlicher Arbeit war dem deutschen Volke verloren gegangen und das Ansehen der Arbeit war tief gesunken."[206] Diese historische Situation bildete

---

Schweden als Unterrichtsfach auf. Im Slöjd-Unterricht werden Werkgegenstände mit strengen Anforderungen an Gebrauchswert, Form und Ausführung gefertigt. Bis 1900 beschränkte er sich auf Holzarbeiten wie Tischlern, Drechseln und Schnitzen. Die Knabenhandarbeitsbewegung in Deutschland orientierte sich sehr stark an diesem skandinavischen Vorbild. Während im sogenannten Vorkurs der Knabenhandarbeit (bis zum 5. Schuljahr) die Anregungen von Johann Heinrich Gottlieb Heusinger (1766–1837), Bernhard Heinrich Blasche (1766–1832) und Friedrich Fröbels aufgegriffen wurden, diente der Slöjd-Unterricht als Modell für die Arbeiten in den Schülerwerkstätten. Den Kern der Leipziger Schülerwerkstätten bildete die Hobelbankarbeit.

Einen Überblick über das Slöjd-System gibt eine Vortragsreihe des Direktors des Slöjdlehrerseminars in Nääs, Schweden, Otto Salomon (1849–1907), die in den „Blättern für Knabenhandarbeit" ab Heft 1 des Jahrgangs 1900 veröffentlicht wurden.

[206] A. J. Endris: Die Erziehung zur Arbeit, eine Forderung der Zeit. Leipzig 1888. S. 43f.

nach Endris den Hintergrund für die Entwicklung der Knabenhandarbeitsbewegung in Deutschland: „An Hand der Geschichte der Pädagogik fanden wir eben, dass der Ruf nach mehr
praktischer Ausbildung der Jugend gewöhnlich nur von Einzelnen ausging, sicher aber die Sache nur von Fachmännern angegriffen wurde. Anders verläuft sie seit dem Beginn der 1870er
Jahre. Zeitschriften, Männer des Unterrichtsfaches, der Vereine, Unterrichtsbehörden, und nicht zum wenigsten auch Leute,
die dem Unterrichtsfach fern stehen, treten heute in die Schranken für diese Sache, die in immer größere Kreise dringt, immer
größere Wellen und Wogen treibt."[207]
Das Interesse der Industrie an der Schulbildung erwachte. Wie
aber selbst aus Biedermanns Äußerungen bezüglich der gesundheitlichen Förderung der Schüler durch Gymnastik ersichtlich wird, stand der Arbeitsschulgedanke in Deutschland auch in
Beziehung zu Fragen der Landesverteidigung, d.h. zum Militär.[208] Hinrich Schloen sah sich in diesem Zusammenhang zu
folgender Bemerkung veranlasst: „Seit der deutsche Schulmeis-

---

[207] Ebenda. S. 45.

[208] In der von August Guhl 1881 veröffentlichten Schrift „Schule und Heer" heißt
es einleitend: „Nichts ist in der inneren Staatsentwicklung, was auf das Heer in
seinem militärischen wie allgemeinen sittlichen Bestand einen so großen Einfluss übt wie die Schule." (August Guhl: Schule und Heer. Berlin 1881. S. 5.)
Die Wehrhaftigkeit hänge in einem nicht geringen Maße von der Schulausbildung der künftigen Soldaten ab. „Eine Abfindung zwischen Schule und Heer im
Geiste der Gegenwart ist notwendig für beide Teile; beide werden bei neuer
Regulierung ihrer Beziehungen zu größerer Einfachheit der für ihre Zwecke zu
verwendenden Mittel, zu einer größeren gegenseitigen Wertschätzung gelangen und sich die Hand reichen zu gemeinsamer Arbeit auf dem Gebiet nationaler Erziehung, nationaler Gesittung und nationaler Wohlfahrt." (Ebenda. S. 72.)
Darauf, dass die Militärfrage unmittelbar beim Aufbau der Schülerwerkstätten
eine Rolle spielte, weist folgender Punkt in der Stellungnahme der Gemeinnützigen Gesellschaft zu Leipzig zur Einrichtung von Schülerwerkstätten hin: „Unter die Mittel zur Entfaltung der höheren Schulen nach verschiedenen Richtungen gehört eine Reform des Berechtigungswesens zu dem Einjährig-
Freiwilligen-Dienst in der Armee." (Theodor Fritzsch: Woldemar Götze, der Vater der erziehenden Knabenhandarbeit. Berlin – Leipzig 1933. S. 23.) Die freiwillige Teilnahme an den Schülerwerkstätten außerhalb der Schulzeit sollte den
Weg zum Einjährigen-Freiwilligen-Dienst erleichtern. Der Zusammenhang zwischen Knabenhandarbeitsunterricht und Militär ist meines Wissens noch nicht
detailliert untersucht worden.

ter auf den Schlachtfeldern von Königgrätz [1866 im Krieg zwischen Österreich und Preußen] seine Feuertaufe empfangen haben sollte, sah man die Schule als ein Werkzeug an, mit dem man nahezu alles erreichen konnte. Für Mönchsgelehrsamkeit freilich hatte die neu heraufgezogene Zeit keine Verwendung. Sie benötigte Menschen, die fest in der Wirklichkeit wurzelten, Arbeiter, die mit ihren Händen wacker und gewandt ihr Werk angriffen, *Männer der Tat* und nicht solche des einseitigen Denkens. Aus dieser Notwendigkeit heraus entstanden von der Mitte der 70er Jahre ab in zahlreichen Städten und Industrieorten Vereine, die von sich aus dem jungen Nachwuchs das verschaffen wollten, was die Schule bisher nicht geboten hatte. Das war *Durchbildung der Hand*."[209] Linderung der aus wirtschaftlichen Krisen erwachsenden sozialen Not, Förderung der Wirtschaftskraft, die sich gegen die internationale Konkurrenz behaupten kann, Stärkung des Militärs als politische Handlungsoption, all das drängte dazu, endlich der Erziehung zur Arbeit durch Arbeit zum Durchbruch zu verhelfen. Die Kirche hatte aber die Volksbildung noch fest im Griff, daher blieb nur ein Entfaltungsraum außerhalb der Schule.

Auf der Wiener Weltausstellung 1873 wurde ein Weg aufgezeigt, wie es möglich ist die Jugend zu einer neuen Arbeitsmoral und zur wirtschaftlichen Leistungsfähigkeit zu erziehen. Erasmus Schwab hatte der Weltöffentlichkeit eine Schulwerkstatt präsentiert und Adolf von Clauson-Kaas Handfertigkeitsprodukte aus der dänischen Hausfleißbewegung vorgestellt. Ihr Erfolg war überwältigend. Die Kopenhagener Gesellschaft für Hausfleiß erhielt das Ehrendiplom. Die Bemühungen von von Clauson-Kaas wurden durch die Verleihung des „Ordens der Eisernen Krone" besonders gewürdigt.

Für die sich in Deutschland konstituierenden Vereinigungen zur Förderung der Volkswohlfahrt war die von von Clauson-Kaas vertretene Hausfleißbewegung der nordischen Länder von besonderem Interesse, ging es doch um die Möglichkeit, in Not geratene Familien in die Lage zu versetzen, aus eigener Kraft durch die so genannte „Hausindustrie" Einkünfte zu erzielen,

---

[209] Hinrich Schloen: Entwicklung und Aufbau der Arbeitsschule. Berlin 1926. 20f.

durch eigene Hausarbeiten den dringend notwendigen Bedarf an Fremdeinkünften zu reduzieren und die Wohn- und Lebensverhältnisse zu verbessern.

Als Offizier in einer kleinen Garnison, wo es an guten Schulen fehlte, kam der Rittmeister von Clauson-Kaas auf den Gedanken, seine Kinder selbst zu erziehen und dabei neben den theoretischen Wissensgegenständen auch praktische, mechanische Beschäftigungen anzuwenden. Er tat dies mit so viel Erfolg, dass andere Eltern ihn baten, ihre Kinder in seinen Unterricht mit aufzunehmen. Seine Privatinitiative führte zur förmlichen Schulbildung. Das Gleiche geschah in Kopenhagen, wohin er später versetzt wurde. 1864 nahm er seinen Abschied, um sich ganz der Arbeitserziehung zu widmen. Seit 1871 gab er die monatlich erscheinende „Nordische Hausfleiß-Zeitung" („Nordisk Husflids-Tidende") mit Abbildungen heraus. In einer zweiten Monatsschrift, den „Hausfleiß-Mitteilungen" („Husflids-Meddelelser") erstattete er Berichte über die Fortschritte der Hausfleißvereine. Auf seine Initiative hin wurde 1873 in Kopenhagen eine Hausfleißgesellschaft gegründet, die überall im Land zur Gründung von Hausfleißvereinen anregte. 1877 gab es in Dänemark derer 61 und 26 Hausfleißschulen. Die Hauptgesellschaft zählte 553 Mitglieder.[210]

In der Zeitschrift des deutschen „Zentral-Vereins für das Wohl der arbeitenden Klasse", „Der Arbeiterfreund", erhielt er 1876 die Möglichkeit, sein Erziehungs- und Bildungskonzept in aller Ausführlichkeit darzulegen. Er führte darin aus: „Die Frage, deren Besprechung ich hier unternehme, ist die Förderung der Arbeitsschule neben der Lernschule, die Verwertung müßiger Stunden im Dienste einer nützlichen und anregenden Hausindustrie für alle, Jung und Alt jedes Standes."[211] Auf seine Erfolge aufmerksam geworden, wurde er zu Vortragsreisen eingeladen, um genaueres über die Art und Weise des Hausfleißunterrichts in Erfahrung zu bringen. In Berlin fand von Clauson-Kaas

---

[210] Vgl.: Karl Biedermann: Die Erziehung zur Arbeit. Eine Forderung des Lebens an die Schule. In: Die Gartenlaube. Illustriertes Familienblatt. Leipzig 1880. S. 65.

[211] Adolf von Clauson-Kaas: Die Arbeitsschule neben der Lernschule und der häusliche Gewerbefleiß. In: Der Arbeiterfreund. Berlin 1876. S. 180.

solch großen Zuspruch, dass sich am 2. April 1876 unter Vorsitz des Rechtsprofessors und Reichstagsabgeordneten Rudolf von Gneist (1816–1895) der „Verein für häuslichen Hausfleiß" konstituierte. Der Görlitzer Stadtrat Emil von Schenckendorff (1837–1915) gehörte zu den Förderern der Hausfleißbewegung in Deutschland, weil er in der Hausindustrie eine Möglichkeit sah, insbesondere den sozialen Notstand im ländlichen Raum Schlesien wirksam zu begegnen. Im Bremer Journalisten und Herausgeber der Zeitschrift „Nordwest" August Lammers (1831–1892) fand die Bewegung ebenfalls einen glühenden Verfechter. Karl Biedermann bezeichnete ihn gar als „Apostel" der Bewegung. Hausfleißvereine wurden gegründet und Hausfleißschulen eingerichtet, so u.a. in Dresden, Braunschweig, Kiel und Wismar.[212] Die Angelegenheit kam aber, so berichtet Johannes Meyer, nicht so recht voran.[213]

Neuen Rückenwind bekam die erzieherische Richtung der Handfertigkeitsbewegung durch die Nachrichten von der Weltausstellung 1876 in Philadelphia. Professor Franz Reuleaux (1829–1905), der auf der Weltausstellung als Preisrichter tätig war, führte Klage über die schlechten Leistungen, die die deutsche Industrie erneut zeigte. Sie sei billig und schlecht. Den Handwerkern und Arbeitern fehle das richtige Verständnis für industrielles Arbeiten. Karl Bücher (1847–1930), Lehrer in Frankfurt am Main und später Nationalökonom an der Universität Leipzig, forderte aus diesem Grunde mit großem Nachdruck eine handwerkliche Erziehung für die Jugend.[214]

Lammers lud von Clauson-Kaas zum 6. September 1879 nach Hamburg-Harburg ein, um auf einer Versammlung nordwest-

---

[212] Vgl: August Lammers: Handbildung und Hausfleiß. Berlin 1881. S. 4

[213] Siehe: Johannes Meyer: Der Handfertigkeitsunterricht und die Schule, mit besonderer Berücksichtigung der Bestrebungen des Rittmeisters a.D. Clauson-Kaas. Eine sozialpädagogische Studie. Berlin 1881. S. 18.

[214] Karl Bücher: Die gewerbliche Bildungsfrage und der industrielle Rückgang. In: Pädagogische Studien. Herausgegeben von Wilhelm Rein, Heft 13. Eisenach 1877.

Karl Bücher schrieb mit seinem Buch „Arbeit und Rhythmus" eine beeindruckende Sozialgeschichte der Arbeit. Sie war 1896 in erster und 1908 bereits in vierter Auflage erschienen.

deutscher Bildungsvereine über seine Arbeit Bericht zu erstatten. Die Idee, von Clauson-Kaas einen 6-wöchigen Lehrerkurs für Handfertigkeit abhalten zu lassen, konnte von Ende August bis Mitte Oktober 1880 mit 63 Teilnehmern in Emden realisiert werden. Er war sein erster in Deutschland.

In der „Gemeinnützigen Gesellschaft" zu Leipzig regte sich Ende der 1870er Jahre ein starkes Interesse an den Bestrebungen des Rittmeisters a. D. von Clauson-Kaas, sie wollte näheres über seine Methode der Arbeitserziehung in Erfahrung bringen und lud August Lammers zu einem Vortrag ein, um sich zugleich auch über die Fortschritte der Hausfleißbewegung in den nordischen Ländern berichten zu lassen. Nach seinem Vortrag am 18. November 1879 setzte die „Gemeinnützige Gesellschaft" unter besonderer Fürsprache durch Karl Biedermann eine Kommission ein, die die Angelegenheit weiter verfolgen sollte. Ihr gehörten unter anderem an: Direktor Dr. Ernst Barth (1831–1904), Prof. Dr. Karl Biedermann, Bezirksschulinspektor Dr. Rudolf Hempel und der Direktor des Kunstgewerbemuseums Prof. Melchior Anton zur Straßen (1832–1896). Zum Vorsitzenden der Kommission wurde der Lehrer Woldemar Götze (1843–1898) berufen. Die Kommission legte der Gesellschaft am 27. Januar 1880 eine unter Federführung von Götze ausgearbeitete Erklärung vor:

I. Die Gemeinnützige Gesellschaft erklärt:

„1. Die Bestrebungen für Einführung praktischer Beschäftigung in der Erziehung, welche in Deutschland schon früher angeregt, neuerdings von von Clauson-Kaas u.a. praktisch in Angriff genommen worden sind, entsprechen einem wichtigen gesundheitlichen, erzieherischen und wirtschaftlichen Bedürfnis.

2. Der Wert jener Bestrebungen beruht: in der Herstellung eines größeren Gleichgewichts und eines erfrischenden Wechsels zwischen körperlicher und geistiger Tätigkeit, welche das körperliche und geistige Wohlbefinden fördern; in der Ergänzung und Förderung des theoretischen Unterrichts durch praktische Fertigkeiten und in der Charakterentwicklung durch die Freude am eigenen Schaffen; in der Übung der Geschicklichkeit des

Auges und der Hand, endlich in der erleichterten Erkenntnis vorhandener Berufslagen. *Von einem erwerblichen und direkt gewerblichen Zweck ist unter den hiesigen Verhältnissen abzusehen.*

3. Um dieses Wertes willen ist die *organische Verbindung des Arbeitsunterrichts mit der öffentlichen Schule als letztes Ziel anzustreben.*

4. Als größtes Hindernis zur Erreichung dieses Zieles stellt sich die Überbürdung der Schüler, namentlich höherer Schulen, und die Verkümmerung der freien Zeit durch allzu zahlreiche Schulaufgaben entgegen. Es ist daher auch aus diesem Grunde der Übelstand der Überbürdung zu bekämpfen.

5. Unter die Mittel zur Entlastung der höheren Schulen nach verschiedenen Richtungen gehört eine Reform des Berechtigungswesens zu dem Einjährig-Freiwilligen-Dienst in der Armee.

6. Mit der Organisation der Erziehung zur Arbeit ist nicht bis zur Durchführung eines Ausschusses an die öffentliche Schule zu warten, vielmehr im Wege der Vereinstätigkeit und freiwilligen Beteiligung vorzugehen.

7. Es ist deshalb als nächstes Ziel, die Begründung von *Schülerwerkstätten* ins Auge zu fassen. In diesen soll freiwilligen Teilnehmern Gelegenheit geboten werden, in einigen schulfreien Stunden wöchentlich und in den Ferien einfache, mit dem Unterricht womöglich in Beziehung stehende praktische Arbeiten herzustellen und die wichtigsten Handwerkzeuge kennen, anwenden und handhaben zu lernen."

II. Die Gemeinnützige Gesellschaft beschließt deshalb:

1. Die Errichtung einer Schülerwerkstatt in Leipzig;

2. die Veranstaltung eines Kursus zur Vorbildung von Lehrkräften an dieser Werkstätte durch eine dazu geeignete Persönlichkeit;

3. die Beschaffung eines geeigneten Lokals (zu welchem Zwecke in erster Linie der Rat der Stadt Leipzig um Überlassung eines solchen zu bitten ist), sowie von Werkzeug und Arbeitsmaterial;

4. die Erlassung eines öffentlichen Aufrufes zur Beteiligung an einem Kurs im Werkstattunterricht für Knaben, welcher Michaelis 1880 zu beginnen hat und Söhne wohlhabender Eltern gegen Erlegung eines Kostenbeitrags, Söhnen armer Eltern aber unentgeltlich erteilt wird."[215]

Im Aufruf an die Schüler aus dem Jahre 1883 hieß es:

„An Leipzigs Schüler!

Passt auf, was hier gesagt wird; es geht jeden richtigen Jungen an. Jeder von euch, der einmal ein ganzer Mann werden will, schaut nicht nur gern dem fleißigen Handwerker auf die Finger, sondern möchte selbst mit Hammer und Zange, mit Hobel und Säge, mit Feile und Lötkolben, mit dem Modellierholz und dem Schnitzmesser hantieren. Dazu findet er nun gute Gelegenheit in der Schülerwerkstatt. Nicht zu Handwerkern sollt ihr hier vorgebildet werden, sondern geschickter sollt ihr werden und anstelliger. Wie viele von euch können einen Nagel gerade in die Wand schlagen, ohne sich dabei auf die Finger zu klopfen? Wie viele können einen Drachen bauen, der Gleichgewicht hat und hoch in die Luft strebt? Wie viele können sich, wenn am Schlittschuh das Eisen locker geworden ist, selbst helfen und müssen nicht zum Zeugschmied laufen? Ja, die meisten können nicht einmal einen Bleistift ordentlich spitzen oder ein Buch ordentlich einschlagen. Das sollte nicht so bleiben. Sind die Schularbeiten fertig, macht die Familie keinen Anspruch an ihn, so geht der echte Junge im Sommer auf den Spielplatz

---

[215] Zitiert in: Theodor Fritzsch: W. Götze. Der Vater der erziehenden Knabenhandarbeit. Berlin – Leipzig 1933. S. 23f.

und ins Schwimmbad, im Winter auf die Eisbahn und an den Werktisch. ...

Immer wird es ihm eine wahre Herzenslust sein, wenn draußen das Winterwetter tobt und die Abende lang werden, in fröhlicher Gemeinschaft mit anderen hier in der traulichen Werkstatt Eigenes zu schaffen. Auch solche Freude haben seit drei Jahren schon hunderte von Knaben bei uns gefunden. ...

Schiller sagt im „Wilhelm Tell": „Ein rechter Schütze hilft sich selbst" und weiter: „Früh übt sich, was ein Meister werden will"; darum, ihr Jungen! benutzt die Gelegenheit, die euch geboten wird!

Der Vorstand der Schülerwerkstatt"[216]

Um die Initiative der „Gemeinnützigen Gesellschaft" publik zu machen, veröffentliche Karl Biedermann 1880 im Illustrierten Familienblatt „Die Gartenlaube" seinen Aufsatz „Die Erziehung zur Arbeit. Eine Forderung des Lebens an die Schule". Er schloss seine Ausführungen mit der Bemerkung: „Eine bedenkliche Schwierigkeit erwächst freilich der Anwendung jener Methode des sogenannten ‚Arbeitsunterrichts' bei uns in Deutschland aus der immer mehr angewachsenen Ausdehnung des Lernstoffes sowohl in den höheren Lehranstalten wie auch in der Volksschule, aus der dadurch bedingten großen Zahl der Lehrinhalte in der Schule selbst und den meist noch nebenhergehenden vielen Hausarbeiten. Allein hier drängt sich die ernste Frage auf: *Ist nicht vielleicht gerade in diesem Punkte eine natürliche Reaktion gegen das Zuviel angezeigt und unausbleiblich?* Diese Frage wird man wenigstens nicht einfach aus dem Wege gehen dürfen, man wird ihr vielmehr ungescheut und offen in's Auge sehen müssen.

Jedenfalls ist mit dem Thema ‚Erziehung zur Arbeit' eine Frage auf die Tagesordnung der öffentlichen Diskussion gesetzt, von

---

[216] Zitiert in: Hinrich Schloen: Entwicklung und Aufbau der Arbeitsschule. Berlin 1926. S. 31f.

der zu wünschen ist, dass sie gründlich, unbefangen, ohne
Vorurteil nach allen Seiten hin durchsprochen und erörtert, ja
auch praktisch, wenn schon anfangs etwas im Kleinen, in engeren Kreisen, im Wege der Freiwilligkeit und außerhalb der eigentlichen Schule, in Angriff genommen werde, und dass sie
von dieser Tagesordnung nicht wieder verschwinde, ohne
greifbare und bleibende Resultate hinterlassen zu haben."[217]
1880 hatten die Leipziger mit der Orientierung auf die Schülerwerkstätten bereits eine entscheidende Weichenstellung für ihr
Engagement zur Förderung der Arbeitsschule gestellt. Sie ver-
neinten die Möglichkeit, dass die Hausfleißbestrebung, wie sie
von Clauson-Kaas vertrat, als Modell für die Erziehung zur Arbeit durch Arbeit dienen und einfach übernommen werden
könnte. Johannes Meyer war der Auffassung: „Da noch nirgends versucht worden ist, den Handfertigkeitsunterricht nach
den Ideen Clauson-Kaas in organischer Verbindung mit der
Volksschule zu bringen, so kann Herr Clauson-Kaas hinsichtlich
dieses Punktes natürlich keine Erfahrungen gemacht haben
und bleibt auf alle die Fragen, die in dieses Kapitel schlagen,
wie z.B. welches Ziel die einzelnen Stufen der Volksschule zu
erreichen hätten respektive welche Lehrgegenstände denselben zuzuweisen seien, welcher schrittweise Fortschritt in den
einzelnen Lehrgegenständen zu beachten, wie der Handfertigkeitsunterricht organisch mit dem Lernunterricht, insbesondere
mit dem Zeichnen, zu verbinden ist etc., die Antwort uns schuldig."[218]
Die „Gemeinnützige Gesellschaft" entschied sich unter maß-
geblichem Einfluss Karl Biedermanns dafür, die Idee der Arbeitsschule durch die Einrichtung von Schülerwerkstätten zu
fördern, ihnen eine eindeutig pädagogische Ausrichtung zu geben und sie so weit zu entwickeln, dass sie durch eine Bil-
dungsreform direkt in die Schulen integriert werden könnten.

---

[217] Karl Biedermann: Die Erziehung zur Arbeit. Eine Forderung des Lebens an
die Schule. In: Die Gartenlaube. Illustriertes Familienblatt. Leipzig 1880. S. 67.

[218] Johannes Meyer: Der Handfertigkeitsunterricht und die Schule, mit besonderer Berücksichtigung der Bestrebungen des Rittmeisters a. D. Clauson-Kaas.
Eine sozial-pädagogische Studie. Berlin 1881. S. 29.

Leipzig entwickelte sich bis zur Jahrhundertwende 1900 zum Zentrum der deutschen Knabenhandarbeitsbewegung.[219] Zwei Hinweise hatten die Leipziger Arbeitsschulpädagogen in ihrem Bestreben, Schule und praktischen Arbeitsunterricht zusammenzuführen, zu beachten, die von Johannes Meyer wie folgt zusammengefasst wurden:

Erstens: Es reicht nicht mehr aus, schlechthin eine Erziehung zur Arbeit in Angriff zu nehmen, vielmehr gehe es im Zuge einer Realbildung um die Bildung zur *„Intelligenz der Arbeit"*. Arbeit in der Schule müsse „durchgeistigt" sein. An die Arbeitsschule gerichtet lautet die Forderung: „Ihr Beruf ist, die jungen Glieder des arbeitenden Standes dahin zu führen, dass sie es lernen, Gegenstände aus dem Kreis, in den sie ihr späteres Leben einführt, beobachtend, vergleichend, unterscheidend, beurteilend, klar verständig, sinnig anzusehen, ihre Entwicklungsprozesse, ihre inneren Gesetze, ihren gegenseitigen Zusammenhang, ihre Anwendbarkeit, Zweckmäßigkeit zu begreifen. Damit und nur damit, dass die Volksschule dies erstrebt, erfüllt sie die Aufgabe des Unterrichts, dem Leben dienstbar zu werden, *hier* also die Arbeit lohnend, ertragsfähig zu machen und damit dem Arbeiter äußerlich zu einem menschlichen Dasein zu verhelfen."[220]

Zweitens: Neben der Realbildung ist für den künftigen Arbeiter die *technische Bildung* unerlässlich, die Bildung der Hand. Technische Bildung soll „helfend und elementarisch vorbereitend dem technischen Geschick" entgegenkommen. „das geschieht aber vor allem durch die Sorge dafür, *dass das Auge in den Dienst der Hand gestellt*, dass Formen- und Gestaltungssinn und Geschmack gebildet wird."[221]
Das Motto der Leipziger Schülerwerkstatt lautete dann auch:

---

[219] Der Begriff Knabenhandarbeit hatte sich Ende des 19. Jahrhunderts durchgesetzt. Es waren aber auch die Bezeichnungen Knabenhandfertigkeit oder Handfertigkeit gebräuchlich.

[220] Johannes Meyer: Der Handfertigkeitsunterricht und die Schule, mit besonderer Berücksichtigung der Bestrebungen des Rittmeisters a. D. Clauson-Kaas. Eine sozial-pädagogische Studie. Berlin 1881. S. 80.

[221] Ebenda. S. 82.

„Bilde das Auge, übe die Hand,
Fest wird der Wille, scharf der Verstand."

Das Unterrichtsverfahren in den Schülerwerkstätten war anfangs „unschulgemäß" dem „Lehrlingsanlernen des Handwerkers" nachgebildet.[222] Karl Biedermann hätte sicher nicht so einen großen Einfluss auf die Knabenhandarbeitsbewegung nehmen können, wenn nicht Leipzig in den 1880er Jahren zu ihrem Zentrum geworden wäre. Zunächst schien es, dass Berlin die Hauptstadt ihrer Bestrebungen werden würde. Bereits im 2. April 1876 hatte hier der „Verein für häuslichen Gewerbefleiß" seine Arbeit aufgenommen. In seinem Auftrag hatte sich der Berliner Lehrer Julius Höhn zweimal nach Kopenhagen begeben, um sich bei von Clauson-Kaas für den Handfertigkeitsunterricht ausbilden zu lassen. 1878 hatte er damit begonnen, Knaben im Alter von 10 – 15 Jahren in einer Arbeitsschule zu unterrichten.[223] Für den 13. Juni 1881 hatte der preußische Landtagsabgeordnete Emil von Schenckendorff namhafte Persönlichkeiten ins Berliner Zentralhotel eingeladen, um über den Hausfleiß und den Handfertigkeitsunterrichts zu beraten.
Von Schenckendorff war ein Verfechter der von von Clauson-Kaas vorgegebenen Richtung und fand damit bei August Lammers Unterstützung. Er hatte insbesondere die Förderung der zu Preußen gehörenden ländlichen Armutsbezirke Schlesiens im Auge. Am 13. Juni 1881 um 9.00 Uhr morgens begann die unter Vorsitz von Karl Biedermann stehende fünfstündige Beratung, die als offizielle Gründungsversammlung des „Deutschen Zentralkomitees für Handfertigkeit und Hausfleiß" in die Geschichte einging. Nach den beiden Hauptreferenten, Lammers und von Schenckendorff, wurde beschlossen: „Die Konferenz

---

[222] Vgl.: Wörterbuch der Arbeitserziehung. Im Auftrag der Erziehungswissenschaftlichen Hauptstelle des Deutschen Lehrervereins bearbeitet von H. Schloen und M. Wolff. Berlin – Leipzig 1930. S. 73.

[223] Vgl: Eerke U. Hamer: Die historischen Anfänge der Handfertigkeits- bzw. Arbeitsschulbewegung in Deutschland in den Jahren 1880/1881 bis 1886 mit einem Ausblick auf die nachfolgende Entwicklung. Frankfurt am Main 1983. S. 6f.

erklärte es für ein Bedürfnis, dass die Erziehung der Knaben durch den Unterricht in Fertigkeit der Hand ergänzt werde. Die dabei zu verfolgenden Ziele werden für Stadt und Land und sonst nach örtlichen Verhältnissen verschieden sein; sie sind teils erzieherischer, teils praktischer Natur. Diese Ausbildung hat unter Mitwirkung tüchtiger Handwerker und Künstler zu erfolgen."[224] Zum Vorsitzenden wurde August Lammers gewählt und als Sitz des Vereins Bremen bestimmt.

Die Leipziger hatten allerdings auch schon auf sich aufmerksam machen können, an die Seite Karl Biedermanns war Woldemar Götze 1880 mit seiner Denkschrift "Die Ergänzung des Schulunterrichts durch praktische Beschäftigung" getreten.[225] Der 1. Kongress nach der Gründung des Zentralkomitees fand dann auch am 3. Juni 1882 im Kaisersaal der Zentralhalle zu Leipzig statt. Hinrich Schloen vermerkt: *Sie war der unbestrittene Mittelpunkt der ganzen damaligen Handfertigkeits-Bewegung des In- und Auslandes.*"[226]

Von Clauson-Kaas führte vom 16. Juni bis zum 26. August 1882 seinen 2. Lehrerhandfertigkeitskurs durch. „Indessen", so Schloen, „gefiel seine Tätigkeit hier noch weniger als in Emden, und seitdem war er auch in Deutschland erledigt."[227]

Die Waage begann sich zugunsten des von den Leipzigern vertretenen pädagogischen Standpunktes zu neigen. 1883 fand zwar nur ein „kleiner Kongress" statt, aber wiederum in Leipzig. Auf dem 3. Kongress des „Deutschen Zentralkomitees für Handfertigkeit und Hausfleiß" am 15. April 1884 in Osnabrück hielt Otto Salomon einen Vortrag über das Schwedische Lehrerseminar in Näss, in dem ebenfalls die pädagogische Ausrichtung des Handfertigkeitsunterrichts dominierte. Dieses hatte er

---

[224] Zitiert: Ebenda. S. 20.

[225] Zu der schnellen Popularität von Woldemar Götze dürfte der bereits genannte Johannes Meyer nicht unwesentlich beigetragen haben, er zitierte Woldemar Götze in seiner Schrift „Der Handfertigkeitsunterricht und die Schule, mit besonderer Berücksichtigung der Bestrebungen des Rittmeisters a. D. Clauson-Kaas" (Berlin 1881) über mehrere Seiten hinweg sehr wohlwollend.

[226] Hinrich Schloen: Entwicklung und Aufbau der Arbeitsschule. Berlin 1926. S. 28.

[227] Ebenda.

gemeinsam mit August Abrahamson 1879 auf Anregung von Uno Cygnäus, dem Vater der Finnischen Volksschule, ins Leben gerufen.

Auf dem 4. Kongress, am 27. Mai 1885 in Görlitz, fiel die Entscheidung. Emil von Schenckendorff stellte in seinen abschließenden Worten fest, dass der Kongress deutlich gezeigt habe, dass das „Deutsche Zentralkomitee für Handfertigkeit und Hausfleiß" nur noch einen Standpunkt, den Leipziger pädagogischen Standpunkt, habe.[228]

„Mit welcher Freude ich", so erinnert sich Karl Biedermann, „eine Bewegung begrüßte, die so ganz meinen eigenen früheren Bestrebungen entsprach, brauche ich wohl nicht zu sagen. Wenn die Vertreter und Leiter dieser Bewegung mir die Ehre anhalten, mich als den ‚Nestor' derselben zu feiern, wenn sie aus diesem Grunde bei jeder ihrer Versammlung, der ich beiwohnte, mich mit dem Vorsitz betrauten, so konnte ich eine solche Freundlichkeit wohl ungescheut annehmen; nur musste ich immer und immer betonen, dass mein Verdienst der bloß theoretischen Anregung ein sehr bescheidenes, ja ein nur zweifelhaftes so lange gewesen sei, bis Andere gekommen, die das mir fehlende Talent, die Sache praktisch in Angriff zu nehmen, besessen und erst dadurch vollendet hätten, was ich unvollendet gelassen."[229]

1883 war Karl Biedermanns Schrift „Die Erziehung zur Arbeit, eine Forderung des Lebens an die Schule" nach über dreißig Jahren in zweiter Auflage erschienen. „Was ich damals", schreibt er in seiner Vorrede, „über die Mängel unseres herkömmlichen öffentlichen Unterrichts gesagt (fast durchweg gestützt auf Aussprüche praktischer Pädagogen), das habe ich, nur verkürzt, im Wesentlichen wiederholt, weil aus denselben

---

[228] Vgl.: Eerke U. Hamer: Die historischen Anfänge der Handfertigkeits- bzw. Arbeitsschulbewegung in Deutschland in den Jahren 1880/1881 bis 1886 mit einem Ausblick auf die nachfolgende Entwicklung. Frankfurt am Main 1983. S. 22.

[229] Karl Biedermann: Mein Leben und ein Stück Zeitgeschichte. Zweiter Band. 1849 – 1886. Breslau 1886. S. 366.

Kreisen heraus mir versichert wurde, dass ähnliche Mängel auch heute noch beständen."[230]

Drei Kapitel hatte Biedermann für die 2. Auflage neu verfasst, das zur Widerlegung der Einwürfe gegen den Arbeitsunterricht, das über die Möglichkeit der Verkürzung des Lernunterrichts und das über die Organisation des Arbeitsunterrichts. Mit ihnen blieb er aber im Gedankenkreis der 1. Auflage.

Auf dem vierten Deutschen Lehrertag 1882 in Kassel war eine Verbindung der Lernschule mit der Arbeitsschule erneut zurückgewiesen worden. Die Gegenargumente waren nicht neu: es fehle an Zeit für neue Unterrichtsdisziplinen, die Handfertigkeit werde – z.B. durch den Zeichenunterricht – schon genügend gefördert, Bedingungen einer Ausbildung für Arbeitsschullehrer seien nicht gegeben, die Arbeitsschulen kosteten zu viel Geld. Stärker wog nun der Einwand, dass die sich entwickelnden Fachschulen die Arbeitserziehung ohnehin übernehmen würden. Biedermann wies allerdings unter Bezugnahme auf Rudolf Eitelberger (1817–1885) darauf hin, dass die Fachschule nur dann ihre Aufgabe der Berufsbildung hinreichend erfüllen würde, wenn die Arbeitsschulen den Grundstein dafür legten.[231]

Zeit für den Arbeitsunterricht könnte ausreichend gewonnen werden, wenn überflüssiger Lernstoff beiseitegelassen und der theoretische Unterricht organisch mit dem praktischen verknüpft würde.

Karl Biedermann hatte sein Manuskript schon für den Druck vorbereitet, als die Nachricht vom Verlauf des Bremer Lehrertags eintraf. Die Kunde wertete er positiv, sodass er seiner Schrift noch einen Anhang beifügte, der mit den Worten

---

[230] Karl Biedermann: Die Erziehung zur Arbeit, eine Forderung des Lebens an die Schule. Leipzig 1883. S. Vf.

[231] Ebenda. S. 88.

Rudolf Eitelberger war zu jener Zeit einer der eifrigsten Verfechter einer Verbindung von Lern- und Arbeitsschule als Vorstufe der gewerblichen Fachschule. Er war als Kunstlehrer an der Reform des Zeichenunterrichts in den österreichischen Fachschulen maßgeblich beteiligt, gründete 1864, inzwischen ordentlicher Professor geworden, in Wien das Österreichische Museum für Kunst und Industrie. Er stellte eine Verbindung von Arbeitsschule und Kunstgewerbe her. Bezeichnend für die Knabenhandarbeitsbewegung ist, dass Vertreter des Kunstgewerbes zu ihren aktivsten Befürwortern zählten.

schloss: „So sind also von ca. 1.600 Vertretern der deutschen Lehrerschaft folgende Sätze als richtig teils positiv anerkannt, teils stillschweigend zugestanden worden:

1.) Eine *Überbürdung* findet mindestens in vielen Schulen statt, und zwar nicht bloß in den höheren, sondern auch in Volksschulen und Töchterschulen.

2.) Es ist ein *Gebot der Pädagogik*, dass den Knaben und Mädchen Zeit gegönnt werde, nicht bloß zur Erholung, zum regelmäßigen Schlaf und Spiel, sondern auch zur Erlernung körperlichen Fertigkeiten.

3.) An der von der Lernschule bisher verwendeten Zeit lässt sich sparen

    a) durch bessere Lehrmethoden;

    b) durch Ausscheidung mancher überflüssiger Lehrstoffe;

    c) durch Anknüpfung des theoretischen Wissens unmittelbar an praktische Vorkommnisse – unter Vorbehalt eines systematisch-wissenschaftlichen Unterrichts für die höheren Unterrichtsstufen."[232]

Warum, so ist zu fragen, wurde gerade Leipzig in den 1880er Jahren das Zentrum der Knabenhandarbeitsbewegung? Es ist die Vielzahl an Faktoren, die in jener Zeit gerade für Leipzig sprachen.

Erstens: Leipzig präsentierte sich in der 2. Hälfte des 19. Jahrhunderts als weltoffene Stadt des Handels, der Kultur und der Bildung. In den Jahren von 1830 bis 1870 hatte sich die Zahl der Einwohner mehr als verdoppelt und die 100.000 überschritten. Über 20 Vororte bildeten ein enormes Wachstumspotenzial für die aufstrebende Universitäts-, Messe-, Handels-, Buch-, Musik- und Industriestadt Leipzig, die die Wiege der deutschen Arbeiterbewegung[233], der bürgerlichen Frauenbewegung[234] so-

---

[232] Ebenda. S. 127.

[233] Am 23. Mai 1863 wurde in Leipzig der „Allgemeine Deutsche Arbeiterbildungsverein" (ADAV) unter Präsidentschaft von Ferdinand Lassalle (1825–

wie der Schrebergartenbewegung[235] gewesen war. Die Kultur und Politik der Stadt waren liberal geprägt. Die Architektur der Stadt erzeugte überdies ein anziehendes Flair.

Zweitens: Sachsen befand sich in den 80ern und Anfang der 90er Jahre des 19. Jahrhunderts in einem relativ stetigen gesamtwirtschaftlichen Wachstumsprozess, der getragen wurde von einer fortlaufenden Produktions- und Produktivitätssteigerung der Industrie.[236] Diese zusammen mit der in Leipzig dominierenden Gewerbetätigkeit erzeugten ein starkes Interesse an der Bildung von Handgeschicklichkeit der nachwachsenden Arbeitskräfte. Die sächsische Regierung stand der Knabenhandarbeitsbewegung daher sehr offen gegenüber: Karl Biedermann erinnert sich 1886: „Innerhalb des Deutschen Reiches ist zur Zeit Sachsen entschieden derjenige Staat, wo die Bewegung für den Arbeitsunterricht die Verbreitung in der Bevölkerung, zugleich die kräftigste Förderung von oben her gefunden hat."[237]

Drittens: In Leipzig hatte der Herbart-Schüler und Pädagogikprofessor Tuiskon Ziller (1817–1882) an sein Seminar eine Übungsschule angeschlossen, in der er bereits Handfertigkeitsunterricht erteilen ließ und mit diesem Unterrichtsfach beste Erfahrungen sammeln konnte. Woldemar Götze erteilte dort als Student, ebenso wie in der privaten Bildungsanstalt des Ziller-Schülers Dr. Ernst

---

1864) gegründet. Mit der Gründung des ADAV war der erste Schritt zur Schaffung einer selbständigen Arbeiterpartei vollzogen worden.

[234] Im April 1849 beginnt Louise Otto-Peters (1819–1895) mit der Herausgabe der ersten deutschen „Frauenzeitung für höhere weibliche Interessen"; am 24. Februar 1865 wurde der Leipziger Frauenbildungsverein auf Initiative von Louise Otto-Peters, Ottilie von Steyber (1809–1870), Auguste Schmidt (1833–1902) und Henriette Goldschmidt gegründet; am 16. Oktober 1865 findet die Gründung des „Allgemeinen Deutschen Frauenvereins" im Leipziger Schützenhaus statt; 1868 eröffnet Louise Otto-Peters die erste Fortbildungsschule für Mädchen Deutschlands in Leipzig.

[235] Zur Bedeutung der Schrebergartenbewegung für die Volksbildung siehe u.a.: Gerhard Richter: Das Buch der Schreber-Jugendpflege. Leipzig 1925.

[236] Vgl.: Rainer Karlsch und Michael Schäfer: Wirtschaftsgeschichte Sachsens im Industriezeitalter. Dresden – Leipzig 2006. S. 70.

[237] Karl Biedermann: Mein Leben und ein Stück Zeitgeschichte. Zweiter Band. 1849–1886. Breslau 1886. S. 365.

Barth, Unterricht in Handfertigkeit. Götze war besonders dazu prädestiniert, da er bereits vor dem Studium der Pädagogik eine Lehre als Maschinenbauer abgeschlossen und in Dresden das Polytechnikum besucht hatte. Ernst Barth hatte in den 1870er und 1880er Jahren gemeinsam mit dem Handwerksmeister Wilhelm Niederley (1834–1907), der ebenfalls an der *Ziller'schen* Übungsschule Handfertigkeit unterrichtete, in ihrem Wert kaum zu überschätzende Schriften verfasst: „Des deutschen Knaben Handwerksbuch" (1872), „Des Kindes erstes Beschäftigungsbuch"(1876) und „Die Schulwerkstatt. Ein Leitfaden zur Einführung der technischen Arbeiten in die Schule"(1882).

Der 6. Kongress des „Deutschen Zentralkomitees für Handfertigkeit und Hausfleiß", der am 20. September 1886 in Stuttgart tagte, brachte einen durchschlagenden Erfolg für die Leipziger Bestrebungen. Die Delegierten fassten den Beschluss, an die Stelle des Zentralkomitees den „Deutschen Verein für Knaben-Handarbeit" treten zu lassen und in Leipzig eine Lehrerbildungsanstalt zu eröffnen. Die Bewegung hatte eine feste Organisationsform gefunden und Leipzig zu ihrem Mittelpunkt bestimmt.

Woldemar Götze – der Didaktiker in Sachen Biedermann

Es war die Grundüberzeugung von Karl Biedermann, dass die Arbeitsschulbewegung letztlich nur so stark sein könne, wie es ihr gelingen würde, ihren pädagogischen Grundgedanken auch in eine überzeugende Unterrichtsmethode umzusetzen. Eine politische Willensbildung würde auf Dauer nicht ausreichen, wenn nicht der Beweis ihres Vorzugs in der pädagogischen Praxis nachgewiesen werden könne. In Woldemar Götze fand Karl Biedermann einen unermüdlichen und äußerst kreativen Mitstreiter. Er war von Anbeginn Leiter der Leipziger Schülerwerkstätten, Geschäftsführer des „Deutschen Vereins für Knabenhandarbeit", deren Vorsitz Emil von Schenckendorff übernahm, Chefredakteur der „Blätter für Knabenhandarbeit"[238] und Direktor der Lehrerbildungsanstalt[239] zu Leipzig, die international einen herausragenden Ruf genoss. Götze war der Schöpfer der sogenannten „Leipziger Methode", die von Eduard Burger folgendermaßen charakterisiert wurde: „Nach der Leipziger Methode ist der Zweck des Arbeitsunterrichts durch technische Arbeit die *harmonische Erziehung* des Kindes fördern zu helfen. Im Einzelnen werden angestrebt: Körperliche Kraft und Gewandtheit, Geschicklichkeit der Hand, Ausbildung der Sinne, insbesondere des Gesichtssinns, Förderung der Anschauung, Entwicklung des Tätigkeitstriebes, Erziehung zu Fleiß und Gewissenhaftigkeit, Bildung des künstlerischen Geschmacks, Steigerung der Erwerbsfähigkeit des Volkes, Hebung der Achtung vor der Arbeit."[240]

Die „Leipziger Methode" wurde im Spannungsfeld der Begriffe „Handarbeit", „technische Arbeit", „harmonische Erziehung" und „Schülerwerkstatt" entwickelt. Sie weisen darauf hin, dass sie in der Schule Herbarts verankert war und Ernst Barth eine nicht unwesentliche Vermittlung zwischen Theorie und Praxis übernommen hatte, an der Woldemar Götze unmittelbar anknüpfen konnte.[241]

---

[238] Im Oktober 1890 übernahm Götze die Redaktion der „Blätter für Knaben-Handarbeit", die sich aus dem von August und Mathilde Lammers herausgegebenen „Nordwest" entwickelt hatte.

[239] Die Leipziger Lehrerbildungsanstalt für Knabenhandarbeit wurde fristgerecht am 1. Juli 1887 eröffnet. Woldemar Götze wurde 1890 ihr erster Direktor und schied dafür Ostern 1891 aus dem Schuldienst aus. Von den Räumen der Barth'schen Realschule zog das Seminar alsbald in die Thomasschule. Am 28. September 1896 bezog es ein eigenes Seminargebäude in der Scharnhorststraße 20, das sich heute im Besitz der Universität Leipzig befindet.

[240] Eduard Burger: Arbeitspädagogik. Geschichte – Kritik – Wegweisung. Leipzig 1923. S. 171f.

[241] Die Beziehung der Arbeitsschulbewegung zur Pädagogik Herbarts wurde vom letzten Drittel des 19. Jahrhunderts bis weit ins 20. Jahrhundert hinein sehr kontrovers diskutiert. Die Leipziger Richtung der Knabenhandarbeitsbewegung verstand sich durchaus in der Tradition Herbarts stehend. Während ihre Gegner unter Berufung auf Robert Rißmann die Auffassung vertraten: „Die schulpädagogische und -methodische Richtung, die sich an den Namen Herbart knüpft, stellt den grundsätzlichen Gegensatz zur Arbeitsschule dar." (Wörterbuch der Arbeitserziehung. Im Auftrage der Erziehungswissenschaftlichen Hauptstelle

Herbarts Positionen zum Arbeitsunterricht lassen sich in sechs Punkten zusammenfassen[242]:

Erstens: Der Erzieher hat an die Vielfalt der Interessen des künftigen Mannes unter Berücksichtigung seiner Individualität anzuknüpfen und dessen Aktivität und Selbsttätigkeit in diese Richtung zu lenken. Herbarts Pädagogik ist getragen von der Idee der Selbsttätigkeit, er fordert durchgehend eine Beschäftigung der Zöglinge. Die tätigen Interessen lassen sich in drei Bereiche gliedern: das Interesse der Erkenntnis (an den Gesetzmäßigkeiten des Gegebenen und den ästhetischen Verhältnissen), die Teilhabe (an der Menschlichkeit, der Gesellschaft und der Religion) und das praktische Interesse (am Spiel, an der Arbeit und an der erwerblich-beruflichen Tätigkeit).

Zweitens: Die Bedeutung der Hand für die menschliche Ausbildung wird bereits durch einen Vergleich des Menschen mit dem Tier ersichtlich. Durch das Experimentieren und Bearbeiten von Gegenständen offenbaren diese ihre mannigfaltigen Erscheinungen. Das Vorstellungsvermögen des Menschen überschreitet dadurch den Vorstellungskreis des Tieres. Die Hand hat einen Ehrenplatz neben der Sprache, um den Menschen über das Tierreich zu erheben. Die Hand ist das ursprüngliche Werkzeug des Menschen. Aber der Gebrauch der Hand muss geübt werden.

---

des Deutschen Lehrervereins bearbeitet von H. Schloen und M. Wolff. Berlin – Leipzig. S. 61.)

[242] Ich stütze mich bei dieser Zusammenfassung insbesondere auf: Gottfried Glöckner: „Die Stellung Herbarts und seiner Schule zum Handarbeitsunterricht". In: „Lehrerbildungsanstalt des deutschen Vereins für Knabenhandarbeit. Bericht über ihre Tätigkeit im Jahre 1890, erstattet von ihrem Leiter Dr. Woldemar Götze. Leipzig 1891. S. 41 – 56; Quellen zur Geschichte der Arbeitsschule. Herausgegeben von Adolf Teuscher und Theodor Franke. Leipzig 1913. S. 128 – 144; Eduard Burger: Arbeitspädagogik. Geschichte – Kritik – Wegweisung. Leipzig 1923. S. 151–165.

Teuscher und Franke verweisen zur Rekonstruktion der Herbart'schen Auffassung vom Arbeitsunterricht u.a. auf folgende Schriften Herbarts: „Lehrbuch zur Psychologie" (§§ 123 und 234); „Psychologie als Wissenschaft" (2. Teil, § 129); „Umriß pädagogischer Vorlesungen" (§§ 46, 47, 56, 102, 156, 179, 215, 252, 253, 257, 258, 261, 262,); „Allgemeine Pädagogik" (3. Buch, 6. Kapitel, 2. Abschnitt, Absatz 11–12).

Je weiter die mechanischen Fertigkeiten der Hand ausgebildet werden, desto vielfältiger sind die Erkenntnisse, die dem Jüngling erst durch ihre Betätigung zugänglich werden.

Drittens: Die Vermittlung und Aneignung technologischer Kenntnisse sind für den Erziehungs- und Bildungsprozess von enormem Vorteil. In seinem „Umriss pädagogischer Vorlesungen" weist Herbart darauf hin, dass die Technologie nicht bloß von der Seite der materiellen Interessen betrachtet werden könne. Sie liefert die Verbindung von Naturauffassung und menschlichen Zwecken. Jeder Jüngling sollte mit den Werkzeugen des Tischlers umgehen lernen wie mit Lineal und Zirkel. Mechanische Fertigkeiten dienen dem Geist. In Bürgerschulen gehören „Werkschulen" hinein, die keine Gewerbeschulen zu sein brauchen.

Viertens: Der Bildungswert der Handwerksarbeit besteht im selbsttätigen Begreifen eines Systems von Bewegungen, Operationen und Handlungen, die durch den Zweck der Arbeit und der Natur der Stoffe bestimmt sind. Planmäßiges und erfolgreiches Arbeiten fördert das Begehren, das Wollen, die Lust und die Disziplin. Nützliche, sinnvolle und ertragreiche praktische Arbeit mindert die Gefahr unsittlicher Einstellung, fördert Selbstbeherrschung und positive Charakterbildung. Die Kenntnisse der Natur und Technik bieten einen vorzüglichen Anknüpfungspunkt zur Vermittlung von theoretischem Wissen.

Fünftens: Über den Erwerb technologischer Kenntnisse werden anschaulich theoretische Einsichten über die Natur, deren Aneignung und Beherrschung vermittelt, die über rein materielle Interessen hinausgehen und die ethisch-praktische Seite des Verhältnisses zwischen Mensch und Natur zur Entfaltung bringt.

Sechstens: Der pädagogische Wert der Arbeit steigert sich durch ihre „natürliche" Didaktik. Im Arbeitsprozess bilden sich Vorstellungs- und Handlungsreihen (Assoziationsketten), die durch den Zweck der Arbeit gesetzt sind und durch die Überwachung des Arbeitsfortschritts reguliert werden. Das Erarbeiten dieser nach Zweckmäßigkeit geordneten Vorstellungs- und Handlungsreihen stellt eine besondere intellektuelle Leistung dar.

Tuiskon Ziller hält fest, dass die systematische Ausbildung der Hand, auf der die Intelligenz ebenso ruht wie auf den Empfindungen, in Form von technischen Beschäftigungen zu erfolgen hat. Das Zeichnen allein reiche zur Bildung der Hand und des Geschmacks nicht aus. Zeichnen beschränkt sich auf die Fläche und vermag einen Gegenstand nicht in seiner Körperlichkeit, in seiner Totalität wiederzugeben.[243]

Für Ernst Barth ist der Ort der technischen Beschäftigung die Werkstatt, ihre angemessene Schulform der Werkstattunterricht. Barth schreibt: „Wenn also, wie wohl nicht zu bezweifeln ist, dass unserem Wissen zugrunde liegende Vorstellungsleben ein solches zu sein hat, das auf möglichst festem Grund und Boden steht, so ist damit der Werkstattunterricht gewährt, auch wenn derselbe, wie dies in der Natur der Sache liegt, nur einen Teil des kindlichen Vorstellungskreises zu umspannen vermag.[244]

Indem nun aber die Schüler dazu vorschreiten, einen ihm vorgeführten Gegenstand körperlich nachzubilden, erzeugt er in sich nicht nur ein Vorstellungsprodukt, das an Vollständigkeit und Konsistenz kaum etwas zu wünschen übrig lässt, sondern er bildet auch bei der Herstellung der betreffenden Gegenstände die Sinneswerkzeuge und die Hand in einer Weise, wie dies kein anderer Unterrichtsgegenstand zu bieten vermag. In der Tat nur eine ganz oberflächliche Auffassung kann die Lücke übersehen, welche in unserer gegenwärtigen Schulerziehung zutage tritt und die sich darin offenbart, dass unsere Jugend mehr und mehr verlernt, richtig und genau zu sehen, was zur

---

[243] Teuscher und Franke verweisen zur Rekonstruktion der Ziller'schen Position zum Arbeitsunterricht auf folgende Texte Zillers hin: „Grundlegung zur Lehre vom erziehenden Unterricht" (Abschnitte: Erziehungsschule und Berufs- oder Fachschule, Arbeitsschule und Arbeitsklassen, Arbeitsunterricht); „Allgemeine Pädagogik" (Abschnitt: Die technische Beschäftigung); „Materialien zur speziellen Pädagogik" §§ 266 270). (Siehe: Quellen zur Geschichte der Arbeitsschule. Herausgegeben von Adolf Teuscher und Theodor Franke. Leipzig 1913. S. 145 – 166.)

[244] Ernst Barth hat seine Ansichten zum Werkstattunterricht 1881 in den Heften 7 und 8 seiner Zeitschrift „Erziehungsschule", die von 1880 bis 1887 in Leipzig erschien, dargelegt.

Von Bedeutung für die theoretische Begründung der pädagogischen Werkstattarbeit ist der Aufsatz von Otto W. Beyer „Orientierende Übersicht über die Literatur der Schulwerkstatt, die er 1884 in Nr. 7 und 8 der von Barth herausgegebenen „Erziehungsschule" veröffentlichte.

weiteren Folge hat, dass sie sich Begriffe, die auf eigener Anschauung beruhen, gar nicht selbst erzeugen kann, sondern auf
Aussagen und Berichte anderer angewiesen ist, oder dass sie
sich, da auch dieses oft zu unbequem ist einfach mit Worten
hilft, gleichviel, ob denselben ein richtiger Begriff zugrunde
liegt."[245]

1880 trat Woldemar Götze mit seiner Denkschrift „Die Ergänzung des Schulunterrichts durch praktische Beschäftigung" an
die Öffentlichkeit, die er im Auftrage der Gemeinnützigen Gesellschaft zu Leipzig verfasst hatte.[246]
Sich ganz auf die Vision Biedermanns aus dem Jahre 1852
stützend, schloss er seine Denkschrift mit den Worten: „Es gilt
nun eben Hand anzulegen. Ist der Gedanke gesund und tüchtig, so wird er sich endlich trotzdem durchkämpfen. Schon in
der Dauer seiner Lebenskraft und in seiner Wiederkehr, nachdem er bereits vergessen zu sein schien, ist ja eine Bürgschaft
seines Wertes gegeben. Aber Geduld wird man freilich haben
müssen, bis die Früchte reifen, und gut wird man tun, auf der
Hut zu sein, dass man frühere Irrtümer und Fehlgriffe vermeide.
Vor der Hinwegräumung der entgegenstehenden Hindernisse
und der Begründung einer sicheren Methode für den Arbeitsunterricht kann natürlich an eine Einführung desselben in die
Schule nicht gedacht werden. Es gilt daher zunächst, auf dem
Weg privater Tätigkeit vorzugehen. Man wird zugleich mit dem
Kampf gegen die Überbürdung die Heranbildung von Lehrern
für den Arbeitsunterricht in die Hände nehmen und mit ihnen
denselben methodisch freilegen müssen. Dann werden, ebenfalls auf privatem Wege Schülerwerkstätten für freiwillige Teilnehmer ins Leben zu rufen sein, in welchen denselben Gelegenheit gegeben wird, in ihren Mußestunden Auge und Hand

---

[245] Ernst Barth: Bedeutung der Arbeitsschule. In: A. Teuscher und T. Franke:
Quellen zur Geschichte der Arbeitsschule. Leipzig 1913. S. 175.

[246] Woldemar Götze: Die Ergänzung des Schulunterrichts durch praktische Beschäftigung. Denkschrift. Verfasst im Auftrag der Gemeinnützigen Gesellschaft
zu Leipzig. In: Der Arbeiterfreund. Zeitschrift des Zentral-Vereins für das Wohl
der arbeitenden Klassen. Herausgegeben von Victor Böhmert und Rudolf von
Gneist. Berlin 1880. S. 85 – 109.

durch solche praktischen Beschäftigungen zu üben, welche mit dem Unterricht in Verbindung stehen. Hier wird man wiederum Beobachtungen und Erfahrungen sammeln und vielleicht Neigung und Verständnis für die Schülerwerkstatt in weiteren Kreisen verbreiten. Gehen dann aus ihr Schüler hervor, welche durch sie einen klaren Blick und eine geschickte Hand erworben haben, die hier anstellig und findig, regsam und tüchtig geworden sind, dann wird es an der Zeit sein, auf die Früchte der Erziehung zur Arbeit hinzuweisen, und dann kommt vielleicht auch einmal die Zeit, wo sich die Pforten der Schule dem Arbeitsunterricht öffnen, wo zum Zeichenunterricht und die Turnhalle als dritte im Bunde die *Schülerwerkstätte* tritt. Dann sollen über ihr leuchtend die Worte stehen:

Gesegnet sei die frische Tat!"[247]

Woldemar Götze unternahm den Versuch, das Wesen des Handfertigkeitsunterrichts systematisch herauszuarbeiten und die theoretische Reflexion auf eine Stufe zu heben, die der Kritik seiner Gegner standhält. Für den Handarbeitsunterricht sprächen fünf Gründe:

Erstens: Der entwicklungsgeschichtliche Grund

Die Arbeit ist in der Geschichte der Menschheit das wichtigste Erziehungsmittel. Die praktische Arbeit soll das Kind so erziehen, wie sie die ganze Menschheit erzogen hat. Das Gesetz der Stammesentwicklung wird gleichsam durch das Individuum reproduziert.

Zweitens: Der historisch-pädagogische Grund

Der Handfertigkeitsunterricht ist nicht nur eine Anwendung der von Pestalozzi begründeten Prinzipien der Anschauung und der Selbsttätigkeit, sondern ihre logische Konsequenz. Handarbeitsunterricht ermöglicht das Fortschreiten der Erkenntnis durch produktives Lernen. Er eröffnet Erfahrungsräume, in de-

---

[247] Ebenda. S. 109.

nen die Forderung nach einem Übergang vom Tun zum Erkennen verwirklicht wird.

Drittens: Der pädagogische Grund

Die Zwecke der allgemeinen Erziehung werden durch den Handfertigkeitsunterricht dadurch gefördert, dass er Einfluss nimmt auf: die Gesundheitspflege, die Bildung der Handfertigkeit, die Bildung des Anschauungsvermögens, die Bildung des Geschmacks, die Förderung der geistigen Fähigkeiten und die Bildung der Willenskraft.

Viertens: Der volkswirtschaftliche Grund

Der Handfertigkeitsunterricht stellt die berufliche Bildung für Industrie und Handwerk auf eine solide Grundlage. Er macht die Schüler für die Ausbildung geschickt, vermittelt Wissen über grundlegende Arbeitsprozesse und orientiert auf einen Berufszweig. Er trägt dazu bei, dass sich das Handwerk gegenüber der industriellen Massenproduktion zu behaupten vermag und bildet künftige Käufer, die die Billigwaren aus Übersee abzulehnen wissen.

Fünftens: Der soziale Grund

Das Desinteresse an produktiver Arbeit unter der Jugend wächst und führt zu sozialen Verwerfungen. Wie soll das Interesse an produzierenden Berufen geweckt werden, wenn nicht durch eine Erziehung zur Arbeit durch Arbeit? Im Handfertigkeitsunterricht wird körperliche Arbeit als Entfaltung individueller Kräfte erlebt, wächst die Achtung vor manueller Arbeit und werden ihre geistigen Dimensionen sichtbar. Kinder verschiedener sozialer Schichten lernen sich in gemeinsamer Arbeit schätzen und können dazu beitragen, gesellschaftliche Gegensätze zu versöhnen.[248]

Auf dem Leipziger Kongress des „Deutschen Zentralkomitees für Handfertigkeitsunterricht und Hausfleiß" hatte Woldemar

---

[248] Siehe: Woldemar Götze: Katechismus des Knabenhandarbeits-Unterrichts. Ein Handbuch des erziehlichen Arbeitsunterrichts. Leipzig 1892. S. 4– 41.

Götze am 7. Oktober 1883 seinen Gedanken zur Entwicklung der Knabenhandarbeitsbewegung entwickelt, die gleichsam seine Arbeitsschwerpunkte darstellten.[249]

Erstens: Die Vernetzung

Der Knabenhandarbeitsbewegung sei nur ein dauerhafter Erfolg beschieden, wenn sie sich mit allen anderen Reformbestrebungen solidarisch zeigt und zusammenarbeitet, die eine Überfrachtung des Unterrichts mit abstrakten Lehrinhalten den Kampf ansagt und für ein Praktisch-Werden der Schule eintritt.[250] In ihr selbst war ein facettenreiches Netzwerk entstanden. 1888 hatten sich 82 Behörden, Vereine und Corporationen in die Mitgliederliste des Deutschen Vereins für Knaben-Handarbeit eingetragen. Davon waren 45% kommunale Vertretungen, jeweils 18% Bildungsvereine und Einrichtungen der Jugendpflege, 12% Gewerbevereine, 7% waren Vereine für Knabenhandarbeit und Knabenhorte. Von den 404 persönlichen Mitgliedern, den der Deutsche Verein 1888 hatte, waren etwa 45% Lehrer.[251] Im Königreich Sachsen, in der Provinz Westfalen, in Bayern und Württemberg gründeten sich Landesverbände. Vom Verein wurden in der Regel jährliche Hauptversammlungen und bis 1900 insgesamt 15 Kongresse durchgeführt.

Zweitens: Annäherung an die Schule

Die Knabenhandarbeitsbewegung war angetreten, um eine Integration des Arbeitsunterrichts als Fach in den Schulen zu för-

---

[249] Siehe: Woldemar Götze: Welche Wege hat die Verbreitung des Handfertigkeitsunterrichts in Zukunft einzuschlagen? Leipzig 1883. In: Woldemar Götze: Werkstücke. Aufbau des Arbeitsunterrichts. Gesammelte Vorträge und Aufsätze. Leipzig 1887. S. 47–60.
Götze hatte seine Vorschläge in vier Punkten zusammengefasst, die ich in sechs Punkten weiter untergliedert habe.

[250] Götze führt hier als Beispiele die Vereine für Körperpflege und für Ferienkolonien an. Siehe: Ebenda. S. 52.

[251] Vgl.: Mitglieder-Verzeichnis des Deutschen Vereins für Knaben-Handarbeit. In: VII. Deutscher Kongress für erziehliche Knaben-Handarbeit zu München am 22. und 23. September 1888. Herausgegeben vom Deutschen Verein für Knaben-Handarbeit. Görlitz 1889. S. 175ff.

dern. Schülerwerkstätten und Schulgärten sollten neben den Klassenzimmern gleichberechtigte Lernorte werden. Der Knabenhandarbeitsbewegung blieb zunächst der Weg in die Schule verschlossen. Woldemar Götze versicherte sich deshalb der Tatsache, dass der Arbeitsunterricht fest in der Tradition der progressiven Pädagogik verankert ist und die Vorteile des praktisch-produktiven Lernens auf der Ebene der Theorie keineswegs mehr ernsthaft bezweifelt werden kann. Doch dieser Hinweis reichte nicht aus, um die Vorbehalte in der Lehrerschaft abzubauen. Robert Rißmann, zur damaligen Zeit eine anerkannte Autorität unter den Volksschullehrern, wurde 1889 zu einem Vortrag in die Leipziger Lehrerbildungsanstalt eingeladen und gab zu Protokoll, dass eine Gewöhnung an Arbeitsamkeit, das Wecken von Lust und Liebe zu praktischer Beschäftigung sowie die Erziehung zu Genauigkeit, Sauberkeit, Selbsttätigkeit und Selbständigkeit für eine Integration in die Schule nicht ausreiche. Es müsse vielmehr der Nachweis erbracht werden, wie der Handfertigkeitsunterricht den Intellekt der Zöglinge zu fördern geeignet ist.[252] Wieder stand die Frage nach dem Verhältnis von körperlicher und geistiger Arbeit. Woldemar Götze blieb eine Antwort nicht schuldig: „Der Arbeitsunterricht dient der geistigen Ausbildung. Er schärft, da er Einsicht und klares Verständnis für die zu lösenden Aufgaben unerlässlich macht, die Aufmerksamkeit und befördert folgerichtiges Denken. Er erweitert die Kenntnisse und entwickelt die Kraft, praktische Dinge zu beurteilen."[253] Der praktische Unterricht sei geeignet, Vorstellungen, die im theoretischen Unterricht gebildet wurden, aber nicht zur völligen Klarheit gebracht werden, im praktischen Unterricht zu erhellen, indem die Schüler angehalten werden, sie praktisch zu gestalten. Zu diesem Zweck prägte er den Begriff „Schulhandfertigkeit" und knüpfte an Ernst Barth an, der bereits

---

[252] Siehe: Gertrud-Marie Brumme: Inhalt und Methode des Handfertigkeitsunterrichts in den Jahren 1870–1890, dargestellt an der „Leipziger Richtung". In: Jahrbuch für Erziehungs- und Schulgeschichte. Herausgegeben von der Kommission für deutsche Erziehungs- und Schulgeschichte der Deutschen Akademie der Wissenschaften zu Berlin. Berlin 1961. S. 168.

[253] Woldemar Götze: Katechismus des Knabenhandarbeits-Unterrichts. Ein Handbuch des erziehlichen Arbeitsunterrichts. Leipzig 1892. S. 23f.

Beispielsammlungen für den Bau von Lehrmaterialien veröffentlicht hatte.[254] Götzes Broschüre „Schulhandfertigkeit. Ein praktischer Versuch, den Handfertigkeitsunterricht mit der Schule in Verbindung zu setzen" erschien 1894 in Leipzig und vereinigte 130 Abbildungen, die jeweils anhand eines Arbeitsproduktes aus der Werkstatt die Verbindung zu Inhalten des theoretischen Unterrichts versinnbildlichten. Die Technik der Laubsägearbeit wurde aus den Leipziger Schülerwerkstatten verbannt, um eine Verunreinigung der Klassenräume durch Feinstaub im Falle der Einführung der Schülerwerkstätten in den Schulen zu vermeiden. Bei Woldemar Götze finden sich Anleitungen, wie Werkstätten in Klassenzimmern eingerichtet und Schulbänke sehr schnell, unkompliziert und ohne große Kosten in Werkstattarbeitsplätze umfunktioniert werden können.[255]

Trotz aller Bemühungen blieb der größte Teil der deutschen Lehrerschaft bei ihrer ablehnenden Haltung, wie einmal mehr die Kölner Lehrerversammlung 1900 zeigte. „Diese Tagung endete mit einer schroffen Zurückweisung der Forderung, Handarbeit der Knaben in den Lehrplan der Schule aufzunehmen. Man folgte damit den Ausführungen des ersten Berichterstatters, des Frankfurter Lehrers Ries, der in der Hereinnahme der technischen Fertigkeiten in die Schule eine Veräußerlichung und Verflachung der schulischen Arbeit sah, gleichbedeutend mit dem Sinken ihres Niveaus."[256]

Der Verein für Knabenhandarbeit öffnete sich zum Ende des 19. Jahrhunderts immer weiter der Schule, um der Einführung des Arbeitsunterrichts als Lehrfach ein Stück näher zu kommen und nahm aus diesem Grund den Wormser Stadtschulrat Heinrich Scherer (1851–1933) in seinen Vorstand auf. Im Sinne einer weiteren Öffnung der Knabenhandarbeitsbewegung zur

---

[254] Siehe: Ernst Barth und Wilhelm Niederley: Die Schulwerkstatt. Ein Leitfaden zur Einführung der technischen Arbeiten in die Schule. Bielefeld – Leipzig 1882. S. 308.

[255] Siehe: Woldemar Götze: Katechismus des Knabenhandarbeitsunterrichts. Ein Handbuch des erziehlichen Arbeitsunterrichts. Leipzig 1892.

[256] Walter Dörrhöfer: Die Geschichte des Deutschen Vereins für werktätige Erziehung in den ersten fünfzig Jahren seines Bestehens. Ein Beitrag zur Geschichte der Arbeitsschulbewegung in Deutschland. Greifswald 1933. S. 85f.

Schule betont ihr Ratgeber, dass der Handarbeitsunterricht durchaus in engster Beziehung zum Sach-, Formen- und Zeichenunterricht steht und fährt fort: „als organischer Bestandteil des Unterrichtsplans muss er selbstverständlich so viel als möglich auch den Sachunterricht zu fördern suchen. Auswahl, Anordnung und Bearbeitung des Lehrstoffs erhalten daher von hier aus, von diesen Lehrgegenständen, Richtlinien" über diese sei allerdings das Prinzip des Handarbeitsunterrichts mithin „das Prinzip der technischen Fertigkeit" zu stellen.[257] An die Seite der „Leipziger Methode" des Werkstattunterrichts traten: die Methode Heinrich Scherers für den Werkunterricht[258], die Methode Wilhelm Springers zur Einpassung der Werkstätten in die Unterrichtsräume[259]; die Methode Rudolf Brückmanns des fakultativen Knabenhandarbeitsunterrichts als Formkunde in Verbindung mit der Raumlehre und dem Zeichenunterricht[260] sowie

---

[257] Vgl.: Ratgeber zur Einführung der erziehlichen Knabenhandarbeit. Herausgegeben vom Deutschen Verein für Knabenhandarbeit. 2. Auflage. Leipzig 1903. S. 87.

[258] Nach Scherer soll die Handarbeit neben die Sprache treten, das künstlerisch betonte Gestalten neben das Wort. Im Anschluss an Raumlehre und Naturkunde sowie im geographischen und geschichtlichen Unterricht werden Unterrichtsgegenstände graphisch und plastisch dargestellt, Karten, Pläne und Profile gezeichnet und Apparate aus Holz oder Pappe gefertigt. (Vgl.: Heinrich Scherer: Arbeitsschule und Werkunterricht: Erster Teil: Grundlagen. Leipzig 1912. S. 82f.)

[259] Dr. Wilhelm Springer (1851–1905) hatte in seinem Aufsichtsbezirk Neurode (Schlesien) von der Regierung den Auftrag bekommen, die wirtschaftliche Hebung der notleidenden Bevölkerung durch Arbeitsunterricht zu unterstützen. Hierbei knüpfte er an von Clauson-Kaas an. Burger: „In einem vierjährigen Kurs, den jedes Kind durchlaufen soll, werden 1. zunächst vorbereitende Papparbeiten, die bald in Wald-, Frucht- und Blattmosaik übergehen, 2. Holzschnitzerei (Kerbschnitt, Flach-, Blumen- und Blattschnitzerei), 3. Hobelbankarbeit, 4. Eisenarbeit (Drahtflechterei, Kleineisenarbeit) betrieben, wodurch man die Jugend zu veranlassen sucht, sich lohnenderen Erwerbszweigen, als es die Handweberei ist, zuzuwenden. Hier hat also der Arbeitsunterricht den Charakter einer Vorschule für das Handwerk, und als ein den übrigen Disziplinen nebengeordnetes Fach musste er auch einen *selbständigen Lehrgang* bekommen." (Eduard Burger: Arbeitspädagogik. Geschichte – Kritik – Wegweisung. Leipzig 1923. S. 177f.)

[260] Rektor Brückmann in Königsberg hatte seit 1897 den Handfertigkeitsunterricht in Form einer „Formenkunde" in den Lehrplan der unter seiner Leitung stehenden Volksschule aufgenommen. Sie umfasste: Stäbchenlegen, Papierfor-

der Arbeitsunterricht als Anschauungs- und Darstellungsunterricht nach Josef Kumpa.[261]

Drittens: Die Förderung der Schülerwerkstätten

Die Leipziger Richtung der Knabenhandarbeitsbewegung war aufs engste mit dem Ausbau der Schülerwerkstätten verknüpft. Sie sollten dazu dienen, so forderte Götze bereits 1880, die Schulen um eine für sie neue Unterrichtsmethode zu bereichern, nicht aber die bisherigen Lehrmethoden effektiver zu gestalten. Die neue Methode bedürfe eines eigenständigen Faches.

1890 lag die erste umfassende statistische Erhebung zur Einführung von Schülerwerkstätten vor. 1880 gab es diesen Angaben zufolge 6 und 1888 insgesamt 95 Schülerwerkstätten.[262] Sie befanden sich vorwiegend in industriellen Ballungsgebieten, weniger im ländlichen Raum. Die Zahl der betreuten Schüler

---

men, Zeichnen, Formen in Plastilina, Papp- und Holzarbeiten, Herstellen von Gebrauchsgegenständen mit Ornamenten. (Siehe: Heinrich Scherer: Arbeitsschule und Werkunterricht. Erster Teil: Grundlagen. Leipzig 1912. S. 81; Eduard Burger: Arbeitspädagogik. Geschichte – Kritik – Wegweisung. Leipzig 1923. S. 176f., 187, 246, 389, 399.)

[261] Siehe: Ratgeber zur Einführung der erziehlichen Knabenhandarbeit. Herausgegeben vom Deutschen Verein für Knabenhandarbeit. 2. Auflage. Leipzig 1903. S.86ff.

Professor Kumpa, Zeichenlehrer an der technischen Hochschule in Darmstadt, schloss den technischen Arbeitsunterricht an den geometrischen Unterricht an und verband ihn mit dem darstellenden Zeichnen. An einfachen Modellen veranschaulichte er die geometrischen Begriffe und Sätze und ließ diese Modelle zeichnen und in Pappe darstellen. Im Anschluss daran ließ er praktische Gegenstände herstellen, bei denen geometrische Begriffe und Sätze zur Anwendung kommen. (Siehe: Heinrich Scherer: Arbeitsschule und Werkunterricht. Erster Teil: Grundlagen. Leipzig 1912. S. 79; Eduard Burger: Arbeitspädagogik. Geschichte – Kritik – Wegweisung. Leipzig 1923. S. 176, 187, 250, 355, 389.)

[262] „Die 6 vor 1880 in Deutschland bereits vorhandenen Schülerwerkstätten bestanden am Lehrerseminar in Grimma (seit ca. 1850), am Lehrerseminar in Borna (seit 1885), an der Erziehungsanstalt für schwachsinnige Kinder in Hubertusburg (seit 1855), an der Schröter´schen Erziehungsanstalt in Dresden (seit 1874) sowie an den 1879 in Oberwaldenburg und Dörnhaus/Schlesien gegründeten Arbeitsschulen." (Wolfgang Leithold: Die Entwicklung des Knabenhandfertigkeitsunterrichts in Deutschland in den achtziger und neunziger Jahren des XIX. Jahrhunderts. In: Jahrbuch für Erziehungs- und Schulgeschichte. Band 1. Berlin 1961. S. 224.)

stieg in den Jahren 1880 bis 1888 von 113 auf 5.678 Schüler. 1888 waren als Lehrkräfte eingesetzt 208 Lehrer und 48 Handwerker. Die Schülerwerkstätten wurden am häufigsten betrieben von: selbständigen Vereinen, gefolgt von Knabenhorten und Waisenhäusern. 1888 sah die Verteilung der Unterrichtsfächer wie folgt aus: Papparbeiten in 77 Werkstätten mit 2.400 Teilnehmern; Holzschnitzarbeiten: 61/1.797; Hobelbankarbeiten: 60/1.785; Metallarbeiten: 7/70 und Modellieren: 3/40.[263] Unter Nutzung zahlreicher statistischer Quellen kam Wolfgang Leithold 1961 zu dem Ergebnis, dass es 1888 in Deutschland insgesamt 186 Schülerwerkstätten gegeben habe. Er gibt dabei allerdings für 1888 die gleiche Zahl von betreuten Schülern an, wie oben angegeben.[264] 1891 unterhielt der „Deutsche Verein für Knabenhandarbeit" bereits 328 Arbeitsstätten für die Jugend.[265] 1896 war die Zahl der in Deutschland betriebenen Schülerwerkstätten auf 604 gestiegen.[266] Davon waren 223 selbständig, 142 standen in Verbindung mit Volksschulen und 69 waren an Knabenhorten angeschlossen. Die Statistik weist für 1899 bereits 1.532 Schülerwerkstätten aus, an denen 2.200 Handfertigkeitslehrer unterrichteten.[267] Von den 1.532 Werkstätten in 586 Orten waren zu diesem Zeitpunkt aber nur etwas über 14% in Volksschulen angesiedelt.[268] So unterschiedlich die sta-

---

[263] Siehe: Statistische Ergebnisse der Schülerwerkstätten Deutschlands. In: Blätter für Knaben-Handarbeit. Teil I: Nr. 1/1890, S. 1 – 4, Teil II: Nr. 2/1890, S. 14 – 17.

[264] Vgl.: Wolfgang Leithold: Die Entwicklung des Knabenhandfertigkeitsunterrichts in Deutschland in den achtziger und neunziger Jahren des XIX. Jahrhunderts. In: Jahrbuch für Erziehungs- und Schulgeschichte. Band 1. Berlin 1961. S. 224f.

[265] Vgl.: Hinrich Schloen: Entwicklung und Aufbau der Arbeitsschule. Berlin 1926. S. 33.

[266] Vgl.: Übersicht über die Zahl und Art der deutschen Schülerwerkstätten: In: Blätter für Knaben-Handarbeit. Leipzig 1896, Heft 9, S. 167.

[267] Vgl.: Wolfgang Leithold: Die Entwicklung des Knabenhandfertigkeitsunterrichts in Deutschland in den achtziger und neunziger Jahren des XIX. Jahrhunderts. In: Jahrbuch für Erziehungs- und Schulgeschichte. Band 1. Berlin 1961. S. 224f.

[268] W. Gaertig: Der gegenwärtige Stand des Handfertigkeitsunterrichts in Deutschland: In: Blätter für Knaben-Handarbeit. Leipzig 1900. Heft 2, S. 29.

tistischen Erhebungen in ihren konkreten Fragestellungen, Indikatoren und Methoden auch waren, sie lassen jedoch den Schluss zu, dass die Schülerwerkstätten trotz des enormen Aufschwungs in den 1890er Jahren vorrangig eine Privatinitiative blieb und selbständig bzw. Einrichtungen von Sonderschulen, Horten, Waisenhäusern und Erziehungsanstalten waren.

Viertens: Die Öffentlichkeitsarbeit

Publikationen, öffentliche Bekanntmachungen, Besprechungen in der Lokalpresse, Vorträge und Ausstellungen, darin sah Woldemar Götze geeignete Mittel, um Schulverwaltungen, Beamte und Lehrer für den Handfertigkeitsunterricht zu gewinnen. Unter den vielfältigen Formen der Öffentlichkeitsarbeit ragten heraus: zahlreiche Denkschriften, die von Mitgliedern des Vereinsvorstandes verfasst wurden; die „Blätter für Knabenhandarbeit. Organ des Deutschen Vereins für Knabenhandarbeit"[269], die seit 1886 als Monatsschrift erschienen; die Berichte zu den Kongressen des Vereins nebst Berichte über die Ausstellungen von Arbeiten aus den besten Schülerwerkstätten Deutschlands sowie des Auslands und die Informationstage für Vertreter aus Schulverwaltung und Politik.

Im August 1892 verbreitete der „Deutsche Verein für Knabenhandarbeit" seine, von Woldemar Götze ausgearbeitete „Denkschrift über den erziehlichen Knabenhandarbeits-Unterricht" in einer Auflagenhöhe von 7.000 Exemplaren.[270] Zunehmend wichtiger wurde der persönliche Kontakt und Informationsaustausch mit Vertretern von Schulaufsichtsbehörden in ganz Deutschland. Sie wurden gezielt in die Vorbereitungskomitees der Kongresse einbezogen oder direkt zu Informationsveran-

---

[269] Die „Blätter für Knabenhandarbeit" erschienen von 1886 bis 1910. In den Jahren 1880 bis 1890 wurden sie unter dem Mantel von August Lammers Zeitschrift „Nordwest", ab 1886 auf Beschluss des Stuttgarter Kongresses als eigenständige Zeitschrift herausgegeben. Am 1. Oktober 1890 übernahm Woldemar Götze die Leitung, die er bis zu seinem Tode ausübte. Danach, ab 1899, führte sie Alwin Pabst weiter, ab 1911 dann unter dem Namen „Blätter für Knabenhandarbeit und Werkunterricht".

[270] Vgl.: Theodor Fritzsch: Woldemar Götze, Vater der erziehenden Knabenhandarbeit. Berlin – Leipzig 1933. S. 36.

staltungen nach Leipzig eingeladen. Zum „I. Informationskurs für Schul- und Verwaltungsbeamte in leitender Stellung" hatte die Leipziger Lehrerbildungsanstalt vom 22. bis zum 30. September 1898 eingeladen. Ihm folgten, wenngleich weniger erfolgreich, weitere Kurse.[271]

Fünftens: Lehrerweiterbildung

Woldemar Götze sprach sich eindeutig dagegen aus, Handwerksmeister den Knabenhandfertigkeitsunterricht erteilen zu lassen. Sie seien pädagogisch nicht geschult und bieten somit keine Gewähr dafür, dass das erzieherische Anliegen des Unterrichts genügend zur Geltung kommt und tatsächlich eine Anbindung des praktischen an den theoretischen Unterricht erfolgt.

Die Schülerwerkstatt zu Leipzig hatte bereits zu Ostern 1880 damit begonnen, hiesige Lehrer für den Handfertigkeitsunterricht in Ferienkursen auszubilden.[272] Das Lehrerseminar in Dresden-Friedrichstadt begann 1883 mit einem Kurs für Knabenhandfertigkeitsunterricht. Es folgten in Sachsen bis 1885 die Lehrerseminare in Grimma, Annaberg, Auerbach und Schneeberg.

Der „Deutsche Verein für Knabenhandarbeit" drängte darauf, eine eigene Lehrerbildungsanstalt einzurichten. Dieses Anliegen trug der Tatsache Rechnung, dass der akute Bedarf an Handfertigkeitslehrern so schnell wie möglich abgedeckt werden musste. Zum anderen ging es aber auch darum abzusichern, dass die Lehrer von hochqualifizierten Meistern ihres Fachs in die handwerklichen Techniken eingewiesen wurden. Die Leipziger Lehrerbildungsanstalt, deren Einrichtung Woldemar Götze in einem Schreiben vom 20. Januar 1886 an das

---

[271] Der II. Informationskurs fand vom 15. – 24. Oktober 1899 statt, der III. im 17. September 1900.

[272] Der erste Lehrerfortbildungskurs der Leipziger Schülerwerkstatt begann am 5. April 1880 im Zeichensaal des Barth'schen Instituts. Die Eröffnungsrede hielt Woldemar Götze selbst. (Siehe: Woldemar Götze: Das Werden der Leipziger Schülerwerkstatt und ihr Wachsen mit dem deutschen Arbeitsunterricht. In: Lehrerbildungsanstalt des Deutschen Vereins für Knabenhandarbeit. Vorträge über den Arbeitsunterricht. Leipzig 1892. S. 66.)

„Deutsche Zentralkomitee für Handfertigkeit und Hausfleiß" angeregt hatte[273] und nach nur 17 Monaten Planungs- und Bau-
phase am 1. Juli 1887 den ersten Lehrerkurs begann, machte
enorme Fortschritte. In den ersten neun Monaten ihres Bestehens verschickte die Lehrerbildungsanstalt nicht weniger als
2.500 Postsendungen mit Werbematerial.[274] Der August-Kurs
1888 bildete mit 40 Teilnehmern aus den russischen Ostsee-
provinzen (1), aus England (4), Österreich-Ungarn (7) und aus
sieben deutschen Ländern (28) einen ersten Höhepunkt. Die
Lehrgänge in Leipzig dienten andernorts als Orientierung für
Kursangebote der Lehrerbildung. So führte beispielsweise der
Verein für Knabenhandarbeit in Bockenheim an der dortigen
Realschule im Sommerhalbjahr 1892 in eigener Regie einen
Lehrerkurs nach dem Leipziger Vorbild durch, um den Handfertigkeitsunterricht über die Realschule hinaus auf die Volksschulen ausdehnen zu können.[275] Durch die Lehrerweiterbildung
konnte bis Mitte der 1890er Jahre der Anteil der pädagogisch
ausgebildeten Fachkräfte an den deutschen Schülerwerkstätten
auf etwa 75% gesteigert werden.[276]

---

[273] Vgl.: Theodor Fritzsch: Woldemar Götze, der Vater der erziehenden Knabenhandarbeit. Berlin – Leipzig 1933. S. 33.

[274] Siehe: Aus der Lehrerbildungsanstalt des deutschen Vereins für Knabenhandarbeit. Bericht über ihre Tätigkeit im Jahre 1888, erstattet von ihrem Leiter
Dr. Woldemar Götze. Leipzig 1889. S. 8

[275] Vgl.: Hermann Deskau: Der Lehrerkurs für Knabenhandarbeit an der Realschule zu Bockenheim im Sommerhalbjahr 1892. In: Städtische Realschule zu
Bockenheim. Beilage zum achtzehnten Jahresbericht (Schuljahr 1892/93). Bockenheim 1893. S. 38. (Bockenheim gehört heute zu Frankfurt am Main.)

Sehr fördernd auf die Bockenheimer Initiative hatte sich die Vorbereitung und
Durchführung der Hauptversammlung des „Deutschen Vereins für Knaben-
handarbeit" am 11. Juni 1892 in Frankfurt am Main ausgewirkt. Die Ausstellung
von Schülerarbeiten wurde vom Technischen Verein zu Frankfurt am Main als
gelungen und überzeugend bewertet. (Siehe: Blätter für Knaben-Handarbeit.
Organ des Deutschen Vereins für Knabenhandarbeit und des Sächsischen
Landesverbandes zur Förderung des Handfertigkeits-Unterrichts. Leipzig 1892,
Heft 8, S. 126f.)

[276] Vgl.: Wolfgang Leithold: Die Entwicklung des Knabenhandfertigkeitsunterrichts in Deutschland in den achtziger und neunziger Jahren des XIX. Jahrhunderts. In: Jahrbuch für Erziehungs- und Schulgeschichte. Band 1. Berlin 1961.
S. 226.

Sechstens: Ausbildungsunterlagen

Die Bereitstellung von mustergültigen Vorlagen für den Arbeitsunterricht gehörte zu den grundlegenden Bedingungen einer fach- und sachgerechten Durchführung der technischen Bildung in den Papp-, Holz- und Metallarbeiten. Vom „Deutschen Zentralkomitee für Handfertigkeit und Hausfleiß" war bereits 1882 eine Kommission eingesetzt worden, die beauftragt wurde, erste Arbeitsvorlagen zu erstellen. In der fünfköpfigen Kommission waren neben Woldemar Götze und Emil von Scheckendorff bezeichnenderweise drei Direktoren von Kunstgewerbemuseen vertreten, aus Leipzig Professor Melchior Anton zur Straßen (für das Formen), aus Berlin Conrad G. Grunow (für Holzschnitzerei) und aus Dresden Carl Ludwig Theodor Graff (für Papier- und Papparbeiten).

Die Knabenhandarbeitslehrer konnten alsbald auf ein reichhaltiges Angebot von Handlungsanweisungen zur Einrichtung von Werkstätten, zur Materialbeschaffung, zu Arbeitsvorgängen und auf illustrierte Beispielsammlungen zurückgreifen. Der „Ratgeber zur Einführung der erziehlichen Knabenhandarbeit" verwies bereits auf 20 Standardwerke zur praktischen Unterrichtsdurchführung in Zeichnen, Papp-, Holz- und Metallarbeiten.[277] In den „Blättern für Knabenhandarbeit" wurden in jeder Ausgabe zahlreiche Erfahrungen und Modelle aus der Praxis vorgestellt.

Die detailliert ausgearbeiteten Arbeitsvorlagen bargen allerdings die Gefahr in sich, den erzieherischen Aspekt des Arbeitsunterrichts zu vernachlässigen und die volle Aufmerksamkeit der rein technischen Bildung zu schenken, den Arbeitsunterricht zu formalisieren. Das Künstlerisch-Schöpferische schien dadurch auf der Strecke zu bleiben, zu groß war die Versuchung, die Vorlagen in Perfektion umzusetzen und den Wettei-

---

[277] Siehe: „Ratgeber zur Einführung der erziehlichen Knabenhandarbeit." Herausgegeben vom Deutschen Verein für Knabenhandarbeit. 2. Auflage. Leipzig 1903.

Zur Ausarbeitung dieses Ratgebers, die nach dem Karlsruher Kongress des Deutschen Vereins für Knabenhandarbeit 1899 – also nach dem Tod Woldemar Götzes – begonnen hatte, wurden zwanzig namhafte Aktivisten der Arbeitsschulbewegung herangezogen. Unter ihnen: Robert Rißmann (Rektor in Berlin) und Heinrich Scherer (Schulinspektor in Worms).

fer der Schülerwerkstätten in Form der Modellausstellungen über den Erziehungsauftrag zu stellen.

Karl Biedermann und Erasmus Schwab waren deshalb bemüht, das „arbeitsschulische Pendel, das im Begriff stand ganz nach der rein technisch-wirtschaftlichen Arbeitsschule auszuschlagen" in die Lernschule zurück zu leiten.[278] Ende des 19. Jahrhunderts stand die Knabenhandarbeitsbewegung vor einer neuen Entscheidung: Wie weit sollte sich die Knabenhandarbeitsbewegung der Schule öffnen? Würde diese Öffnung eine grundsätzlich neue Ausrichtung der bisherigen Arbeitsschulbewegung bedeuten? Oder die Bestrebungen Heinrich Scherers fördern und damit die Schülerwerkstätten als originären Lernort des Handfertigkeitsunterrichts ins Abseits drängen? Es begann der Kampf um die Schülerwerksatt, der auch ein Kampf um das Vermächtnis Karl Biedermanns werden sollte. In diese Kämpfe vermochte er selbst nicht mehr aktiv einzugreifen. Er erlag am 5. Mai 1901 einem „Nervenschlag". Doch mit Genugtuung konnte er auf sein Lebenswerk zurückblickend feststellen: „Nahezu ein volles Menschenalter musste vergehen ehe der 1852 von mir ausgelegte Samen, von anderer Seite her befruchtet, Wurzeln schlug und Keime trieb; aber ich hatte doch noch die Freude, im höheren Alter das in praktische Wirksamkeit treten zu sehen, was ich 30 Jahre vorher nur wie einen Zukunftsgedanken hinausgeworfen hatte."[279] 1893 war er zum Ehrenvorsitzenden des „Deutschen Vereins für Knabenhandarbeit" gewählt worden.

---

[278] Adolf Teuscher und Theodor Franke: Quellen zur Geschichte der Arbeitsschule. Leipzig 1913. S. XI.

[279] Karl Biedermann: Mein Leben und ein Stück Zeitgeschichte. Zweiter Band. Leipzig 1886. S. 90.

Der Kampf um die Schülerwerkstatt

Der Schulrat Heinrich Scherer aus Worms hatte an den „Deutschen Verein für Knabenhandarbeit" die Frage herangetragen, ob er sich nicht weiter der Schule öffnen sollte, um die Chancen zu wahren, dass der Arbeitsunterricht in den Volksschulen für obligatorisch erklärt wird. Scherer, der sich wiederum auf Professor Josef Kumpa aus Darmstadt berief, warf dem Verein vor, noch zu sehr an der wirtschaftlichen Ausrichtung des Arbeitsunterrichts zu hängen.[280] Unter der Annäherung an die Schule verstand er, dass die Schüler das, was sie im Zeichnen, im naturgeschichtlichen, geometrischen und physikalischen Unterricht gelernt haben im Handfertigkeitsunterricht praktisch darstellen, dieser könne dann sogar direkt im Anschluss und als Fortsetzung des theoretischen Teils anderer Unterrichtsfächer durchgeführt werden. In seinem Vortrag „Über die Aufgaben für die praktische Beschäftigung der männlichen Jugend" nahm Woldemar Götze dazu öffentlich Stellung.[281] Er erinnerte an die Entwicklung, die die Bewegung genommen hatte und erklärte: „Weder eine bloße Beschäftigungsanstalt für unbeaufsichtigte Knaben sollte unsere Schülerwerkstatt werden, noch eine Vorbereitungsstätte für das Handwerk, wir wollten einzig und allein der Schule, oder richtiger der Erziehung dienen. Aber es darf nicht verschwiegen werden, dass auch in unserem Kreise sich

---

[280] Die von Scherer vertretene Richtung einer Verbindung von Schule und Arbeitsunterricht hin zum Werken lässt sich bereits bei Johannes Meyer 1881 finden. Meyer ging es um die Frage, wie ein Arbeitsunterricht gestaltet sein müsse, damit er die Entwicklung der (technischen) Intelligenz auch tatsächlich zu fördern vermag. Meyer: „So schließen sich unsere Forderungen an die Volksschule endlich damit ab, *dass sie der Arbeit selbst neben ihr einen vollberechtigten Platz gönnt, dass sie Sprechen, Lesen und Schreiben mit dem Leben und Tun des Arbeiters in die innigste Verbindung bringt, und dass als technische Unterrichtsstoffe eine elementare Formlehre und elementares Zeichnen tüchtig in ihr getrieben wird.*" (Johannes Meyer: Der Handfertigkeitsunterricht und die Schule, mit besonderer Berücksichtigung der Bestrebungen des Rittmeisters a. D. Clauson-Kaas. Berlin 1881. S. 82.) Gegenstand des schulischen Arbeitsunterrichts sollten somit Formlehre und Zeichnen sein.

[281] Siehe: Lehrerbildungsanstalt des deutschen Vereins für Knabenhandarbeit. Bericht über ihre Tätigkeit im Jahre 1890. Erstattet von ihrem Leiter Woldemar Götze. Leipzig 1891. S. 109 – 123.

von vornherein über die von den Schülern herzustellenden Arbeiten die Meinungen geteilt gegenüberstanden. Die einen unter uns legten den Hauptwert auf das Arbeiten an sich, unbekümmert um den Gegenstand, der dabei fertig werde; die anderen betonten die zu fertigenden Gegenstände, und nach ihnen sollten die zu erwerbenden technischen Fertigkeiten von den Arbeiten abhängen. Die einen wollten den Knaben den Hobel, die Feile, den Hammer, die Säge, den Lötkolben handhaben lehren, zunächst unbekümmert darum, ob die hergestellten Gegenstände im häuslichen Leben des Schülers, bei seinen Spielen, oder als Anschauungsmittel in der Schule Verwendung fänden; die Anhänger der reinen Schulwerkstätte dagegen wollten entweder nur oder vorwiegend solche Gegenstände fertigen lassen, welche mit dem Unterricht in inniger Beziehung stünden, welche den Unterricht erläutern, den Schüler von der praktischen Seite her für denselben interessierten."[282] Kein Unterrichtsfach, so Götze weiter, schöpfe seinen Stoff und seine Methode aus einem anderen. „Die zuerst in Bezug auf den Arbeitsunterricht zu erörternde Frage ist die, ob er um seiner eigentümlichen, von anderen Disziplinen nicht hervorgebrachten Wirkungen willen einen Platz im gesamten Erziehungsplane verdient. Wird diese Frage bejaht, so hat er auch Anspruch auf diejenige methodische Selbständigkeit, die es ihm allein gestattet, jene Wirkungen zu entfalten, er darf nicht bloß Sklave der anderen Unterrichtsfächer sein."[283] Verabschiedet hatte sich die Leipziger Schülerwerkstatt von der Vorstellung, den gesamten Unterrichtsstoff aus der praktischen Arbeit abzuleiten und das erworbene theoretische Wissen wieder in ihr zurückfließen zu lassen, so wie es einst Karl Biedermann vorschwebte. Diese Methode sei zwar sehr begrüßenswert, aber nur in geschlossenen, hauswirtschaftlich organisierten Erziehungsanstalten möglich, nicht aber in Schülerwerkstätten, die neben der Schule und der Familie existieren. Dennoch haben diese Schülerwerkstätten einen erzieherischen Wert, den es in das deutsche Bildungssystem einzubringen und deshalb auch zu verteidigen

---

[282] Ebenda. S. 111.

[283] Ebenda. S. 113.

gilt. Würde jedes Unterrichtsfach seine Anforderungen an den Handfertigkeitsunterricht geltend machen, so würde ihre Arbeit auseinandergerissen, der Schüler würde eine Vielzahl von Aufgaben bekommen, eine Vielzahl von Werkzeugen in die Hand nehmen und Arbeitstechniken ausführen müssen. Bei der ganzen Fülle an Anforderungen bliebe alles nur oberflächlich. „Auf solche Weise würde der Arbeitsunterricht nach allen Seiten hin auseinandergerissen, und das nicht geleistet, was wir durch ihn erreichen wollen, die Erziehung des Kindes durch Arbeit zur Arbeit, zum Fleiß, zur Gewissenhaftigkeit, zur Ausdauer, zur kraftvollen Anspannung des Willens."[284]

Worin besteht nun eigentlich das Konzept der Schülerwerkstatt? Der entscheidende Punkt ist nicht die Wahl des Arbeitsthemas, des Ortes und der Zeit. „Der wesentliche Punkt ist vielmehr der, dass das Kind durch die praktische Arbeit erzogen werde, und darin stimmen die verschiedenen Richtungen völlig überein. Es kommt ihnen im Grunde nicht auf die Arbeitsprodukte, sondern auf das Arbeiten an, auf das Beobachten und Erfahren, auf die Schulung des Wirklichkeitssinns, auf die Willensbildung. Die hier oder dort gewählten verschiedenen Arbeitsthemen sind für die Erzieher nur Mittel, nicht Zweck."[285] Der theoretische Unterricht ist somit im Interesse der Erziehung durch praktisches Arbeiten zu ergänzen.

Woldemar Götze leitete aus seinen Grundüberlegungen zur Aufgabe der Schülerwerkstatt im Besonderen dann das Prinzip des Arbeitsunterrichts im Allgemeinen ab. Götze: „Wir begründen nun unsere Forderung mit dem Hinweis darauf, dass die Hand des Kindes bisher nicht zur Genüge ausgebildet wird, dass die heutige Erziehung fälschlicherweise nur durch den theoretischen Unterricht, durch die Übermittlung von Kenntnissen zu wirken sucht, dass sie das Wissen nicht in Können verwandelt, dass sie zwar die Einsicht fördert, aber nicht den Willen, und dass über der einseitigen Pflege des Intellekts die Bildung geschlossener, willenskräftiger Charaktere verabsäumt

---

[284] Ebenda.

[285] Ebenda. S. 115f.

wird."[286] Das neue Erziehungsprinzip lautet: Selbsttätigkeit des Kindes zum Zwecke seiner Erziehung. Nirgends tritt dieses Prinzip so klar zu Tage wie im Arbeitsunterricht, hier lernte es das ABC des Arbeitens. In der Schülerwerkstatt wird das Arbeiten aber so lebendig wie kaum an einem andern Ort. Woldemar Götze wollte den eigenständigen Erziehungswert der Schülerwerkstätten nicht preisgeben, nur um den Einzug des Arbeitsunterrichts in die Schulen zur praktischen Illustration von Theorie bewirken zu können. Er wurde im November 1892 vom Vereinsvorstand auf eine Studienreise geschickt, um die Frage einer Neuausrichtung des Handfertigkeitsunterrichts mit Fachleuten zu erörtern. Seine Reise führte ihn u.a. nach Weimar, Gotha, Worms, Darmstadt und Mainz. In Darmstadt setzte er sich mit Professor Kumpa auseinander. Götze schloss sich dem Wunsch an, „dass in jeder deutschen Volksschule die Raumlehre in der Weise Kumpas gelehrt würde, denn dann würden die mathematischen Grundanschauungen nicht gedächtnismäßig angeeignet, aller mechanische Drill wäre ausgeschlossen, die Jungen wären bei der Erwerbung ihrer Kenntnisse selbst beteiligt, sie erleben gleichsam die mathematischen Wahrheiten, und diese würden so ihr unverlierbares Besitztum."[287] Aber unser Arbeitsunterricht, so Götze sinngemäß weiter, will doch noch etwas anderes, als die Veranschaulichung geometrischer Gesetze. Er schlug vor, der „Deutsche Verein für Knabenhandarbeit" möge die Kumpa'schen Ideen aufnehmen, ohne jedoch Abstriche von den bisherigen Zielen zu machen.[288] In der Unterrichtsmethode Scherers vermochte Woldemar Götze nichts Neues zu entdecken. Scherer sei zwar ein umgänglicher Mensch, kenne aber den „wirklichen" Arbeitsunterricht nicht und sei viel zu sehr im alten Schulsystem befangen, um dieses tatsächlich reformieren zu wollen.[289]

---

[286] Ebenda. S. 116.

[287] Theodor Fritzsch: Woldemar Götze, der Vater der erziehenden Knabenhandarbeit. Berlin – Leipzig 1933. S. 36f.

[288] Vgl.: Ebenda.

[289] Vgl.: Ebenda. S. 37.

Mit dem Tod Woldemar Götzes 1898 war ungewiss geworden, welche Entwicklung die Knabenhandarbeitsbewegung nehmen würde. Sein Nachfolger als Direktor der Leipziger Lehrerbildungsanstalt, Alwin Pabst, schenkte seine ganze Aufmerksamkeit der Ausgestaltung der Handtätigkeit im Schulunterricht und wies den Schülerwerkstätten dauerhaft einen Platz außerhalb der Schule zu. Er schätzte die Zahl der Schülerwerkstätten 1907 in Deutschland auf etwa 1.000 und erkannte ihre erzieherische Bedeutung für die Jugend durchaus an. Da die Schülerwerkstätten eine überwiegend private Initiative geblieben waren, hatte sich eine Vielfalt von Lehrplänen und äußeren Erscheinungen herausgebildet. Papparbeiten, Arbeiten an der Hobelbank und andere Holzarbeiten, vornehmlich Schnitzen, Arbeiten in Metall, insbesondere zur Herstellung von Lehrmitteln und Apparaten für den Unterricht, gehörten jedoch fast überall zu ihrem Kernbestand.[290] Über die Vorzüge der Arbeit in Schülerwerkstätten, die keine andere Form des Arbeitsunterrichts bieten könne, schreibt Alwin Pabst: „Jeder Knabe, der sich darin einmal versucht, wird finden, dass die Herstellung irgend eines Arbeitsproduktes keine einfache und leichte Sache ist und vor allem keine Tätigkeit, die ohne Nachdenken, genaues Beobachten und energisches Handeln ausgeübt werden kann. Es gibt kein besseres Mittel, um der so gefährlichen Missachtung der Handarbeit vorzubeugen und auch die Kinder der vornehmen Stände zu einer sozialen Gesinnung zu erziehen, die sich in der Wertschätzung jedes tätigen und arbeitstüchtigen Gliedes der menschlichen Gesellschaft äußern muss."[291] Über den Unterschied zwischen Arbeitsschule und Schülerwerkstatt heißt es bei ihm: *„Ein wesentlicher Unterschied besteht aber trotzdem, und zwar darin, dass die Arbeitsschule die Forderung der Arbeit, die Handarbeit nicht ausgeschlossen, für alle Unterrichtsfächer erhebt, während sich die Schülerwerkstatt auf die Forderung der technischen Arbeit im engeren Sinne be-*

---

[290] Vgl.: Alwin Pabst: Die Knabenhandarbeit in der heutigen Erziehung. Leipzig 1907. S. 46.

[291] Ebenda. S. 47.

schränkt.[292] Unter Alwin Pabst erfuhren die Schülerwerkstätten allerdings keine besondere Förderung, der Handfertigkeitsunterricht wurde an der Leipziger Lehrerbildungsanstalt nun in all seinen Varianten gelehrt.

Karl Rößger bezeichnete die von Heinrich Scherer eingeleitete Wende zum Werkunterricht als „Sündenfall" und fügte hinzu: „Es ist ganz gleich, ob die Wendung vom Handfertigkeits- zum Werkunterricht aus sachlichen oder taktischen Gründen erfolgte, sie war nach dem Stand der Pädagogik um 1900 und nach dem bisher vertretenen Gedanken von der ergänzenden Wirkung der Handarbeit auf die Entwicklung zum harmonischen Menschen ein Preisgeben ihres Charakters, ein Unterordnen unter die Leitung fremder Fächer mit einer fremden Sprache und Logik."[293] Folgerichtig kam es zu einer begrifflichen Trennung von Werkunterricht einerseits und Werkstattunterricht andererseits. „*Schulrat Scherer* hat seine Form des Arbeitsunterrichts mit dem treffenden Namen ‚Werkunterricht' bezeichnet, um in der äußeren Bezeichnung das auszudrücken, was er uns sein soll. ‚Handfertigkeitsunterricht' und ‚Handarbeitsunterricht' schien ihm weniger zutreffend, da sie mehr oder weniger die Vorstellung einer mechanischen Tätigkeit wachrufen und ‚Formunterricht' wollte er nicht wählen, weil die Bezeichnung ‚Formlehre' schon für Raumlehre gebraucht wird. Das Wort Werkunterricht soll darauf hinweisen, dass dieser Unterricht sich wohl des Werkzeugs und der werkzeugschaffenden und mit dem Werkzeug wirkenden Hand, des Aristotelischen Werkzeugs der Werkzeuge bedient, mit ihnen ‚wirkt'. Dieses Wirken will Scherer aber als *ein geistig-körperliches Wirken* aufgefasst haben."[294] Zweige des Werkunterrichts waren: Tonformen, Stäbchenformen, Papierformen und Kartenformen.

---

[292] Alwin Pabst: Zur theoretischen Grundlegung. In: Aus der Praxis der Arbeitsschule. Bearbeitet von Alwin Pabst, neu aufgelegt und herausgegeben von Oskar Seinig. Osterwieck/Harz – Leipzig 1921. S. 40.

[293] Karl Rößger: Der Weg der Arbeitsschule. Leipzig 1927. S. 98.

[294] Hans Denzer: Schaffen und Lernen. Theorie und Praxis des Werkunterrichts der Unter- und Mittelstufe. Leipzig 1909. S.9f.
Woldemar Götze hatte allerdings um 1890 bereits sein Konzept einer „Vorstufe" für die Knabenhandarbeit ausgearbeitet, nach dem unterrichtet wurde im Stäb-

1907 begann der „Deutsche Verein für Knabenhandarbeit" mit Ausbildungskursen für „Werkunterricht". Ab 1911 führte der Verein den Zusatz: „und Werkunterricht", die „Blätter für Knabenhandarbeit" wurden unter dem Titel „Die Arbeitsschule" weitergeführt.

Stand aber mit der Wende zum Werkunterricht[295] die Sache der Schülerwerkstatt auf verlorenem Posten? Mit der um 1900 einsetzenden Kunsterziehungsbewegung und den nahezu unübersehbaren Versuchen, das Prinzip der Arbeit für alle Unterrichtsfächer fruchtbar zu machen, aus der „Lernschule" nun endlich doch noch eine „Arbeitsschule" werden zu lassen, rückte das Thema der Schülerwerkstatt scheinbar immer weiter aus dem Blickfeld. Eine für die Beleuchtung dieses Übergangs bedeutsame Frage ist jedoch die nach der Verbindung zwischen der „Leipziger Methode" der Schülerwerkstatt und der Schulreform Georg Kerschensteiners in München. Ihre Beantwortung könnte einen Weg eröffnen, das Erbe Karl Biedermanns bis in die Gegenwart hinein zu verfolgen.[296]

---

chenlegen, Falten, Flechten, in Kork-, Papier- und Kartonarbeiten, leichten Holzarbeiten und Formen. (Siehe: Woldemar Götze: Katechismus des Knaben-Handarbeitsunterrichts. Ein Handbuch des erziehlichen Arbeitsunterrichts. Leipzig 1892. S. 109 – 126.) Götze fügte seiner Darstellung zur „Vorstufe" eine Liste von 11 Büchern aus Deutschland, Frankreich und England bei. In deutscher Sprache lagen bereits ausführliche Anleitungen für den Unterricht vor von: Ernst Barth und Wilhelm Niederley (Leipzig), Franz Hertel (Zwickau) sowie Gustav und Theodor Kalb (Gera). Da Götze den Werkunterricht Scherers selbst kennengelernt hatte und ihn ablehnte, dürften die übereinstimmenden Merkmale seiner „Vorstufe" mit Scherers Lehrplan nur formaler Art sein.

[295] Neben Heinrich Scherer wirkten an der Konzipierung des Werkunterrichts sein Schüler Hans Denzer, Lehrer in Worms, und an den Werkunterrichtskursen in Leipzig Oskar Seinig, Lehrer in Berlin-Charlottenburg, mit. Siehe: Hans Denzer: Schaffen und Lernen. Theorie und Praxis des Werkunterrichts der Unter- und Mittelstufe. Mit einem Geleitwort von Alwin Pabst. Leipzig 1909; Oskar Seinig: Die redende Hand. Wegweiser zur Einführung des Werkunterrichts in Volksschule und Seminar. Leipzig 1910.

[296] Die herausragende Bedeutung Georg Kerschensteiners für die Arbeitspädagogik des 20. Jahrhunderts kann als unstrittig gelten. Siehe u.a.: Berufspädagogik. Ansätze zu ihrer Grundlegung und Differenzierung. Herausgegeben von Karlwilhelm Stratmann und Werner Bartel. Köln 1975; Andreas Flitner: Reform der Erziehung. Impulse des 20. Jahrhunderts. München – Zürich 1992; München machte Schule. Georg Kerschensteiner zum 150. Geburtstag. Herausgegeben von Susanne May, Elisabeth Tworek und Willibald Karl. München 2005; Andrea Hartmann: Operativität und Bildung. Ansätze eines auf Selbsttä-

Georg Kerschensteiner wurde 1895 zum Stadtschulrat in München berufen. In welche Richtung sollte er die anstehende Schulreform lenken? Die Unterrichtsmethode der „konzentrischen Kreise" von Karl Kehr (1830–1885) und den „Gesinnungsunterricht" von Wilhelm Rein (1847–1929) lehnte er ab. Der Grund: Beide schwebten im luft- und lebensleeren Raum, die gänzlich verständnislosen Kinder würden zu einer mechanischen „Gedächtsnisfron" verurteilt, die Stunden nach diesen Methoden gestaltet, glichen der Dressur.[297] Drei Jahre arbeitete Georg Kerschensteiner an seinem Reformkonzept, in dessen Mittelpunkt er den Umbau der Volks- in Arbeitsschulen und den Auf- bzw. Ausbau von Berufsschulen stellte. Nur die Arbeitsschule sei eine wirkliche Staatsschule, eine Schule der staatsbürgerlichen Erziehung, in der die Schüler zu sittlich autonomen Persönlichkeiten erzogen und befähigt werden, aktiv an der Versittlichung der Gemeinschaft teilzunehmen. Emil Saupe (1872–1932) charakterisiert Kerschensteiners Konzept einer staatsbürgerlicher Erziehung mit folgenden Worten: „Persönliche Tüchtigkeit ist berufliche Tüchtigkeit; sie ist die unbedingte Voraussetzung der staatsbürgerlichen Erziehung. Aus der Arbeitsfreudigkeit und Tüchtigkeit entwickeln sich auch die höheren sittlichen Tugenden: Gewissenhaftigkeit, Fleiß, Beharrlichkeit, Selbstüberwindung und Hingabe an ein tätiges Leben."[298] Die Arbeitsschule Kerschensteiners beruht auf vier Forderungen: die Bildungsgüter sind zu *erarbeiten*, der Weg ist durch die *Natur des Bildungsguts* selbst vorgegeben; die technischen Bildungsgüter sind unverzichtbar, in der Volksschule ist ein besonderer *Arbeitsunterricht als Fach* einzuführen; zur sittlichen Erziehung ist das *Prinzip der Arbeitsgemeinschaft* in den Schulen einzuführen; es sind *Werkstätten* einzurichten, da sie und

---

tigkeit gegründeten Unterrichts von der Arbeitsschule bis zur Gegenwart. Taunusstein 2007; Jens Rosch: Kerschensteiners Starenhaus. Eine Fallstudie zur Problematik projektorientierten Unterrichts. Opladen – Farmington Hills 2009.

[297] Vgl.: Gabriele Fernau-Kerschensteiner: Georg Kerschensteiner oder die Revolution der Bildung. München – Düsseldorf 1954. S. 66.

[298] Emil Saupe: Georg Kerschensteiner. In: Emil Saupe: Deutsche Pädagogen der Neuzeit. Ein Beitrag zur Geschichte der Erziehungswissenschaft zu Beginn des 20. Jahrhunderts. Osterwieck am Harz 1925. S. 59.

nicht die Klassenzimmer die Zentralstätten des kindlichen Geistes sind.

Woher aber nahm er die Anregung, seine Ideen der staatsbürgerlichen Erziehung in Richtung Arbeitsschule zu lenken und in dieser wiederum der Werkstattarbeit einen zentralen Platz zuzuweisen? Am Konzept einer Arbeitsschule arbeitete Kerschensteiner seit Beginn seiner Tätigkeit als Stadtschulrat. Philipp Gonon gibt folgenden Hinweis auf eine zeitliche Zuordnung: „Gerade der ‚Begriff der Arbeitsschule' [1911 erschienen] manifestiert Kerschensteiners Ringen um Klärung dessen, was er schon seit längerem bildungspolitisch erfolgreich propagierte, nämlich die Arbeit pädagogisch und staatspolitisch fruchtbar zu machen bzw. die Pädagogik und die Schule im Besonderen vom Wert der Arbeit zu überzeugen."[299]

Bei Hinrich Schloen heißt es: Von Robert Rißmann führt ein gerader Weg zu Kerschensteiner![300] Rißmann stand nun aber gerade, wie bereits hervorgehoben wurde, der Werkstattarbeit eher reserviert gegenüber. Die Verbindung Kerschensteiner – Dewey, auf die in der Literatur hingewiesen wird, kam für Kerschensteiners Konzeptentwicklung wohl erst nach 1900 zum tragen.[301]

---

[299] Philipp Gonon: Georg Kerschensteiners „Begriff der Arbeitsschule" – ein Plädoyer für Arbeit als Grundlage der Bildung. In: Philipp Gonon: Georg Kerschensteiner: Begriff der Arbeit. Darmstadt 2002. S. 155. Sein Hinweis darauf, dass sich Kerschensteiner explizit auf Dewey berief, ist unstrittig. Nur hatte diese Berufung die Funktion einer Bekräftigung und war für die Grundlegung des Konzepts nicht konstituierend. Dewey wiederum kannte das Werk Fröbels.

[300] Hinrich Schloen: Geschichtliche Vorbemerkungen. In: Wörterbuch der Arbeitserziehung. Berlin – Leipzig 1930. S. 17.

[301] Auf eine enge Beziehung zwischen Kerschensteiners Theorie des Denkens und John Deweys Darstellung eines vollständigen Denkaktes in „How We Think" (1910) wiesen u.a. hin: Theodor Wilhelm (in: „Die Pädagogik Kerschensteiners. Stuttgart 1957. S. 25) und Jens Rosch (in: Kerschensteiners Starenhaus. Eine Fallstudie zur Problematik projektorientierten Unterrichts. Opladen – Farmington Hills 2009. S. 33.)

Hinrich Schloen ist der Ansicht, dass Dewey erst im ersten Jahrzehnt des 20. Jahrhunderts die Aufmerksamkeit der deutschen Schulreformer fand. (Siehe: Hinrich Schloen: Entwicklung und Aufbau der Arbeitsschule. Berlin 1926. S. 158.) Er weist in diesem Zusammenhang auf das Erscheinen von Deweys Buch „Schule und öffentliches Leben" (1908), dessen Übersetzung Else Gurlitt besorgte. (Ebenda. S. 182)

„In der Bibliothek des Münchener Stadtschulrats befand sich zweifellos", so Theodor Wilhelm, „das ‚Pädagogische Jahrbuch', in dem der Herausgeber, Johannes Meyer, 1885 einen umfassenden Literaturbericht über den „Handfertigkeitsunterricht in Deutschland" erstattet hat, der von Comenius bis zu dem damals besten Leitfaden ‚Die Schulwerkstatt' von Barth und Niederley (1882) und bis zu seinem eigenen Buch ‚Der Handfertigkeitsunterricht und die Schule' (1881) reichte."[302] Wilhelm gibt seiner Verwunderung darüber Ausdruck, dass Kerschensteiner weder die nordische Slöjd-Bewegung noch den dänischen Rittmeister von Clauson-Kaas erwähnt hat. Er weist auch auf Louis Mittenzwey (1878–1918) hin, der Kerschensteiner scharf kritisierte, weil dieser behauptet hat, dass der Pädagogik vor ihm die Arbeit als Bildungsmittel fremd geblieben sei und Kerschensteiners Arbeitsschule keineswegs den Anspruch erheben könne, etwas Neues zu sein.[303] Doch Wilhelm sieht keine Veranlassung, die „Leipziger Richtung" der Knabenhandarbeitsbewegung explizit als eine Strömung zu kennzeichnen, die Kerschensteiners Pädagogik zumindest vorbereitet habe.[304]

Kerschensteiner hatte Dewey nachweislich erstmals im Oktober 1907 intensiv studiert. (Vgl.: Theodor Wilhelm: „Die Pädagogik Kerschensteiners. Stuttgart 1957. S. 55)

Bereits im November 1906 hatte Alwin Pabst das Manuskript zu seinem Buch „Die Knabenhandarbeit in der heutigen Erziehung" (Leipzig 1907) abgeschlossen, in dem er die amerikanische „Manuel Training High School" ausführlich vorstellt, auf Dewey Bezug nimmt und Bilder amerikanischer Einrichtungen in den Text einfließen lässt.

[302] Theodor Wilhelm: Die Pädagogik Kerschensteiners. Vermächtnis und Verhängnis. Stuttgart 1957. S. 13.

[303] Ebenda. S. 12f.

[304] Bei Wilhelm findet sich aber auch kein Hinweis auf den Streit zwischen Robert Seidel und Georg Kerschensteiner bezüglich der „Urheberrechte" auf den Begriff Arbeitsschule. Im Vorwort seiner Schrift "Begriff der Arbeitsschule" (Leipzig 1912) führte Kerschensteiner aus, dass er am 12. Januar 1908 in Zürich eine Festrede zu Pestalozzis 162. Geburtstag zum Thema „Die Schule der Zukunft im Geiste Pestalozzis" gehalten habe und sie eine Arbeitsschule nannte. Robert Seidel hatte bereits 1885 eine Schrift unter dem Titel: „Der Arbeitsunterricht, eine soziale und pädagogische Notwendigkeit" veröffentlicht. 1910 gab er sie in 2. Auflage mit dem Titel „Arbeitsschule, Arbeitsprinzip, Arbeitsmethode" in Zürich heraus. Seidel beanspruchte seinerseits den modernen Begriff der Arbeitsschule geprägt zu haben. Heinrich Scherer meint, dass Seidel diesen An-

Bekannt ist, dass Kerschensteiner in der Anfangsphase seiner Amtszeit ein enormes Pensum an Hospitationen absolvierte, mit Lehrern sprach und in der Fachliteratur nach Rat suchte. Sein Amtsvorgänger, Dr. Wilhelm Rohmeder (1843–1930), hatte als Mitglied des „Deutschen Vereins für Knabenhandarbeit" 1888 damit begonnen, in München für den Knabenhandarbeitsunterricht zu werben, und mit ihm 27 weitere Lehrer und Pädagogen aus München.[305] Für die hohe Wertschätzung, die die Knabenhandarbeitsbewegung zu dieser Zeit in München genoss, spricht die Tatsache, dass der Magistrat München sich ebenfalls in die Mitgliedsliste des „Deutschen Vereins" eingetragen hatte. München gehörte in den 1890er Jahren bereits zu den Hochburgen der Arbeitsschulbestrebungen. Georg Kerschensteiner knüpfte an diese Entwicklung an. Er war das 1.888ste Mitglied des Ortsausschusses zur Vorbereitung des Münchener Kongresses für Knabenhandarbeit. Seine Frau Marie erinnert sich, dass ihr Mann im Zuge der organisatorischen Umsetzung seiner Ideen zahlrei-

---

spruch aber gar nicht erheben könne, er sei im Irrtum. (Siehe: Heinrich Scherer: Arbeitsschule und Werkunterricht. Erster Teil: Grundlagen. Leipzig 1912. S. 90.)

[305] Zur Mitgliedschaft Rohmeders im Deutschen Verein für Knabenhandarbeit siehe: VIII. Deutscher Kongress für erziehliche Knaben-Handarbeit zu München am 22. und 23. September 1888. Herausgegeben vom Deutschen Verein für Knabenhandarbeit. Görlitz 1889. S. 187.

In Vorbereitung des Münchener Kongresses veröffentlichten die „Blätter für Knabenhandarbeit" Rohmeders briefliche Mitteilung an den Vorstand. Darin heißt es: „Mit den meisten der hiesigen Volksschulen sind sogenannte Suppen- und Beschäftigungs-Anstalten verbunden. Das Wesentliche dieser Einrichtung besteht darin, dass in denselben arme Kinder unentgeltlich oder gegen eine geringe Entschädigung Suppe mit Fleisch und Brot verabreicht erhalten, und in der Zeit zwischen dem Ende des vormittäglichen und dem Beginn des nachmittägigen Unterrichts von Lehrern beaufsichtigt und beschäftigt werden. Mein ursprünglicher Gedanke ging dahin, von Gemeinde wegen in diesen Beschäftigungsanstalten den Werkunterricht einzuführen. In diesem Sinne stellte ich schon vor mehr als zwei Jahren Antrag in der Lokalschulbehörde. Allein mein Antrag wurde mit großer Mehrheit abgelehnt.
Ich suchte den Verein Knabenhort für die Sache zu interessieren. In den von diesem Verein gegründeten und unterhaltenen Anstalten werden Knaben an schulfreien Tagen und Nachmittagen, sowie täglich einige Stunden nach Schluss der regulären Schulzeit von Lehrern beaufsichtigt und beschäftigt. Für solche Anstalten scheint ja die Werkstattbeschäftigung ganz besonders geeignet. Gleichzeitig veranlasste ich auch den Ausschuss des Volksbildungsvereins der Frage näher zu treten." (Einführung der Knaben-Handarbeit in München. In: Blätter für Knabenhandarbeit. Leipzig 1888, Nr. 4, S. 27f.)

che Studienreisen unternahm, die ihn an Orte führte, „wo er glaubte lernen zu können, wie man es am besten macht oder wie man es nicht machen soll", so auch nach Leipzig.[306] Von seinem Engagement für die Einführung des Handfertigkeitsunterrichts in die Schulen zeugt weiterhin die Tatsache, dass er am 1. März 1896 in den Gesamtausschuss des Deutschen Vereins für Knabenhandarbeit gewählt wurde und die Wahl annahm.[307] Kerschensteiner begann damit, in München praktischen Unterricht in Holz- und Metallbearbeitung in eigens dafür eingerichteten Schülerwerkstätten unter strenger handwerksgerechter Arbeitsweise einzuführen".[308] In Kerschensteiners Arbeitsschule, so kann geschlussfolgert werden, lebte die „Leipziger Methode" fort. Wilhelm A. Lay fügt hinzu: „Kerschensteiner hat den Begriff der Arbeitsschule, wie ihn die Anhänger des Knabenhandarbeitsunterrichts um 1900 noch besaßen, in verdienstvoller Weise erweitert und wertvoller zu gestalten versucht."[309] Die Organisation des unter Leitung von Georg Kerschensteiner eingeführten Handfertigkeitsunterrichts in den 8. Knabenklassen stand „in ihren Zielen vollkommen auf dem Boden der Bestrebungen des Deutschen Vereins für Knabenhandarbeit; sie ist nur in der Auswahl der Mittel von dem in Deutschland üblichen Arbeitsunterricht verschieden."[310] Aloys Fischer stellte zur ersten Schaffensperiode Kerschensteiners klar: „In der Ausgangsphase seiner großen Lebensarbeit lag seine Einstellung durchaus in der Linie, die durch die wirtschaftlich gefasste Arbeit als Bildungsinhalt eine größere Lebensnähe der

---

[306] Vgl.: Marie Kerschensteiner: Georg Kerschensteiner. Der Lebensweg eines Schulreformers. München – Berlin 1942. S. 127f.

[307] Vgl.: Blätter für Knabenhandarbeit. Leipzig 1896., Nr. 4, S. 67.

[308] Gerhard Wehle: Erinnerungen an Georg Kerschensteiner. Denkanstöße für uns. In: München machte Schule. Georg Kerschensteiner zum 150. Geburtstag. Herausgegeben von Susanne Mayx, Elisabeth Tworek und Willibald Karl. München 2005. S. 28.

[309] Wilhelm A. Lay: Die Tatschule als natur- und kulturgemäße Schulform. Zugleich Anklage und Mahnruf. Osterwieck/Harz – Leipzig 1921. S. 33.

[310] A. Hösle: Der Handfertigkeitsunterricht in den 8. Knabenklassen (Oberklassen) der Münchner Volksschulen organisiert von Stadtschulrat Dr. G. Kerschensteiner. In: Blätter für Knabenhandarbeit. Leipzig 1905, Nr. 5, S. 110.

Schule erstrebte, und man kann verstehen, dass die Lehrerschaft sich gegen eine Tendenz aussprach, die konsequent verwirklicht, die Volksschule in eine Handwerks- und Handwerksvorschule umgewandelt hätte. Man darf dies heute aussprechen, ohne die Angriffe im einzelnen zu billigen, weil Kerschensteiners immer weiterdenkende und jugendlich lernende Ausgestaltung seiner Ideen ihn fast von den anfangs nicht genügend erkannten ökonomischen Fassungen der Arbeitsidee abrücken lassen, und ihn zur Annäherung an den späteren Pestalozzi, an Fröbel und die Formalmethodiker der Arbeitsschule führte, während in der ersteren Fassung der Zusammenhang mit Pestalozzi über den deutschen Verein für Knabenhandarbeit und über Biedermann lief."[311]

Johannes Kühnel (1869–1928) bestätigt, dass „Kerschensteiners Gewerbelehrer" tatsächlich auf dem Weg „zu handwerksmäßiger Beschränkung, Geläufigkeit und Leistungsfähigkeit" waren.[312] Die Neubesinnung auf die eigentliche pädagogische Zielsetzung der Schülerwerkstätten entsprach ganz dem originären Ansatz der „Leipziger Richtung". In seinem Beitrag zum Begriff der „Produktiven Arbeit" ist sie bis heute aufgehoben.[313]

Das Konzept der „Produktiven Arbeit" basiert auf den heute immer noch gültigen Prinzipien der Handlungsorientierung, Selbsttätigkeit, Individualisierung und Arbeitsweltbezogenheit. Wer heute nach neuen Impulsen für eine Schulreform sucht, kann hier fündig werden.

---

[311] Alois Fischer: Die Krisis der Arbeitsschulbewegung. In: Die Arbeitsschule. Monatsschrift des Deutschen Vereins für werktätige Erziehung. Leipzig 1924, Heft 5/6 S. 110.

[312] Vgl.: Johannes Kühnel: Technische Bildung. Leipzig 1927. S. 15.

[313] Siehe: Georg Kerschensteiner: Produktive Arbeit und ihr Erziehungswert. In: Georg Kerschensteiner: Grundfragen der Schulorganisation. Eine Sammlung von Reden, Aufsätzen und Organisationsbeispielen. München – Düsseldorf 1954. S. 64–97; Felix von Cube: Allgemeinbildung oder produktive Einseitigkeit? Der Weg zur Bildung im Geiste Georg Kerschensteiners. Stuttgart 1960.

Personenverzeichnis

(Hier werden alle in den Texten genannten Personen aufgeführt. Es konnten jedoch bisher nicht alle Vornamen ermittelt werden.)

Abrahamson, August: 311f.
Aristoteles: 87, 340
Arkwright, Richard: 106
Arnd, Karl Eduard: 93
von Aschoff, Friedrich Heinrich: 200
von Auerswald, Hans: 42
von Augustenburg, Friedrich Christian: 248

Ballauff, Theodor: 273, 282
Bartel, Werner: 341
Barth, Ernst: 304, 315-317, 319ff., 325, 326, 331, 341, 344
Bell, Andrew: 117
Benner, Dietrich: 273
von Beust, Friedrich Ferdinand: 257
Beyer, Otto W.: 320
Biedermann, Auguste Henriette: 257f.
Biedermann, Karl Friedrich (Pseudonym: Karl Friedrich): 9, 12-
    14, 17-22, 235-245, 247-347
Birnbaum, Heinrich: 115, 143f., 179
von Bismarck, Otto: 18
Blasche, Bernhard Heinrich: 129, 177f., 298f.
Blonski, Pawel Petrowitsch: 251
Blum, Hans: 257f.
Blum, Robert: 268, 273f., 277
Böhlau, Hermann: 297
Böhm, Winfried: 270
Böhmert, Victor: 321
Bonaparte, Louis (Napoleon III.): 248, 281
Börner, Johann Karl Gottfried: 206
Boussingault, Jean-Baptiste: 99f.
Brockhaus, Heinrich: 277
Brougham, Henry Peter: 142f.
Brückmann, Rudolf: 327
Brumme, Gertrud-Marie: 325

Bücher, Karl: 303
Büchner, Georg: 262
Bülau, Friedrich: 268
Burger, Eduard: 249, 298, 317, 327f.

Campe, Johann Heinrich: 180
Cappel (Lehrer): 134, 194, 212
von Clauson-Kaas, Adolf: 19, 289, 301-304, 308-311, 326, 335, 344
Comenius, Johann Amos: 344
von Cube, Felix: 347
Curtmann, Wilhelm Jacob Georg: 19, 33, 36-39, 41-43, 58, 61-64, 67, 69, 76, 164f., 176, 183, 202, 207, 209, 226, 239, 241, 285ff.
Cygnäus, Uno: 298, 312

Degérando, Joseph Marie : 118f., 143
Denzer, Hans : 340f.
Descartes, René : 261
Deskau, Hermann: 332
Dewey, John: 343f.
Diesterweg, Friedrich Adolph Wilhelm: 19, 42, 69, 94, 136, 153, 174, 208, 235-245, 254, 256, 269f., 273, 283ff., 287f., 293-296
Dollinger, Bernd: 250
Dörrhöfer, Walter: 326
Droysen, Johann Gustav: 200f.
Ducpétiaux, Édouard: 143, 148, 150f., 161, 203

Eitelberger, Rudolf: 313
von Elterlein (Johann Heinrich?): 258
Emmerich, Wolfgang: 257, 264, 283
Endris, Adam Joseph: 283, 299
Eßer, Florian: 250

von Fellenberg, Margaretha: 142
von Fellenberg, Philipp Emanuel: 137- 143, 145, 175, 179, 181, 197, 225, 236, 241
Fernau-Kerschensteiner, Gabriele: 342

Fichte, Johann Gottlieb: 12, 143, 185, 193, 220ff., 248, 261, 290
Fischer, Aloys: 251, 346f.
Fliedner, Georg Theodor Heinrich: 203
Flitner, Andreas: 341
Franke, Theodor: 249, 318, 320, 334
Franklin, Benjamin: 106
Fritzsch, Theodor: 300, 306, 330, 332, 338
Fröbel, Friedrich: 146, 157f, 202, 242, 256, 271ff., 290, 299,
    343, 347

Gaertig, W.: 329
von Gagern, Heinrich: 279
Georgens, Jan Daniel: 253
Georgi, Otto Robert: 298
Giese, Gerhardt: 282, 293
Glöckner, Gottfried: 318
von Gneist, Rudolf: 303, 321
von Goethe, Johann Wolfgang: 11, 158, 259
Goldschmidt, Henriette: 297, 315
Goltzsch, Emil Theodor: 236f., 241
Gonon, Philipp: 253, 283, 287f, 295, 343
Gotthelf, Jeremias: 142
Götze, Julius Woldemar: 20, 300, 304f., 311, 316ff., 321-326,
    335-341
Graff, Carl Ludwig Theodor: 333
Graser, Johann Baptist: 163
Grube, August Wilhelm: 37, 165f., 239, 241, 285ff.
Grunow, Conrad G.: 333
Guhl, August: 300
Gurlitt, Else: 343
von Gwinner, Wilhelm Heinrich: 207

Hager, C. E.: 285, 288
Hamer, Erke U.: 310, 312
Hanhart, Rudolf: 253
Harkort, Friedrich: 196
Hartmann, Andrea: 341
Hegel, Georg Wilhelm Friedrich: 261, 263, 265
Heller, Adolf: 26

Heman, Carl Friedrich: 269
Hempel, Rudolf: 304
Herbart, Johann Friedrich: 269, 317ff.
von Herrmann, Friedrich Benedict Wilhelm: 156
Hertel, Franz: 341
Heusinger, Johann Heinrich Gottlieb: 299
Höhn, Julius: 310
Horaz: 93
Hösle, A.: 346

d'Istria, Giovanni: 142

Jacotot, Jean Joseph: 125

Kalb, Gustav: 341
Kalb, Theodor: 341
Kant, Immanuel: 260, 263f.
Karl, Willibald: 341, 346
Karlsch, Rainer: 315
Kehr, Karl: 342
Kellner, Lorenz: 19, 59, 65, 174
Kemper, Herwart: 273
Kerschensteiner, Georg: 12, 251, 253, 283f., 287, 341-347
Kerschensteiner, Marie: 345f.
Kirchmann, Peter Friedrich: 19, 39-41, 62, 66, 69, 88, 92, 110, 167-170, 239, 241
Klopstock, Friedrich Gottlieb: 259
Körner, Karl Theodor: 258
Kossuth, Lajos: 170
Krauß (Friedrich?): 46
Kronen, Heinrich: 250, 286
Krupskaja, Nadeshda Konstantinowna: 251
Kühnel, Johannes: 347
Kumpa, Josef: 328, 335, 338

Laing, Samuel: 26
Lammers, August: 303f., 311, 317, 330
Lammers, Mathilde: 317
Lancaster, Joseph: 92, 117, 147

Lange: 175, 197, 214, 218
Lassalle, Ferdinand: 314
Lay, Wilhelm A.: 346
Leithold, Wolfgang: 329, 332
Leontjew, Alexei Nikolajewitsch: 251
von Lichnowsky, Felix: 42
von Liebig, Justus: 98f.
von Linné, Carl: 183
von Lippe-Detmold, Pauline: 237
Litt, Theodor: 250
non Littrow, Karl Ludwig: 63
Lorinser, Karl Ignaz: 46
Lütschg (Melchior?): 212

Mager, Karl: 250, 286
Makarenko, Anton Semjonowitsch: 251
Mann, Golo: 262
Marschner, Amalie: 70f., 105f., 194
Marx, Karl: 12, 268, 270
Matuschek, Stefan: 271
May, Susanne: 341, 346
Mayer, Hans: 271
Meyer, Johannes: 303, 308f, 311, 335, 344
Michelsen, Konrad: 103, 126, 130, 133, 135f., 156, 158f., 161,
    171, 175, 192, 194, 196, 214f., 241, 254, 285, 288f., 292
Mittenzwey, Louis: 344
Mommsen, Wolfgang J.: 280
Mühlmann (Lehrer) : 258
Müller, Carsten: 250, 286

Nebenius, Carl Friedrich: 102f., 106
Niederley, Wilhelm: 316, 326, 341, 344
Nohl, Herman: 251, 253

Oelkers, Jürgen: 251f., 254
Oken, Lorenz: 183
von Oldenburg, August I.: 214
von Oldenburg, Peter: 130f., 214

Otto-Peters, Louise: 315
Owen, Robert: 147

Pabst, Alwin: 253, 295, 298, 330, 339-341, 344
Pepperle, Heinz: 265
Pepperle, Ingrid: 265
Pestalozzi, Johann Heinrich: 63, 85, 111, 120, 136f., 145, 153,
    155, 159, 161f., 179, 208, 236f., 241, 256, 286f, 295, 322,
    344, 347
Pönitz, Carl Eduard: 228f.
Pösche, Hermann: 254, 296
von Preußen, Friedrich Wilhelm IV.: 280, 282

Quante, Michael: 270

Röckel, August: 200
Ramshorn, Carl: 52
Redslob, Edwin: 263
Reichenbach, Heinrich Gottlieb Ludwig: 183
Rein, Wilhelm: 303, 342
Reuleaux, Franz: 303
Richter, Gerhard: 315
Ries (Lehrer): 326
Rißmann, Robert: 254-256, 295, 317, 325, 333, 343
Rohmeder, Wilhelm: 345
Röhrs, Hermann: 253
Rößger, Karl: 340
Rosch, Jens: 342
Rousseau, Jean-Jacques: 189, 236
Ruge, Arnold: 265, 268

von Sachsen, Friedrich August II.: 273
von Sachsen, Johann: 273
Salomon, Otto: 299, 311
Salzmann, Christian Gotthilf: 12, 55, 145f., 236
Saupe, Emil: 342
Schabdach, Michael: 250
Schäfer, Michael: 315
Schaller, Klaus: 273, 282

Scheibert, Carl Gottfried: 273
Scheidler, Karl Hermann: 137
Schelling, Friedrich Wilhelm Joseph: 261
von Schenckendorff, Emil: 17-21, 303, 310f., 316, 333
Scherer, Heinrich: 326ff., 333-336, 338, 340f., 344
Scherr, Thomas: 19, 33, 41, 55, 214, 239
Schiller, Friedrich: 76, 80, 248, 259, 271, 287, 306
Schindler, Dietrich: 19, 28, 38, 282-285, 287f., 293
Schleiermacher, Friedrich Daniel Ernst: 269f.
Schloen, Hinrich: 249, 301, 307, 311, 317, 329, 343
Schmelzer, Georg: 288f.
Schmidt, Auguste: 315
Schröer, Wolfgang: 250
Schulze, F. G.: 85
Schwab, Erasmus: 298, 301, 334
Schwarz, Friedrich Heinrich Christian: 54
Schwertlieb, Huldreich: 228
Seidel, Robert: 344
Seinig, Oskar: 341
Shakespeare, William: 260
Spinoza, Baruch: 261
Spranger, Eduard: 250
Springer, Wilhelm: 327
de Staël, Anne Louise Germaine: 236
Stelzner (Obersteuerrat): 259
von Steyber, Ottilie: 315
von Stieglitz, Christian Ludwig: 258
Stöckhardt, Julius Adolph: 98
zur Straßen, Melchior Anton: 304, 333
Stratmann, Karlwilhelm: 341
Stuhlfath, Walter: 249
Sturz (Pastor): 258f.
Suringar (Willem Hendrik Dominicus?): 36
von Syrakus, Archimedes: 30

Teuscher, Adolf: 249, 318, 320, 334
Träger, Claus: 248
Trendlenburg, Friedrich Adolf: 283

Treue, Wolfgang: 277
Tworek, Elisabeth: 341, 346

Vogel, Johann Karl Christoph: 19, 52, 66f, 163, 204
Voß, Christian Friedrich: 259

Walz, John A.: 258
Weber, Rolf: 257, 274
von Wedderkop, Theodor: 159
Wehle, Gerhard: 346
Wehrli, Johann Jakob: 115f., 124, 143, 145, 147, 175f., 202, 212, 236
Werner (Naturwissenschaftler): 183
von Wessenberg, Ignaz Heinrich: 128
Wichern, Johann Hinrich: 116f., 149
Wilhelm, Theodor: 343f.
Wolff, Max: 310, 317
Wurst (Raimund Jakob?): 163

Zachariä, Karl Salomon: 260
Ziller, Tuiskon: 315f., 319f.
Zimmermann, Hans: 272
Zschokke, Heinrich: 236
Zyro, Ferdinand Friedrich: 148

In der Reihe **Texte zur sozialen Padagogik** ist bisher erschienen:

Woldemar Götze
Die Schülerwerkstatt zu Leipzig
Texte zur Geschichte der Arbeits-
schulbewegung

1. Auflage
126 S. - 16,80 EUR
Verlag OsirisDruck Leipzig
ISBN 978-3-9809165-5-4

Die Texte Woldemar Götzes führen uns zu den nahezu verges-
senen Anfängen der deutschen Arbeitsschulbewegung. Sie begann mit den Bestrebungen, die Knabenhandarbeit kultursozio-
logisch so zu begründen und methodisch soweit zu durchdringen, dass sie als Unterrichtsfach in die Schulausbildung Eingang finden könne.

Die vor 125 Jahren ins Leben gerufene Schülerwerkstatt zu
Leipzig, als deren „Vater" Götze gilt, hat in diesem Sinne eine
wahre Pioniertat vollbracht. Der Enthusiasmus und der Gedan-
kenreichtum der hier erstmals wieder veröffentlichten Texte
vom Ende des 19. Jahrhunderts haben sie bis heute lebendig
gehalten. Ihre Aktualität wird dem Leser kaum verborgen bleiben.